Pavel Jozef Safárik

Geschichte der Südslawischen Literatur

Illirisches und Kroatisches Schrifttum

Pavel Jozef Safárik

Geschichte der Südslawischen Literatur
Illirisches und Kroatisches Schrifttum

ISBN/EAN: 9783741174087

Hergestellt in Europa, USA, Kanada, Australien, Japan

Cover: Foto ©Andreas Hilbeck / pixelio.de

Manufactured and distributed by brebook publishing software (www.brebook.com)

Pavel Jozef Safárik

Geschichte der Südslawischen Literatur

PAUL JOS. ŠAFAŘÍK'S
GESCHICHTE
DER
SÜDSLAWISCHEN LITERATUR.

AUS DESSEN HANDSCHRIFTLICHEM NACHLASSE

HERAUSGEGEBEN

VON

JOSEF JIREČEK.

II.

ILLIRISCHES UND KROATISCHES SCHRIFTTHUM.

PRAG, 1865.
VERLAG VON FRIEDRICH TEMPSKY.

PAUL JOS. ŠAFAŘÍK'S
GESCHICHTE
DER
ILLIRISCHEN UND KROATISCHEN LITERATUR.

AUS DESSEN HANDSCHRIFTLICHEM NACHLASSE

HERAUSGEGEBEN

VON

JOSEF JIREČEK.

Prag, 1865.
VERLAG VON FRIEDRICH TEMPSKY.

Vorwort.

Seit den ersten Dreissiger-Jahren ist für das geistige Leben des gesammten kroatisch-serbischen Stammes ein Umschwung dadurch herbeigeführt worden, dass die Schriftsteller des Königreichs Kroatien mit edler Selbstverläugung ihren Provincial-Dialekt in der Literatur aufgegeben und sich der, durch die herrlichen Dichter Ragusas und deren spätere Nacheiferer in Dalmatien und Slawonien literarisch ausgebildeten, wohlklangreichen Mundart anbequemt haben, welche, Dank sei es den Bemühungen des Dositej Obradović und Vuk Stefanović Karadžić, auch bei den Serben gegenwärtig allgemeine Aufnahme gefunden. Durch diese, nicht hoch genug zu schätzende That haben die Kroaten die Vereinigung des ganzen kroatisch-serbischen Stammes zu Einer, wenn gleich zweier Schriftarten sich bedienenden Literatur angebahnt, und, mit Stolz können sie es sagen, bereits bewirkt.

Die unter allen lebenden Slawinen schönste Mundart ist dermalen die Trägerin der volksthümlichen Bildung auf dem ganzen Gebiete von Cattaro bis Vèršac, von Kruševac bis Triest.

Als mit dem Jahre 1850 an die Hebung des kroatisch-serbischen Volksschulwesens in Oesterreich erstlich Hand gelegt wurde, konnte es keinem Zweifel mehr unterliegen, welche Mundart die Vermittlerin des Unterrichtes sein solle. Dieselben kroatischen, dieselben serbischen Bücher werden in allen südslawischen Schulen Dalmatiens, Kroatiens, Slawoniens, der Militärgränze, Ungarns und des österreichischen Küstenlandes angewendet. Die Wahl der einen oder der anderen ist lediglich durch das kirchliche Bekenntniss bedingt. In den einen wie in den anderen herrscht aber, abgesehen von Schrift und Inhalt, die gleiche Sprache vor.

Alles das sind Fortschritte, welche Šafařík, als er das vorliegende Werk verfasste, wohl als wünschenswerth, aber als so wenig wahrscheinlich betrachtete, dass er dieselben kaum anzudeuten gewagt hat.

Er kannte damals (um das J. 1830) bei den zur lateinischen Kirche sich bekennenden Südslawen der obgenannten Länder noch zwei gesonderte Literaturen: die illyrische und die provincial-kroatische.

Während er nun in der Beschreibung der ersteren den Unterbau schilderte, auf welchem seither mit rüstiger Thatkraft in erweitertem Maasse fortgebaut wird, ist seine Darstellung der letzteren so zu sagen ein Denkmal, welches er einem nahezu abgeschlossenen Cyclus literarischer Leistungen, einer bereits überstandenen Entwickelungs-Phase gesetzt hat.

Als Quellen, aus denen Šafařík, ausser seiner sehr umfassenden eigenen Kenntniss der Erzeugnisse der südslawischen Literatur und der durch unmittelbares Studium gewonnenen Resultate, geschöpft hat, führt er an:

a) für die illyrische Literatur:

Ign. Giorgi (st. 1737) Vita et carmina nonnullorum (i. e. 100) civium Ragusinorum. MS.—Ej. Vulgatae Psalmorum editionis Illyrica metaphrasis sive Saltier Sloviuski. Venet. 1724. — 2. ed. 1729. 4⁰. Die Vorrede enthält schätzbare literarhistorische Notizen.

Ardelio Dellabella Dizionario Italiano-Latino-Illirico. Venez. 1728. 4⁰. Vor dem WB. steht ein kurzes Verzeichniss der Schriften, aus denen der Vf. seine Belege schöpfte.

Seraph. Cerva (st. 1759) Bibliotheca Ragusina, in qua Ragusini scriptores (500), eorum gesta & scripta recensentur. MS. 4 Voll. Bei den Dominikanern in Ragusa, von Appendini u. a. benutzt.

Sebast. Dolci Fasti Literario-Ragusini. Venet. ap. Casp. Storti 1764. 4⁰. (66 pagg.).

Phil. Occhievia Epitome vetustatum provinciae Bosnensis etc. Venet. 1762. 8⁰. — Ancon. 1864. 4⁰. Cap. V. §. 5. p. 82—85 ed. Anc. „Catalogus scriptorum Bosnensis provinciae", auch bei Engel III. 124—125 abgedruckt.

Georg. Baseich (st. 1765) Elogia Ragusaeorum Jesuitarum. MS. — Ej. Vitae Ragusaeorum ex ord. Soc. Jesu. MS.

Em. Pavich Ramus irridiantis olivae seu descriptio provinciae olim Bosnae Argentinae, jam S. Joannis a Capistrano etc. Budae. 1766. Fol.

Alexii Horanyi Memoria Hungarorum et provincialium scriptis editis notorum. Viennae 1775. 8⁰. 3 Voll. — Ej. Nova Memoria etc. P. I. A—C. Pestini. 1795. 8⁰.

Verzeichniss der Schul- und anderer Bücher, welche in der k. Univ.-Buchdr. in Ofen verlegt worden sind, seit 1780 bis 1832 sehr oft ausgegeben, meist in 8⁰., im J. 1829 in Folio.

(Mich. Thiboith) Catalogus Bibliothecae Hung. Franc. Com. Szecsényi, impr. Sopronii, Pestini et Posonii 1799—1807. 8⁰. 7 Voll.

Ch. F. Schnurrer Slaw. Bücherdruck in Würtenberg im XVI. Jahrh. Tübingen. 1899. 8⁰.

Dan. Farlati Illyricum sacrum, T. VI. Ecclesia Ragusina auct. J. Coleti. Venet. 1800. Fol. S. 12—21 Verzeichniss ragusinischer Schriftsteller, Auszug aus Cerva.

F. M. Appendini Notizie istorico-critiche sulle antichità, storia e letteratura de' Ragusei. Ragusa 1800—1803. 4⁰. 2 Bde.

Jacch. Stulli Lexicon Latino-Italico-Illyricum. Budae 1801. 4⁰. 2 Bde. Illyrico-Latino-Italicum. Ragusae 1806. 4⁰. 2 Bde. Im 2. und 4. Bde Verzeichniss von Quellen.

J. Chr. v. Engel Geschichte des Freistaats Ragusa. Wien 1807. 8⁰. Auszüge aus Appendini. — Eb. Geschichte des ung. Reichs und seiner Nebenländer. Halle 1797—1804. 4⁰. 3 Bde. In den Einleitungen und Nachträgen kommen viele literarhistorische Notizen vor.

(B. Kopitar's) Grammat. d. slaw. Sprache in Krain, Kärnten und Steiermark. Laibach 1808. 8⁰.

D. Andrea Ciccarelli Opuscoli riguardanti la storia degli uomini illustri di Spalato e di parecchi altri Dalmati. Ragusa 1811. 8⁰. Angehängt ist:

J. M. Appendini Memorie spettanti ad alcuni uomini illustri di Cattaro. Rag. 1811. 8⁰.

Jos. Dobrowsky's Slawin. Prag. 1808. 8⁰. — Eb. Slowanka. Prag 1814—1815. 8⁰. 2 Bde.

Math. Petri Katancsich De poesi illyrica libellus, ad leges aestheticae exactus etc. Budae 1817. MS.

Greg. Csevapovich Synoptico memorialis Catalogus obs. min. prov. S. Jos. C. olim Bosnae Arg. Budae 1823. 8⁰. Besonders S. 319—330. Ej. Recensio obs. min. prov. S. Joannis a Capistr. Budae 1830. 8⁰.

Folgende Männer unterstützten Šafařík mit handschriftlichen Beiträgen:

Sr. bisch. Gnaden Hr. **Mathias v. Sučić**, Bischof von Bosnien und Sirmien zu Diakovar.

Hr. **Karl Pavić**, Abt, Vicearchidiacon und Pfarrer zu Vinkovci, seit 1832 Domherr in Diakovar.

Hr. **Georg Plančić**, Abt und General-Inspektor der Normalschulen von Dalmatien, seit Okt. 1832 Schulinspektor im venediger Gubernium.

Hr. **Franz Maria Appendini**, Rektor des Piaristen-Collegiums und Präfekt des Gymnasiums zu Ragusa.

Hr. **Jeremias Gagić**, russ. kais. Colleg. Ass., Ritter und Vice-Consul in Ragusa.

b) Quellen und Hilfsmittel für die provinzialkroatische Literatur:

Scriptorum ex Regno Slavoniae a Sec. XIV. usque ad XVII. inclusive collectio, auctt. **Matthia Kerchelich** et **Joanne Smendrovich**. Zagrab, 1774. 8⁰. 3½ Bogg. Nach Miklousic Izbor S. 93 ist der Vf. Prof. **Adalb. Barić**. Auszüge daraus bei Engel II. 147 ff.

Adami Aloysii Barichevich (geb. 1756) Historia literaria Croatiae. MS. — Ej. Commentarius de scriptoribus patriae. MS. (Horanyi N. M. p. 295.) In kroatischer Sprache verfasst, jetzt leider verloren!

Verzeichniss der Schul- und anderer Bücher, welche in der kön. Univ.-Buchdr. in Ofen 1780—1832 verlegt worden sind, seit 1780 sehr oft ausgegeben.

Verzeichniss des Verlags von Thomas v. Trattner in Agram um 1796. 8⁰. 2 Bl. Verzeichniss des Verlags der Novoszel'schen Buchdruckerei in Agram um 1800. 8⁰.

Jos. **Dobrowský's** Slawin. Prag. 1808. 8⁰. — Eb. Slowanka. Prag 1814—1815. 8⁰. 2 Bde.

Th. **Miklouskirh** Izbor dugovany vzakoverztueh za haszen y razveszelenye szlusecheh. Vu Zagrebu, 1821. 8⁰. S. 67—106.

Joh. v. **Csaplovics** Croaten und Wenden in Ungarn, ethnographisch geschildert. Presburg, 1829. 8⁰. S. 25—27 Sprache und Literatur. (Sehr unbefriedigend.)

Verzeichniss kroatischer Bücher der Franz Suppan'schen Buchdruckerei und Buchhandlung in Agram, um 1830. 4⁰. Aehnliche Bücherkataloge findet man mehreren neueren kroatischen Büchern angehängt, z. B. den Evangelien und Episteln, Agram, 1831. 8⁰., dem Calendarium Zagrabiense et Schematismus, 1831. 8⁰. etc.

Folgende Männer haben Šafařík handschriftliche Notizen über die kroat. Literatur zukommen lassen:

Hr. **Thomas Miklouślć**, Pfarrer und Vicearchidiacon zu Jaska.

Hr. **Ignaz Kristianović**, Spiritualis Seminarii cleri junioris Zagrab.

Hr. **Karl Ferd. Juranić**, k. k. Unterlieutenant beim 2. walachischen Gränzinfanterie-Regmt.

Hr. **Ludwig Gay** aus Krepina.

Durch die Leistungen von Joh. Kukuljević, Jos. Valentinelli u. a. *) ist die Kenntniss des kroatisch-illyrischen Bücherwesens in neuerer Zeit bedeutend gefördert worden; nichts desto weniger bildet das Werk Šafařík's, abgesehen von den ihm eigenthümlichen Vorzügen, selbst vom rein bibliographischen Gesichtspunkte genommen, eine reiche Fundgrube des Wissenswerthen. Hoch zu bedauern ist, dass Šafařík sich nicht entschlossen hatte, sein Werk gleich nach dessen Vollendung der Oeffentlichkeit zu übergeben: welchen wesentlichen Vorschub hätte er damit dem südslawischen Schriftthum geleistet! Aber auch jetzt, nach einem tricesimum prematur in annum, sind wir überzeugt, wird es freundlich und nutzbar aufgenommen werden.

Was die Herausgabe anbelangt, haben wir dieselben Rücksichten wahren zu müssen geglaubt, welche für uns bei der slowenischen Abtheilung maassgebend gewesen sind.

Die Orthographie der Namen haben wir nach dem dortigen Vorgange auf die dermalen allgemein übliche reducirt, dagegen in den Büchertiteln jene Schreibweise belassen, die sich in der Handschrift vorfand.

Wien, 28. September 1864.   **J. J.**

---

*) Bibliografia hrvatska. Dio prvi: Tiskane knjige. Uredio I. Kukuljević-Sakcinski. U Zagrebu, 1860. 8⁰, 233. Saggio bibliografico della Dalmazia e del Montenegro di Gius. Valentinelli. Zagrabia, 1855. Supplementi al Saggio etc. ib. 1862. 8⁰.

III.

Illirische Literatur.

Reihenfolge der Illyrischen Schriftsteller.

XII. — XV. Jahrhundert.

Anonymus Presbyter Diocleas (1161), Verfasser einer dalmatischen, in illyrischer und lateinischer Sprache vorhandenen handschriftlichen Chronik, ist uns seinen Lebensumständen nach völlig unbekannt. Man weiss mit einiger Wahrscheinlichkeit nur so viel, dass er ein Priester war und um die Mitte des XII. Jahrh. in Dioklea (richtiger Doklea, hzt. Ruinen Duklja), der Hauptstadt des südwestlichen Illyriens am Flusse Morača, lebte. Wenigstens reicht die von ihm geschriebene Chronik ungefähr bis auf diese Zeit (1161) herab.

Tomašević (1459), von Katančić in der Vorrede zu seiner illyrischen Bibel an der Spitze der bosnisch-illyrischen Schriftsteller mit der Jahrszahl 1459 angeführt. Wenn, wie mir wahrscheinlich, der bosnische König Stephan Tomašević (st. 1463) gemeint ist, so mag Katančić nur irgend ein von ihm ausgestelltes Diplom in bosnischer Mundart im Sinne gehabt haben. — Ein Franciscaner **Johann Tomašić** vird viel später, um 1580, überdies nur als lateinischer Schriftsteller von Engel u. a. genannt.

Fra Bernardin (1495) aus Spalato, Priester des Franciscaner-Ordens, bekannt als Herausgeber des ältesten illyrischen Buches mit lateinischen Lettern, der von ihm in Sprache und Orthographie verbesserten Episteln und Evangelien.

Angeo Martini (Angelus Martini), Ragusaner, Mitglied des Dominicaner-Ordens, lebte am Ausgange des XV. und zu Anfange des XVI. Jahrh., und starb nach dem Catal. scriptor. Domin. ums J. 1520. Von seiner literärischen Thätigkeit gibt der genannte Catalog folgende Nachricht: eximius eruditione ac singulari pietate insignis, scripsit methodum grammaticalem instruendis juvenibus utilissimam, multa carmina in variis argumentis composuit, officium s. Hieronymi illyrico idiomate donavit, plures epistolas spirituales eleganti stylo scripsit et pluraque alia. Farlati Illyr. sacrum VI. 17. Horanyi II. 557.

XVI. Jahrhundert.

Gjore oder Gjorgje Dàrżić (um 1500), aus einer alten bürgerlichen Familie in Ragusa, Nikola Dàrżić's und der Nikoletta Vodopin's Sohn, geboren vor dem Jahre 1463, in welchem sein Vater zur Zeit der grossen Feuersbrunst auf eine beklagenswerthe Weise den Tod fand. Der junge Dürżić widmete sich nach zurückgelegtem Studiencurse vorzüglich der schönen Literatur, und wollte sich in seinen Mannesjahren mit der schönen und geistreichen Tochter seines Freundes, des Dichters Šiško Minčetić, verehelichen, welche seit längerer Zeit der Gegenstand seiner zärtlichen Liebe war. Aber von ihr verschmäht und einem andern Liebhaber nachgesetzt, überliess er sich massloser Trauer, nahm Abschied von der grossen Welt, weihte sich dem Priesterstande und brachte den übrigen Theil des Lebens im Schosse der Religion und im Umgange mit illyrischen Musen zu. Als Dichter ist er unter den Ragusanischen nicht nur einer der ältesten, sondern auch einer der geachtetsten und angesehensten. Seine nächsten Nachfolger auf der Bahn der nationalen Dichtkunst suchten eine Ehre darin, ihn nachzuahmen. Sein Ruhm nahm mit der Zeit zu. Dinko Ranjina, Nikola Gučetić und Gjorgje Benigno priesen seine ausgezeichneten Talente, seine schöne Gestalt und seine Verdienste um Sprache und Dichtkunst; Dellabella bediente sich seiner als Quellschriftstellers bei der Abfassung des Lexicons. Auch heutzutage werden seine Gedichte, besonders ihres sprachlichen Inhalts wegen, sehr geschätzt. Sein Todesjahr finde ich nirgends angegeben; im J. 1507 war er noch am Leben und scheint bedeutend später gestorben zu sein. Appendini nennt ihn einigemal (S. 217, 291) aus Versehen Biagio statt Giorgio. Bei Farlati Illyr. s. VI. 17 sind die Worte: Georgius civis Ragusinus floruit an. 1480 et volumen manuscriptum poëmatum illyricorum reliquit, von unserm Dàržić zu verstehen. (Appendini II. 217—218.)

Šiško starji Minčetić Vlahovic (Sigismondo Menze), geboren zu Ragusa im J. 1475, widmete sich den schönen Wissenschaften und gewann bereits in der frühesten Jugend die Philosophie Plato's mit Enthusiasmus lieb, die er für die beste Lehrmeisterin sowohl der Sitten als auch jeder andern Weisheit hielt. Die illyrische Poesie, von welcher man damals keine andere Idee hatte, als jene, die aus den Volksgesängen gewonnen wurde, zog bald seine ganze Aufmerksamkeit auf sich. Er studierte mit besonderem Fleisse die lateinischen Musterdichter, um sich dadurch zu einem tüchtigen Meistersänger in der Muttersprache auszubilden. Er schöpfte aus ihrem unversiegbaren Born dieselben Vorzüge, welche alle andern Dichtercoryphäen der neuern Sprachen daraus geschöpft haben. Ignazio Giorgi, dessen Urtheile die stimmberechtigsten Nationalen beipflichten, vergleicht Dàržić und Minčetić unter den Illyriern mit Boccaccio und Petrarca unter den Italienern. „Sigismundus Mentius," sagt er, „inter poëtas illyricos primus aetate, coaevus Georgio Darxichio; nam ineunte anno 1500 uterque floruit. Ausim ex his alterum Petrarcam, Boccaccium alterum illyricae poëseos appellare, nam et elegantia idiomatis, et inelaboratum pathos, atque sententiarum suavitas in ipsis passim eminet." Minčetić starb im J. 1524. (Appendini II. 218.)

Mavro Vetranić (Vetrani) genannt Čavčić, aus einer bürgerlichen Familie in Ragusa, Dinko Vetranić's und der Tommasina Turčinović Sohn, geboren im J. 1482. Er trat in jungen Jahren in den Benedictinerorden auf der Insel Meleda, widmete sich religiösen Uebungen, wissenschaftlichen Studien und besonders der Dichtkunst mit einem solchen Erfolg, dass er in letzterer bald anerkannter Stimmführer und Gesetzgeber für andere wurde. Wegen seines frommen Lebenswandels, seiner feinen Sitten und gründlicher, mit praktischer Lebensklugheit gepaarter Kenntnisse wurde er zur freudigen Zufriedenheit seiner Ordensbrüder im J. 1520 zum Abt von Meleda erwählt. Als aber später (1527) die Klöster St. Jakob in Višnjica und St. Andreas auf Pelago mit dem zu Meleda unter dem Titel der Congregation von Meleda vereint wurden, und ein päpstliches Breve die bis dahin lebenslängliche Abtswürde auf bestimmte Jahre beschränkte, missfielen diese neuen Anordnungen dem Abte Vetranić dergestalt, dass er lieber ein einsiedlerisches Leben führen, als einem andern Klostervorsteher untergeben sein wollte. Er zog sich deshalb auf den Felsen St. Andreä zurück und führte hier ganz vereinsamt zwanzig Jahre lang die Lebensweise eines wahren Anachoreten. Seine ihm durch Angewöhnung zur Natur gewordene Lebensart diente eben so sehr dazu, den Körper zu stärken, als den Geist zu nähren. Er bebaute ein kleines Feld, welches er nach und nach in den anmuthigsten Garten umschuf, fischte mit allerlei von ihm eigenhändig verfertigten Werkzeugen, schiffte auf einem kleinen Boote bald mit Segeln, bald mit dem Ruder nach den nahen, damals blühenden und bewohnten Inseln Elaphiten, um sich mit den nöthigen Lebensmitteln zu versorgen, sang Psalmen und andere Hymnen, studierte den geheimen Sinn der göttlichen Orakel in der heil. Schrift, dichtete illyrische Verse und brachte die sternenhellen Nächte mit astronomischen Beobachtungen zu. Erst dann, als ein hohes Alter die Kräfte des Greises fast gänzlich brach, klagte er in seinem Sendschreiben an Savino Bobali über die Beschwerlichkeiten seiner bisherigen Lebensweise. Er starb nach den schriftlichen Denkmälern der Congregation von Meleda im 120., nach Cerva aber (was wahrscheinlicher) im 93. Jahre seines Alters, demnach im J. 1576. Vetranić wurde von seinen Zeitgenossen als ein Wunder der Gelehrsamkeit angesehen und von Flavius Eborensis in einem Trauergedicht als Vater der illyrischen Dichtkunst beweint. Derselbe Flavius pries in drei andern Gedichten, Mavro Orbini aber in seiner Geschichte, Maro Dàržić im Prolog zu seiner Tyrrhena, und Miho Bunić Babulinović in seinen Gedichten Vetranić's Talent und Verdienste um die illyrischen Musen. (Appendini II. 220—221.)

Marin Kristićevlć, wahrscheinlich ein Ragusaner, Zeitgenosse der obgenannten Dàržić und Vetranić, von dem sich einige Gedichte in der handschriftlichen Gedichtensammlung der letzteren erhalten haben. (Bašić's Dichtersammlung.)

Marko Marulić (1522), aus einer adeligen, in Spalato ansässigen Familie den 18. August 1450 geboren. Sein Vater hiess Nikola, seine Mutter Dobrica. Er hatte fünf Brüder und eine Schwester. Nachdem er sich dem Franciscaner-Orden als Mitglied einverleibt hatte, brachte er sein Leben meist in einer religiösen und literarischen Einsamkeit zu und starb den 5. Juli 1524. Er stand wegen der Reinheit seiner Sitten, so wie wegen seiner ausgebreiteten, gründlichen Gelehrsamkeit in hoher Achtung bei seinen Zeitgenossen. Seine Gönner waren der Cardinal Dominicus Grimani, der Erzbischof von Corcyra Christoph Marcello, der Patricier von Venedig Augustinus Mula u. a. Seine Freunde waren Nic. Petrarcha, Hieronymus und Aloisius Papali. Mehreres schrieb er lateinisch, welches man bei Appendini, Horanyi und Engel verzeichnet findet. Sehr vieles davon blieb bis jetzt ungedruckt. (Horanyi II. 591. Engel III. 129 aus den Verantius'schen Hss. Appendini II. 251. Farlati Ill. sacr. III. 433—435, Biogr. von Franz Natalis aus Spalato, Marulić Freunde.) Nach anderen starb er im J. 1528. (Ciccarelli 23—25.

Jerolim Papallé (nach 1524), Patricier aus Spalato, glücklicher lateinischer, italischer und illyrischer Dichter, von Marko Marulić mit einer poetischen Epistel beehrt. Er hinterliess vermischte Gedichte in der Hs. (Ciccarelli 18—19.)

Niko Dimitrić (Nicolo Demitri) (1525), dessen Vorfahren mit einer patricischen Familie um 1350 aus Kataro nach Ragusa gezogen waren und hier das Bürgerrecht erhielten, wurde nach einigen im J. 1493, nach andern aber im J. 1510 zu Ragusa geboren. Von der frühesten Jugend an widmete sich Dimitrić dem Handelsstande, und hielt sich nach und nach in seiner Geburtsstadt, in dem benachbarten Türkenlande, in Alexandrien und auf der Insel Kandia auf, wo er in einem Alter von 50 Jahren, also um 1543 oder 1560 starb. Ungeachtet es den Anschein hat, dass die mit seinem Stande verknüpften Geschäfte seinen Hang zur Dichtkunst, welche in der Einsamkeit und Ruhe am besten gedeiht, eben nicht sehr begünstigten; so wusste er dennoch von den in der frühesten Jugend erworbenen Kenntnissen inmitten der vielfältigen Sorgen einer geräuschvollen Geschäftswelt und in einem von Barbaren bewohnten Lande einen sehr guten Gebrauch zu machen, und entlockte seiner Leier Töne, welche ihm den Beifall seiner gebildeten Nationalen und die Lobpreisungen der Dichter Mavro Vetranić und Niko Naljesković erwarben.

Sijepo Gučetić (Gozze) (um 1525), Patricier aus Ragusa, dessen Geburts- und Sterbejahr nirgends angegeben werden, wurde in einem Alter von 28 Jahren durch einen besondern, unten bei der Anführung seines Werkes weiter zu erwähnenden Zufall Dichter. Gučetić war ein vertrauter Freund des Gian-Lorento Regino, welcher ums Jahr 1500 zwei italienische Gedichte an denselben richtete. Nach Dolci blieben von Gučetić ausser dem Derviš noch zwei Epigramme übrig; in welcher Sprache, wird nicht angegeben. (Appendini II. 221.)

Petar Divnić (Difnico) (1530), gebürtig aus Šibenik aus einer angesehenen Familie, im übrigen unbekannt. (Fortis Viag. della Dalm. I. 149. Appendini II. 252.)

Petar Etorović oder Hektorević, lateinisch Hectoreus (um 1532) wurde vor dem J. 1486 auf der Insel Lesina, illyrisch Hvar (ehedem Pharos), in der durch ihre Lage, ihr Alter und ihre Ruinen merkwürdigen Stadt Citta vecchia, illyrisch Starigrad (ehedem Pharia), geboren. Er stammte aus einem adeligen, wohlhabenden Geschlechte, und ward einer der angesehensten Männer in seiner Vaterstadt. Bei dem häufigen Herumschwärmen und den Überfällen türkischer Flotten im adriatischen Meere musste Etorović sehr viel leiden, und konnte sich einst nur mit Mühe auf einem kleinen Fahrzeug mitten durch das stürmische Meer nach Italien retten, wo er ein Jahr lang blieb.

Nach seiner Rückkunft in die Heimath und nach Herstellung
seiner zerrütteten Hausgeschäfte baute er zur Vertheidigung
seiner und der Stadt gegen solche räuberische Überfälle ein
Castell, welches mit zahlreichen lateinischen und illyrischen
Inschriften bedeckt ist, die insgesammt von dem lichtvollen
Geiste und feinen Geschmacke ihres Urhebers zeugen. An der
Kirche des St. Petrus liest man von ihm: „Putnicse, koji znasc,
csim se raj dobiva, Evo ovdi Isus tvoj u grobu spocsiva; Poj
mu se pokloni, posctuj boga tvoga, Neka se ukloni oda zla
svakoga." Dichtkunst war von Jugend an seine Hauptbeschäf-
tigung. Er gibt an Kraft und Reinheit der Diction keinem
illyrischen Dichter etwas nach, ja in ersterer Hinsicht scheint
er sogar über alle andern hervorzuragen. Auch in lateinischer Sprache schrieb er mit Eleganz und genoss als Mensch
und Dichter durch seine religiöse Frömmigkeit, Gelehrsamkeit
und andere ausgezeichnete Eigenschaften die allgemeine Achtung
seiner Mitbürger. Fischerei war seine Lieblingsunterhaltung, und
in seinen Fischergedichten erwähnt er oft seines vertrauten
Freundes und Spielgenossen Bertuzzi oder Bertučević, eines
Adeligen aus Hvar und Malteser-Ritters, der selbst treffliche
lateinische Elegien dichtete, und ohne Zweifel auch der illyrischen Dichtkunst nicht fremd blieb. Auch in Ragusa hatte er
mehrere geistesverwandte Freunde, denen er oft Nachrichten
von dem erlittenen Ungemach und von den Angriffen der Po-
dagra, die ihn plagte, gab. Man hat von ihm poetische Sendschreiben an Mavro Vetranić und Niko Nalješković vom J. 1541
so wie die Antwortschreiben der letzteren. Im J. 1557 kam er
nach Ragusa und wurde hier von seinen Freunden und den
Verehrern seiner herrlichen Muse auf das ehrenvollste empfan-
gen. Sein Todesjahr ist unbekannt; er scheint bis nach 1567
gelebt zu haben. (Appendini II. 249—250.)

Andria Čubranović, geboren im Anfange des XVI. Jahrh,
in Ragusa, war der Sohn armer, aber ehrenhafter Eltern, und
erlernte die Silberschmiedkunst. Auch er soll, der Sage zufolge,
wie Stjepo Gučetić, durch einen besondern Zufall zum Dichter

umgeschaffen worden sein. Vgl. unten die Anm. bei der Jegjupka.
Est ist aber kaum glaublich, dass Čubranović so urplötzlich und
ohne in der Jugend in den Wissenschaften und schönen Künsten unterrichtet worden zu sein, ein so vollkommener Dichter hätte werden können. Wie dem auch sei, er übertraf
bald alle seine Vorgänger, und sowohl Gundulić als Palmotić,
welche beide allgemein für die grössten illyrischen Dichter gehalten werden, nahmen keinen Anstand ganze Verse von ihm
in ihre Dichtungen aufzunehmen, wie solches Virgil mit Versen
des Ennius und Lucretius gethan hat. Ardelio Dellabella
rechnet Čubranović in Hinsicht der Sprache zu den klassischen
Schriftstellern, und bei keinem Liebhaber der vaterländischen
Poesie in Ragusa pflegt die Jegjupka zu fehlen. Es scheint,
Čubranović habe in der Folge, durch den geernteten Beifall
aufgemuntert, den Amboss und Hammer verlassen, um sich und
seine Zeit ungetheilt dem Dienste der Musen weihen zu können.
Manche der vielen namenlosen Gedichte, die sich in den ältern
Sammlungen befinden, mögen ihn zum Vf. haben. Marcus Antonius Sabellicus erwähnt beim J. 1520 eines gleichnamigen
Capitäns im Dienste der Veneter wider die Franzosen: Constabant Venetae copiae mille ferme levis armaturae militibus,
in queis erant epirotici et graeci generis, peltatique circiter
quingenti, Andrea Ciubranio duce. Namen und Zeit, sagt Appendini, stimmen überein: aber andere Gründe für die Identität
dieser zwei Personen hat man nicht. Čubranović starb vor 1559 ;
das eigentliche Todesjahr gibt indess Appendini nicht an. (Appendini II. 221—222. Horanyi N. Mem. I. 650—651.)

Marin oder Maro Galjazović (1540) aus Ragusa, Priester
des Franciscaner-Ordens um 1540, als der erste illyrische Prosaist unter den Ragusanern bemerkenswerth, im übrigen unbekannt. (Appendini II. 302.)

Marin oder Maro Dàržić (1550), Ragusaner, Neffe des eben
angeführten Dichters Dàržić, ein durch Frömmigkeit, Tugend und
Gelehrsamkeit ausgezeichneter und in den Werken des Nicolo
Vitto Gozze, Savino Bobali und Michele Monaldi mit Recht sehr

gepriesener Geistliche. In der illyrischen Poesie wandte er sich mit Vorliebe dem Schau- und Lustspiele zu; er unternahm zu diesem Endzweck eine Reise nach Italien und hielt sich eine Zeit lang in Florenz auf. Er starb im Jahre 1580. (Appendini II. 222.)

Niko Nalješkovlć oder **Nale, Ragusauer** aus einer bürgerlichen Familie, geboren uuns J. 1500. Er studierte in der Jugend vorzüglich Mathematik, Astronomie und die schöne Literatur. Auf Geheiss seines Vaters musste er, wider seine Neigung, im J. 1535 Lukrezia Zuzzeri heirathen und die Musen aufgeben, um sich ganz Handelsgeschäften zu widmen. Eine kurze Zeit darauf machte er ohne seine Schuld ein beträchtliches Fallimeut. Seine junge Gattin schied sich deshalb von ihm und trat als Nonne in den Benedictiner-Orden. Aber Niko stellte bald theils durch seine eigene Betriebsamkeit, theils mit Hilfe der reichlichen Quellen seines Hauses den alten Flor seiner Handlung her, und nahm darauf Nicoletta Nale zur Ehefrau. Solche Unfälle konnten indess die Laune und den Frohmuth Niko's nicht brechen; er suchte und fand Schutz gegen dieselben in dem Umgange mit Freunden, in seinen mathematischen Studien und besonders in der Dichtkunst. Beweis seiner fröhlichen Laune sind die von ihm gedichteten Lustspiele und Scherzlieder. Er genoss auch als Mathematiker und Astronom eines grossen Rufes. In seinem Dialogo sulla sfera del mondo (Venez. 1579) sind tiefe wissenschaftliche Kenntnisse mit einfach schöner Darstellung gepaart. Auf Befehl P. Gregors XIII. wurde er eingeladen, sein Gutachten über die von Luigi Lilio vorgeschlagene Reform des Kalenders abzugeben. Er that dies in einer eigenen Schrift, welche von der zur Revision ähnlicher Gutachten niedergesetzten Commission sehr belobt wurde. Sein Tod erfolgte im Jahre 1585. (Appendini II. 44. 222—223.)

II. und J. Bàrtučevlć, I. Parožlć, Buratovlć und **I. Vldall,** Ragusauer und Lesiner, Dichter, Freunde und Zeitgenossen des Niko Nalješković, von denen sich bloss einige kleine Gedichte in der Sammlung des letztern erhalten haben. (Bašić's Dichtersammlung.)

Miho Bunić Babulinović oder **Bona Babulina** (um 1550), Patricier und Ragusaner, übte mit fast gleich gutem Erfolge die illyrische, lateinische und italienische Dichtkunst aus, und besass eine gründliche Kenntniss der griechischen Sprache. Er übersetzte des Sophocles Tragödien ins Italienische um 1570. Seine übrigen Lebensumstände sind nicht bekannt. (Appendini II. 223. Farlati VI. 18. Horanyi N. M. I. 514.)

Miho Matie Bunića (Michele di Matteo Bona) (um 1550), Zeitgenosse des obigen und aus demselben Patriciergeschlechte zu Ragusa, dichtete ebenfalls sowohl in der illyrischen, als auch in der italienischen Sprache. Man findet von ihm ein italienisches Sonett vor den Busspsalmen seines Freundes Nicolo Gozze. (Appendini II. 223—224. Horanyi N. M. I. 515.)

Julia Bunić oder **Bona** (um 1550—1585 ff.), eine Ragusanerin, von Cerva nicht der gleichnamigen patricischen Familie beigezählt, lebte in der zweiten Hälfte des XVI. Jahrh. und ist als die erste illyrische Schriftstellerin bemerkenswerth. Sie war befreundet mit Savino Bobali und Michele Monaldi, ihren Zeitgenossen, und dichtete (nach einer Nachricht bei Farlati) in illyrischer und italienischer Sprache mit besonderer Anmuth (Appendini spricht bloss von italicuischen Gedichten). Unter den Gedichten Monaldi's befindet sich ein zartsinniges Gedicht von ihr, welches sie während einer schweren Krankheit als Antwort auf ein Sonett ihres Freundes schrieb. (Appendini II. 232. Farlati VI. 21. Horanyi N. Mem. I. 513.)

Placido Gregorianić (um 1550) aus einem adeligen Geschlechte in Spalato, studierte die Rechtskunde in Padua, wurde Rechtsanwalt in der Heimath, und schrieb lateinische und illyrische Gedichte, von denen einige in der Hs. übrig sind. (Ciccarelli 29.)

Anton Vrančić oder **Verantius** (um 1550), Erzbischof von Gran und Primas von Ungarn, ein Mann unsterblichen Andenkens, der auch in der illyrischen Literaturgeschichte einen Platz verdient. Er ward geboren den 20. Mai 1504 als Sohn des Franciscus, eines Edelmannes von Sebenico, und der Margaretha Statileo, einer Adeligen von Traù. Von seinem Lehrer Elias Tolimer im Lateinischen und Griechischen gründlich unterrichtet, wurde er nach Vesprim zu dem berühmten Bischof und Ban Peter Berislaus von Traù, seinem Oheim, berufen, und hier lernte er die Anfangsgründe der Kriegskunst. Nach dessen Tode nahm Johann Statileo, Bischof von Siebenbürgen, seine beiden Neffen, Anton und Michael zu sich. Hier schrieb Anton die Biographie seines Oheims Berislaus, die sich später Marnavić zueignete. Er studierte dann in Padua, und wie es scheint auch in Wien und Krakau; von Michael ist letzteres gewiss. Nach seiner Zurückkunft lebte er anfangs bei seinem Oheim Statileo, erwarb sich darauf die Gunst des Waitzner Bischofs Brodericus und des Mönchs Martinuzzi, und wurde nach 1528 durch ihre Vermittlung Propst zu Altofen und Secretär bei Kg. Johann Zápolya. Dieser bediente sich seiner in den Jahren 1530—1540 in verschiedenen wichtigen Geschäften, namentlich schickte er ihn zu wiederholten malen als Gesandten nach Polen, Venedig, Rom, Frankreich, England und Wien. Auf diesen seinen Reisen stiftete er Freundschaft mit Erasmus von Rotterdam und lernte Melanchthon kennen, zu dessen Lob er ein Sinngedicht schrieb. Nach König Johanns Tode (1540) hing er der Witwe Isabella und dem jungen Johann II. bis 1545 treu an und vollbrachte mehrere Gesandtschaften nach Polen und Österreich in ihrem Interesse. Allein ums J. 1545 zog er sich gänzlich von Staatsgeschäften zurück, nachdem er seine Propststelle schon früher niedergelegt hatte, und ging mit seinem Neffen Faustus zuerst nach Sebenico, dann nach Italien. Um das J. 1549 begab er sich an den Hof des Königs Ferdinand, der ihm gleich anfangs genugsame geistliche Einkünfte anwies und ihn hernach für weltliche Geschäfte verwendete. Im Jahre 1553 wurde er zum Bischof von Fünfkirchen ernannt, und ging später zu wiederholten malen als Gesandte nach der Türkei. Einige Jahre darauf zum Bisthum von Erlau übersetzt, ward er 1569 Erzbischof von Gran und Primas des Königreiches, mit dieser Würde vereinigte er die eines Vicekönigs. Er starb zu Eperies den 15. Juni 1573 und sein Leichnam wurde zu Tyrnau in der Kirche von St. Nicolaus beigesetzt. Seine grossen Verdienste als Bischof und Oberhirt, als Staatsmann und Volksfreund, als Mäcen und Schriftsteller können hier nur erwähnt, nicht auseinander gesetzt werden. Mit körperlicher Schönheit verband er im hohen Grade eine einnehmende Beredtsamkeit, die ihm von seiner ersten Jugend an die Gunst der Grossen und Fürsten erwarb. In der Jugend dichtete er viel, später schrieb er mehre historische, geographische und antiquarische Werke in lateinischer Sprache, die man bei Engel (II. 162.) in dem Catal. der Széchény. Bibl. verzeichnet findet. Er war ein grosser Gönner und Beförderer aller Wissenschaften. In der Religion war seine Denkungsart mild und verträglich. Seiner angestammten Sprache und Literatur scheint er fortwährend mit Liebe zugethan gewesen zu sein. Unter seinen handschriftlichen Briefen in der erzbischöflichen Bibliothek zu Erlau befinden sich einige von ihm an „Lucas Slavicus" (wer ist dieser?), so wie des letztern an ihn (1549 ff); in seiner Büchersammlung waren auch slawische handschriftliche Denkmäler und ein illyrisches Gebet wird ihm als Vf. zugeschrieben. (Vita auctore Fausto Verantio in Kovacsich Scriptor. minor. I. 194—201. Fortis I. 204 ff. Engel II. 158—162).

Anton zubenannt Dalmatin (1561) oder, wie er sich einmal unterzeichnete, „Antonius ab Alexandro Dalmata", war seinem Stande nach ein Priester, und wurde als kroatischer, oder richtiger illyrischer Dolmetscher an die slawische Anstalt des Barons Hans Ungnad und des Primus Truber nach Tübingen berufen. Er verliess den 3. Februar 1561 Laibach in Begleitung eines dortigen Bürgers, und kam über Kempten, wo er mehrere Tage bei Truber verweilte, zu Urach beim Baron Ungnad an. Sein Aufenthalt wurde ihm in Tübingen angewiesen, wo Stephan Consul bereits die glagolitische Druckerei einzurichten anfing. Er erhielt, als ein einzelner Mann, die freie Kost in dem herzoglichen Stipendium. Dabei war sein jährlicher Gehalt 30 fl. Er wird als ein stiller, ruhiger, verträglicher Mann geschildert. Nach seiner Ankunft bei der Anstalt wurde auch zu der Einrichtung einer cyrillischen Druckerei geschritten. Dieselben Meister, die zu Nürnberg die glagolitische Schrift verfertigt hatten, wurden mit ihrem Werkzeug nach Urach (nahe bei Tübingen) berufen; hier wurde im Sommer des Jahres 1561 die cyrillische Schrift, nach der Anweisung des Anton Dalmata und Stephan Consul, in der Zeit von drei Monaten zu Stande gebracht. Anton war einer der thätigsten Übersetzer im illyrischen Fache. Erst im zweiten Jahre nach Baron Ungnad's Tode, der im J. 1564 starb, verliess Anton in Gesellschaft des Stephan Consul die Anstalt. Er begab sich zuvörderst nach Regensburg, wo er 1568 seine Postille herausgab. Seine ferneren Schicksale sind unbekannt. (Schnurrer S. 50 ff.)

Stipan Istrianin zubenannt Consul (1561), aus Pinguent in Istrien. Er war Priester, und musste wegen seines Übertritts zur protestantischen Kirche sein Vaterland verlassen und sich in Deutschland durch Schulhalten und Predigen zu nähren suchen. Truber's Beginnen ermunterte ihn auf der gebrochenen Bahn vorwärts zu gehen und einen weitern Zweck zu erreichen. Er versuchte es, dessen krainische Übersetzung des Neuen Testaments in die illyrische Schrift und Sprache (d. i. serbisch-dalmatisch-bosnische Mundart mit glagolitischen Buchstaben) überzutragen. Mit seiner Handschrift begab er sich aus eigenem Antrieb, ohne von Truber geschickt worden zu sein, im Sommer 1559 nach Mötling in der windischen Mark; er legte sie daselbst mehreren Sprachverständigen vor, welche denn der Meinung waren, dass eine solche Übersetzung göttlichen Worts durch ganz Dalmatien nach dem adriatischen Meere hin, desgleichen auch den Kroaten, Bosniern, Serben bis gegen Constantinopel hin, verständlich und nützlich sein, dass sie auch leicht in die Kyrillitza zu bringen sein würde, und heilsame Religionskenntnisse sehr weit umher verbreiten könnte. Der Entwurf gedieh nach und nach zur Ausführung, vornehmlich durch die kräftige Mitwirkung des Barons Ungnad. Dieser schickte den Consul, der Gattin und Kinder und Hauswesen in Regensburg hatte, im April 1560 nach Nürnberg, um nach seiner Anweisung glagolitische Druckschrift verfertigen zu lassen. Ein Jahr später nach Anton Dalmatin's Ankunft, ward auch die cyrillische Drukkerei eingerichtet. Consul erhielt als jährliche Besoldung 170 fl. nebst freier Wohnung. Nach des Barons Ungnad Tode, der im J. 1564 erfolgte, hielt Stephan Consul zugleich mit Anton Dalmata am 2. März 1566 beim Herzog Christoph von Würtemberg um Entlassung an. Mit einem Zeugniss vom Herzoge versehen zogen nun beide nach Regensburg ab, wo sie im J. 1566 ihre Postille (mit lateinischen Lettern) herausgaben. Von da an fehlen uns alle Nachrichten über Stephans Lebensumstände. (Schnurrer S. 49. ff.)

Gjuro Cvetić (1561), von Geburt, wie es scheint, ein Dalmatiner, ward eine Zeit lang der Hans Ungnadschen Anstalt in Urach, neben Antun Dalmatin und Stipan Istrianin, Gehilfe zum Transferiren, Conferiren und Corrigiren. Er hatte die Episteln Pauli kroatisch, d. i. nach unserm Ausdrucke illyrisch, übersetzt und ging mit der Handschrift nach seinem Vaterlande, um die Übersetzung daselbst prüfen zu lassen; den 1. Septb. 1562 kam er wieder nach Urach zurück. Seine fernern Schicksale sind nicht bekannt. (Schnurrer S. 54.) Da unter den Vorr. der Bücher immer nur Jurizhizh, und kein Cvetich sich unterschrieben hat, so vermuthete Dobrowský, dass letzterer Name bei Schnurrer (er schrieb „Zwetzitsch") wohl nur ein Schreibfehler sei. (Slavin S. 433.)

Gjuro Juričić (Jurizhizh) (1561), ein Priester aus Krain, bei der Hans Ungnadschen Anstalt in Urach als Mitarbeiter neben Anton Dalmatin und Stipan Istrianin angestellt. Er hat deshalb mehrere von diesen herausgegebene Bücher mitunterschrieben. Gehört im übrigen der windischen Abtheilung an. (Siehe I. S. 14. Schnurrer a. a. O.)

Marin Borešić nach Appendini, oder Burešić nach Stulli (vor 1562), Ragusaner, unzertrennlicher Freund Niko Naljeskovićs, schrieb in der Jugend meist nur erotische Gedichte, wandte sich jedoch im reiferen Alter der ernsten Muse zu. Seine Gedichte wurden erst nach seinem Tode von dem nachfolgenden gelehrten Künstler, seinen Neffen, zum Drucke befördert. (Appendini II. 225. Horanyi N. M. I. 626.)

Gavrilo Tamparica (1562), Ragusaner, Mitglied des Franciscaner-Ordens, ein ausgezeichneter Tonkünstler, lange Zeit als Kapellmeister der kais. Hofkapelle in Wien angestellt, wo selbst er auch im J. 1575 starb. Er beschäftigte sich auch mit der illyrischen Dichtkunst und gab die Gedichte seines obgenannten Oheims Marin Borešić 1562 heraus. (Appendini II. 213. 225.)

Frano Lukarić zubenannt **Burina** (1563), aus einer patricischen Familie in Ragusa, studierte die Humaniora zuerst in seiner Vaterstadt und darauf in Florenz, wo er sich zugleich als italienischer Dichter einigen Ruf erwarb. Bald nach seiner Rückkunft von da zeichnete er sich unter den vaterländischen Dichtern nicht unvortheilhaft aus, wie man unter andern auch aus den fünf Gedichten sieht, welche Dinko Ranjina in seine gedruckte Sammlung aufnahm. Bewandert in der griechischen Sprache, übersetzte er eine Tragödie, Athamanta, ins Illyrische, so wie auch aus dem Italienischen des Guarini das Schäferspiel Pastor fido. Savina Bobali preist in seinen Rime Toscane Lukakari's Dichtertalent. (Appendini II. 224.)

Marin Mažibradić genannt **Šaljaga** (1563), aus einer ansehnlichen und reichen Familie unter den bürgerlichen in Ragusa, huldigte nebenbei den Musen, um sich mit ihren Künsten den Aufenthalt auf dem Lande, an welchem er mit ganzer Seele hing, zu versüssen. In alten schriftlichen Denkmälern wird sein Name dankbar als desjenigen gefeiert, der zuerst die wissenschaftlich geregelte und veredelte Gartenkunst bei seinen Landsleuten einführte. Dinko Ranjina, der Mažibradić's Dichtertalent hochschätzte, richtete an denselben mehrere seine Gedichte, und nahm hinwieder eines von seinem Freunde in seine gedruckte Sammlung auf. Mažibradić verschied ums J. 1598, und Dinko Zlatarić beweinte den Dichter und Freund in einem Trauergedicht. (Appendini II. 224.)

Dinko Ranjina (Ragnina) (1563), aus einem patricischen Geschlecht in Ragusa, ein in mehrfacher Hinsicht ausgezeichneter Mann, ward im J. 1536 zu Ragusa geboren und widmete sich in seiner Jugend sehr emsig dem Studium der schönen Wissenschaften. Von seinen Eltern nach Messina geschickt, um daselbst Handelsgeschäfte zu betreiben, unterliess er nicht sich in der illyrischen Dichtkunst fortzuüben und ausserdem auch noch die griechische Sprache zu erlernen. Als er später in gleicher Angelegenheit seinen Aufenthalt in Florenz nahm, machte er in dieser Stadt neue Fortschritte in der schönen Literatur und zog durch seine Herkunft, seinen Stand und ein diesen entsprechendes edles Betragen, so wie durch seine ausgebreitete Gelehrsamkeit die Aufmerksamkeit des Grossherzogs Cosmo von Medici auf sich, der ihn 1567 zum Ritter des St. Stephans-Ordens ernannte. Nachdem er ganz Italien durchreist hatte und in sein Vaterland zurückgekehrt war, leistete er der Republik als Senator und zu sieben verschiedenen malen als Rector derselben durch seine kluge Geschäftsführung wichtige Dienste. Ungeachtet er verheiratet war und Kinder hatte, für deren Erziehung er zärtlich sorgte, erkaltete dennoch sein Eifer für Studien nicht; noch im vorgerückten Alter schrieb er einige Aufsätze über moralische Gegenstände, so wie Elogien zu Ehren seiner Freunde. Er starb im J. 1607, in einem Alter von 71 Jahren. Als Weltmann von feinen Sitten liebte er den Glanz, war aber zugleich gastfrei und mildthätig, und schätzte den Umgang mit gebildeten Freunden über alles. In den Schriften seiner gelehrten Zeitgenossen, besonders in jenen des Niko Nalješković, Monaldi, Nicolo Gozze, Dinko Zlatarić, Mavro Orbini und der Italiener Francesco Baldelli, Paolo Labadessa, Didaco Pirro u. a. m. wird ihm deshalb häufig grosses Lob gespendet. (Appendini II. 225—226. Horanyi N. Memor. I. 180.)

Martolica Ranjina (nach 1563), aus derselben patricischen Familie in Ragusa, von seinem Verwandten Dinko Ranjina mit Lob erwähnt, schrieb mehrere poetische Sendschreiben an Orazio Mažibradić, im übrigen unbekannt. (Appendini II 226.)

Leonardo Merčerlć (1564), gebürtig aus Dalmatien, studierte vor dem Jahre 1564 auf der Universität zu Tübingen, und wurde von Antun Dalmatin bei der Uebersetzung der hl. Schrift mitverwendet. Er übersetzte den Propheten Esaias und erhielt dafür ein Honorar von drei Gulden. (Vgl. Schnurrer S. 69. Dobrowsky's Slavin S. 135.) Dobrowský vermuthet, dass die im J. 1564 zu Tübingen gedruckte Probe von den Propheten eben diese Uebersetzung des Esaias von Merčerić enthalten habe.

Basilio Gradi oder **Gradić** (1567 nach Dolci), aus einem ursprünglich aus Dioklea stammenden patricischen Geschlechte in Ragusa, Mitglied der Benedictiner-Congregation zu Melita und seit 1530 Mönch auf Cassino, stand wegen seiner theologischen Gelehrsamkeit, und insbesondere wegen seiner umfassenden Kenntniss der griechischen Sprache nicht nur in seiner Geburtsstadt, sondern in ganz Italien in hoher literarischer Achtung. Seine im Verein mit andern gelehrten Benedictinern auf Anordnung des Papstes Gregor XIII. ausgeführten „Castigazioni sulla parafrasi dei Salmi di Giovanni Folengio" begründeten seinen Ruf weit entscheidender, als seine im übrigen recht schätzbaren illyrischen Schriften. Gradi wurde zuletzt im Jahre 1585 zum Bischof von Stagno ernannt, starb aber schon im folgenden Jahre 1586 den 8. Jäner. (Appendini II. 87—88. Farlati VI. 354—355.)

Petar Zoranić oder **De Albis** (1569), aus Nona in Dalmatien, geb. im J. 1508, ein vortrefflicher Dichter, über dessen Lebensumstände alle Nachrichten fehlen. Starb 1550. (Appendini II. 252.)

Andria Sorgo genannt **Franko**, aus Ragusa patricischen Stammes, geboren im J. 1555, entfaltete frühzeitig ausgezeichnete Dichtergaben sowohl in der illyrischen, als auch in der italienischen Sprache, und erregte grosse Hoffnungen, starb aber schon in dem Alter von 23 Jahren, im J. 1577. Flavius Eborensis verfasste ein Epigramm zu seinem Lobe. (Appendini II. 233.)

Simun oder **SIjepo Beneša** (um 1580), Patricier zu Ragusa in der 2. Hälfte des XVI. Jahrhunderts, ein geschmackvoller

Kenner und Liebhaber der schönen Literatur, Freund des Flavius Eborensis, der ihm seine Epigramme dedicirte, hochverdient als Vf. des durch gründliche, stylistisch vollendete Darstellung der vaterländischen Rechtsgesetzgebung ausgezeichneten Werkes: „Praxis curiae ad formam legum et consuetudinum reipublicae Ragusinae" Ms. an. 1681, war zugleich der erste Sammler illyrischer Sprichwörter. (Appendini II. 100. 301. Unter dem Namen Stjepo Beneša schreiben ihm Horanyi Nov. Mem. I. 384. und Stulli eine Sammlung illyrischer Gedichte zu. Horanyi unterscheidet den Juristen Šimun Beneša von dem Dichter Stjepo. N. Mem. I. 383—384. Appendini hat also beide verwechselt.)

Pavao Zuzzeri (um 1580), Ragusaner, Priester des Dominicaner-Ordens, absolvirte in Italien die philosophischen und theologischen Studien, und zeichnete sich nach seiner Rückkehr ins Vaterland besonders durch geistliche Beredtsamkeit aus. Er blühte ums J. 1580. (Farlati VI. 18. Echard T. 2.)

Simun Budina oder **Budineus** (1582), aus Zara, Priester in seiner Geburtsstadt, über dessen Leben weitere Nachrichten fehlen. (Appendini II. 352. Horanyi N. Mem. I. 625.)

Lizandro Komulović oder **Komoli** (1582), aus Spalato, patricischer Abstammung, Mitglied des Jesuiten-Ordens. Starb zu Ragusa im J. 1608, wegen seiner Frömmigkeit und theologischer Gelehrsamkeit hochgeachtet. (Ciccarelli 12. Horanyi I. 414. Appendini II. 251. Stulli.)

Bernardin Karnarutić (1584), gebürtig aus Zara, im übrigen unbekannt. (Appendini II. 251—252.)

Petar Gradi (vor 1585), von Savina Bobali als illyrischer und lateinischer Dichter gelobt, lebte in Ragusa. (Appendini II. 308.)

Ignacio Gradi, dessen Zeitalter unbekannt ist, war zuerst Mitglied des Jesuiten-Ordens, dann Canonicus zu Ragusa, und verfasste illyrische und lateinische Gedichte. (Appendini II. 308.)

Savino Boball genannt **Mišetić** (vor 1585), geboren in Ragusa im J. 1530 aus einem patricischen Geschlecht, dichtete im Illyrischen und Italienischen mit Erfolg und Beifall. Seine Zeitgenossen bewunderten des Dichters, der nie Italien gesehen und geraume Zeit zu Stagro gelebt hatte, genaue Kenntniss der italienischen Sprache. Unter Ausländern zählte er Annibal Caro und Benedetto Varchi zu seinen Freunden. Er starb im J. 1585 in einem Alter von 55 Jahren. Nach seinem Tode gaben seine Brüder Sigismondo und Marino eine Sammlung seiner italienischen Gedichte unter dem Titel: Rime amorose, pastorali e satiriche, Ven. 1589. 2. Ausg. Ragusa 1783 heraus. Höher ist des Dichters Verdienst in seinen illyrischen Erzeugnissen anzuschlagen. (Appendini II. 232. Horanyi N. Mem. I. 498.)

Vlaho Vodopić (vor 1585), Ragusaner, Zeitgenosse und Freund des Niko Nalješković, im übrigen unbekannt. (Appendini II. 223.)

Lenko Zborošić (Zboravčić nach Sović und Kucharski, Zborlé nach Stulli) (1586., Priester aus Trau, Herausgeber der Pistule i Evanyelya &c. (s. unten). Nach Horanyi Nov. Mem. I. 278 ist schon die Ausgabe 1543 von diesem Priester, der die Lectionen neu übersetzt haben soll, veranstaltet.

Vincenz der Bosnier (**Vincentius** de Bosna), Mitglied des Dominicaner-Ordens dalmatischer Provinz, heisst ein Ragusaner vielleicht nach dem Orte des abgelegten Gelübdes, blühte ums J. 1590 und verfasste eine Schrift „de Rosario B. V. M.", ob illyrisch, wird nicht gesagt. (Horanyi I. 342 nach Gozze.)

Fausto Vrančić oder **Verantius** (1595), gebürtig aus einem patricischen Geschlecht aus Sebenico, war der Sohn Michaels, eines Bruders des oben angeführten Erzbischofs und Primas von Ungarn, Anton Vrančić, welcher letztere sich auch der Erziehung des jungen Neffen liebevoll annahm. Fausto scheint nach zurückgelegten Studienjahren eine Zeit lang in Dalmatien, wahrscheinlich zu Sebenico, ein literarisch beschäftigtes Leben geführt

zu haben. Er war verheirathet. Nach dem Tode seiner Frau wurde
er Bischof von Csanád in Ungarn 1600. Kaiser Rudolf gebrauchte
ihn in wichtigen Staatsgeschäften und überhäufte ihn mit Wohl-
thaten. Allein wegen seines allzuhitzigen Kopfes zog er sich in
der Folge sehr viele Verdriesslichkeiten zu, besonders auch wegen
seiner unbehutsamen Aufführung in einer Verhandlung zwischen
dem ungarischen Hof und dem päpstlichen Stuhl in Rücksicht
der Verleihung von Bisthümern und Pfründen. Nachdem er einige
Jahre lang sein Bisthum verwaltet hatte, wurde er seiner Stelle
so überdrüssig, dass er sich nach Rom begab und hier seinem
Bisthum freiwillig entsagte, um ganz von öffentlichen Geschäften zurückgezogen ein ruhiges Privatleben zu führen. Allein er
wurde bald nach Ungarn zurückgerufen, wo man seiner als eines muthigen Kämpfers wider die Protestanten bedurfte. Als er
abermals nach Rom zurückkehrte, wollte er anfangs als Mönch
in den Barnabiten-Orden treten; später fand er jedoch die Luft
zu Rom seiner Gesundheit nicht zuträglich und beschloss, den
Rest des Lebens auf der Insel Prević unweit Sebenico als Ere-
mit zuzubringen. Auf der Reise dahin ereilte ihn der Tod zu
Venedig im J. 1617. Sein Leichnam wurde nach Prević abge-
führt und bei der dortigen Franciscanerkirche beerdigt. Auf seinem Grabstein liest man folgende Inschrift: „Faustus Verantius
Episcopus Csanadiensis novorum praedicamentorum et novarum
machinarum et fragmentorum historiae illyricae ac sarmaticae
collector." Er schrieb nämlich unter andern auch eine Geschichte
von Dalmatien, die er neben sich in seinen Sarg zu legen be-
fahl. Seine Erben vollzogen diesen grillenhaften letzten Willen,
und wer weiss, sagt Engel, wie viel schätzbare Schriften des
Erzbischofs zugleich mit jenen des Faustus damals elender-
weise mögen untergegangen sein. Sonst hat man auch noch eine
ungedruckte Regula Cancell. Regni Hung. von ihm. Tomko Marnavić, damals im Dienste Fausto's, schrieb eine Oratio in laudem Fausti Verantii Ven. 1617. (Farlati IV. 484. Engel II. 158.)

Arkangeo Gućetić oder **Gozze** (1597), aus einer patricischen
Familie in Ragusa, Mitglied des Dominicaner-Ordens, Vetter

(patruus) des Bischofs von Trebinje und Mercana Ambrogio Gozze, ein Mann von glänzenden Geistesgaben, ungeheuchelter Frömmigkeit und ausgebreiteter Gelehrsamkeit, ein beredter Kanzelredner, verwaltete mehrere ansehnliche geistliche Aemter. Der Senat von Ragusa ernannte ihn 1599 zum Bischof von Trebinje und Mercana (nicht Stagno, wie Appendini sagt); allein er wurde zu dieser Würde aus unbekannten Gründen nie consecrirt, und behielt bloss den Titel eines erwählten Bischofs bis zu seinem am 17. April 1606 (nicht 1610 wie bei Appendini) erfolgten Tode bei. (Farlati VI. 19. 307. Horanyi II. 39. Appendini II. 302.)

Dinko Zlatarić (1597), einer der schönsten Geister, die im XVI. Jahrhundert in Ragusa emporblühten und ihr Vaterland verherrlichten. Er ward ums J. 1556 aus einer patricischen Familie geboren und erhielt unter der Leitung des Francesco Kladrubović eine sehr sorgfältige Erziehung und Unterweisung in allen schönen und nützlichen Wissenschaften. Als er sich später auf die Universität zu Padua begab, erregte er durch erstaunliche Fortschritte, welche er in der Philosophie, in der Rechtskunde, in der Rede- und Dichtkunst machte, die Bewunderung stimmberechtigter Kenner in diesen Fächern. Mit besonderem Eifer verlegte er sich auch auf griechische Studien unter der Leitung des berühmten und ihm befreundeten Pier Vittori. Im J. 1579 wurde er zum Gymnasiarchen oder Rector der Artisten dieser berühmten Universität erhoben, in welcher Stellung er sich nicht geringe Verdienste um die Anstalt erwarb. Die Universität ehrte sein Andenken durch eine neben dem grossen Saale der Juristen in der Mauer eingegrabene schmeichelhafte Inschrift. Der Doge von Venedig Nicolo da Ponte ernannte ihn in Betracht seiner mannigfachen Verdienste zum Cavaliere Aurato. Nachdem er Padua verlassen und in seine Heimath zurückgekehrt war, heirathete er 1587 Maria Gioni, mit der er sechs Kinder erzeugte. Bei wachsenden häuslichen Sorgen erkaltete seine Liebe zu den Studien nicht im mindesten; er unterhielt einen lebhaften Briefwechsel mit vielen Gelehrten

seines Zeitalters und weihte sich mit Begeisterung der damals
in Ragusa herrlich blühenden vaterländischen Dichtkunst. Er
unternahm eine Reise durch Dalmatien und die benachbarten
Slawenländer, und hielt sich eine Zeit lang in Kroatien auf, theils
um seinen Bruder Miho Zlatarić, einen wackern Krieger an der
Seite Georg Zriny's, zu besuchen, theils um seine Kenntniss
der illyrischen Sprache tiefer zu begründen und zu erweitern. Bald
ragte Zlatarić unter den ersten Dichtern Ragusas glänzend empor
und wurde für seine Nachfolger auch in der Sprache ein Muster.
Einen grossen Theil des Jahres pflegte er auf seinem Landgut
in Canale mit Dichten und Schreiben zuzubringen. Nicht alles,
was er schrieb, entging indess dem Zahne der Zeit. Zlatarić
starb im J. 1607. Seine ungedruckten Gedichte wurden von seinem Bruder Michael gesammelt. Seine ausländischen Freunde
und Verehrer beehrten ihn mit zahlreichen Zuschriften, Dedicationen und Lobgedichten, die ein sprechendes Zeugniss von
der Achtung, in welcher er als Mensch und Dichter stand, abgeben. Nach seinem Tode blühte des Stammes Zlatarić Dichter-
ruhm noch einmal in seinem Sohne Šimun fröhlich auf. (Appendini II. 226—230.)

Frano Boball genannt **Kuko** (Cuco) (vor 1600), Ragusaner,
aus einer bürgerlichen Familie, lebte am Ausgange des XVI.
Jahrhunderts und dichtete eine grosse Menge Lieder, welche
erst nach hundert und mehr Jahren von dem Abte Ignazio
Georgi gesammelt wurden. (Appendini II. 233. Horanyi N. Mem.
I. 497.)

Floria Zuzzeri Pešlonia (1555—1600) nimmt unter den berühmten Ragusanerinnen einen hervorstehenden Platz ein. Sie
wurde im J. 1555 aus einer wohlhabenden bürgerlichen Familie
in Ragusa geboren, und zeichnete sich von früher Jugend an
durch Schönheit, Geist und religiös-frommen Sinn aus. Im J.
1577 wurde sie an einen florentinischen Edelmann, der sich abwechselnd in Florenz und Ragusa aufzuhalten pflegte, verheirathet. In beiden Städten wurde Floria wegen ihrer Bildung, ihres

Geschmacks in den schönen Künsten und ihrer mannigfachen
Kenntnisse allgemein bewundert, und ihr Haus war der Sammelplatz von Gelehrten und Literaten, welche ihr ihre Achtung
zollten. Viele sowohl einheimische als auch ausländische Schriftsteller beehrten sie mit Zuschriften und Dedicationen ihrer Werke, und Dinko Zlatarić beweinte ihren Tod in einem Trauergedicht. Sie scheint kurz nach 1600, ungewiss ob in Florenz oder
Ragusa, gestorben zu sein. Sie dichtete sowohl in italienischer
als auch in illyrischer Sprache mit Geist und Geschmack; besonders zeichneten sich ihre Epigramme durch Feinheit des
Witzes und Eleganz der Sprache vortheilhaft aus. (Appendini
II. 231.)

XVII. Jahrhundert.

Mauro Orbini (1601), gebürtig aus Ragusa, Mitglied des
Benedictiner-Ordens, Abt der Congregation zu Meleda, eine Zeit
lang Abt des Benedictiner-Klosters St. Mariae zu Bács in Ungarn, der bekannte Historiker der Slawen, dessen Regno degli
Slavi, Pesaro 1601 Fol., seines geringen Gehaltes ungeachtet,
seiner Zeit mit Beifall aufgenommen und unter andern auch ins
Russische: Историрафія почятія имене славы и разширенія
народа Словенскаго. Спб. 1722. 4⁰. übersetzt wurde. Er stand
als Gelehrte bei seinen Zeitgenossen in grosser Achtung, und
starb, nach Dolci, im J. 1614. Seine vorzüglichsten Mäcenaten
waren die Herzoge von Urbino, die ihm ihre Bibliothek öffneten, ferner der Bischof von Stagno, Chrysostomus Ranjina.
(Appendini II. 12—14.)

Frano Glavinić (1602) aus Istrien, Mitglied des Franciscaner-Ordens der Minoriten und apostolischer Missionär, als Lehrer,
Kanzelredner und theologischer Schriftsteller vielseitig thätig,
scheint bis nach 1642 gelebt zu haben. Er war von seinen Zeitgenossen für einen der grössten Kenner der illyrischen Sprache
gehalten, und als der Bischof von Senj und Modruša, Johann
Baptista Agalić, im J. 1624 eine Synode nach Bribir besonders
in der Absicht zusammenrief, um dort über die Herausgabe glagolitischer Bücher zum Behufe des kirchlichen Gottesdienstes

Beschlüsse zu fassen, wurde Glavinić mit der Revision derselben und der Vorbereitung zum Drucke beauftragt. (Farlati IV. 148.) Der kroatische Lexicograph Bělostěnec hatte solche Achtung vor Glavinić's Sprachkenntnissen, dass er sich sogar für die vierlettrige Schreibung des Wortes Bogh unter andern auch deshalb entschied, weil es Glavinić so geschrieben hatte. Er nennt ihn „glaszovit piszecz" etc. (Gazophylacium II. 22.)

Savko Gučetić (Gozze) genannt **Benderišević**, gebürtig aus Ragusa, starb in Kroatien im J. 1603. Er schrieb viel und nicht ohne Eleganz, aber das meiste ist seitdem verloren gegangen. (Appendini II. 233.)

Jerolim Megiser (1603), gebürtig aus Stuttgart, war lange Zeit in österreichischen Diensten — er nennt sich auf dem Titelblatt seines Thesaurus polyglottus „Hier. Megiser P. C. Caes. et Sereniss. Austr. Archidd. Historiographus" — und nahm zuerst die windische (Diction. quatuor linguarum 1592), dann aber auch die illyrische und andere slawische Mundarten mit in das Bereich seiner Lexicographie auf. Als Historiker ist er durch die wahrhaftige Beschreibung der Insel Madagascar Altenb. 1609. — Lpz. 1623. 8. bekannt. Er starb im J. 1616. (Wachler Gesch. d. hist. Forsch. u. Kunst. I. Bd. 2. Abth. S. 860. Vgl. I. 17.)

Bartuo Kašić oder, wie er sich selbst latinisirte, **Cassius** (1604), einer der fruchtbarsten illyrischen Schriftsteller, wo nicht der fruchtbarste unter allen. Er wurde ums Jahr 1570 auf der Insel Pago geboren und trat in seinem 20. Lebensjahre, also um 1590 (nach Appendini 1595) in den Jesuiten-Orden. Als Presbyter wurde er zum Missionarius apostolicus für die Türkei ausersehen, und er bereiste dieses Land mehr als dreimal nach allen Richtungen hin, wobei er Gelegenheit hatte, die dort angesiedelten ragusanischen Handelsleute kennen zu lernen und mit ihnen enge Freundschaft zu schliessen. Nach seiner Rückkehr wurde er Rector des Jesuiten-Collegiums zu Ragusa (Rector Collegii Reguiensis, sagt Horanyi), und hierauf auf des Papstes Urban VIII. Geheiss Poenitentiarius zuerst zu Loreto, dann zu St. Petrus in

Rom. In der Dedication seines Rituals an den Papst 1640 nennt er sich selbst prope septuagenarium, und in diesem Altersjahre soll er eine Autobiographie lateinisch geschrieben haben, welche handschriftlich noch vorhanden ist. Er starb im J. 1650. Ausser seinen zahlreichen illyrischen Schriften hatte er mehrere auch in der lateinischen Sprache verfasst und herausgegeben. (Appendini II. 253. Horanyi I. 386.)

Matia Divković (1611), gebürtig aus Jelašci, Franciscaner der Provinz Bosna Argentina, lebte geraume Zeit als Capellan (d. i. Pfarrer) in Sarajevo, hierauf in Kreševo und Olovo, und verfasste hier seit 1609 mehrere Werke religiösen Inhalts. Bartuo Kašić, Bischof von Makarska 1615—1645 (verschieden vom obigen Schriftsteller), war Divković's Gönner und Gehilfe. „Matthaeo Divkovichio Ord. Franc. sodali suo ad plures libellos de rebus sacris illyrico sermone scribendos edendosque in lucem consilium atque operam socialem praebuit; ille vero explanationes suas illyricas in Evangelia totius anni Bartholomaeo dedicavit." (Farlati IV. 196.)

Šiško Gjorgjić (1611), ein Ragusaner, der nach Appendini zu Anfange des XVI. Jahrhunderts (sul principio del 1500) gelebt und geblüht haben soll, wenn nicht, was mir wahrscheinlicher, statt 1500 zu lesen ist 1600, um so mehr, als die bald darauf genannte Schrift Giorgi's im J. 1611 gedruckt wurde, und Appendini's Werk ohnehin von Fehlern und Versehen aller Art, besonders in Jahreszahlen wimmelt. Er war ein gelehrter Theolog und guter lateinischer Dichter. (Appendini II. 323. Anm.) Ich weiss nicht, ob Georgius Ragusaeus bei Farlati VI. 19. nicht dieselbe Person mit Šiško Giorgi ist, dessen Biographie man a. a. O. nachlesen kann.

Ivan Tomko Marnavić oder, wie ihn die slawonischen Schriftsteller durchweg nennen, **Mèrnjavćić** (1612), stammte nach seiner eigenen, etwas verdächtigen genealogischen Ableitung aus einer altadeligen serbischen, nach Slawonien übersiedelten Familie, nach Fortis hingegen ward er zu Sebenico in Dalmatien von geringem Eltern geboren, obwohl er, setzt Fortis hinzu, nachher trachtete seine Herkunft zu veredeln und aus königlichem Geblüt sogar abzustammen vorgab, eine Thorheit, durch die er sich vielen Verdruss zuzog. Seine Jugend verlebte er zu Rom und bildete sich sowohl in den Humanitätswissenschaften als auch in der Theologie tüchtig aus. Nach langem Aufenthalt in Rom wurde er zuerst Titular-Canonicus von Sebenico, dann 1622 Archidiaconus zu Agram, 1631 gar Bischof von Bosnien und 1632 auf Veranlassung des Erzbischofs Pázmány allgemeiner Visitator des von seinem Ordensinstitut abgewichenen und der Verbesserung bedürftigen Paulaner-Ordens. Im J. 1634 stattete er hierüber in Rom Bericht ab und weihte auch 1634 am 8. Oktober das von Pázmány gestiftete Collegium zum heil. Hieronymus ein. Schon früher 1631 hatte man ihm nicht nur das römische Bürgerrecht verliehen, sondern ihn auch zum Reformator auctoritate apostolica der illyrischen Religionsbrüder, wie auch zum Protonotarius apostolicus bestellt. Er starb in Rom zu Ende Decb. 1639. Mit seinen Collegen im Domcapitel hatte er vielen Verdruss, weil er ungeachtet des bosnischen Bischofstitels doch zugleich Lector im Agramer Capitel blieb, und als solcher von Rechtswegen immer anwesend hätte sein sollen, durch andere Geschäfte aber immer anderswohin abgerufen wurde. Schon als Clericus war er zu Rom beim Cardinal Baronius beliebt; weiterhin schätzten ihn die Cardinäle Pázmány, Franz Barberini, Julius Sachetus und andere. Er gab viele Werke in lateinischer Sprache heraus, die man bei Engel II. 149—153 verzeichnet findet; anderes hinterliess er handschriftlich, welches später Farlati u. a. gebraucht haben. (Fortis I. 217. Farlati IV. 80—81. Engel II. 149—153. Ciccarelli 64.)

Ivan Dandulović (1613), gebürtig aus Skoplje in Bosnien (nicht zu verwechseln mit Skoplje in Macedonien), Mitglied des Franciscaner-Ordens der Minoriten, Herausgeber der Episteln und Evangelien (s. unten), lebte meist in Bosnien und Serbien, und verfocht mitten unter den Barbaren die christliche Lehre mit Wort und Beispiel auf das muthigste. (Horanyi I. 113. Assemani IV. 439.)

Petar Palikuća (1614), am Ausgange des XVI. Jahrh. von ehrenhaften und wohlhabenden Eltern auf der Insel Mezzo geboren, genoss den ersten Unterricht bei den Dominicanern auf der Insel und vollendete seine Studien zu Rom in dem adeligen Convicte des Collegium Romanum. In sein Vaterland zurückgekehrt verlegte er sich unter der Leitung der Dominicaner aufs neue auf das Studium der Aristotelischen Philosophie und insbesondere der Physik. Nachdem er in den geistlichen Stand getreten war, wurde er zuerst Pfarrer auf der Insel Mezzo, hierauf aber Lehrer einiger adeligen Jünglinge in Ragusa. Auf Verlangen seiner Landsleute, der Insulaner von Mezzo, wurde er 1604 von dem Erzbischof von Ragusa zum Erzpriester von Mezzo ernannt. Nach zehnjähriger Amtsthätigkeit ward er der Schwierigkeiten, einer Pfarre von 14.000 Seelen vorzustehen, überdrüssig, entsagte freiwillig seiner Stelle und lebte von da an bis zu seinem im J. 1647 erfolgten Tode im Privatstande, ganz der frommen Religionsübung und der schönen Literatur, namentlich der lateinischen Poesie, hingegeben. (Appendini II. 134. 302.)

Matia Albertl (1617), adeliger Abkunft aus Spalato, Archidiaconus daselbst. (Assemani IV. 439. Appendini II. 251.) Bewandert in der Philosophie und in dem römischen und canonischen Rechte, geschätzter Humanist. Er genoss in seiner Vaterstadt viele Jahre hindurch den Ruf eines ausgezeichneten Rechtsanwaltes; zuletzt ergab er sich aber der Alchymie und stürzte sich dadurch ins Verderben. Er starb 1624 im 69. Jahre des Alters. (Ciccarelli 25—26.) Müssen zwei Personen sein, wiewohl Ciccarelli das ill. Offic. diesem zuschreibt.

Paškoje Primović (Pasco Primi) genannt **Latinić** (1617), Ragusaner, Zeitgenosse von Savko Gučetić und Ivan Gundulić, starb im J. 1640. Farlati bemerkt von ihm: „Composuit et typis vulgavit Comoediam, quae Euridice inscribitur, item Carmen de partu Virginis, Cantica ecclesiastica fere omnia et aliquot psalmos illyrico versu donavit." Über seinen Stand finde ich nirgends etwas angemerkt. (Farlati VI. 19. Appendini II. 237.)

Gjurgje Barakovic (1618), gebürtig aus Zara, im übrigen unbekannt. (Stulli. Appendini II. 252.) Weltpriester, in der vaterländischen Dichtkunst hervorstehend. (Horanyi N. Mem. I. 762.)

Oracio Mažibradjć zubenannt **Šuljaga** (vor 1620), Ragusaner, Maro Mažibradić's natürlicher Sohn, erbte zwar das Dichtertalent des Vaters, nicht aber dessen Gold- und Silber-Talente; denn er wurde als uneheliches Kind durch das Municipalgesetz von aller Succession ausgeschlossen. Umrungen von eilf Kindern und von Sorgen für ihre Erhaltung und Erziehung gebeugt befand er sich in einer sehr bedrängten Lage, welcher dadurch nur wenig abgeholfen wurde, dass er als Amtsschreiber in die Dienste des Grafen von Meleda trat. Aber das grosse Aufsehen, welches er in der Einsamkeit auf dieser Insel durch seine trefflichen Dichtungen erregte, gewann ihm nicht nur die Achtung seiner Landsleute, sondern bewog auch seine Gönner Dinko und Martolica Ranjina, Matia Gradi und Dinko Zlatarić, ihn und seine zahlreiche Familie auf das kräftigste zu unterstützen. Er starb um das J. 1620. (Appendini II. 224.)

Bartola Nalješkovic oder **Nale** (vor 1620), ein naher Verwandte des berühmten ragusanischen Dichters Niko Naljesković, war, nach Giorgi, auch selbst ein geschätzter Dichter und Literat. (Appendini II. 223.)

Simun Zlatarić (vor 1620), Patricier in Ragusa, des berühmten Dinko Zlatarić Sohn. Seine Geburt wurde von Didaco Pirro mit einem Epigramm gefeiert; die Prophezeiung, dass er in der Kunst der Musen dem Vater nacheifern werde, ging in Erfüllung. Er lebte in vertrauter Freundschaft mit Ivan Gundulić, dichtete lateinisch und illyrisch, starb aber eines frühzeitigen Todes schon im J. 1620. (Appendini II. 230.)

Valentino Valovic (um 1620), Ragusaner, Ivan Bunić Vučićević's Freund, war von Natur zur Satire gestimmt. Man erzählt, dass er einst wegen eines auf den Protomedicus der Republik gedichteten beissenden Epigramms mit einer dreimonatlichen Haft bestraft wurde. Nichts desto weniger liess er gleich nach seiner Befreiung ein noch weit giftigeres satirisches Sendschreiben in lateinischer Sprache wider denselben drucken. (Appendini II. 224.)

Ivan Gundulić oder ragusanisch **Givo Frana Gundullća** (Giovanni di Francesco Gondola) (1620), nach dem Urtheile aller stimmberechtigten Kenner der Fürst der ragusanischen Dichter, durch Reichthum und hohe Vollendung seiner Dichtungen über alle andere weit hervorragend. Er stammte aus einer altadeligen Familie und ward im Jahre 1588 zu Ragusa geboren. Sein Vater Frano war ein geachteter Senator. Gleich in der zartesten Jugend fing sein reger Geist an sich herrlich zu entfalten, und aus der Tiefe seines Gemüths sprossen zwei grünende Palmen, die der Wissenschaft und der Tugend, üppig empor, welche des grossen Mannes Frühlingsalter mit unverwelklichen Blüthen schmückten, den Herbst des Lebens aber mit reifen und süssen Früchten aller Art erfreuten. Er erwarb sich gründliche Kenntnisse in mehreren Zweigen des Wissens, besonders in dem römischen und vaterländischen Rechte; ausserdem neigte sich sein religiös-mildes, frommes Gemüth naturgemäss zur Gottesgelehrheit. Das eigentliche Streben des reichen Geistes war jedoch vorwaltend auf die Verherrlichung seines geliebten Vaterlandes durch die Künste der Musen gerichtet: Ragusas Ruhm wird mit seinen unsterblichen Dichtungen fortleben. Über sein Leben finden wir weder bei den Zeitgenossen, noch bei den nächsten Nachfolgern befriedigende Aufschlüsse, was man nicht genug beklagen kann. Beide begnügten sich, dem grossen Dichter den Tribut ihrer Huldigung darzubringen, anstatt uns interessante und belehrende Züge aus seinem Leben zu erhalten. Als Patricier verwaltete er mehrere Magistratswürden zur Zufriedenheit seiner Mitbürger. Die Zeit, die ihm von öffentlichen Geschäften und dem Dienste der Musen übrig blieb, verwendete er vorzüglich auf die Erziehung seines Sohnes Šiško. Es war ihm indessen nicht beschieden, die Freude an dem Gedeihen seiner Werke lange zu geniessen. Er starb im J. 1638 nach eben vollendetem 50. Lebensjahre, nicht zu früh für seinen Ruhm,

aber zu früh für die schöne Literatur und für des Vaterlandes
Glanz und Wohlfahrt. Bei einem längern Leben hätte er vielleicht selbst noch mehrere seiner Werke zum Drucke befördert,
und wir hätten nicht Ursache den Verlust so vieler derselben zu
beklagen. Denn in dem grossen Erdbeben und Brand vom
J. 1667, welches ganz Ragusa einäscherte, ging ein grosser Theil
seiner Handschriften zu Grunde, unter denen die Übersetzung
des Tasso'schen Epos der beklagenswertheste Verlust ist. Er selbst
gab bei Lebzeiten nur sehr weniges durch den Druck heraus; die
Wechselfälle, welche bald nach seinem Tode Ragusa und Dalmatien trafen, vereitelten jeden Versuch seine Gedichte zu sam-
meln und herauszugeben. Erst in der neuesten Zeit fing der
Buchdrucker Martellini an, die schon geraume Zeit früher durch
Pjerko Sorgo und Gjanluka Volantić zum Drucke vorbereiteten
Gedichte Gundulić's einzeln herauszugeben. Hoher, sich immer
gleich bleibender Schwung der Phantasie, religiös-milder Sinn,
eine Fülle der herrlichsten Gedanken und Bilder, besonnen kühne
Handhabung der gründlich verstandenen Sprache, unnachahmlicher
Wohllaut und Vollendung des Verses sind die hervorstechend-
sten Eigenschaften, die uns in seinen Dichterwerken unwider-
stehlich ansprechen. (Appendini II. 233—234. Osman I. 1—4.
Leben von Appendini vor der ital. Übers. des Osman, Rag. 1827.)

Ivan Palmotta Dionorić (1620), Patricier in Ragusa, bloss
als Vf. eines kleinen, vor Gundulić's Busspsalmen stehenden
Gedichts bekannt.

Marin Gazarović (1623), stammte aus der Insel Lesina
(Hvar), woselbst einer seiner Nachkommen, Marino Gazzari, noch
heutzutage ein berühmter Rechtsanwalt ist.

Vinko Komneno (1624—1644), Sohn Pietro Komneno's, des
umherirrenden vermeintlichen Erben des Kaiserthums von Tre-
bisonde, wurde in Slano geboren und trat in den Dominicaner-
Orden, als dessen Mitglied er abwechselnd in Neapel, in Spanien und anderen Orten wohnte. Er besass ausnehmend glänzende
Geistesgaben und zeichnete sich in mehrern Fächern der Literatur

vortheilhaft aus; nur tragen seine dichterischen und rednerischen Erzeugnisse die Spur eines entarteten Geschmacks an der Stirn. Der König von Spanien und der Vicekönig von Neapel waren ihm sehr gewogen; durchdrungen von achtungsvoller Dankbarkeit leistete er denselben dafür auf der Flotte wichtige Dienste. Auch Papst Urban VIII. hatte ihn liebgewonnen, und wäre er ehrsüchtig gewesen, so hätte er unter seinem Schutze bald emporsteigen können. Er zog indess in religiöser Demuth vor, auf der betretenen Mittelstrasse zu bleiben. Seine zahlreichen, gedruckten und ungedruckten lateinischen Werke findet man bei Appendini II. 89—90 verzeichnet. Er starb im J. 1667.

Rafail Levaković (1628), gehört der glagolitischen Abtheilung an, wo das Nöthige über ihn bemerkt ist. (I. 156)

Atanasio Georgićević oder, wie er sich selbst schrieb, Georgiceus (1629), aus Spalato gebürtig, im übrigen unbekannt. (Appendini II. 251.) Priester, Mitglied des Collegium Ferdinandeum zu Graz. Er starb zu Agram ums J. 1640. Er war bei K. Ferdinand II. sehr beliebt, der sich seiner zu verschiedenen Gesandtschaften, namentlich an den König von Polen und an den Cár von Russland bediente, und ihn wegen seiner Dienste mit verschiedenen Geschenken und Ehren belohnte. Mehreres hinterliess er handschriftlich. (Ciccarelli 13.)

Anton Kastratović (vor 1630), Ragusaner, aus einer bürgerlichen Familie, Secretär bei dem Senat der Republik für die slawische Sprache, starb im J. 1630. Er war ein sehr geschätzter Dichter. (Appendini II. 310—311. Horanyi N. Mem. I. 634.)

Anton Krivonosić (vor 1630), ebenfalls aus einer bürgerlichen Familie in Ragusa, Zeitgenosse Kastratović's, dem er auch in der Dichtkunst gleichkommt. (Appendini II. 311.) Nach Horany N. Mem. I. 689 starb er im J. 1738, allein es scheint ein Versehen in der Zahl zu sein.

Stjepan Matlević (1630) genannt Solinjanin nach seinem Geburtsort Solina, hzt. Tuzla in Bosnien (oder Solina, kleines Dorf auf den Ruinen von Salona?), Franciscaner der Provinz Bosna Argentina, versah die Stelle eines Capellans in Sarajevo sechs Jahre lang, und arbeitete mehr als 18 Jahre hindurch als Priester in verschiedenen Gegenden Bosniens.

Ivan starji Sara Bunić (Bona) Vučićević (1630), Patricier aus Ragusa, ein angesehener und geachteter Republikaner, den Ab. Gradi in dem Leben Palmotić's einen Mann „multarum artium et consumati judicii" nennt. Als einen solchen erwies er sich in der That nicht nur bei der Verwaltung mehrerer öffentlichen Aemter, sondern insbesondere auch in der Ausübung der Dichtkunst. Er verschied im Jahre 1658. Sein Sohn Nikolica strebte sowohl in den bürgerlichen Tugenden, als auch in den Künsten der Musen dem edlen Muster des Vaters nach. (Appendini II. 236. Horanyi N. Mem. I. 513.)

Luka Kuzmić (1631), Ragusaner, Priester in Lagosta. (Appendini II. 303.)

Simun Omućević (vor 1632), Dominicaner zu Ragusa, von Ambrogio Gozze in s. Catal. scriptor. Dominic. mit Lob erwähnt. (Appendini II. 312.)

Ivan Dàržić oder **Darža** („Darscia" schreibt Appendini) (1637), Ragusaner, Mitglied des Jesuiten-Ordens. (Appendini II. 303.) [Darža und Dàržić ist im Grunde ein Name; desshalb wird umgekehrt Maro Dàržić oft Darža genannt, z. B. Farlati VI. 17.]

Bogdan Bakšić (1638), Mitglied des Franciscaner-Ordens der Minoriten, Custos der bulgarischen Provinz. (Engel III. 463.)

Rafael Gučetić oder **Gozze** (1638), Ragusauer, Mitglied des Dominicaner-Ordens, ein guter lateinischer Dichter. (Appendini II. 303.)

Annibale Lucio (1638), ein Edelmann von der Insel Lesina (illyr. Hvar), wegen seines Dichtertalents sehr beliebt, stand in freundschaftlichen Verhältnissen mit den meisten ragusanischen Dichtern seiner Zeit. (Appendini II. 250.) Der Name Lučić, jetzt insgemein der Familie Bervaldi beigelegt, ist in Cittavecchia noch im Schwunge.

Jerolim Gučetlć oder ragusanisch **Jerolim Rafaela Gučetića** (di Rafaelo Gozze) (vor 1639), Ragusauer, wahrscheinlich ein Geistlicher, huldigte der religiösen Poesie und starb im Jahre 1639. (Appendini II. 310.)

Gjuro de Carls (1639), aus Spalato, Domherr und Erzpriester, Generalvicar 1641, als Humanist und Theolog sehr berühmt, Vf. lateinischer und illyrischer hschrf. Gedichte. Starb in sehr hohem Alter. (Ciccarelli 17. 47.)

Klement Jančetlć (1639) aus Oslje, Priester und Prediger des Franciscaner-Ordens, Vf. eines kleinen Gedichts vor des Karnarutić Vazetje Szigeta grada Ausg. 1639.

Lucido Mancinelli (1639), erwählter Bischof, Vf. eines Gedichts (Sonetts) vor des Karnarutić Vazetje Szigeta grada Ausg. 1639.

Antun Telltenovlć (um 1639), Mitglied des Franciscaner-Ordens. (Stulli). — In der Ausg. 1639 von Karnarutić Vazetje Szigeta grada steht ein ihm, als dem Herausgeber dieses Gedichtes, zu Ehren von dem obgenannten L. Mancinelli gedichtetes Sonett. — Appendini nennt aber eine Ausg. von 1584?

Rajmundo Gjamanjić (Zamagna) (1639), Ragusauer, Priester des Dominicaner-Ordens, ausgezeichnet durch philosophische und theologische Bildung, beredter Kanzelredner, starb im J. 1644. (Appendini II. 302.)

Anton Sassio (um 1640), Ragusaner, Zeitgenosse des Paškoje Primović u. a.; im übrigen unbekannt. (Appendini II. 284.)

Ivan Ivanlševlć (1642), aus einem adeligen Geschlechte zu Dol auf der Insel Brazza (Brač), Doctor der Rechte und der

Theologie, Domherr und General-Vicar von Lesina (Hvar) und Brazza; ein geistreicher, gebildeter, zu seiner Zeit sehr geachteter Mann, einer der trefflichsten Sänger unter den Dalmatinern. (Appendini II. 252.) Er wurde im Jahre 1608 geboren und starb 1665. Als Jüngling wurde er von dem Bischof von Lesina in das Collegium von Loreto geschickt, wo er mit Erfolg studierte und Doctor beider Rechte wurde. Nach seiner Rückkehr ins Vaterland wurde er Domherr bei der Cathedrale von Lesina, hierauf Generalvicar und endlich, nach Aufgebung des Canonicats, Pfarrer in seinem Geburtsort, so wie auch Abt zu Polje. Er hinterliess mehrere handschriftliche Werke, darunter auch Poesien, welche noch von Dellabella benutzt wurden und nun unbekannt sind. (Ciccarelli 55.)

Frano Radalja (Radaglia) (um 1646), Ragusaner, Verfasser von Dramen, über dessen Lebensumstände Appendini (II. 288) keine Nachrichten gibt. Der ebendaselbst (117. 213.) als Liebling des Papstes Sixt V. und als geschickter Bildhauer gepriesene Franciscaner des Convents von Slano ist wohl eine von dem Dramendichter verschiedene Person?

Pavao Posilović (1647) aus Glamoč in Bosnien, Mitglied des Franciscaner-Ordens der Provinz Bosna Argentina, zuletzt seit 1642 bis ungefähr 1664 Bischof von Scardona in Dalmatien Er war ein fleissiger illyrischer Schriftsteller. Als Franciscaner hielt er sich viele Jahre in Bosnien auf, und arbeitete eifrig an der Verbreitung des Evangeliums unter dem Volke, für welches er auch das Büchlein Flos virtutum aus dem Italienischen übersetzte. (Farlati IV. 28—29.)

Jakob Mikalja (Micalia) (1649), Priester des Jesuiten-Ordens, bekannt als illyrischer Lexicograph; nähere Angaben über seine Lebensumstände fehlen.

Jacinto Cemini (nach Dolci, Appendini u. Horanyi) oder **Komenius** (nach Stulli) (um 1650—1700?), aus Ragusa, Mitglied des Dominicaner-Ordens. (Appendini II. 302.) Er war ein geschätzter Kanzelredner und starb im J. 1703. (Horanyi N. Mem. I. 635 aus Dolci.)

Andria Zmajevic (nach 1650) stammte aus einer bürgerlichen Familie in Perasto, studierte im Collegium der Propaganda zu Rom und gewann durch seine Fähigkeiten und seinen Fleiss bald die Zuneigung der Vorgesetzten. Er wurde Doctor der Philosophie und Theologie und Professor am Collegium. Im J. 1656 wurde er von der Congregation als Operarius apostolicus nach der damals von den cattarer Bischöfen administrirten Diocese von Risno zugleich mit dem speciellen Auftrage abgesendet, über den Zustand der Kirche regelmässige Berichte an die Congregation einzuliefern. Gleichzeitig wurde er Abt und Pfarrer zu St. Georg in Perasto, später auch Vicarius apostolicus von Budva und electus Commissarius Sanctae Sedis. Im. J. 1671 Mon. August wurde er zum Erzbischof von Antivari und Djoklea und Primas von Serbien ernannt und von dem Erzbischof von Durazzo Gerard Galata feierlichst dazu geweiht. Zum Andenken dieser Feierlichkeit und aus Dankbarkeit gegen den geachteten Abt liessen die Peruster ein Elogium auf denselben in Marmor eingraben und in der Kirche aufstellen, welches man bei Farlati VI. 507—508 lesen kann. Vom J. 1689 hat man Briefe an Ab. Pastrizio von ihm, und vielleicht war er noch 1694, in welchem Jahre seine handschriftliche Kirchengeschichte die Approbation der Censur erhielt, noch am Leben. (Farlati VI. 504—508. Assemani IV. 413. Engel III. 467. Appendini Memorie 51—52.)

Ivan Gucetic oder **Gozze** (1652) aus Ragusa, war anfangs Mitglied des Jesuiten-Ordens, trat aber nach zwölf Jahren aus demselben, kehrte in seine Geburtstadt zurück und widmete sich ganz der Literatur. Er war eben so gut bewandert in der Theologie als in den philosophischen und andern weltlichen Disciplinen. Seine Lieblingsbeschäftigung machten indess die schönen Wissenschaften, besonders die lateinische, italienische und illyrische Dichtkunst aus. Er dichtete mit Glück in allen diesen drei Sprachen. Bei dem schrecklichen Erdbeben 1667 fand er seinen Tod, und man erzählt, dass seine Mutter vor Schmerz über den grässlichen Anblick des unter grauenvollen Qualen verschiedenen Sohnes dahinstarb. Abt Ignazio Giorgi schrieb zum Andenken dieses Ereignisses ein Gedicht, welches mit folgendem Distichon schliesst: Quacuam ultra, o miseri, restant solatia, cives, In nos si pietas pugnat et hostis amor? (Appendini II. 238.)

Petar Gaudencio oder **Radovčić** (1657), aus einer unter den bürgerlichen angesehenen alten Familie in Spalato, Presbyter in seiner Vaterstadt, von Papst Urban VIII. im J. 1636 auf den Bischofsstuhl von Arbe erhoben, auf welchem er bis zu seinem Todesjahre 1664 zur grossen Zufriedenheit der römischen Curie und zum Heile des seiner religiös-geistlichen Obhut anvertrauten Volkes sass. Mehreres über sein bischöfliches Walten siehe bei Farlati V. 281—282. (Ciccarelli 29.)

Gjona Palmolté oder **Palmotta** (1657). Patricier aus Ragusa, geboren im J. 1606 von Gjorgje Palmotić und Ursula Gradi. Er erhielt von der Natur ein ganz für die Poesie geschaffenes Gemüth. Seine Lehrer im Lateinischen waren die zwei Jesuiten Camillo Gori und Ignazio Tudisi, ein Verwandte von ihm, in der Philosophie aber und im bürgerlichen Rechte sein Oheim Mihajlo Gradi, ein sehr gelehrter und weiser Mann. Nach vollendeten Studien fing Gjona an, die lateinische Dichtkunst mit Eifer auszuüben: er sah indess bald ein, dass es äusserst schwer sei, sich mittelst derselben einen grossen Namen zu erwerben, und warf sich mit der ganzen Kraft jugendlicher Begeisterung auf die Bahn der vaterländischen Poesie, auf welcher er seinen Vetter Ivan Gundulić mit so vielem Ruhme voranschreiten sah. Er entwickelte bald, besonders im Dramatischen, ein so glänzendes Dichtertalent und eine solche Fertigkeit in der Verskunst, dass er dadurch alle in Staunen setzte. Oft pflegte er, nachdem er seinen Stoff zum Drama überdacht und mit seinen Freunden Mihajlo Gradi und Ivan Serafina Bunića berathen hatte, das ganze Stück aus dem Stegreif, im Auf- und Abgehen, den betreffenden Jünglingen, welche es aufführen sollten, zu dictiren. Das Ausarbeiten eines Drama kostete ihn gewöhnlich nicht mehr Zeit, als die Schauspieler das Erlernen desselben. Doch seine Stärke bestand nicht im Dramatischen allein; er verfasste bei verschiedenen Gelegenheiten eine solche Menge Oden, Lieder u a. Gedichte, dass man dieselben, wenn sie alle beisammen noch vorhanden wären, mit Mühe für Erzeugnisse eines Mannes halten könnte. Gegen Ende des Lebens wandte er sich ganz der religiösen Muse zu und dichtete die Christiade. Sein Tod erfolgte im J. 1637; er hatte mit seinem Freunde Gundulić ein gleiches Alter von kaum 50 Jahren erreicht. Abbate Gradi schrieb einen Commentar „de vita, ingenio et studiis Junii Palmottae" und setzte ihn der nach dem Tode des Dichters gedruckten Christias 1670 vor. (Appendini II. 235—236.)

Jure Habdelić (1662), Priester des Jesuiten-Ordens, gehört im übrigen in die kroatische Abtheilung, hier nur wegen der ascet. Schrift „Zarcalo Marinsko" erwähnt.

Lovro Starčević (vor 1663), Ragusauer, Weltpriester, starb im J. 1663. Er dichtete, nach Cerva, geistliche Lieder. (Appendini II. 310.)

Petar Kanavelić (Canavelli) (1663), Patricier, geboren au der Insel Curzola zu Anfange des XVII. Jahrh., begab sich als Jüngling nach Ragusa und fasste hier eine entschiedene Vorliebe für die illyrische Poesie. Nachdem er daselbst eine Ragusanerin geheirathet und sich dadurch mit mehreren wohlhabenden Familien verschwägert hatte, lebte er abwechselnd in dieser Stadt und in seiner Heimath, von allen angesehenen Literatoren seiner Zeit geachtet und geliebt. Er componirte, besonders für den Kreis seiner Freunde, Dramen und half sie selbst aufführen. Er starb im J. 1690. In einem handschriftlichen illyrischen Gedichte auf den h. Johannes, Bischof von Traù, und die Einnahme von Zara unter Kg. Koloman nennt sich Kanavelić einen Edlen von Corzola und Pharia.

Gjuro Križanić (1665), gebürtig aus Bosnien aus der Gegend von Dubica, Ozlje und Ribnik, zwischen den Flüssen Kupa und Vuna (im sogenannten Türkisch-Kroatien), römisch-katholischer Priester, verlebte seine Jugendjahre in der Heimath, gerieth dann, man weiss nicht wann und wie, nach Russland, lebte hier geraume Zeit und trieb mehr als zwanzig Jahre hindurch das Studium der slawischen Sprache mit Eifer. Endlich traf ihn, man weiss ebenfalls nicht warum, das harte Loos der Verbannung nach Sibirien, wohin er zugleich mit dem Hespodiakon Theodor verwiesen ward. In Sibirien beendigte er seine illyrische Grammatik. Er lebte daselbst noch im J. 1675, und zwar in Tobolsk, wie man aus einer andern Handschrift desselben ersieht. Seine weiteren Schicksale und sein Todesjahr sind unbekannt. Seine handschriftliche illyrische Grammatik, in Tobolsk im J. 1665 geschrieben, ist schon in dieser Hinsicht eine wundersame Erscheinung und verdient auch ihres Gehalts wegen volle Beachtung. (Vgl. Kalajdović Joann Exarch. S. 120—123.)

Vladjo starji Minčetić oder ragusanisch **Vladjo starji Jera Minčetića** (**Vladislao di Girolamo Menze**) (1665), Patricier aus Ragusa, starb im J. 1665. Sein Geschmack ist, nach Appendini, besonders in dem Heldengedicht, bei sonst vielem Feuer und hohem Schwung der Phantasie, nicht rein und correct genug. (Appendini II. 237.)

Šiško mladji Minčetić (Menze) Vlahović, Ragusaner, ein Sohn des ebengenannten, versuchte sich im Drama und ist uns seinen übrigen Lebensumständen nach unbekannt. (Appendini II. 312.)

Vinko Pućić (Pozza) genannt **Soltan** (vor 1667), aus einer gleichnamigen patricischen Familie in Ragusa, welche ursprünglich aus Cattaro abstammte, gelangte als Mathematiker und Astronom, besonders nach dem Tode des trefflichen Marino Getaldi (1627) zu einem grossen Ruhme. Die vaterländischen Schriftsteller Ragusas beklagen deshalb sehr den Verlust seiner Schriften in diesem Fache. Das Andenken seiner Kenntnisse auf diesem Gebiee hat sich indess ungeschwächt erhalten, und wird noch immer durch eine fortlebende Tradition aufgefrischt, der zufolge er das grosse Erdbeben vom J. 1667 aufs bestimmteste vorausgesagt haben und in Hinblick darauf mit freudiger Ergebung gestorben sein soll, um nicht Zeuge des Unterganges seines Vaterlandes sein zu müssen. Das Volk schrieb diese Voraussage theils seinen physikalisch-astronomischen Kenntnissen, theils einer besondern prophetischen Gabe zu. Seinen dichterischen Erzeugnissen wurde längere Dauer zu Theil. Er dichtete nicht nur in illyrischer, sondern auch in lateinischer und italienischer Sprache. Uns gehen unmittelbar nur seine illyrischen Gedichte an. Farlati schreibt ihm zwei Dramen zu: duas comoedias carminibus illyricis composuit vulgavitque: altera Giuliza, altera Sifronium inscribitur. Appendini kennt nur eine, die er Olinto e Sofronia nennt. (Appendini II. 238. Farlati VI. 18.)

Baro (Bartolomeo) Betera (1667), aus einer bürgerlichen Familie in Ragusa, widmete sich nach vollendeten Schulstudien dem Kaufmannsstande und verwaltete später nebenbei mehrere Aemter in seiner Vaterstadt. Trotz der vielen mit seinem Berufe und Stande verknüpften Geschäfte wusste er dennoch auch für den Dienst der Musen, dem er sich mit Eifer weihte, Zeit zu gewinnen. Die beste Gelegenheit, seine männliche Seele in ihrer ganzen Trefflichkeit zu zeigen, bot ihm indess die Einäscherung Ragusas durch das grosse Erdbeben und den darauf folgenden Brand 1667 dar. Er war es, der die Bewachung des sacro monte della pietà übernommen, in einem Augenblicke, wo sich die kostbarsten Ueberreste des öffentlichen und Privat-Eigenthums daselbst befanden, die aus der allgemeinen Verwüstung gerettet wurden. Er starb in einem hohen Alter im J. 1712. Von seinen zwei Töchtern war Paola Mutter des grossen Ruggiero Bošović und erreichte ein Alter von 103 Jahren, Maria verheirathete Dimitri aber zeichnete sich als Dichterin vortheilhaft aus und starb im 90. Jahre des Alters. (Appendini II. 238—239. Horanyi N. Mem. I. 456—457.)

Nikolica Bunić (Bona) Vučićević (1667), Patricier zu Ragusa, Ivan Bunić Vučićević's Sohn, zu Anfange des XVII. Jahrh. geboren, erhielt von der Natur herrliche Geistesgaben und unter Leitung seines Vaters die trefflichste Erziehung. Sein Leben fiel in die Periode des beginnenden Verfalls von Ragusa, und er war der erste unter den wenigen Edlen, welche mit Hintansezzung aller irdischen Vortheile ihren Ruhm einzig in der Erhaltung des Vaterlandes suchten. Er entfaltete frühzeitig eine solche Fülle von Kenntnissen, Reife des Urtheils und Gewandtheit in der Geschäftsführung, dass ihm bald die wichtigsten Functionen von dem Senate übertragen wurden. Zweimal wurde er an die Pforte mit wichtigen Aufträgen abgesendet. Gegen die Beschwerden der Reise, so wie gegen die Unannehmlichkeiten, welche mit seiner Stellung als Gesandter am osmanischen Hofe verbunden waren, suchte er Trost und Linderung in der vaterländischen Poesie, die er meisterhaft handhabte. Zur Zeit der Verwüstung Ragusas 1667 rettete er mit wahrer Selbstaufopferung die Trümmer des öffentlichen Gutes, und der Gedanke, das Vaterland wieder herzustellen, erfüllte von da an seine ganze Seele. Mitten unter seinen und seiner Freunde löblichen Bemühungen bedrohte ein neues Ungewitter die Existenz der Republik. Kara Mustafa, der goldgierige und grausame Grossvezier Muhammed IV., schwor Ragusa den Untergang. Die ersten Abgesandten des Senats richteten in Constantinopel nichts aus. In der allgemeinen Bestürzung erbot sich Nikolica nebst Marino Gozze freiwillig zu einer Sendung zum Pascha von Bosnien, dem Schergen Kara Mustafa's, dem Dränger Ragusas. Kaum angelangt, wurde er auf Geheiss dieses Ungeheuers gefesselt und nach Silistria zum Grossvezier geschleppt, der ihn mit Ketten beladen und in einen tiefen, feuchten Kerker werfen liess. Nikolica's Natur erlag unter diesen Misshandlungen; er hauchte seine grosse Seele in Ketten zu Silistria aus 1678. Der Senat ehrte sein Andenken durch eine rührende Inschrift. Nach der Wiederherstellung Ragusas schrieb er (1671) zum Behufe der vaterländischen Rechtspflege: Praxis judiciaria juxta stylum Curiae Ragusinae, gedruckt zu Ragusa 1784, ferner Descriptio Ragusanae ditionis, ein sehr bündiger geographischer Aufsatz, von Michael Sorgo sammt dem Commentariolus von Tubero 1790, 4" herausgegeben. Das erste Werk wurde zu seiner Zeit sehr geschätzt. Als Dichter erreichte Nikolica seinen Vater nicht, steht indess auch nicht weit unter ihm. (Appendini II. 104—106, 236. Farlati VI. 20. Horanyi N. Mem. I. 515.)

Saro Bunič (Bona) (um 1670 fl.), Bruder des obigen, widmete sich mit grossem Ruhme der religiösen Dichtkunst. Ausser den Lobgedichten auf die h. Rosa und Katharina und ausser mehreren metrisch übersetzten Psalmen liest man von ihm ein Epigramm vor dem Officium der h. Jungfrau Maria von J. Aquilini 1689. Er ward im J. 1633 geboren und starb 1721 am 9. März. (Horanyi N. Mem. I. 515—516. Stulli. Bei Appendini fehlt dieser Schriftsteller.)

Jakobica Palmotić (Palmotta) genannt Dionorič (vor 1670), Patricier in Ragusa, ein Mann von grossem Ansehen und wohlthätiger vaterländischer Wirksamkeit. Er verrichtete mit Marino Ranjina eine Gesandtschaft an die Pforte und hierauf 1664 eine zweite an Papst Alexander VII., diese letztere um die Republik gegen die Beschuldigungen des Erzbischofs Francesco Perotti zu rechtfertigen. Sowohl in diesen beiden Gesandtschaften, als auch in andern wichtigen Aemtern, welche er bekleidete, bewährte er sich als einen Mann von grossen Fähigkeiten, reifem politischen Urtheil und umsichtsvoller Klugheit; insbesondere leuchtete seine Menschenliebe und sein Patriotismus hellauf bei und nach der Einäscherung Ragusas 1667, an dessen Wiederherstellung er, vereint mit den wenigen übriggebliebenen Vaterlandsfreunden, unermüdet arbeitete. Er starb, nach Cerva, im J. 1670, nach Dolci aber 1680. Die Stunden, welche ihm von Amtsgeschäften übrigblieben, widmete er am liebsten der Poesie. (Appendini II. 236.)

Gjorgje Palmotić (Palmotta) (vor 1670), Patricier zu Ragusa, Bruder des berühmten Gjona Palmotić, des Sängers der Christias, dichtete mit Leichtigkeit und Eleganz. Eine andere

Probe seines gebildeten Geistes gab er in der schönen Dedication des Werkes seines Bruders, welches er auflegen liess, an den Cardinal Francesco Barberini. Mit den Triumviren Gjona, Jakobica und Gjorgje Palmotić erlosch das alte, an berühmten, um die Republik hochverdienten Männern reiche patricische Geschlecht Palmotta zu Ragusa. (Appendini II. 236.)

Ivan Zadranln (1670) aus Zara, wie der Beiname anzeigt, Mitglied des Franciscaner-Ordens; im übrigen unbekannt. (Appendini II. 252.) (Nach dem Titel eines Buches hätte derselbe schon 1602 gelebt, wenn die mir geschickte Abschrift richtig ist. — Es ist ein Druckfehler: MDCII statt MDCCII.)

Vinko Balać (1672) aus Ragusa, geboren 1640, Priester der Gesellschaft Jesu und eifriger Missionär, starb zu Constantinopel 1676. Er schrieb auch italienisch. (Horanyi N. Mem. I. 256—257.)

Ivan Anćić oder **Anić** (**Anicius**) (1678), gebürtig aus dem Bisthum Duvno in Bosnien, Mitglied des Franciscaner-Ordens der Minoriten, zeitweiliger Lector, Prediger in der bosnischen Provinz. Er schrieb auch lateinisch: Thesaurus indulgentiarum im J. 1775 noch ungedruckt. (Ochievia. Horanyi I. 30.)

Agustin Flavio Macedonić (1679), gebürtig aus Breno, Priester des Franciscaner-Minoriten-Ordens, im Jänner 1681 zum Bischof von Stagno erhoben, starb schon im November des folgenden Jahres 1682 zu Rom. Dolci bemerkt von ihm folgendes: Brenensis patria, se a loco, qui nobis Srebarno, vocitavit Flavium, uti etiam dici voluit Macedonich ab illyrico cognomine Arbanassin. Ante conciones de adventu Patris Vitalis Andriasii exstant in hujus laudem duo ipsius epigrammata, Hispanicum unum, Illyricum alterum, quin et elogium Hispanice contextum Leopoldo de Kollonich, cui praedictae oblatae conciones. (Appendini II. 310. Farlati VI. 359.)

Šiško Gundulić oder **Gondola** (vor 1682), Patricier in Ragusa, des unsterblichen Sängers Ivan Gundulić Sohn. Er ward zuletzt Rector der Republik und starb im J. 1682. Die Gabe

der Dichtkunst hatte er vom Vater geerbt und bediente sich
ihrer mit Erfolg. Abt Giorgi, Dellabella, Cerva und Dolci loben
einstimmig seine Gedichte, die indess seitdem grösstentheils
in Verlust gerathen sind. Das herrliche Talent der Dichtkunst
lebte in seinem Sohne Ivan kräftig fort, wie unten bemerkt
werden soll. (Appendini II. 234.)

Stjepo Cosmo (Stephanus Cosmus) (1683), Erzbischof von
Spalato. Er wurde im J. 1629 zu Venedig geboren. Nachdem
er die grammatischen, rhetorischen und philosophischen Studien
in dem Patriarchalseminarium der Congregation de Somascha
absolvirt hatte, trat er selbst in diesen Orden. Er vollendete
hierauf die höhern wissenschaftlichen Studien in Rom und Mailand, und wurde nach seiner Rückkehr als Lehrer beim Seminarium seines Ordens angestellt. Hier zeichnete er sich besonders
als Redner aus, und wurde schnell von Stufe zu Stufe gehoben.
Im Jahre 1674 erhielt er die Dignität eines Vicarius generalis.
Im Jahre 1678 wurde er vom Papst Innocenz XI. zum spalater Erzbischof ernannt, welche hohe Würde er indess erst
im J. 1682 antrat. Gleich auf der ersten von ihm 1683 abgehaltenen Synode wurden mehrere wichtige Beschlüsse gefasst,
welche auf seinen Befehl durch den Druck veröffentlicht und
später (1699) auch von Nikola Blankovič, erzbischöflichem Auditor und Generalvicar, ins Illyrische übersetzt wurden. Seine
übrigen Verdienste um die Kirche findet man ausführlich bei
Farlati (III. 516—532) auseinandergesetzt. Er starb im Jahre
1707. Als Lehrer am Seminarium der Congregation de Somascha
liess er mehrere rhetorische und philosophische Schriften drucken·
Für den Unterricht des illyrischen Volkes in der Religion war
er eifrig besorgt. Nicht lange nach der Besteigung des erzbischöflichen Stuhls liess er zwei in der slawischen Sprache wohlbewanderte Kapuciner aus Steiermark kommen, um durch sie
die Morlachen im Christenthum unterrichten zu lassen· Später
berief er den Jesuiten Dellabella aus Italien zu sich, unterstützte ihn auf das freigebigste und veranlasste ihn, das Wörterbuch der illyrischen Sprache auszuarbeiten. Er gründete das
Clerical-Seminarium zu Spalato. (Farlati III. 516—532.)

Mihajlo Radnić (1683), nach seiner eigenen Angabe aus dem Bacser Comitat, vielleicht aus Bacs selbst (er nennt sich überall Bacsanin), nach Horanyi hingegen (III. 110) im J. 1636 in der erzbischöflichen Stadt Kolocsa geboren, trat nach beendetem humanistischen Studiencurse in den Franciscaner-Orden der Minoriten, wurde nach und nach Lector generalis, Minister provincialis und Custos der Provinz Bosna Argentina (1685—1690), desgleichen auch Guardian im Kloster zu Ofen. Im Jahre 1683 hielt er sich zu Rom auf, wie man aus dem Datum der Vorrede zu einem seiner Werke sieht. Trotz seiner grossen Gelehrsamkeit und exemplarischen Frömmigkeit fehlte es ihm dennoch auch an Neidern und Widersachern nicht, deren Angriffe er jedoch siegreich zurückschlug. Ks. Leopold I. ernannte ihn darauf zu seinem Hoftheologen. Er starb zu Ofen im J. 1704. (Pavić p. 61. 231. Horanyi III. 110.)

Petar Toma Bogašinović (1684), Ragusaner, eines verdienstvollen, nicht ungelehrten Arztes Sohn, vertauschte die eine Zeit lang ausgeübte Barbierkunst schon im vorgerückten Alter mit der Kunst der Musen, die ihm indess eben nicht sehr hold gewesen zu sein scheinen. Er lebte zuletzt als Amtsschreiber auf der Insel Lagosta und machte von da aus häufige verunglückte Ausflüge nach dem Pindus. Seinem erzählenden Gedichte: *Obkruxenje grada Becsa* (die Belagerung der Stadt Wien) kommt nur ein sehr untergeordneter Werth zu. Gleichwohl fanden seine poetischen Producte auch ihre Liebhaber. In zwei der Erzählung vorgesetzten Epigrammen wird Bogašinović's Dichtertalent gepriesen; nur in dem dritten, welches seinen Vater zum Vf. hat, wird er ernstlich gemahnt, den Musendienst aufzugeben. Sein Todesjahr ist unbekannt. (Appendini II. 239—240. Horanyi N. Mem. I. 502—503.)

Mihajlo Pozza (vor 1685), Ragusaner, zuerst Mitglied des Dominicaner-Ordens, hierauf Pfarrer und Domherr in Ragusa, war ein fleissiger ascetischer Schriftsteller; starb 1685. (Appendini II. 302.)

Vitale Andriaši oder **Andriašević** (1686), Ragusaner, Priester des Franciscaner-Ordens und Concionator generalis, von welchem Farlati sagt: plurimas ac eruditissimas partim Illyrico, partim Italico sermone compositas edidit conciones per ferias solemnis jejunii et adventus Dominici habitas, et alias praeterea doctrina ac eruditione refertissimas. (Farlati VI. 18. Appendini II. 303.) Er starb im J. 1688. Mehreres über ihn und seine Schriften s. bei Horanyi N. Mem. I. 96.

Sljepo Giorgi zubenannt **Giman** (1686), Ragusaner, starb hart am Ausgange des XVIII. Jahrh. Er huldigte den Musen im illyrischen Gewande und hinterliess viele Gedichte ungedruckt. Seine Uebersetzung der Busspsalmen gab Bogašinović heraus. (Appendini II. 238. 240.)

Marin Orbini (vor 1687), Ragusaner, Secretär der Republik, starb im J. 1687. Dolci lobt ihn als einen sehr eleganten Schriftsteller in italienischer und lateinischer Sprache. Man hat von ihm lateinische Gedichte, Briefe, Reden u. a. (Appendini II. 308.)

Bernardin Giorgi (1687), Ragusaner, zuerst Mitglied des Jesuiten-Ordens, hierauf Domherr, starb im J. 1687. Er schrieb einiges in lateinischer Sprache, wie die Denkmäler der ragusanischen Cathedrale, das Leben des ragusanischen Erzbischofs Perotto, Briefe u. s. w. Uns ist er als Sammler von illyrischen Sprichwörtern bemerkenswerth. (Appendini II. 311.)

Ivan Luka Antica (Antizza) (vor 1688), Ragusaner aus einer bürgerlichen Familie, erlangte die juridische Doctorswürde in Italien, und hielt sich darauf mehrere Jahre lang als Geheimschreiber bei dem Hospodar der Walachei auf. Nachdem er von da in sein Vaterland zurückgekehrt war, wurde er als Secretär bei der Republik angestellt. Seine Lustspiele und andere Gedichte fanden zur Zeit ihres Erscheinens vielen Beifall zu Ragusa, sind aber jetzt verschollen. Er starb im Jahre 1688. (Appendini II. 284.)

Ignacio Aquilini (1689), Ragusaner, Mitglied des Dominicaner-Ordens. (Horanyi N. Mem. I. 178. Stulli).

Bernardin Sorgo (1693), Ragusaner, Mitglied des Benedictiner-Ordens, ein wegen seiner Weisheit und Rechtschaffenheit sehr geschätzter Priester, starb im J. 1719. (Appendini II. 304.)

Nikola Blanković (Blanković) (1699), geboren zu Spalato im J. 1645, erlernte die Elemente der Wissenschaften in seiner Heimath unter elterlicher Aufsicht, und äusserte schon in der Jugend einen gesetzten, von allem Leichtsinn und Muthwillen entfernten, zur Gottesgelehrtheit geneigten Sinn. Diesem innern Berufe folgend trat er in seinem 15. Jahre in den geistlichen Stand und wurde von dem damaligen Erzbischof von Spalato Leonard Bondumerius an das Collegium Lauretanum Illyricum abgeschickt, um dort seine Studien zu vollenden. Hier studierte er Philosophie und Theologie sieben Jahre lang, und kehrte als Doctor beider Disciplinen nach Hause. Nun ward er 1668 zuerst Pfarrer in dem erzbischöflichen Schlosse Susurac, hierauf Domherr und Lehrer der Theologie in Spalato. Um das Jahr 1678 gründete er die Congregation des heiligen Philipp von Neri. Er verliess eine Zeit lang das Capitel, dessen Poenitentiarius er war, und lebte zuerst als gemeiner Bruder, dann als Praepositus in dem von ihm errichteten Institute. Auf vielfältiges Drängen der Collegen im Capitel nahm er jedoch später seinen Sitz in demselben wieder ein, und behielt einstweilen auch die Leitung der Congregation. Der Erzbischof Stephan Cosmus ernannte ihn 1684 zum Auditor ecclesiasticis controversiis dirimendis und zum Generalvicar. Im J. 1685 wurde ihm die Administration der Bisthümer von Makarska, Scardona und Duvno anvertraut; er unterzog sich der Erfüllung der mit dieser schwierigen Stelle verbundenen Pflichten mit ausdauernder Seelenstärke. Im J. 1695 wurde er von dem venezianer Senat zum Bischof von Makarska ernannt; es währte indess bis zum J. 1698, ehe er in dieser Würde vom Papste bestätigt wurde und die Verwaltung des Bisthums förmlich antrat. Als Bischof war er für das Seelenheil seiner geistigen Kinder unablässig besorgt, und es gränzt fast an das Wunderbare, was er in dieser Hinsicht unternommen und ausgeführt hat. Er starb 1730 im 85. Lebensjahre. (Farlati III. 513—514. 518. IV. 198—203. Ciccarelli 22—27.)

Petar Valetić (zw. 1650—1705) war, nach Stulli, Priester zu Castelnuovo (Kasteljanin), seine übrigen Schicksale sind unbekannt. In T. Babić's Cvit razlika mirisa duhovnoga 3. Ausg. Ragusa 1829. 4". 3. Abth. S. 144—167 steht von ihm ein erzählendes Gedicht: Josip pravedni, in 4 Gesängen.

Frano Getaldi (zw. 1600—1700), höchst wahrscheinlich ein Geistlicher. (Appendini II. 310.)

Vlaho Squadri (zw. 1690—1700), Ragusaner, Priester zu Kalamota, der sich gegen Ende des XVII. Jahrh. am Hofe des Erzbischofs von Ragusa rühmlichst auszeichnete. (Appendini II. 274.)

XVIII. Jahrhundert.

Folgende neun Schriftsteller, deren Schriften zwar Stulli und Appendini beiläufig namhaft gemacht haben, über deren Zeitalter mir jedoch alle Nachrichten fehlen, scheinen im Allgemeinen theils am Ausgange des XVII., theils in der ersten Hälfte des XVIII. Jahrh. gelebt zu haben.

Jakob Armolušić aus Sebenico in Dalmatien, studierte unter seinem gelehrten Landsmanne Carl Verantius und machte glänzende Fortschritte in den Wissenschaften. Vor allem aber zeichnete er sich in der Dichtkunst aus und hinterliess mehrere Gedichte, darunter ein gedrucktes: *Slava xenska, sprotivni odgovor* **Glarova Armolusicha** *Scibenicsanina cvitu scestomu Iv. Ivaniscevicha. Patavii . . . . 4."* (Horanyi N. Mem. I. 184.) Nach dem J. 1642, indem das Gedicht eigentlich dem Cvit scesti des Ivan Ivanišević: Od privare i zle naravi xenske entgegengesetzt ist.

Kavčić (Caucich), Mitglied des Benedictiner-Ordens auf der

Insel des h. Andreas unweit Ragusa (na otoku S. Andrie izvan kolocepa u Dubrovniku). (Stulli.)

Jerolim Kavanjin (Cavagnini), Doctor, Patricier zu Spalato. (Appendini II. 251. Stulli.)

Vlaho Letanié, Ragusaner, Mitglied des Franciscaner-Ordens. (Stulli.)

Ivan Petar Marći (Marci?), Patricier zu Spalato. (Stulli.)

Frano Natalis, ein Spalater. (Stulli.)

Ivan Šimunovié, ragusaner Priester. (Stulli.)

Matia Viteleski (Vitellescus), Mitglied des Jesuiten-Ordens. (Stulli.)

Ivan Zanotti, Domherr zu Zara. (Stulli.)

Vinko Petrović (1700 ff.), Ragusaner, geboren im J. 1677, stammte aus einer bürgerlichen Familie und erwarb sich durch seinen Eifer im Dienste der Republik, sowie durch sein poetisches Talent bleibenden Ruf in seinem Vaterlande. Er studierte die rhetorischen und philosophischen Wissenschaften bei den Dominicanern, und wollte sich eben der Theologie weihen, als er von seiner Bahn abgelenkt und dem bürgerlichen Leben zugewendet wurde. Er trat in den Ehestand und ward Amtsschreiber bei der Republik. Schon in der frühesten Jugend zeigte er eine unwiderstehliche Neigung zur lateinischen Poesie; nicht lange darauf fing er auch an im Italienischen und Illyrischen zu dichten. Er war eines der vorzüglichsten Mitglieder der damals in Ragusa unter dem Namen der Accademia degli Oziosi bestehenden Gelehrtengesellschaft. Seine zum Theile sehr trefflichen lateinischen Gedichte haben sich ungedruckt erhalten; aber die vollendete illyrische Uebersetzung des Tasso scheint leider gänzlich in Verlust gerathen zu sein. Er starb 1754 im 77. Jahre seines Lebens. (Appendini II. 149—150.)

Maria Dimitri geborne Betera (1700 ff.), des oben angeführten ragusanischen Dichters Baro Betera Tochter, eine mit hellblickendem Verstande und frommem Tiefgefühl ausgestattete, gebildete Frau und eine gelehrte Dichterin. Sie wurde um das J. 1674 geboren und starb im J. 1764. Sie dichtete zartsinnige moralische und religiöse Hymnen. (Appendini II. 239. Horanyi N. Mem. I. 457.)

Jakob Natali oder **Nadall** (um 1700), Ragusaner, über dessen Lebensumstände nähere Auskunft fehlt, dichtete, nach Dolci, mit Geschmack und Eleganz. (Appendini II. 239.)

Frano Lallé (1702), Ragusaner, des h. römischen Reiches Graf, starb 1722. Im J. 1704 machte er ein lateinisches Gedicht in Ancona durch den Druck bekannt; auch setzte er den Busspsalmen von Betera (1702) einige Epigramme vor. (Appendini II. 308.)

Vinko Dudan (st. 1703), aus Spalato, Priester des Dominicaner-Ordens, zweimal Provincial, ein gelehrter Theolog, berühmter Kanzelredner und guter Dichter, starb zu Venedig im Jahre 1703. (Ciccarelli 36.)

Andria Vitaljić (1703), gebürtig aus Kornica auf der Insel Lissa (Vis), widmete sich dem geistlichen Stande und ward Weltpriester. (Appendini II. 252. Stulli.) Er ward im J. 1653 geboren und starb 1737. In der Handschrift hinterliess er mehreres, sowohl in Prosa als in Versen. Sein Styl ist natürlich, leicht und fliessend; besonders wird die Uebersetzung der Psalmen geschätzt.

Anton Božin (1704), wahrscheinlich ein Priester, nach der Angabe auf dem Titel seines Buches gebürtig aus dem Orte Jezaro auf der Insel Morter, im Gebiete von Sebenico.

Ivan Filipović genannt **Garčić** (1704), Herausgeber der Predigten von Matija Divković, nennt sich Priester und Cavalier des hl. Marcus bei Sinj an der Cetinja im spalater Erzbisthum.

Luka Terzić (1704) aus Bišće in Türkisch-Croatien, Pfarrer bei der Kirche des heil. Philipp von Neri im Gebiete Policu, spalater Diöcese.

Mihajlo Angeli (1705), gebürtig aus Ragusa, stammte aus der adeligen Familie der Božidare, Mitglied des Capuciner-Ordens, von welchem die Bibliotheca Capuc. sagt: In Piceni provincia professus, et ordini atque orbi virtutis spectaculum; supremus universi ordinis moderator, asceticus, theologus, concionator et consiliarius, magnatibus ac principibus carus et venerabilis. Er gab lateinisch heraus: Brevis methodus peragendi utiliter sanas exercitationes, Mediol. et Bonon. 1705. Stulli nennt ihn einen Venetianer (Bnečanin), wahrscheinlich darum, weil er in Venedig gelebt haben mochte. (Farlati VI. 20.)

Ivan Garlićić (1707), der sich selbst Collegii Illyrici Lauretani de propaganda fide alumnum nennt, war Priester in der diakovarer Diöcese und Missionär der Congregation der Propaganda.

Stipan Jajčanin Markovac oder **Margitić** (1708), aus Jajce in Bosnien, wie der Beiname anzeigt, Franciscaner der Provinz Bosna Argentina, lebte als Priester der römisch-katholischen Bosnier abwechselnd an verschiedenen Oertern dieser Provinz, und suchte den vernachlässigten Druck cyrillischer Bücher für katholische Bosnier von neuem zu beleben.

Petar Macukat (1708), Bürger zu Spalato. („Pietro Mazzucatto Cittadino di Spalato." Er selbst unterschrieb sich Petar Macukat.)

Antun Gledjević oder **Gleglević** (vor 1709), Ragusaner, aus einer bürgerlichen Familie, hinterliess sehr viele, von Cerva aufgezählte, aber sowohl von ihm als auch von andern Nationalen gering geschätzte poetische Werke. Der einzige Ab. Giorgić lobt dieselben in einem schönen Gedichte aufs wärmste. Es ist daher sehr wahrscheinlich, dass dieser Dichter vorzüglich deshalb das Unglück hatte, seinen Mitbürgern zu missfallen und von ihnen verkannt zu werden, weil er Satyren schrieb. So viel ist gewiss, dass er seiner Satyren wegen ins Gefängniss gesetzt wurde, so wie auch, dass er dieselben im J. 1728, kurz

vor seinem Tode, ins Feuer warf. Anderes jedoch hat sich von
ihm erhalten, was seinem Dichtertalente wahrhaft Ehre macht.
(Appendini II. 245.)

Ivan Mersić (vor 1709), gebürtig von der Insel Pago, in
dem Occhischen Catalog „Vojvoda", d. i. Capitän, Heerführer,
genannt. (Appendini II. 253.)

Antun Gladilić (1709) schrieb des Mate Divković: Xivot
sv. Katarine mit lateinischen Buchstaben um und liess es Venedig 1709 neu auflegen; im übrigen unbekannt.

Ivan mladji Sara Bunić (Bona) genannt Vučićević (vor 1712),
Patricier zu Ragusa, geboren um das J. 1662, starb 1712. Er war
in der schönen Literatur ein Schüler des berühmten Cardinals
Tolomei. Frohmüthig, heiter, verband er mit dem Talente der
Dichtkunst auch die Fertigkeit in der Musik, in der Sing- und
Tanzkunst: kein Wunder also, dass er ein Abgott der vornehmen Gesellschaften wurde. In der Rechtskunde war er gründlich bewandert: mehrmals erwies er sich als einen geschickten
Anwalt; namentlich erlangte er durch die berüchtigte Vertheidigung der Dominicaner wider den Erzbischof von Ragusa
grosse Celebrität. Die Academie degli Oziosi, deren Mitglied
er war, beweinte seinen Tod in vielen Trauergedichten. Er war
von derselben, nebst Ivan Alethy und Gjorgje Mattei, beauftragt,
ein illyrisches Wörterbuch auszuarbeiten. Ausser illyrischen
Dramen und Gedichten hat man auch noch einige italienische
Poesien von ihm. (Appendini II. 237. Horanyi N. Mem. I. 513.)

Krist Mažarović (1712), Patricier von Perasto, wo die Familie dieses Namens damals sehr blühend war (im J. 1671 wird
Vincentius Mažarović als Judex Perasti genannt); im übrigen
unbekannt.

Ivan Dražić (1713), Canonicus von Spalato. Seine Gedichte
werden von Appendini für des Druckes werth erklärt. (Appendini II. 251.)

Lovrjene Ljubuški (1713), gebürtig aus Ljubuški, wie der Beiname andeutet, Mitglied des Ordens der Franciscaner-Minoriten bosnischer Provinz, Lector der Philosophie. Warum ihn Horanyi (II. 31) einen Bulgaren nennt, weiss ich nicht.

Bernardin Ricciardi, aus einer bürgerlichen, mit ihm ausgestorbenen Familie in Ragusa, geboren im J. 1680, bildete in früher Jugend die Fähigkeiten trefflich aus, die er von der Natur zur Dichtkunst erhalten hatte. Nachdem er die gewöhnliche Studienbahn durchlaufen, widmete er sich der Ausübung der Dichtkunst in lateinischer, italienischer und illyrischer Sprache. Er behandelte vorzugsweise heilige Gegenstände. Aber mitten unter den rühmlichsten Bestrebungen im J. 1716 der Welt entrissen, konnte er die Früchte seiner jugendlichen Muse nicht zur Reife bringen. Seine hinterlassenen Gedichte beurkunden zwar sein vorzügliches Dichtertalent, tragen aber auch allzusichtbare Spuren jugendlicher Unvollkommenheit an sich. (Appendini II. 148.)

Karst Pejkić (1716), gebürtig aus Ciprovac in Bulgarien, Missionarius apostolicus, Canonicus bei der Cathedrale zu Fünfkirchen und Abt des hl. Georg von Csanád, schrieb auch in lateinischer Sprache: Mahometanus dogmatice et catechetice in lege Christi, Alcorano suffragante, instructus, Tyrnaviae 1717. 4"., Speculum veritatis (aus dem Illyrischen ins Lateinische von dem Vf. selbst übersetzt), Venetiis. 1725. 8"., Concordia orthodox. patrum oriental. et occid. in eadem veritate de Spiritus S. processione &c. Tyrnav. 1730. 8". u. s. w. Horanyi nennt ihn irrig einen Croaten. (III. 61.)

Tomo Babić (1719), aus Velim in der scardoner Diöcese, Mitglied des Franciscaner-Ordens der Minoriten, Prediger und Definitor der Provinz Bosna Argentina. Nach der Vorrede zu seinem Cvit razlika mirisa dubovnoga war er lange Zeit Pfarrer und Vicarius in Scardona bei den Bischöfen Nikola Tomaš und Vicenzo Dragadin. Bei Appendini (II. 307.) heisst er irrig Antonio. (Horanyi I. 77.) Er lernte die ersten Anfangsgründe der Wissenschaften in dem Franciscaner-Kloster zu Scardona, die Philosophie und Theologie aber zu Rom. Nach seiner Zurückkunft in die Provinz des h. Erlösers wurde er eine Zeit lang Lector der Theologie und Philosophie. (Horanyi N. Mem. I. 761—762.) Nach dieser Stelle wäre er in Scardona im J. 1722 gestorben, was nicht zu passen scheint, da er die Ausg. 1726 seines Cvit, nach der Schlussrede zu urtheilen, selbst besorgt haben muss, wofern sie nicht ein wörtlicher Wiederabdruck ist.

Timotej Gleg (nach 1719?), Ragusaner, Mitglied des Franciscaner-Ordens. (Appendini II. 304.)

Ivan mladji Gundulić oder ragusanisch **Ivan Šiška Gundulića** (Gondola) (vor 1721), Patricier aus Ragusa, eiferte auf der glorreichen Bahn der Dichtkunst seinem gleichnamigen Grossvater kräftig nach. Nach der Verwüstung Ragusas durch das schreckliche Erdbeben 1667 fanden die verwaisten illyrischen Musen an ihm den sorgsamsten Pfleger, dessen vorzüglichstes Streben auf die Erweckung und Erkräftigung des erstorbenen Nationalsinnes für die schöne Literatur gerichtet war. Erbe des Glanzes, der Tugenden und der Weisheit seiner Ahnen, bekleidete er mit Ruhm mehrere Würden der Republik und starb im J 1721. (Appendini II. 234—235).

Anton Matiaševié Karaman (Caramaneo) (vor 1721), gebürtig aus Lissa (Vis), Weltpriester, Doctor der Theologie, gebildet in Padua, bewandert in der griechischen und mehreren orientalischen Sprachen, ein grosser Literator, starb 1721 in hohem Alter. Obwohl in Italien lebend, verfasste er dennoch illyrische geistliche Lieder, die auch heutzutage gesungen werden, sammelte illyrische Sprichwörter und wandelte sie in Verse um, u. s. w.

Dinko Bianchi (Blankovié?) (1722), Weltpriester, im übrigen unbekannt. (Appendini II. 305.) Gebürtig aus Ragusa. Im J. 1723 begab er sich über Ancona nach Chioggia und wollte von da nach Padua abreisen, um hier Heilmittel wider die Schwindsucht zu suchen, als ihn der Tod ereilte. (Horanyi N. Mem. I. 481 aus Dolci).

Ilija Lukinić (1722), Domherr und Primicerius (Primancer) der Cathedrale zu Senj.

Ignacio Gjorgjić oder Giorgi (1724), Bernardo Giorgi's, welcher nach 1667 in den Adelstand aufgenommen ward, und der Francćeska Zlatarić Sohn, wurde zu Ragusa den 8. Februar 1675 geboren. In der Taufe erhielt er den Namen Nikola. Die herrlichsten Geistesgaben, mit denen ihn die Natur überreichlich ausgestattet hatte, eine lebhafte Einbildungskraft, tiefer Verstand, umfassend treues Gedächtniss, erregten schon damals allgemeine Bewunderung, als er noch Grammatik, Rhetorik und die griechische Sprache studierte, noch mehr aber war dies bei der Philosophie der Fall, welcher er unter der Leitung des aus Mostar in der Hercegovina gebürtigen Jesuiten Luka Kordić oblag. Nachdem er die öffentlichen Schulen verlassen, gab er bald überraschende Beweise der grossen Fortschritte, welche er besonders in der lateinischen und illyrischen Dichtkunst gemacht hatte. Weil er aber meist Liebeslieder und Satyren dichtete, so erregten seine Gedichte zugleich auch vielfältiges Missbehagen. Mit der männlichen Toga bekleidet und dem grossen Rathe beigesellt, ging er, als einziger Sprosse seines Hauses, mit dem Gedanken um, zu heirathen.

Aber kaum hatte er, als Conte oder Governatore der Župana ein Jahr auf dieser Insel in der Einsamkeit zugebracht, als sein Gemüth gänzlich umgestimmt wurde. Er ging nach Rom und trat, zur allgemeinen Verwunderung aller, die ihn kannten, in seinem 22. Jahre in den Orden der Jesuiten. Mit grossem Eifer ging er nun an die Erfüllung seiner neuen Ordenspflichten, und verlegte sich daneben neuerdings auf lateinische und griechische Sprachstudien, auf Philosophie, Mathematik, Theologie, auf hebräische Sprache, auf Kirchen- und Weltgeschichte. Von seinen Obern nach Ascoli geschickt, trug er hier Rhetorik vor, und gewann in hohem Grade die Liebe der Bürger dieser Stadt, wie eine Sammlung ihm zu Ehren gedichteter Sonette beweist. Nach sieben Jahren trat er aus der Gesellschaft heraus, und zwar, wie Frano Sorgo berichtet, bloss deshalb, weil ihm seine Ordensobern die Anstellung als Lettore di Controversie an dem römischen Collegium neben P. Giambattista Tolomei verweigert hatten. Er kehrte nach Ragusa zurück und führte hier im weltlichen Stande ein, eines Ordens-Gelehrten ganz würdiges Leben. Allein schon im J. 1706, im 31. seines Alters, trat er aufs neue in die Congregation der Benedictiner auf Meleda und nahm den Namen Ignazio an, angeblich aus Achtung gegen den Stifter des Institutes, dessen Mitglied er früher gewesen. Hier beginnt die zweite Periode seines wechselvollen und vielthätigen Lebens. Unermüdet in der gewissenhaftesten Erfüllung seiner religiösen Obliegenheiten, warf er sich gleichzeitig mit der ganzen Kraft seines grossen Geistes auf das Feld der Wissenschaften und Künste, und schuf die herrlichen Werke, welche nun eine bleibende Zierde der illyrischen Literatur sind. Im J. 1712 trug er im Kloster zu St. Severin in Neapel die Rhetorik mit grossem Beifalle vor und stand zugleich als Philosoph und Theolog in hoher, wohlbegründeter Achtung. Er trieb auch antiquarische Studien daselbst mit Eifer und anhaltendem Fleisse. Nach seiner Rückkehr nach Ragusa besuchte er Venedig und Padua, und sammelte hier Stoff zu seinen gelehrten Arbeiten. Am ersten Orte machte er Bekanntschaft mit dem hochgebildeten Grafen Trifon Vraćen aus Kataro, Secretär und Geheim-Rath des Senats von Venedig. Auf Veranlassung dieses Magnaten dedicirte er sein Werk über den Schiffbruch des Apostels Paulus den Reformatoren des Studiums von Padua, was seine Berufung zum Nachfolger des Ab. Orsato für den Lehrstuhl der Exegese an dieser Universität zur Folge hatte. Er erlebte indess die Erledigung dieses Postens nicht.

Während seines einstweiligen Aufenthaltes in Padua bereicherte er seine gewählte Büchersammlung mit vielen seltenen, besonders griechischen Werken, welche jetzt einen Theil der Bibliothek der Congregation zu Meleda ausmachen. Mit Venedig unterhielt er fortwährend den lebhaftesten literarischen Verkehr. Der Senat von Ragusa ernannte ihn zu seinem Theologen und trug ihm das Bisthum von Trebinje und Mercana an, was er aber ablehnte. Von seinen Ordensbrüdern zum Abte erwählt, stand er den Klöstern von St. Jacob und Meleda mit vieler Weisheit vor, und wurde zugleich auch Präsident seiner Congregation. Die vielfachen, mitunter sehr anstrengenden Arbeiten, denen er sich als Ordensvorsteher und Gelehrter unterzog, erschöpften seine Kräfte und verkürzten sein Leben. Eben war er von einer beschwerlichen Reise aus Rom nach seinem Kloster zurückgekehrt und begab sich in die Stadt zu seinem gelehrten Freunde Šiško Tudisi, als in der Mitternacht am 21. Jänner 1737 ein Schlagfluss seinem verdienstvollen Leben ein Ende machte. Gjorgjić besass von Natur eine überströmende Fülle von Fröhlichkeit und Laune, und seine witzigen Einfälle lebten noch lange nach ihm im Munde des Volkes. Bei einem grossen starken Körperbau lebte er äusserst mässig und schlief wenig. Seine lateinischen, grossen Scharfsinn und gründliche Gelehrsamkeit bekundenden Werke findet man bei Appendini u. a. verzeichnet. Uns geht er hier zunächst als illyrischer Schriftsteller an. Unter den Dichtern dürfte ihm der einzige Ivan Gundulić an Schwung der Phantasie, Fülle der Gedanken und Bilder und an Kraft der Diction, wiewohl in geringer Ferne, überlegen sein; in kühner Handhabung der von ihm bis in ihre geheimsten Falten und Tiefen gründlich studierten und schöpferisch beherrschten Sprache scheint er sogar diesen grossen Meister zu übertreffen. Eben so trefflich ist seine gediegene Prosa, und seine Werke sind deshalb von allen Nationalen als classische Muster der Sprachbildung anerkannt. Ardelio Dellabella unterwarf seine Grammatik und sein Wörterbuch vor dem Abdrucke der Censur Gjorgjić's, und die Academie degli Oziosi wählte ihn zu ihrem Director. Bei solchen Vorzügen der illyrischen Dichterwerke dieses unsterblichen Sängers ist es um so mehr zu bedauern, dass einige derselben, wie Marunko, gar nicht gedruckt, andere aber, wie die Psalmen und Mandaljena, bereits sehr selten geworden sind, und dennoch nicht neu aufgelegt werden. Noch ist zu bemerken, dass die lateinischen Gedichte dieses Meisters mit den illyrischen gar keine Vergleichung aushalten, gleichsam als hätte die zürnende illyrische Vila absichtlich die Lyra des Dichters verstimmt, der seinem Vaterlande einen Theil der schönsten Geistesblumen entziehen und in den längst überfüllten Garten Latiums hineintragen wollte. (Farlati VI. 20. Appendini II. 20. 30. 148. 240—245.)

Marian Lekušić (1724 ff.), Mitglied des Franciscaner-Ordens der Minoriten, Secretär der Provinz Bosna Argentina. (Kačić Korabljica str. 441. Eb. Razgovor str. 58.)

Ivan Kraljić (1724), von der Insel Vegla (? od otoka Vejskoga), wahrscheinlich ein Geistlicher. (Appendini II. 307.)

Petar Bošković (vor 1727), aus einer bürgerlichen Familie in Ragusa, Bruder des grossen Ruggiero Bošković, geboren im J. 1705, starb in der Blüthe der Jahre im J. 1722, nachdem er bereits das Amt eines Secretärs bei der Republik angetreten und einleuchtende Proben seiner Geschicklichkeit gegeben hatte. Sein Ende war über alle Massen traurig. Er fiel auf seinem Landhause, wo er zu ebener Erde wohnte und aus dem Zimmer einen Ausgang in den Garten hatte, plötzlich in eine schwere Krankheit, und wurde in die Stadt gebracht. In der Fieberhitze sprang er aus dem Bette, öffnete das Fenster und stürzte sich vom dritten Stock auf die Strasse herab, ohne dass ihn sein Wärter daran hätte verhindern können. Die Liebe zu den Wissenschaften hatte er mit den meisten Gliedern seiner Familie gemein; Sprachkunde, Dichtkunst und Mathematik waren seine Lieblingsstudien; für die illyrische Poesie gingen mit ihm die schönsten Hoffnungen zu Grabe. Nach Stulli schrieb er auch in illyrischer Prosa. (Appendini II. 245. Horanyi N. M. I. 550—551.)

Stipan Badrić (1727) aus Dernis, Priester des Franciscaner-Ordens. Sein Aufsatz: Ckazanje istine medju carkvom istocsnom i zapadnjom steht auch in dem Cvit razlika mirisa duhovnoga von Tomo Babić, Ragusa 1829. 4". Abth. II. S. 1—47

Gjuro Mattei (vor 1728), Ragusaner, geboren im J. 1675 Weltpriester, ein geschmackvoller lateinischer, italienischer und illyrischer Schriftsteller. Er war anfangs Hofmeister im Hause des Barons von Saponara in Ragusa, eines gebildeten Gönners der Gelehrten, und versah zugleich die Geschäfte eines Secretärs bei dem Bischof von Trebinje, Antonio Righi, der ebenfalls ein sehr gelehrter Mann und gewandter lateinischer Dichter war. Kurz darauf fiel er in Ungnade bei dem Erzbischofe von Ragusa und ging nach Rom, wo er durch Vermittlung des Cardinals Tolomei, dessen Schüler er gewesen, ein Canonicat am illyrischen Collegium des hl. Hieronymus erhielt und im Hause des Fürsten Ludovici Erzieher ward. Wiewohl er die Angriffe seiner Gegner siegreich zurückgeschlagen hatte, zog er es dennoch vor, in Rom zu bleiben und auf alle höhere Ehrenstellen und Würden zu verzichten. Er starb in Rom 1728 im 53. Jahre seines Alters. Noch vor seinem Austritt aus Ragusa arbeitete er, nebst Ivan Alethy und Ivan Sara Bunić dem Jüngern, im Auftrage der Academie degli Oziosi, deren Mitglied er war, an einem illyrischen Wörterbuche. Nächst Ivan Gundulić dem Jüngern und Ignacio Gjorgjić hat Mattei um die Wiederbelebung der illyrischen Literatur in Ragusa nach dem grossen Erdbeben das grösste Verdienst. Er hatte für seine literärischen Zwecke mit erstaunlicher Mühe eine vollständige Sammlung aller gedruckten und ungedruckten illyrischen Erzeugnisse ragusanischer Schriftsteller zu Stande gebracht, welche er der Bibliothek der Jesuiten in Ragusa vermachte; leider ist diese jetzt nirgends zu finden. Seine Vorarbeiten zum Lexicon benutzte Dellabella. Ein zweiter Mattei nahm den Faden der Lexicographie wieder auf, doch ebenfalls ohne zum Ziele zu gelangen. (Appendini II. 303—304.)

Ivan Alethy (1728 ff.), Ragusaner, ein gelehrter Alterthumsforscher und geschmackvoller Kunstrichter, Sammler alter Literatur- und Kunstdenkmäler, geboren ums J. 1668, starb zu Ragusa im J. 1743. Sein Vater, der aus Ungarn stammte, liess sich des Handels wegen zuerst in Belgrad, hierauf in Ragusa nieder. Alethy besass eine sehr schätzbare Handschriften- und Büchersammlung mit mehr als 400 Incunabeln, ferner ein reichhaltiges Antiken-, Münz- und Naturalicncabinet. Sein Hauptstudium war auf die Erforschung der Sprache, Sitten, Gebräuche, Regierungsform und Geschichte der Völker des Illyricums gerichtet. Er stand mit den vorzüglichsten Alterthumsforschern seiner Zeit in lebhaften literarischen Verkehr und lieferte dem gelehrten Anselmo Banduri sehr schätzbare Materialien für seine byzantinische Geschichte. Nach seinem Tode setzte sein Sohn Anton, der bis zum Jahre 1774 lebte, des Vaters Studien und Sammlungen fort. Uns geht Alethy hier bloss als illyrischer Sprachforscher und namentlich als von der Academie degli Oziosi für Bearbeitung des illyrischen Wörterbuchs ernanntes Mitglied an. Wie weit er hierbei thätig gewesen, ist nicht genau bekannt. Man hat von ihm in der Handschrift ein dickes Volumen gelehrter Briefe an seinen Mitarbeiter am Wörterbuche, den obgenannten Gjuro Mattei. (Appendini II. 25—26. Horanyi N. Mem. I. 74.)

Ardelio Dellabella (1728), geboren im J. 1654 zu Foggia in Apulien, trat jung in den Orden der Jesuiten und wurde nach der Zeit einer der berühmtesten Missionäre in Illyrien, als Grammatiker und Lexicograph um die illyrische Sprache hochverdient. In Ragusa, wohin Ardelio von seinem Ordensobern geschickt ward, um lateinische Sprache und Rhetorik vorzutragen, verlegte er sich mit solchem Eifer auf das Studium der illyrischen Sprache, dass er nach der Zeit dieses Idioms vollkommen mächtig, sogar zur Abfassung einer Sprachlehre und eines Wörterbuchs schreiten konnte. Später wurde er als Rector an die theologische Schule in Florenz versetzt, welcher Anstalt er mit anerkanntem Erfolg vorstand. Der gelehrte und eifrige, bereits oben angeführte Erzbischof von Spalato, Stjepo Kosmo, durch Ardelio's grossen Ruf bewogen, bat sich denselben von dem Praepositus generalis Tamburini als apostolischen Missionär und Gehilfen für seine Erzdiöcese und die ganze Provinz aus, um sich seiner als Predigers, Religionslehrers und Beichtvaters zu bedienen. Ardelio begab sich demnach 1703 nach Spalato und leistete hier sowohl diesem Erzbischof, als auch seinen zwei Nachfolgern sehr wichtige Dienste. „Erat omnino", sagt Farlati, „vir potens opere atque sermone, magnamque sibi auctoritatem tum apud magistratus, tum apud privatos homines summos atque infimos conciliaverat, nihil ut ab illis peteret, quod ad bonum commune rei christianae, vel ad spiritualem cujusque utilitatem pertineret, quin sine ulla cunctatione impetraret; adeoque cunctorum tenebat animos sibi obsequio et amore devinctos, ut eos. quocunque liberet, facile impelleret. Annos circiter triginta in vinea Dalmatica elaboravit, et moriens praeclaram suae virtutis suorumque meritorum memoriam omnium mentibus infixam cum incredibili sui desiderio reliquit." Er starb in Spalato 1737 im 83. Lebensjahre. (Farlati III. 522—523. Appendini II. 303—304. Horanyi N. Mem. I. 376.)

Antun Kačić (1729) stammte aus einem altadeligen berühmten Geschlechte und wurde in Spalato in der 2. Hälfte des XVII. Jahrh. geboren. Er studierte in Rom in dem Collegium der Propaganda, und wurde nach seiner Rückkehr ins Vaterland zuerst Domherr von Makarska, hierauf Archidiaconus bei der Metropolitankirche in Zara, endlich durch Bewilligung des Papstes Innocenz XIII. im J. 1722 Bischof von Trau, welcher Diöcese er bis 1730 mit rühmlichem Eifer vorstand. In dieser Zeit arbeitete er seine ausführliche Moraltheologie aus mit besonderer Hinsicht auf die Bedürfnisse des ihm untergebenen Clerus. Im Jahre 1730 wurde ihm vom Papst Clemens XII. die Metropole von Zara verliehen, welche hohe Kirche er mit seltener Kraft und Gewandtheit, zum Theile auch mit ungemessener Strenge bis zu seinem Todestage, 7. October 1745, regierte. „Fuit vir", sagt Farlati, „eximiae doctrinae pariter ac virtutis, impiger, laboriosus, tenax juris sui nec minus ecclesiasticae disciplinae, et quum in se tum in alios paulo severior." Besonders lag ihm die Bildung des Clerus und die Union der griechischen Christen am Herzen, für welche beide Zwecke er unermüdet thätig war. (Farlati III. 553—557. IV. 443—444.)

Lovro Bračuljević (1730) aus Ofen, geboren im Jahre 1685, Priester des Franciscaner-Minoriten-Ordens und jubilirter Lector. Er lehrte zehn Jahre lang (um 1730) die Theologie in Ofen, visitirte die bulgarische Provinz mit der Gewalt eines Vicarius, und bekleidete mehrere andere Würden im Schosse des Ordens. Sein Ende erfolgte in Ofen 1737. Stephan Vilov, sein Landsmann und Ordensbruder, feierte die Tugenden des Verstorbenen in kräftigen, salbungsvollen Worten. „Ausim de eo proferre," sagt Pavić, „quod, ex quo jacta sunt monasterii fundamenta, nemo in eo demortuus, qui aeque commoveret ad virtutem animos, ut Laurentius." (Pavić pag. 58. Horanyi I. 345.)

Anton Bačić (1732), gebürtig aus Slawonien, trat in jungen Jahren in den Franciscaner-Orden der Minoriten und gelangte darin durch verschiedene Stufen bis zu der Würde eines Praepositus der Provinz Bosna Argentina (1754—1756). Er starb zu Našice in Slawonien 1759. Im Jahre 1732 war er Guardian zu Ofen. (Pavić pag. 96. Horanyi I. 78. N. Mem. I. 205.)

Juraj Mulih (1734), bei Stulli Mulié, wie er auch auf dem Titel eines seiner illyrischen Bücher heisst, Priester des Jesuiten-Ordens und apostolischer Missionär, kommt unter den kroatischen Schriftstellern vor. Ob er selbst illyrisch schrieb oder nur seine Werke übersetzt wurden, weiss ich nicht.

Gjono Restl (vor 1735), Patricier in Ragusa, verlegte sich mit Eifer auf die Erforschung und Bearbeitung der Geschichte seines Vaterlandes, und würde in diesem Fache etwas vorzügliches geleistet haben, wenn ihn der Tod nicht mitten unter seinen löblichen Bemühungen überrascht hätte. Er starb im J. 1735. Seine in italienischer Sprache geschriebene Geschichte Ragusas reicht zwar nur bis zum J. 1451 herab, und ist überdiess allzuweitläufig in Nebenumständen und nur in einer rauhen, ungeschliffenen, stylistisch unvollendeten Form vorhanden, hat aber wegen ihrer Authenticität und ihres Reichthums an interessanten Details und einzelnen Thatsachen, so wie wegen der vielen eingerückten Urkunden und Actenstücke bleibenden Werth. Seine illyrischen Dichtungen sind gefällig. (Appendini II. 14—15.)

Josip Miblé (1735), aus Slawonien, Priester des Franciscaner-Ordens der Minoriten, mehrere Jahre hindurch eifriger Missionär. (Horanyi II. 610.)

Nikola Keslé (vor 1739), geboren in Ofen 1709, gesellte sich sehr jung dem Franciscaner-Orden der Minoriten bei. Nachdem er mehrere Jahre lang mit Auszeichnung die Philosophie vorgetragen, widmete er sich mit rastlosem Eifer dem Predigeramte, und hätte seine Sammlung von Kanzelreden zum Druck befördert, wenn ihn die Pest nicht mitten in der Laufbahn weggerafft hätte zu Tetin unweit Ofen 1739. Er war damals eben zum Guardian des Klosters Baja erwählt worden. Pavić rühmt seine Sprachfertigkeit (quinque linguarum gnarus) und seine philosophischen und theologischen Kenntnisse. (Pavić 59. Horanyi II. 344.)

Filipp Lastrić aus Očevje (1741), insgemein von lateinischen Schriftstellern Occhievia genannt, stammte aus Bosnien und war Priester des Franciscaner-Minoriten-Ordens, eine Zeit lang (1741—1745) auch Custos und Minister der Provinz Bosna Argentina. Er war ein eifriger Seelsorger und Prediger, und ein sehr fleissiger Schriftsteller nicht nur in der illyrischen, sondern auch in der lateinischen Sprache. In letzterer schrieb er: Epitome vetustatum provinciae Bosnensis. Venet. 1762. 8" und Ancona 1764. 4". Er unterstützte auch andere namhafte Schriftsteller mit schätzbaren literärischen Beiträgen, namentlich Farlati und Horanyi. Ersterer dankt ihm (IV. 38) für die eingesendete Beschreibung von Bosnien, desgleichen p. 86. Im Jahre 1776 war er noch am Leben, scheint aber kurz darauf gestorben zu sein.

Luka Kuljiz (Cuglis) (st. 1742), Weltpriester, geboren zu Komisa auf der Insel Lissa (Vis) im J. 1684, starb im J. 1742. Er war ein ausgezeichneter Kanzelredner.

Vinko Gučetlć oder Gozze (1743), Ragusaner aus einem patricischen Geschlechte, Priester des Dominicaner-Ordens. Er trug in Ragusa die Elemente der Metaphysik und der Geometrie mit vielem Beifalle vor. (Appendini II. 305. Stulli.)

Innocenclo Gârglé (1745), Ragusaner, Priester des Franciscaner-Ordens, von dessen Zeitalter Appendini keine Nachrichten gibt. (II. 305. Stulli.) Er lebte nach Dolci 1745—1750.

Filip Grabovac (1745), Verfasser einer Geschichte der Illyrier, im übrigen unbekannt. (Appendini II. 306.)

Antun Josip Knezovié (1746), im genannten Jahre Pfarrer zu Neusatz („Shanca Varadinskoga") und apostolischer Notarius im Jahre 1759 aber Canonicus Custos der Metropole zu Kalocsa.

Bernardin Pavlović (1747), Priester des Franciscaner-Ordens der ragusaner Provinz.

Stipan Vilov (1747) aus Ofen, Priester des Franciscaner-Minoriten-Ordens, scharfsinnig, kenntnissreich, emeritirter Lector, mehrjähriger Theolog bei dem kalocsaer Erzbischof Gabriel Baron Patačić. (Pavić 61. Horanyi III. 571.)

Vladjo mladji Minčetić oder **Menze** (vor 1748), Patricier aus Ragusa, kenntnissreich und umsichtsvoll, wegen seiner milden, liebreichen Sitten allgemein geschätzt, wurde vom Senat als Gesandter an die Pforte abgeschickt, starb aber auf seinem Gesandtschaftsposten im J. 1748. Er war ein beliebter illyrischer Dichter, besonders in der leichten lyrischen Gattung. (Appendini II. 237—238.)

Matija Klašić (Clasel) (um 1750?), aus einer patricischen Familie in Ragusa, Weltpriester und Domherr, stand wegen seiner gründlichen und ausgebreiteten Kenntnisse des canonischen und bürgerlichen Rechts im wohlverdienten Rufe. Sein Zeitalter wird von Appendini nicht angegeben. (II. 304.) Er starb im J. 1760, nachdem er eine Zeit lang Vicar gewesen. (Horanyi N. Mem. I. 651.)

Grisostomo Kleškovié (Clescovich) (um 1750?), Ragusaner, Mitglied des Franciscaner-Ordens, ein religiös-frommer, hochgeachteter Priester. Auch über sein Zeitalter wird von Appendini nichts angemerkt. (II. 305.)

Jerolim Filipović (1750), gebürtig aus Rama in Bosnien, wie der gewöhnliche Beisatz „a Rama" anzeigt, Priester des Franciscaner-Ordens der Minoriten und jubilirter Lector, zuletzt Minister provincialis der Provinz des hl. Erlösers (Dalmatien). Er starb nach 1769. (Horanyi III. 142. Appendini II. 305. 307 irrig Polipović.)

Petar Filipović (1750), wie es scheint ein Franciscaner, von dem obigen verschieden, wenn mich nicht eingesendete handschriftliche Notizen irre führten.

Jerolim Lipovčić (1750), aus Požega in Slawonien, geboren im J. 1717, Mitglied des Franciscaner-Ordens der Minoriten, beredter Kanzelredner, lehrte durch 2 Jahre die Philosophie in Baja und durch 10 Jahre die Theologie zu Ofen. Er wurde hierauf Definitor, und Vicarius provincialis (1765). Sein Tod erfolgte im J. 1769. (Pavić p. VII. u. 99. Horanyi II. 487.)

Stjepan Rosa (1750), gebürtig aus Ragusa, Weltpriester und Sacrista an der Cathedralkirche in seiner Vaterstadt, starb im J. 1770. Er war ein Mann von ausgebreiteter gründlicher Gelehrsamkeit, dabei hellsinnig und freimüthig, die Rechte des gesunden Menschenverstandes gegen verjährte Missbräuche und anmassende Verfinsterungsversuche kühn vertretend. So konnte es nicht fehlen, dass er gerade gegen diejenigen anstiess, in deren Händen gewissermassen sein Schicksal und der Erfolg seiner literärischen Bestrebungen lag. Die Verfechtung der gemeinen illyrischen Volkssprache gegen die Angriffe des blinden Eiferers für die altslawische Kirchenmundart Matija Karaman, sein offen angekündigtes Bestreben, dieselbe in ihrer Reinheit und Gediegenheit an die Stelle des in den glagolitischen Kirchenbüchern herrschenden geist- und kraftlosen slaworussischen Kauderwelsches beim Gottesdienste einzuführen, der Versuch, die hl. Schrift und die Liturgie mittelst seiner Übersetzung ins Vulgardalmatische zu popularisiren, weckten den Zorn und die Rachsucht seiner übermächtigen, andere Zwecke verfolgenden Gegner, die kein Mittel unbenutzt liessen, um Rosa's Anstrengungen über den Haufen zu werfen, was ihnen zuletzt auch vollständig gelang. Papst Benedict XIV., der anfangs Rosa's Unternehmung gebilligt, ihn sogar zur Verfertigung einer bessern Version des Missals und der hl. Schrift mittelst mehrerer Briefe ermuntert hatte (Appendini erwähnt fünf solcher von P. Benedict an Rosa erlassener Briefe), wurde später durch die Vorstellungen der Gegenpartei gänzlich umgestimmt und wider den Volksaufklärer eingenommen. Rosa hatte seine Bemerkungen über die slawische Version im neuesten glagolitischen Missal unter dem Titel: Annotazioni in ordine alla versione Slava del Missale Romano niedergeschrieben und dem Papste überreicht, um die Nothwendigkeit einer neuen Übersetzung darzuthun. Der Erzbischof Karaman beantwortete dieselben in seinen Considerazioni 1753, einer Schrift voll irriger Grundsätze und befangen verkehrter Ansichten, und siegte. Der Druck des Missals in illyrischer Volkssprache wurde untersagt, die Rosa'sche Uebersetzung der Bibel als unslawisch verworfen und die strengste Beibehaltung des durch Karaman besiegelten slaworussischen Kauderwelsches in den liturgischen Büchern der Glagoliter durch eine päpstliche Bulle förmlich decretirt. Diese Unfälle, so schmerzhaft sie waren, konnten den aufgeklärten Mann nicht beugen, noch an der fernern Verbreitung anderer gemeinnütziger Schriften hindern. Seine illyrischen Werke bekunden eine genaue Bekanntschaft mit dem illyrischen Idiom, wiewohl einseitige Kunstrichter den Gebrauch gesuchter Wörter und Phrasen an ihnen tadeln. Mit weit weniger Glück schrieb Rosa in lateinischer und italienischer Sprache über die Logik des Aristoteles, über das Vaterland des hl. Blasius u. m. a. (Appendini II. 305—306. Engel 457 ff. Dobrowský's Slowanka I. 66—68.)

Adam Baron **Patačič** von Zajezda (zw. 1750—1780), aus einer alten in Kroatien ansässigen Familie, früher Bischof von Grosswardein, hierauf Erzbischof von Kalocsa seit 1776—1779 ff. Er vermehrte das Domcapitel mit drei neuen Stellen, erbaute einen grossen Theil der erzbischöflichen Residenz von Grund aus, und liess in demselben die reich ausgestattete, für Lehrer und Lernende bestimmte Bibliothek aufstellen. Um das Jahr 1779 wurde ihm von der Kaiserin Maria Theresia das Commandeur-Kreuz des St. Stephans-Ordens verliehen; zugleich wurde er zum königlichen Präses des Senats der Landesuniversität ernannt. Nach Mikloušić war er ein trefflicher (wahrscheinlich lateinischer) Dichter und Redner. (Pray Specim. Hierarch. Hungar. II. 86. Mikloušić Izbor dugovany ztr. 100.)

Ivo Karlo Augeli (De Angelis) (um 1750), Priester zu Ragusa, Kanzler der erzbischöflichen Curie (peritissimus Curiae ecclesiasticae Cancellarius), ein sehr geschätzter lateinischer Odendichter. Er starb ums J. 1750. (Horanyi N. Mem. I. 96. Stulli.)

Maria Petrović (um 1750?), Ragusaner, Weltpriester, Verfasser von Predigten, Lobreden auf Heilige und einigen ascetischen Schriften. (Appendini II. 305.)

Anton Papuslié oder **Papuślié** (1751), aus Pakrac in Slawonien, geboren im J. 1710, Mitglied des Franciscaner-Ordens der Minoriten, Lector der Philosophie und Theologie, starb im Convent zu Černek im J. 1766. Er war im preussischen Krieg Feldpater bei dem Regiment de Ries. (Pavić 73. Horanyi III. 38.)

Gjuro Grislé (vor 1752), gebürtig aus Ragusa, Priester und lange Zeit (seit ungefähr 1712) General-Vicar des Bischofs von Staguo, wo er im J. 1752 starb, ein berühmter Canonist. Man hat von ihm einige lateinische Trauerreden auf den Tod der Bischöfe von Stagno (Appendini II. 305.)

Luka Karaglé (vor 1754), geboren im bácser Comitat im J. 1681, weihete sich jung dem Franciscaner-Minoriten-Orden und diente zwei Erzbischöfen von Kalocsa als geistlicher Rathgeber. Er war Guardian des Convents zu Ofen 1718—1720, hierauf Provincial-Minister 1735—1738, und genoss eines grossen Rufes der Frömmigkeit und Gelehrsamkeit. Der Tod entriss ihn dem Orden im J. 1754. (Pavić 95. Horanyi II. 297.)

Luka Karaga oder **Cillé** (um 1750—1760), gebürtig aus der Gegend von Bája im bácser Comitat im J. 1707, trat in den

Franciscaner-Orden der Minoriten, vollendete in demselben seine Studien in Italien, verweilte hierauf als Feldpater 3 Jahre (bei Pavić steht irrig 9 Jahre) lang (1731—1733) auf Corsica, wurde nach seiner Rückkehr in die Provinz Lehrer der Philosophie und der Kanzelberedtsamkeit zu Ofen. Ob er lateinisch oder illyrisch geschrieben habe, sagt weder Occhievia, noch Horanyi. (Occhievia. Pavić 73. 310. Horanyi I. 449.)

Frano Tauszy (1754), Bischof von Agram, über den unter den kroatischen Schriftstellern nähere Auskunft gegeben werden wird.

Sebastian Dolci, von Haus aus **Sladić** (1754), Ragusaner, geboren im J. 1699, starb 1777. Er war Mitglied des Franciscaner-Ordens, Lector der Philosophie und Theologie bei seiner Congregation. Theolog der Republik, ein im Vaterlande und in Italien gleich bewunderter Kanzelredner, guter lateinischer Dichter und Redner, und besass ein ungeheueres Gedächtniss, gepaart mit einem lebhaften, gleichsam universellen Verstand. Seine zahlreichen italienischen und lateinischen Schriften vollständig aufzuzählen, ist hier der Ort nicht; man findet sie bei Appendini und andern verzeichnet. Für uns sind davon die interessantesten: De illyricae linguae vetustate et amplitudine. Venet. 1754. 4". und Fasti literario-ragusini. Venet. ap. Casp. Storti 1767. 4". 66 pagg. Letztere Schrift ist ein vortreffliches literarisch-historisches Hilfsmittel, wiewohl man bedauern muss, dass ihm nicht gestattet ward, Cerva's Bibliotheca Ragusina zu benutzen. Illyrisch schrieb er bloss Fastenpredigten. (Appendini II. 27—28, 31.)

Dominik Pavlćić (nicht Pavić, wie ihn Stulli irrig nennt) (1754), gebürtig von der Insel Lesina (Hvar), Pfarrer bei der Congregation des hl. Philipp von Neri in Spalato. (Stulli.) Ein Verwandter des D. Pavičić ist gegenwärtig Domherr an der Cathedrale in Hvar (Lesina).

Imro Pavić (1754), zu Ofen im J. 1716 geboren, studierte in seiner Vaterstadt und trat in den Franciscaner - Minoriten-

Orden, in welchem er den philosophischen und theologischen Cursus vollendete und hierauf zuerst in Bács Prediger, bald darauf in Baja zwei Jahre hindurch der Philosophie und zehn Jahre hindurch der Theologie Lector wurde. Nun bekleidete er die verschiedenen andern Würden seines Ordens nach einander. Im Jahre 1761 wurde er mit der Visitation der Provinz Bulgarien beauftragt, welches schwierige Werk er später noch einmal zur Zufriedenheit der Ordensobern vollbrachte. Er starb zu Ofen im J. 1780, als emeritirter Lector, Ex-Definitor und zweimaliger Commissarius in der Provinz von Bulgarien. Er war ein überaus fleissiger und fruchtbarer illyrischer Schriftsteller; auch seine lateinischen Werke sind zahlreich, von denen wir indess hier nur folgende zwei ausheben wollen: Descriptio regum et heroum illyricorum (nach Kačić, in lateinischen Knittelversen) Budae 1764. 8". und Ramus irridantis olivae seu descriptio provinciae olim Bosnae Argentinae, jam S. Joannis a Capistrano, Budae 1766. fol., beide in horrid-barbarischem Styl, letzteres überdiess ohne Plan in bunter Verwirrung. (Horanyi III. 50. Čevapović Catalogus provinc. s. Joannis. a Capistr. p. 228.)

Ivan Antun Nenadić (1757) aus Perasto, Generalvicar von Cattaro. (Appendini II. 252. Stulli.)

Anica Boškovića (1758), die letzte Blüthe aus dem berühmten ragusanischen Stammgeschlecht der Bošković, welches so viele verdienstvolle Gelehrte hervorgebracht, stand wegen ihrer Frömmigkeit, Sprachkenntnisse, poetischen Talents und anderer Tugenden in grosser Achtung. Geboren zu Ragusa 1714, starb sie eben daselbst im J. 1804, 90 Jahre alt. Sie war eine Schwester des grossen Mathematikers Ruggiero Bošković. (Appendini II. 245—246. Horanyi N. Mem. I. 549.)

Serafino Cerva (vor 1759), ein gelehrter und arbeitsamer Dominicaner aus Ragusa. Er starb am 24. Juni 1759 in einem sehr hohen Alter. Nach beendigten rhetorischen Studien trat er in den Dominicaner-Orden, kam nach Venedig und lernte dort von den Gelehrten Concina, Conigliati, de Rubeis und Pattuzzi die Literatur vollständiger kennen und schätzen. Nach seiner Rückkehr sammelte er zu Ragusa sowohl, als zu Rom eine Menge historischer Materialien unter dem Titel Adversaria. Er hatte auch die Erlaubniss erwirkt, das öffentliche Archiv zu Ragusa zu benützen. Er entwarf einen Plan zu drei verschiedenen Werken: 1. Sacra metropolis Ragusina; 2. Vitae hominum illustrium Ragusinorum; 3. Monumenta congregationis S. Dominici Ragusanae. Ein jedes war auf vier Foliobände berechnet. Diese Schätze liegen nun in dem Dominicaner - Kloster zu Ragusa begraben, und nicht einmal Coleti durfte dieselben für den 5. Band des Farlatischen Illyricum sacrum benützen. Bekannter und gebrauchter ist eine vierte hinterbliebene Handschrift betitelt: Bibliotheca Ragusina. Sie enthält in vier Bänden 500 Schriftsteller. Gjorgjić, Dašić und Appendini haben diess Werk benutzt. Cerva war eine Zeit lang ein eifriger Prediger und schrieb illyrische Predigten. (Appendini II. 15—16. 30—31. Horanyi N. Mem. I. 635—636.)

Josip Banovac (1759), Priester des Franciscaner-Ordens und Prediger, Verfasser von Predigten u. a., sonst unbekannt. (Appendini II. 307.)

Andria Kačić Miošić, insgemein Starac Mjelovan d. i. der alte Mjelovan genannt (1759), gebürtig aus Brist in Primojre, der beliebteste Volksdichter der Illyrier, war Priester des Franciscaner-Ordens in der Provinz des hl. Erlösers oder Dalmatien und jubilirter Lector der Theologie. Über seine Lebensumstände fehlen uns leider alle Nachrichten. Ein ungewöhnliches Dichtertalent bekunden seine herrlichen Volksgesänge, deren Werth nur der verschrobene Sinn einseitig befangener Kunstrichter verkennen konnte. Zum Behufe dieser Lieder scheint Kačić ganz Dalmatien und die benachbarten Landstriche zu widerholtenmalen und in allen Richtungen hin durchgereist zu haben, um den nöthigen Stoff für seine Gedichte einzusammeln. Bei solchen Wanderungen und Nachforschungen stiess er mitunter auf schätzbare historische Denkmäler in den Familien-

und Stadtarchiven, die er für die Genealogie serbischer adeliger Geschlechter benutzte. Dass er in lateinischen und italienischen Schriften nicht unbelesen war, beweisen die historischen Einleitungen zu seinen Gesängen, und noch mehr seine Korabljica, eine Art Universalgeschichte. Kritische Forschung und historische Darstellungskunst darf man bei ihm nicht suchen: er erklärt selbst, nur für Ungelehrte, die kein Jota lateinisch oder italienisch verstehen, geschrieben zu haben. Er starb innig beweint von den Seinigen im J. 1783. Lateinisch gab er heraus: Elementa peripatetica subtilissimi doctoris Duns Scoti. Venet. ap. Barth. Baronchelli 1752. 8°. 499 p. (Horanyi N. Mem. I. 630—631.)

Josip Radmanović (1759), Priester des Franciscaner-Ordens, General-Lector zu Sebenico, verfasste ein Loblied auf die Heldenfamilie Kačić, welches in Kačić's Razgovor S. 242—243 Ausg. Vened. 1801 und Ragusa 1826 abgedruckt steht.

Anton Kanižlić (1759) aus Požega in Slawonien, Mitglied des Ordens der Jesuiten, Professor am Collegium zu Požega und des subalternen bischöflichen Consistoriums daselbst über 20 Jahre lang Assessor, gestorben im J. 1777. Nach Aufhebung des Ordens trat er in das subalterne Seminarium zu Požega als pensionirter Priester ein. Ein ihm zu wiederholtenmalen angebotenes Pfarramt wollte er nicht annehmen, sondern weihte seine ganze Musse Gott, seinen Pflichten und der Literatur. Er starb zu Požega.

Jerolim Bonačić (1761), Erzpriester auf der Insel Brazza.

Matia Antun Relković von Ehrendorf (1761), geboren im Dorfe Svinjar gradiskaner Grünzregiments im 2. Viertel des XVIII. Jahrh. Er machte in den Elementen der Wissenschaften und insbesondere in der deutschen Sprache grosse Fortschritte, indem er von Natur eine leichte Fassungsgabe und vielen Scharfsinn besass. Im Militärdienste zeichnete er sich zu seinem

Vortheile aus, wurde deshalb rasch befördert und ward ein sehr geschätzter Officier. Er machte den siebenjährigen Krieg 1756 —1763 mit. Später wurde er seiner militärischen Verdienste wegen vom Ks. Joseph II. in den Adelstand mit dem Prädicate von Ehrendorf erhoben. Hierauf wohnte er als Oberlieutenant im broder Gränzregimente in Šamac an der Save und schrieb hier mehrere seiner Werke. Als pensionirter Hauptmann verlegte er seinen Wohnsitz nach Vinkovci, wo sein Sohn Stadtpfarrer war, und verlebte hier seine letzten Tage im Ruhestande.

Blaž Tadianović (1761), Priester des Franciscaner-Ordens der Minoriten capistraner Provinz, und im J. 1765 ff. Vicesecretär bei seiner Provioz. Er war im siebenjährigen Krieg Feldpater beim broder Gränzregiment, und dieser Umstand gab ihm Gelegenheit, sein Büchlein „Svashto pomalo" im Auslande drucken zu lassen. Im J. 1777—1779 bekleidete er die Würde eines Minister provincialis. (Pavić Ramus olivae VII. 73. Čevapović Catalogus 282.)

Bernardo Zuzzeri (lies Cuceri) (vor 1762), stammte aus einer unter den bürgerlichen altberühmten Familie in Ragusa und ward den 2. Jänner 1683 geboren. Er studierte die Humaniora unter dem P. Majolini bei den Jesuiten, und des Jünglings üppig aufblühende Geistesgaben lenkten bald die Aufmerksamkeit der Mitglieder des Ordens auf denselben. Er trat in seinem 14. Jahre in die Gesellschaft und wurde nach Rom geschickt. Nach überstandenem Noviciat studierte er mit Eifer Rhetorik und Philosophie, und trug darauf erstere im Auftrage seiner Obern in mehreren Städten Italiens vor. Später absolvirte er die Theologie in Rom und wurde Presbyter. Nachdem er hierauf eine Zeit lang in Florenz verweilt und im römischen Collegium in der Rhetorik und Theologie Unterricht ertheilt hatte, fasste er den festen Entschluss, sich ganz der Verbreitung des Evangeliums unter seinen Landsleuten zu widmen. Er begab sich also als apostolischer Missionär für Dalmatien und die illyrischen Nachbarlande im J. 1719 nach Ragusa und arbeitete fortan rastlos an der Erfüllung der übernommenen Pflichten. Als Missionär besuchte er auch Zeng, Fiume, Triest, Görz und mehrere Städte Dalmatiens, so wie mehrere Inseln des adriatischen Meeres. Ueberall entwickelte er eine ungewöhnliche Thätigkeit: seine Predigten waren von der fruchtbarsten Wirkung auf das Gemüth der Gläubigen. Er führte in Illyricum zuerst den Gruss *Hvaljen Jesus* mit dem Gegengruss *Vazda budi* allgemein ein. Den Winter brachte er regelmässig in Ragusa zu mit Predigen, Disputiren und Ertheilen von Unterricht in der Christenlehre an Jünglinge und Mädchen. Als im J. 1734 die Predigerstelle an der Cathedrale in Ragusa erlediget ward, lud ihn der Senat ein, dieses Amt zu übernehmen, und er folgte dem Rufe. Im J. 1742 wurde er plötzlich von seinen Obern nach Rom berufen, aber auf Fürbitte des Erzbischofs von Ragusa wieder nach der Heimath entlassen, doch nicht mehr als Missionär, sondern als Rector des Collegiums in Ragusa. Später war er fünf Jahre hindurch Confessor oder Praefectus spiritualis am Collegium in Rom, wo er am 3. April 1762 im 80. Lebensjahre starb. Einige Jahre vor seinem Tode brachte er seine illyrischen, in Ragusa gehaltenen Predigten in Ordnung und hinterliess dieselben druckfertig. Der verdienstvolle Secretär der ragusanischen Republik Gjanluka Valantić beförderte dieselben zum Drucke 1793, und setzte ihnen ein von dem Jesuiten Gjorgje Bašić verfasstes Leben des Verfassers vor. Mehrere andere kleinere Schriften erschienen früher ohne des Vfs. Namen. Auch verfasste er (wahrscheinlich lateinisch oder italienisch) die neuntägige Andacht des hl. Blasius, welche dem Leben dieses Heiligen von Nicolai beigefügt wurde. (Leben von Bašić vor Besjede 1793. Appendini II. 305.)

Lizandro Bonicelli (1762) aus Gross-Lusin, allem Anscheine nach ein Geistlicher.

Frano Matić (1762), wahrscheinlich ein Priester.

Gjorgje Rapić (1762), aus Gradiska in Slawonien, geboren im J. 1714, Mitglied des Franciscaner-Minoriten-Ordens und Lector der Philosophie und Theologie durch 6 Jahre. (Pavić 71. Horanyi III. 145. Čevapović Catalog. 320.)

Ivan Zanlćlć (1762), Doctor der Theologie, Oberpfarrer (nadpop) bei der Kirche zur heil. Katharina in Ragusa.

Petar Jurić (1763), wahrscheinlich ein Priester.

Joso Bettondi (vor 1764), aus einer bürgerlichen Familie in Ragusa. Nachdem er den gewöhnlichen Studiencurs mit Ruhm zurückgelegt hatte, heirathete er Lukrezia Dubravica und zog sich auf sein Landgut an der Seeküste bei Stagno zurück, um hier in der Einsamkeit dieses ländlichen Aufenthaltes desto ungestörter den Umgang mit den illyrischen Musen pflegen zu können. Seine vermischten Gedichte nehmen an Zartheit, Weichheit und Anmuth die erste Stelle unter den Erzeugnissen ragusanischer Dichter ein. Er starb im J. 1764, beweint von den Freunden des illyrischen Parnasses und allen Männern von Geschmack. (Appendini II. 247. Horanyi N. Mem. I. 476—477.)

Damian Bettondi (um 1764), Bruder und Studiengenosse des Obigen, durch Frömmigkeit und Liebe zu den schönen Künsten, besonders der Poesie, in gleichem Masse ausgezeichnet. (Appendini II. 247).

Matia Zorićić (1764), Priester des Franciscaner-Ordens, Lector der Theologie. (Appendini II. 307.)

Gjuro Bašić (vor 1765) aus Ragusa, geboren um 1695, trat in den Orden der Jesuiten und erlangte den Ruf grosser Gelehrsamkeit. Er schrieb in lateinischer Sprache Lebensbeschreibungen aller aus Ragusa stammenden Jesuiten treu, lichtvoll und in correctem Styl; das Werk blieb aber ungedruckt. Ausserdem hat man noch von ihm lateinische Streitschriften wider die Häretiker und italienische Fastenpredigten. Er war ein kräftiger Kanzelredner und verrichtete mit Erfolg die Geschäfte eines Missionärs. Sein Tod erfolgte im J. 1765. (Appendini II. 31—32. 305. Horanyi N. Mem. I. 315.)

Tadia Bošnjaković (1765?), illyrischer Schriftsteller, dessen Werke Čevapović kannte und benutzte; wahrscheinlich derselbe, der sich „a Thekel" schrieb, Priester des Franciscaner-Ordens der capistraner Provinz, dritthalb Jahr lang Feldcaplan bei dem Regimente Breysach und im J. 1765 SS. Theologiae Lector generalis zu Ofen war. (Pavić p. VII. und 73.)

Luka Vladimirović (1765), aus einer alten adeligen, ursprünglich in Hercegovina ansässigen Familie, Mitglied des Franciscaner-Ordens und später Generallector in Sebenico. Kačić lobt ihn als einen sehr tugendhaften und gelehrten Mann. (Razgovor S. 150.)

Ivan Luka Garanjin (Garagnin) (um 1765) aus Traù, dessen adelige Vorfahren aus Venedig stammten, studierte Philosophie, Theologie und Jurisprudenz zu Padua, wurde Doctor der Rechte und im Priesterstande nach und nach Auditor und Stellvertreter des Bischofs von Traù (1746—1755), im J. 1756 Bischof von Arbe, im J. 1765 aber Erzbischof von Spalato. Seine Gelehrsamkeit, Frömmigkeit, Eifer im Verwalten der Kirche werden von Farlati aufs wärmste gepriesen. (Farlati V. 286—293.) Er starb am 23. October 1783. (Ausführliche Biographie bei Ciccarelli S. 96—107.)

Petar Knežević (1765) aus Knin, Priester des Franciscaner-Ordens in der Provinz des heil. Erlösers oder Dalmatien. In Tomo Babić's Cvit razlika mirisa duhovnoga 3. Ausg. Ragusa 1829. 4°. steht von ihm 3. Abth. S. 126—144 „Muka Gospodina nascega Isukarsta plačs matere njegove" (die Leidensgeschichte) in Versen. (Stulli.)

Pavao von Baja (um 1766), Priester des Franciscaner-Ordens, emeritirter Lector der Theologie zu Ofen, scheint lateinisch geschrieben zu haben. (Pavić 71.)

Vid Došen (1768), Dalmatiner aus der Küstengegend des Velebit, likaner Gr.-Reg., Priester der agramer Diöcese, Pfarrer zu Dubovica im broder Gränz-Regimente. — Er studierte in Varasdin und wurde in Dalmatien Priester und Domherr. Da er noch nicht 30 Jahre alt war, erhielt er von seinem Bischofe die verlangte Dimission, um in Agram die Philosophie zu stu-

dieren. Nachdem er darauf eine Zeit lang beim Grafen Peja-
čević Hauskaplan gewesen, wurde er vom Bischofe Galjuf zum
Cooperator in Požega ernannt, welchem Amte er 3 Jahre lang
vorstand. In dieser Stadt machte er sich um die Erziehung
des von seinem Lehrer als blödsinnig verstossenen, nachmals
so berühmten Sebastianović hochverdient. Von da ging er als
Pfarrer nach Dubovik, einem jetzt der Pfarre Podcèrkavje ein-
verleibten, im diakovarer Bisthum gelegenen Orte, wo er im
hohen Alter (im 70. Lebensjahre) starb. Er war zugleich Assessor des subalternen bischöflichen Consistoriums in Požega.

Mihajlo Milišić, Ragusaner, geboren im J. 1711, starb im
J. 1798, 87 Jahre alt. Nach Vollendung der Studien in seiner
Vaterstadt und in Italien wurde er Doctor beider Rechte und
k. k. österreichischer und toscanischer Consul in Ragusa. Er
war ein gelehrter, frommer, sittenreiner Mann. Von seinen lateinischen Schriften erschien die „Chorographia Patriarchatus
Ipekiensis" in Pray's Specim. Hierarch. Hungar. 1779. T. II.
(wo er Abbas Michael Maria Millošić genannt wird, was bei
Appendini nicht vorkommt), die wichtigere Regum Slavorum et
Bosnensium Ducum Historia blieb im Mscr. Milišić besass sehr
gründliche Kenntnisse in der griechischen und lateinischen heiligen Liturgik, in der Kirchengeschichte und Inschriftenkunde,
und huldigte nebenbei auch den illyrischen Musen. (Appendini II. 14.)

Franatica Sorgo oder ragusanisch **Franatica Pjerka Sorga**
(di Pietro Sorgo, bei Appendini heisst er Gianfrancesco), wurde
zu Ragusa im J. 1705 geboren. Um die Musen liebzugewinnen
und zu ihrem Dienste angeeifert zu werden, brauchte er nur
auf die grossen Muster der Gelehrsamkeit und des Kunstsinnes,
welche seine Familie aufgestellt hatte, den Blick zu richten.
Er war von mütterlicher Seite der Urenkel des berühmten Ivan
Gundulić und Enkel des Šiško Gundulić. Aber auch das Haus
Sorgo zählte eine stattliche Reihe gelehrter Männer und eifriger Musenfreunde. Mit einer lebhaften Einbildungskraft, mit
Verstand und Witz überschwenglich ausgestattet, legte er die
gewöhnliche Studienbahn rasch zurück und wollte anfangs in

den Discalceaten-Orden treten. Er gab jedoch bald diesen Entschluss auf, studierte mit neuem Eifer die Jurisprudenz, und war nach der Zeit einer der geschicktesten Rechtsgelehrten in Ragusa. Der Senat, dessen Mitglied er ward, bediente sich seiner in wichtigen Angelegenheiten als Abgesandten nach Bosnien an den dortigen türkischen Statthalter und im J. 1760 nach Constantinopel. Hierauf verweilte Sorgo einige Jahre in Wien und studierte daselbst mit Eifer die deutsche Sprache und Literatur. Er starb zu Ragusa 1771, nicht volle 65 Jahre alt, von allen guten Bürgern, und besonders von seinen zahlreichen Schützlingen innig betrauert. Seine literarische Emsigkeit erregt, besonders bei den vielen Staats- und Privatgeschäften, deren Besorgung ihm oblag, Verwunderung. Diese feurige und standhafte Liebe zu der Literatur vererbte sich auch auf seinen unten anzuführenden trefflichen Sohn Pjerko. (Appendini II. 247—248.)

Marin Tudisi (vor 1770), Patricier in Ragusa, ein geachteter Senator, scharfsinniger Kritiker, bemühte sich die verfallene Schauspielkunst in Ragusa nochmals aufzurichten, und war die letzte Stütze der illyrischen Melpomene und Thalia, die nach seinem Tode gänzlich verstummten. Ueber sein Zeitalter gibt uns Appendini gar keine Auskunft. (Appendini II. 290—291.) Er war ein Schüler des Sebastian Dolci in der Philosophie. Auch ein lateinisches Werk: Praxis juridicocivilis fori Ragusini, verfasste er. Er war selbst ein ausgezeichneter Schauspieler und starb gegen Ende des XVIII. Jahrh.

Adam Tadija Blagoevié (1771), geboren zu Valpovo im veröczer Comitate, verlegte sich nach zurückgelegtem Schulcurse in der Musse des Privatstandes mit beharrlichem Eifer auf wissenschaftliche Studien und erwarb sich durch fleissige Lectüre sehr schätzbare Kenntnisse. (Horanyi I. 302.) Er war Schreiber und Kancellist bei der k. k. illyrischen Hofdeputation und Sanitätscommission 1773 ff. (Horanyi N. Mem. I. 486—488.) Mehreres schrieb er lateinisch.

Nikola Palikuća (1771) aus Prukljan bei Sebenico, seinen Lebensumständen nach unbekannt.

Ignac Jablanczy (1772), Notar des požeganer Comitats. (Th. M.)

Marian Lanošović genannt **Gjurić** (1774), aus Orubica im gradiskaner Gränzregimente, Priester des Franciscaner-Minoriten-Ordens, emeritirter Lector, Exconsultor und 1804 Vicarius generalis der capistraner Provinz, bewandert im canonischen Rechte und ein Freund der schönen Literatur, wurde vom Kaiser Joseph II. zu der Deputation wegen der Regulirung der illyrischen Orthographie und Grammatik nach Wien berufen, und vom Bischof Mandić wegen seiner Gelehrsamkeit und Frömmigkeit sehr geschätzt. Er starb im Kloster zu Brod in Slawonien im J. 1812. (Čevapović Catal. 302.)

Karla Stipanović (vor 1775), Verfasser illyrischer Gedichte nach einer Handschrift der bisch. Bibliothek zu Agram. Es heisst nämlich in der Inhaltsanzeige derselben: et alii (poetae), quorum ultimus Stipanovich. Mir ist nur ein Gelehrter dieses Namens bekannt, der ein Priester des Paulaner-Ordens in der kroatischen Provinz war, um das J. 1775 lebte und dem Piaristen Horányi literar-historische Notizen zu dessen Memoria lieferte. Vgl. die Vorr. des letztgenannten Werkes.

Josip Matović (1775), aus Dobrota bei Cattaro, ein Priester. (Appendini II. 252. Stulli.)

Mihajlo Milinković (st. 1775), aus Lissa (Vis), Weltpriester und geschätzter Kanzelredner, versuchte sich auch in der Dichtkunst nicht ohne Glück. Er starb im J. 1775.

Jure Vladmirović (1775), Verf. eines medicinischen Büchleins, über den weitere Angaben fehlen. (Appendini II. 307.)

Josip Pavišević (1776), von Voltiggi (bei welchem der Name in Parisević entstellt ist) in der Vorrede zu seinem illyrischen Wörterbuche als slawonischer Schriftsteller angeführt. Er schreibt ihm Tragödien zu. Ob der mir bekannte lateinische Schriftsteller dieses Namens auch in der illyrischen Sprache etwas geschrieben habe, ist mir nicht bewusst. Derselbe erblickte das Licht des Lebens zu Požega den 8. August 1734, trat im Jahre 1750 zu Velika in den Franciscaner-Orden der Minoriten, wurde

1765 Provincialsecretär, 1789—1791 und 1797—1799 Provincial-Minister, und starb den 24. November 1803 zu Essek. Er war ein vielseitig gebildeter, gründlich gelehrter und besonders in der Dichtkunst und in der Geschichte des Mittelalters sehr bewanderter Mann, mit welchem mehrere Gelehrte Italiens, und unter diesen selbst der Ordens-General Paschalis a Varisio u. a. freundschaftlichen Briefwechsel unterhielten. Mit beharrlichem Sammelfleisse und nicht geringem Aufwande brachte er einen auserlesenen Bücherschatz zusammen, über welchen Čevapović (Catal. p. 326) folgendes bemerkt: „Magno sane labore atque literatorum impensis percelebrem bibliothecam, in Slavonia nemini secundam, facile 5000 voluminum Posegae erexit; accessit rara collectio numismatica ac mineralis, tum variarum picturarum complexus. Custodum subinde incuria vel potius temeritate multa deperiisse, partemque cum adnexo muro decidisse plurimum dolui." Im Druck gab er heraus: Saecula seraphica . . und Fragmenta poetica. Esseg. typ. Divalt. 1793. 4° p. 41. (Čevapović Catal. 282. 302. 308—312. 321.)

Ludovik Radić (1776), gebürtig aus Ragusa, Mitglied des Franciscaner-Ordens. Er liess auch eine lateinische Rede auf den Tod des Erzbischofs von Ragusa Pugliesi drucken. (Appendini II. 304—305. Stulli.)

Ivan Velikanović (1776) aus Brod, geboren im Jahre 1723, Priester des Franciscaner-Minoriten-Ordens capistraner Provinz, in welchen er zu Velika 1740 getreten war, im Jahre 1765 SS. Theologiae Lector generalis, 1771—1773 aber Minister provincialis, bewandert in der dogmatisch-polemischen Theologie und in der Moralwissenschaft, wohnte 1773—1774 dem General-Capitel des Ordens in Rom bei, und war besonders von dem Bischof von Slawonien M. F. Kertica sehr geachtet und mit auszeichnenden Gunstbezeugungen geehrt. Er starb den 21. August 1803 zu Vukovar nach vollendetem 80. Lebensjahre. (Čevapović Catal. 301. 306—308.)

Luka Bunić oder ragusanisch **Luka Mihajla Bunića** (di Michele Bona) (vor 1778), Patricier zu Ragusa, ein würdevoller rechtlicher, umsichtig kluger Senator. Als Rechtsanwalt besass er das allgemeine Vertrauen des Volkes. Ungeachtet vielfältiger öffentlichen und Privatgeschäfte wusste er den Ernst der Berufsarbeiten durch fortgesetzte eifrige Beschäftigung mit der schönen Literatur zu mildern. Er schrieb in lateinischer und illyrischer Sprache mit gleicher Correctheit und Eleganz. Unter seinen nachgelassenen lateinischen Schriften befinden sich Gedichte und ein gelehrter Commentar zu des Hugo Grotius Werk: De jure belli et pacis. Sein Tod fällt in das J. 1778. (Appendini II. 249. Horanyi N. Mem. I. 514.)

Jerolim Ostolé (1778) schrieb: „De constitutionibus epidemicis dalmaticis" Vien. 1778. 8°. Ich weiss nicht, ob er identisch ist mit demjenigen, aus dem Alter das illyrische Vater unser citirt. (Dobrowský's Glagolitica u. Ausg. S. 55.)

Angeo Dalla Costa (1778), Priester und Domherr zu Spalato, Herausgeber einer Sammlung von Kirchengesetzen. (Appendini II. 251.) Ausserdem liess er zwei Predigten (panegyrici) drucken, die von Cardinal Borgia gelobt wurden, wahrscheinlich in lateinischer Sprache.

Mibo Draglčevlé (1779), aus Vàrgorac, Priester des Franciscaner-Ordens dalmatischer Provinz. (Stulli.)

Mihajlo Grozdlé (1779), Franciscaner der bulgarischen Provinz und Administrator der karaschower Pfarrei im Banat.

Petar Mandiklé (1779), Priester des Franciscaner-Ordens, Mitglied des Convents zu Šarengrad in Slawonien. Sein Werk liess der bischöfliche Vicar Stjepan Agjić, Pfarrer in Tovarnik, auf eigene Kosten drucken.

Marko Dobretlé (1782), Priester des Franciscaner-Ordens, um das J. 1769 Minister der Provinz Bosnien, im J. 1782 Bischof von Eretrien und apostolischer Vicar von Bosnien. (Appendini II. 253.)

Thomas Mašeroni (1783), Herausgeber eines Andachtsbuches. (Vielleicht Drucker?)

Božo Salatlé (1783), geboren 1750 in Ragusa und 1832 als Weltpriester noch am Leben daselbst.

Arkangeo Rallé (1784), Ragusaner, Mitglied des Dominicaner-Ordens, im J. 1803 noch am Leben. (Appendini II. 305.) Er starb nach 1804 zu Ragusa in einem hohen Alter. Seine handschriftlichen Fastenpredigten werden sehr geschätzt, besonders wird seine gründliche Kenntniss des illyrischen Dialectes gerühmt.

Marko Luklé (1784), Wundarzt.

Petar Bašlé (1785), ragusauer Domherr, geboren 1749, starb 1814. Ausser einigen Erbauungsbüchlein, die er herausgab, übersetzte er auch eine Heroide Ovids. Er war ein enthusiastischer Freund der illyrischen Literatur und ein überaus emsiger Sammler der Erzeugnisse ragusanischer Schriftsteller. In dem der italienischen Uebersetzung des Osman vorgesetzten Leben Gundulić's sagt Appendini in dieser Beziehung von ihm S. 33: „l' erudito Canonico Pietro Bassich buon illiricista, ed assai benemerito per averci lasciata una completa raccolta, trascritta di proprio pugno in 22 volumi, di tutte le poesie illiriche superstiti, raccolta acquistata dallo stamp. librajo Martecchini ad oggetto di darla fra breve alla luce col titolo di Parnasso." Auch an der neuen Ausgabe des Dellabellaschen Wörterb. nahm er den thätigsten Antheil. Man tadelt an seinem Styl das affectirte Haschen nach neuen ungebräuchlichen Wörtern und Ausdrucksformen. (Appendini II. 301.)

Ivan Josip Pavlović Lučić (1785), Ragusaner, Doctor der Rechte, Domherr und General-Provikar von Makarska, wie auch apostolischer Delegat von Bosnien. Er stammte aus Makarska und starb im J. 1818 über 66 Jahre alt.

Josip Antun Vlašić (1785), Pfarrer zu Kamenica im sirmier Comitate, Archidiacon der sirmier Diöcese.

Anton Ivanošić (1786), Priester des agramer Bisthums, Pfarrer zu Agram, hierauf zu Štefanje, einem Dorfe im kreuzer Gränz-Regimente. (Mikloušić Izbor ztr. 96.) Er starb in Štefanovec den 2. Juni 1800, und hinterliess mehrere Handschriften in illyrischer Mundart. Er war ein sehr geschätzter Dichter, besonders in der Satyre.

Joso Kermpotić (1787), Weltpriester in der Lika, trefflicher Dichter, als gelehrter Kenner der illyrischen Mundart, Mitdeputirter bei den Verhandlungen unter Ks. Joseph II. in Wien über die Regulirung der illyrischen Orthographie und Grammatik, wo er sich des einfachen, in Slawonien gangbaren Schreibsystems aufs nachdrücklichste annahm und den alten dalmatischen, von Stulli vertheidigten Schlendrian besiegen half.

Gjanmaria Mattei (vor 1788), Ragusaner, Mitglied des Franciscaner-Ordens. Nach vollendeten Studien in Rom und nach Erlangung der Doctorswürde in beiden Rechten trat er in den Jesuiten-Orden und zeichnete sich in demselben durch Frömmigkeit und Gelehrsamkeit rühmlichst aus. Als er sich später in seinem Vaterlande niederliess, widmete er sich vorzüglich historisch-linguistischen Untersuchungen im Gebiete der illyrischen Sprache. Der Fortsetzer des Farlatischen Werkes über die römische Kirche in Illyricum, Coleti, verdankt ihm schätzbare historische Notizen über Ragusa. Andere lateinische Schriften von ihm erwähnen Dolci und Appendini. Seine gründliche Kenntniss der illyrischen Mundart liess von ihm im Fache der Grammatik und Lexicographie etwas Vorzügliches erwarten; um so mehr ist der Verlust seiner diesfälligen Handschriften zu bedauern. Er starb im J. 1788. (Appendini II. 304. Farlati VI. 21. Ob der bei letzterem erwähnte Aufsatz „De frugifera sacrorum mysteriorum frequentatione" illyrisch verfasst sei, wird nicht gesagt.)

Anton Juranić (1788), Priester des Franciscaner-Minoriten-Ordens, Definitor generalis und zuletzt Minister provincialis der dalmatischen Provinz (letzteres im J. 1789 schon zum fünftenmale).

Matija Petar Katančić (1788), aus Valpovo im veröczer Comitat, Mitglied des Franciscaner-Minoriten-Ordens capistraner Provinz, Doctor der Philosophie und emeritirter Professor und Bibliotheks-Custos an der kön. pester Universität, einer der gelehrtesten Männer und fruchtbarsten Schriftsteller Ungarns in neueren Zeiten. Er war 1750 den 12. August in Valpovo geboren, 1771 zu Bács in besagten Orden getreten und 1775 am 17. April zum Priester geweiht worden. Im J. 1779 hörte er zu Ofen die ästhetischen Vorlesungen des verewigten Domherrn Georg von Szerdahelyi, damals Professors an der kön. ungarischen Landesuniversität; hierauf wurde er zum Humanitätsprofessor am kön. Gymnasium zu Essek, dann am kön. Archigymnasium zu Agram und endlich in vorgenannten Eigenschaften an die kön. pester Universität befördert. Im J. 1809 am 28. Octb. zog er sich in das Kloster seines Ordens zu Ofen zurück, wo er einzig und allein für seine wissenschaftlichen Studien und literärischen Arbeiten lebte, dergestalt, dass er 1809 bis 1822 auch nicht einen Fuss aus seiner Zelle setzte; später hatte er sie nur mit einigen Schritten verlassen, um frische Luft zu athmen, bis ihn der Tod am 24. Mai 1825 abrief. In dieser Zeit arbeitete er mehrere seiner grossen und wichtigen Werke aus. Er war ein enthusiastisch eifriger Freund der slawonischen Literatur und gründlicher Kenner des illyrischen Idioms. In der lateinischen Sprache war er ebenfalls eines correcten, körnigen, lichtvollen Ausdruckes mächtig. Sprachkunde und Philologie, Alterthumswissenschaft im weitesten Sinne, alte Geographie, Numismatik, Epigraphik und Geschichte insbesondere waren die Lieblingsgegenstände, bei denen sein rastlos thätiger Geist bis zu seinem Hinscheiden mit ungeschwächter Forschungsliebe verweilte, und deren Gebiet er durch eigenthümlich gründliche, an nachhaltigen Resultaten reiche Untersuchungen bedeutend aufhellte. In der Jugend dichtete er mit eben so viel Feuer als geschmackvoller Eleganz. Seine literärische Fruchtbarkeit erregt gerechte Verwunderung. Von seinen zahlreichen gedruckten und ungedruckten lateinischen Schriften wollen wir hier bloss diejenigen anführen, die einen nähern Bezug auf slawische Literatur haben: In veter. Croatar. patriam indagatio Zagrab. 1790. 8"., Specimen Philolog. et Geogr. Pannoniorum Zagrab. 1795. 4"., De Poesi illyrica libellus ad leges aestheticae exactus etc. MS. an. 1817., Prolusio in literaturam aevi medii (cap. II. de literatura Cyrilli, cap. III. de liter. glagolitica) MS. an. 1820. Seine Handschriften kamen an die kön. Landesuniversität in Pest. (Ofner Zeit. 1825. N. 44. Hazai észkülföldi tudósítások 1825. N. 46. Čevapović Catal. p. 303. 322—326. Ej. Recensio prov. d. Joan. a Capistr. p. 316—321.)

Ivan Matković (1788) aus Požega, Doctor beider Rechte, Cameral-Fiscal, Freund und Hausgenosse des Bischofs Antun Mandić, nach dessen Tode (1815) er sich in seine Geburtstadt begab und daselbst nicht lange darauf im hohen Alter starb.

Nikola Pavlćić (1789), Verfasser eines Gelegenheitsgedichtes, im genannten Jahre Hörer der Theologie in Pest. (Th. M.)

Frano Niko Persić (1789), Doctor der Theologie, Domherr der bischöflichen Cathedrale zu Laibach und Unterpräfect des Generalseminariums zu Gräz.

Gjuro Kordić (1790), ein Slawonier, bloss als Verfasser eines Gedichtes bekannt.

Gèrgur Peštallé (1790) aus Bája im bácser Comitate, Mitglied des Franciscaner-Minoriten-Ordens im Convent Našici, Magister der Philosophie und der freien Künste, emeritirter Lector, bewandert in den philosophischen Wissenschaften und mächtig eines leichten und klaren Vortrags. Er starb im Kloster Bája im J. 1809. (Čevapović Catal. 302.)

Pjerko Ignaclo Sorgo, ragusanisch Pjerko Ignaclo Franatice (di Francesco) Sorga (vor 1790?), Patricier und Senator zu Ragusa, Sohn des oben angeführten Franatica Sorgo, bewandert in der vaterländischen Geschichte und besonders in der Gottesgelehrtheit, erlangte unter den neuern Dichtern Ragusas den gröss-

ten Ruhm als überaus geschickter Ergänzer des Osman von
Gundulić. Er war 1803 noch am Leben. (Appendini II. 249.
266.) Geboren zu Ragusa 1749, starb er ebendaselbst im J. 1826.
In der Handschrift hinterliess er eine Sammlung trefflicher geistlicher Lieder.

Juro Ferić (1791), Ragusaner, Domherr au der Metropole
zu Ragusa, Doctor der Phil. u. Theol., Pastor Arcas, Mitglied m.
g. Ges., emeritirter Professor, trefflicher lateinischer Dichter,
minder hervorragend in illyrischen Versen. Seine lateinischen
Werke: Paraphrasis psalmorum poetica etc. Ragusae 1791. 4".
pag. 288+35, Fabulae ab illyricis adagiis desumtae Rag. 1794.
8". pag. 143 etc. findet man bei Appendini II. 186 — 188 angeführt und ausführlicher besprochen. Auch übersetzte er eine
Heroide Ovids ins Illyrische. Er starb im Jahre 1824 in einem
Alter von 80 Jahren. (Appendini II. 186—188. 301.)

Franjo Fustinioni (1791), wahrscheinlich ein Feldcaplan oder
doch ein Geistlicher.

Nikola Marći (1791), Ragusaner, im J. 1803 noch als Weltpriester in Ragusa am Leben. (Appendini II. 215). Er starb im
J. 1806 im 88. Jahre des Alters.

Danilo Emir (Imro) Bogdanić (1792), von Geburt ein Slawonier aus Verőcze, über dessen Lebensumstände jedoch sehr wenig
bekannt ist. In der Vorr. berichtet er selbst, dass er seit
20 Jahren vom Vaterlande abwesend sei und in mathematischen
Studien und Beschäftigungen lebe. — Er wurde im J. 1762
geboren, studierte zu Ofen, Grosswardein und Pest, und widmete
sich der Mathematik. Er war ein gewandter lateinischer Dichter. Vgl. Horányi N. Mem. I. 506—508.

Dinko Glanuzzi (1792), gebürtig aus Spalato, Domherr (in
dem ungenauen Catalog bei Appendini II. 307 erwähnt, im übrigen unbekannt), früher Pfarrer in dem Castell Abbadessa unweit
Spalato, starb zu Anfange des laufenden Jahrhunderts.

Josip Gjurini (1793), Priester des Franciscaner-Minoriten-Ordens in Dalmatien.

Frano Ciprian Quarko (Francesco de Ciprianis Quarko) (1793), Mitglied der öconomisch-agrarischen Academie in Zara, übersetzte das auf Befehl des venediger Senats vom Grafen Julius Parma, Mitgliede derselben Academie, italienisch verfasste Werk: Nauk za texake od Dalmacie itd.

Marko Krajačić (1794), Pfarrer in der kön. Freistadt Požega, Assessor des dortigen subalternen bischöflichen Consistoriums. Verschieden von diesem scheint zu sein Marko Krajačić Horvat iz Gline: De incertitudine scientiarum 1759, bei Miklousić (Izbor ztr. 98).

Josip Stojanović (1794), Priester des Franciscaner-Minoriten-Ordens capistraner Provinz, Exconsultor der Provinz, gewesener Guardian, guter Kanzelredner, starb vor 1830. (Čevapović Catal. 322.)

Lizandro Tomiković (1794), geboren zu Essek in Slawonien den 25. Jänner 1743, Mitglied des Franciscaner-Ordens capistraner Provinz, Guardian des Convents in seiner Vaterstadt, 1809—1811 Minister provincialis und als solcher um den Orden sehr verdient, starb in Essek 1829 im 87. Lebensjahre. Über ihn lese man Čevapović in s. Recensio provinc. s. Joan. a Capistr. p. 312—316.

Juro Bellé (1795), Verf. der Pièce: Razgovor drugi od osobite virnosti itd., wahrscheinlich ein Feldcaplan.

Ivan Karobbi (Carobbi) (1795), gebürtig aus Zeng (Senj), Doctor der Philosophie und Medicin, im J. 1795 zu Karlopago in k. k. Diensten.

Bernardin Leaković (1795), geboren zu Bošnjaci im broder Gränzregimente, Priester des Franciscaner-Ordens der Minoriten capistraner Provinz, Seelsorger zu Šarengrad, emeritirter Lector der Theologie und Exconsultor der Provinz, hielt sich drei Jahre lang als Discretus in Palaestina auf. (Čevapović Catal. 321.) Er starb zu Šarengrad in einem sehr hohen Alter im J. 1815.

David Meznar (1795), Pfarrer zu Brestovac im požeganer Comitate agramer Diöcese.

Antun Josip Turković (1795), Oberstadt-Pfarrer zu Essek. Voltiggi nannte ihn „poetam insignem" in der Vorr. zum Wörterbuche. Er starb als Pfarrer der Festung Essek und Vicearchidiacon den 6. März 1806.

Josip Stipan Relković von Ehrendorf (1796), des obgenannten slawonischen Grammatikers Matija Antun Relković Sohn, Pfarrer des Staabsortes Vinkovci in Slawonien.

Josip Šipuš (1796) aus Karlsstadt, seinem Stande nach unbekannt.

Antun Nagy (1797), aus Požega in Slawonien, geboren den 14. Jänner 1774, studierte die Rechte und wurde hierauf zum ungarischen Landesadvokat beeidet. Ins öffentliche Geschäftsleben übergetreten ward er eine Zeit lang an der agramer Academie als Professor der allgemeinen und vaterländischen Geschichte angestellt. Von da wurde er nach Ofen als Censor und Bücherrevisor bei dem dortigen kön. Statthaltereirathe übersetzt, welchem Amte er noch im Jahre 1832 mit anerkanntem Eifer vorstand. Die illyrische Literatur umfasste dieser hochachtbare Gelehrte von Anfang her mit liebevoller Pflege und bereicherte dieselbe mit einer stattlichen Reihe gemeinnütziger Schriften; mehreres, darunter eine treffliche Übersetzung der Klagelieder und Verwandlungen Ovids, hat er in der Handschrift zum Drucke vorbereitet. Auch in der lateinischen Sprache gab er mehrere gediegen reichhaltige, sehr brauchbare Werke heraus.

Marin Borčić (1799), komt in dem ungenauen und unverlässlichen Catalog illyrischer Bücher bei Appendini II. 306 als Verf. einer Geschichte vor.

Burgadelli, Priester in Dalmatien, Uebersetzer der Bibel ins Illyrische, starb nach Kucharski vor 1810.

Matia Pauli (vor 1800), Ragusaner, aus einem patricischen Geschlechte, war um das J. 1803 schon unter den Todten. Er schrieb lateinische und illyrische Epigramme. (Appendini II. 311.)

Protić, illyrischer von Čevapović erwähnter Schriftsteller.

Gargo Iz Vareša (vor 1800), aus Vareš in Bosnien, Priester des Franciscaner-Ordens und nachmals Bischof und apostolischer Vicarius in Bosnien. (So nach Babić; bei Farlati kommt er indess nicht vor.) Er schrieb „csetiri govorenja chudoredna", welche in des Thomas Babić Cvit razlika mirisa duhovnoga 3. Ausg. Ragusa 1829. 4⁰. 2. Abth. S. 48—69 abgedruckt sind. Im J. 1800 noch am Leben. Vgl. Lučić's Predigten: Malahni skup pastirski, Ml. 1800.

XIX. Jahrhundert.

Simo Trošan (Trosani) (um 1800), geboren im J. 1754 in Ragusa, Domherr des hl. Hieronymus in Rom, starb zu Anfange des gegenwärtigen Jahrhunderts (um 1810). Das Buch: Bogoljubnos, koja se diluje u petak veliki itd. scheint Nachlass oder Nachdruck einer älteren Ausgabe zu sein.

Ivan Marević (1800), im J. 1791 Domherr der fünfkirchner Cathedrale, Doctor der Theologie, Pfarrer zu Bermend im baranyer Comitat und Vice-Archidiacon des Bezirks von Tarda, im J. 1800 aber Pfarrer zu Némethi und Vice-Archidiacon des gleichnamigen Districtes im genannten Comitate.

Ante Paarić (1801), Priester des Franciscaner-Ordens dalmatischer Provinz, Herausgeber des Kačić'schen Razgovor.

Jaćim Stulli (1801) aus Ragusa, geboren im Jahre 1729, Priester des Franciscaner-Ordens in Dalmatien. Frühzeitig fing der würdige Gelehrte an sich mit illyrischen Sprachstudien, besonders mit der Lexicographie, zu befassen und verharrte in diesem löblichen Eifer bis an sein Ende. Um das Jahr 1760 wurde der Plan zu seinem grossen Wörterbuche entworfen, und letzteres dann bis zum J. 1782 ausgearbeitet, nach der Zeit aber fort und fort vervollständigt und seit 1801 bis 1810 zum Drucke befördert. Der Verfasser bereiste Illyrikum und die Nachbarlande in der Absicht, seinem Werke die nöthige Vollendung zu geben; hielt sich in Rom und Venedig auf, kam 1782 nach Wien und lag hier dem Ks. Joseph II. ob, das Wörterbuch auf kaiserliche Kosten drucken zu lassen, nachdem es Kg. Friedrich II. abgelehnt hatte. Auf allerhöchsten Befehl wurde eine Commission zur Regulirung der Orthographie eingesetzt, deren Präses der nachmalige Bischof Mandić, Mitglieder Stulli, Lanošović und Kermpotić waren. Durch diese Commission wurde nun die dalmatische Schlendrian-Orthographie verworfen, und Stulli musste sich dazu bequemen, sein Werk nach der in Slawonien üblichen, einfachern Rechtschreibung umzuschreiben. Sowohl vom Kaiser Joseph II. als auch von Leopold II. und Franz I. wurde der Verfasser in Wien unterstützt und belohnt. Der in Ofen 1801 begonnene Druck wurde indess erst 1810 in Ragusa, wohin sich der Verfasser von Ofen begab, beendet. In der Dedication des 1. Bandes spricht Stulli von einem Plagiarius, in dessen „rapacibus unguibus" sich bereits das Lexicon befunden habe, als es Kaiser Franz I. aus denselben befreite und dem Verfasser vindicirte. Preis, Ehre und Dank sei dafür dem Verfasser, dass er die unermesslichen Schwierigkeiten des Druckes mit heldenmüthiger Ausdauer überwand und sein Werk nicht eine Beute zuerst der Finsterniss, dann der Motten und Mäuse werden liess, wie es die nachgelassenen Wörterbücher von Ritter, Patačić und Katančić geworden sind. Stulli starb in Ragusa im J. 1817 in einem Alter von 88 Jahren. Die bürgerliche Familie Stulli in Ragusa lieferte mehrere verdienstvolle illyrische Schriftsteller.

Nikola Vučić (1802), Priester des Franciscaner-Ordens.

Ivan Altesti (vor 1803), Ragusaner, ein eifriger Freund der illyrischen Literatur und sorgfältiger Sammler ihrer Sprach- und Schriftdenkmäler, unterstützte Appendini bei der Abfassung der Notizie istorico-critiche 1801—1803 aufs kräftigste und übersetzte zwei Heroiden Ovids ins Illyrische. (Appendini II. 301.) Er starb im Jahre 1816, 90 Jahre alt. Früher als Petar Bašić schrieb er die Erzeugnisse ragusanischer Dichter eigenhändig ab.

Silvestar Bubanović (vor 1803), griechisch-katholischer Bischof von Kreuz, von Voltiggi in der Vorr. zum Wörterbuche mit dem Prädicate „in sacris pariter ac politicis scientiis versatissimus, linguae illyricae peritissimus" den illyrischen Gelehrten beigezählt; ob er etwas geschrieben, ist mir nicht bekannt.

Lukrecia Budmani geborene **Bogascini** (vor 1803), Ragusanerin von nicht gemeiner Bildung, mit Begeisterung der Dichtkunst zugethan, hinterliess mehrere Gedichte druckfertig. Sie starb vor 1803. (Appendini II. 246. 372.) Dichtete um 1775. (Horanyi N. Mem. I. 502.)

Gjorgje Higja (vor 1803), Ragusaner, Doctor, Übersetzer des Virgil, Horaz, Catull, Tibull und Properz. Von ihm steht bei Appendini II. 285 die italienische Übersetzung eines Bruchstückes aus der Danica des Gjona Palmotić. Geboren ums Jahr 1752, war 1832 noch am Leben.

Antun Mandić (vor 1803), aus Požega, zuerst Titular-Bischof von Pristina und Grosspropst von Agram, hierauf Bischof von Diakovar in Slawonien und geheimer Rath. Voltiggi in der Vorrede zum Wörterbuche nennt ihn „primum illyricae linguae oraculum, sub cujus praesidio commissio aulica hanc recentem orthographiam illyricam (die Stullische nämlich) decrevit". Er liess zwar nichts von ihm Verfasstes drucken, erwarb sich aber als Mäcen ein namhaftes Verdienst um die Literatur. Mikótzy's Otiorum Croatiae liber unus Budae 1806. 8° erschien auf seine Kosten. Er bewog die Kammer, Kanižlić's Nachlass: Kamen smutuje, 1780. 4°, drucken zu lassen. Als Bischof verewigte er sein Andenken durch mehrere fromme Stiftungen. Er starb am 11. Jäner 1815 als jubilirter Priester im hohen Alter.

Marin Zlatarić (l. 1803), Patricier und Senator zu Ragusa, Erbe des Namens und Nacheiferer der Tugenden seines ausgezeichneten Ahnen Dinko Zlatarić, Ubersetzer von Gessner's Idyllen, im J. 1803 noch am Leben. (Appendini II. 229.) Er ward 1753 zu Ragusa geboren und starb daselbst im J. 1826.

Šumšić (vor 1803), von Voltiggi in der Vorrede zu seinem Wörterbuche namhaft gemacht: Sumsich insignis poeta illyricus passim celebratur.

Karlo Pavić (1803), Abt der hl. Jungfrau Maria zu Bihar in der grosswardeiner Diöcese, früher Pfarrer von Mitrowitz und dann Pfarrer des Stabsortes Vinkovci im broder Gränzregimente und Vicearchidiacon des gleichnamigen Districtes, bischöfl. Consistorialrath, des sirmier und veröczer Comitates Gerichtstafelbeisitzer. Er wurde geboren zu Tovarnik im sirmier Comitate den 27. Juni 1779, absolvirte im Laufe von 11 Jahren die niedern und höhern Wissenschaften, namentlich die des zum Lebensberufe gewählten theologischen Faches in Fünfkirchen, wurde im Jahre 1803 als Priester zuerst Cooperator in Tovarnik, hierauf nach einander Pfarrer zu Lipovac, Lovas, Mitrovic, Vinkovci. Als Pfarrer von Lovas lehrte er zu Diakovar am bischöflichen Seminarium ein Jahr Philosophie und das andere Theologie.

Ivan Stulli (1803), Ragusaner, Weltprietser, ein feiner Kenner der illyrischen Sprache nach der Bemerkung Appendini's. Ausser den unten angeführten Schriften steht auch in der illyrischen Abtheilung von Jaćim Stulli's Wörterbuche ein Nachtrag illyrischer Wörter von ihm. (Appendini II. 315.) Ausser diesem Nachtrag half er auch sonst seinem jüngern Bruder Jaćim bei der Abfassung des grossen Wörterbuches. Er starb 1804 in einem Alter von 76 Jahren.

Joso Voltiggi (1803), ein Istrianer. Ueber seine Lebensumstände ist uns äusserst Weniges bekannt. Er stammte aus Antignana und hiess von Haus aus Voltić. Im J. 1810 und in den ff. bekleidete er ein polizeiliches Amt in Wien. Er starb um 1827. (Stancovich Biogr. degli uomini distinti dell' Istria, Trieste 1828. 8" Bd. 2. S. 411.)

Titus Brczovački (1804), Priester in Kroatien, schrieb bloss zwei unten angeführte Gelegenheitsgedichte in illyrischer Mundart, und gehört seinen übrigen Werken nach in die kroatische Abtheilung, wo er gehörigen Ortes eingereiht worden ist.

Ivan Marin De' Maris (1804) von der Insel Arbe, seinem Stande nach unbekannt.

Toma Ivanovié (1804), Ragusauer, Weltpriester, geboren im J. 1740, starb nach 1804.

Frano Kolungjié (1805), Priester des diakovarer Bisthums, Doctor der Phil. und Theol. und Pfarrer zu Ivankova im broder Gränzregimente, seit 1825 Franciscaner.

Luka Stulli (1805), Ragusaner, Doctor der Medicin. Bei Appendini II. 281 steht von ihm eine kurze Probe einer italienischen Uebersetzung aus Gundulić's Gedichten. Er ward den 22. Sept. 1772 geboren und starb den 17. Sept. 1828. Mehreres schrieb er in lateinischer und italienischer Sprache, welches man in dem Werke: Prose e versi del Dr. Luca Stulli, Bologna 1829. verzeichnet findet. (Ob er illyrisch geschrieben, finde ich nicht bestimmt angegeben.)

Juro Sertlé (1807), Pfarrer des Stabsortes Vinkovci in Slawonien, hierauf Pfarrer zu Nemci, zuletzt Domherr und Rector des neuen bischöfl. Seminariums zu Diakovar, starb zu Diakovar den 7. Octb. 1808.

Gjanluka Volantié (st. 1808), Ragusaner aus einer bürgerlichen Familie, geb. im J. 1749, 40 Jahre lang im Dienste des Senats, zuletzt als Secretär der Republik, starb im J. 1808. Er besass eine gründliche Kenntniss der illyrischen Sprache und erwarb sich in mehrfacher Hinsicht bleibende Verdienste um die vaterländische Literatur. Die Predigten Zuzzeri's gab er mit einer Vorrede heraus. Ueber 12 Jahre lang sammelte er Materialien zu einer kritischen Herausgabe des Osman von Gundulić, dessen Text er herstellte und das ganze Gedicht mit ausführlichen Erläuterungen in italienischer Sprache (über 40 Bogen in der IIs) versah. Seine Vorarbeit kam später dem Herausgeber Marković zu gute. Auch war er äusserst theilnehmend und gefällig gegen andere Gelehrte. Coleti im VI. Bde. des Illyr. sacrum preist seine Dienstfertigkeit aufs wärmste, auch Appendini erwähnt dankbar der ihm durch ihn gewordenen literarischen Unterstützung. (Farlati VI. 519. Appendini Gramm. ill. ed. 2. p. XI.—XII.)

Ivan Ambrozović (1808) aus Sombor im bácser Comitate, wo sein Vater Senator war, gab, während er noch auf der Universität zu Pest die Rechte studierte, eine Sprichwörtersammlung heraus.

Frano Maria Appendini (1808), Priester des Piaristen-Ordens in Ragusa, von Geburt ein Italiener, aber in Folge seines Aufenthaltes (seit 1792) und vorherrschender standhafter Neigung mit der illyrischen Sprache durch mehrjährige Studien vertraut gemacht, hat sich um die illyrische Literatur als Grammatiker und Historiker nicht geringes Verdienst erworben. Er war 1832 Rector des Piaristen-Collegiums und Präfect des Gymnasiums in der genannten Stadt. Dem Stullischen Wörterbuche Bd. III. und V. setzte er interessante, auch einzeln abgedruckte Abhandlungen vor. Seine Notizie istorico-critiche Rag. 1801—1803. 4" 2 Bde. enthalten äusserst schätzbare Nachrichten historischen und literärischen Inhalts. Ausserdem verfasste er ein wichtiges historisch-etymologisches Werk, von welchem er in der Abhandlung vor Stulli's Wörterbuche Bd. III. p. XVII. spricht: Varro illyricus, sive de originibus linguae illyricae ejusque cognatione cum graeco, latino et teutonico sermone. Er selbst nennt es ein opus sane operosum.

Sima Starčević (1812), Pfarrer zu Novi in der Lika.

Martin Pustaic (1813) aus Slawonien, k. k. jubilirter Major des broder Gränzregiments, im genannten Jahre noch am Leben, starb bald darauf (1818) zu Cèrna in einem hohen Alter.

Miho Karaman (1814), Ragusaner, Weltpriester, geboren den 15. December 1763, im J. 1832 noch am Leben.

R. Riardović (1814), im genannten Jahre Priester in der Erzdiöcese von Spalato.

Andrija Dorotić (1815), Priester des Franciscaner-Ordens der Minoriten, „ein lüderlicher aber talentvoller Mönch" nach dem Ausdrucke des Prof. S. in L.

Marko Ivanović (1815) aus Dobrota in der Boka von Cattaro, Doctor der Theologie und Domherr, publicirte (nach Appendini II. 254) eine Schrift: Sulla dedizione di Cattaro a S. M. l' Imperatore Francesco II., in welcher er unter anderem ein Verzeichniss der vorzüglichsten Gelehrten aus den dalmatischen Küstenstädten liefert.

Augustin Miletić (1815), Priester des Franciscaner-Ordens, Bischof von Daulien und apostolischer Vicarius in der Provinz Bosnien.

Marko Antun Horvatović (1816), emeritirter Pfarrer in Slawonien „bei der Kirche zu Allen Heiligen", hierauf zu Agram Beneficiat bei St. Marcus. (Miklousić Izbor ztr. 96.)

Josif Kalasancio Mihalić (1816), geboren zu Ilok im sirmier Comitate ums J. 1781, studierte die Grammaticalien im elterlichen Hause unter der Leitung seines Vaters Bartuo Mihalić, Casernen-Inspectors und Curators, der sich die Erziehung seiner Söhne sehr angelegen sein liess und ihnen selbst den Unterricht in der lateinischen Sprache ertheilte. Die Humaniora absolvirte er zu Kalocsa, die Philosophie aber zu Szegedin und Erlau. Hierauf legte er den theologischen Cursus in Fünfkirchen und Agram zurück. Nun wurde er seit 1807 nach einander Cooperator, Administrator und zuletzt Pfarrer von Sat im sirmier Comitate, wo er 1832 noch lebte.

Antun Mihalić (1816), Bruder des Obigen, geboren den 29. August 1786. Den Unterricht in der lateinischen Grammatik bis zur Syntax erhielt er ebenfalls von seinem Vater und studierte die Humaniora in Kalocsa (1799—1801), die Philosophie aber in Szegedin und Erlau (1802—1803). Auch er widmete sich dem geistlichen Stande und hörte die theologischen Wissenschaften zwei Jahre hindurch in Fünfkirchen am bischöflichen Seminarium, drei Jahre hindurch aber in dem kön. Centralseminarium und auf der Universität in Pest (bis 1808). Darauf wurde er vom Bischof Mandić zum Professor der Dogmatik und Polemik am bischöflichen Lyceum in Diakovar, wie auch zum Assessor des bischöfl. Consistoriums und Defensor in Ehesachen ernannt. Im J. 1810 erhielt er zu Pest die theologische Doctorswürde. Verschiedener Widerwärtigkeiten wegen verliess er die Lehrstelle, wurde zuerst 1814 Coadjutor in Ruma, hierauf 1815 Pfarrer zu Peterwardein und Vice-Archidiacon. Im J. 1830 wurde er zum Ehrenmitglied der theolog. Facultät auf der Universität in Pest aufgenommen. Er schrieb auch einige Piècen lateinisch.

Sebastianović (1816), von Katančić unter den slawonischen Schriftstellern namhaft gemacht. Mir ist als Gelehrter dieses Namens nur Frano Sebastianović aus Požega in Slavonien bekannt, der Domherr zu Agram und Mitglied der Gesell. der Arcadier in Rom war und 1799 starb. Von ihm sind die lateinischen: Poemata sparsim antea edita, collecta recusaque Budae typ. r. Univ. 1805. 8⁰. p. 147. Katančić muss einen andern im Sinne gehabt haben.

Imro Karla Raffay (1817), Herr von Raven, Propst von Agram, seit 29. Sept. 1816 Bischof der vereinigten Diöcesen von Bosnien oder Diakovar und Sirmien, k. k. Geheimrath. Er starb am 16. Jänner 1830, nachdem er 54 Jahre im Priesterstande verlebt hatte. Einige von ihm verfasste Predigten, so wie mehrere von ihm veranstaltete religiöse Schriften, ferner eine Landkarte seiner Diöcese, erschienen auf seine Kosten. Er war ein ausgezeichneter Rechtsgelehrter.

Gjuro Arnold (1819), Regenschori an der Hauptkirche der hl. Theresia in der königl. Freistadt Maria-Theresiopel.

Ivan Baptista Jezlé (1819 ff.), geboren um 1746, Bischof von Zeng und Modruša. Er veranstaltete die Herausgabe des neuen fiumaner Schiavet 1824, dessen Approbation vom 10.

Aug. 1819 datirt ist. Mehrere andere religiöse Büchlein erschienen auf seine Veranlassung und Kosten. Im J. 1831 war derselbe in einem Alter von 85 Jahren frisch, munter und gesund. Er starb im Jahre 1833.

Gergur Čevapović (1820) aus Bertelovci im požeganer Comitate, geboren im J. 1786 den 23. April, studierte am Gymnasium zu Požega, trat in den Franciscaner-Minoriten-Orden capistraner Provinz 1802, erlangte 1806 die philos. Doctorswürde zu Pest, legte 1807 die Ordensgelübde ab, 1809 erhielt er die Priesterweihe, war zuletzt seit 1821—1824 und 1827—1830 zum zweitenmal Provincial des besagten Ordens, starb aber schon den 21. April 1830 in Ofen in so eben vollendetem 44. Lebensjahre. Die illyrische Literatur verlor an ihm einen eifrigen Pfleger. Lateinisch gab er heraus: Synoptico-memorialis Catalogus observantis Minorum prov. S. Joan. a Capistrano olim Bosnae Argentinae etc. Budae 1823. 8"., Recensio observantis Minorum provinciae S. Joannis a Capistrano pro a. 1830, Budae 1830. 8⁰. Auch liess er: Leges municipales Franciscanae provinciae S. Joannis a Capistrano 4". drucken.

Jure Plančić (1820), gebürtig aus Citta vecchia (Starigrad), dem alten Pharia, auf der Insel Lesina (Hvar, ehedem Pharos), Doctor der Phil. und Theol., Abt, seit 1818 General-Inspector der Normalschulen in Dalmatien. Dieser hoch gebildete Mann nahm sich des in Dalmatien sehr vernachlässigten Elementarunterrichtes auf das eifrigste an, liess in Bezug darauf eine Schrift, betitelt: Saggio d'idee tendenti a migliorare e promuovere l'istruzione elementare in Dalmazia, Zara della stamp. governiale 1820. 8⁰. 50 S., drucken und nahm an der Commission zur Regulirung der illyrischen Orthographie als Mitglied derselben den thätigsten Antheil.

Ignac Bajay (1821) mit den beigesetzten Buchstaben G. M. auf dem Titelblatt; im übrigen unbekannt.

Adam Filipović von Heldenthal (1822), am bischöflichen Lyceum zu Diakovar Exhortator sacer, Professor der Religionslehre und zugleich Spiritualis des jüngern Clerus.

Anton Mihaly (1822), emeritirter Professor der Grammaticalschulen am Gymnasium zu Požega in Slawonien.

Stipan Lukić (1823), Concipist bei der kön. ungarischen Hofkammer, dann Secretär etc.

Jure Matić (1823), Herausgeber eines Almanachs, im übrigen unbekannt.

Mihajlo Mihaljević (1823), Pfarrer zu Drenjani im veröczer Comitate diakovarer Diöcese, Assesor des veröczer Comitats, starb den 25. Octb. 1830.

Silvestar Ninković (1823) aus Slavonien, geboren den 24. Febr. 1782, Priester des Franciscaner-Ordens der Minoriten capistraner Provinz, im J. 1826 Guardian zu Požega, im J. 1830 ff. Guardian zu Černek im požeganer Comitate und Administrator der dortigen Pfarre. (Čevapović Catal. 304. 326. Synopsis 503.)

Adalbert Horvat (1824), geboren den 30. Sept. 1783 in Slawonien, Priester des Franciscaner-Ordens der Minoriten capistraner Provinz, gewesener Prediger, Secretär und Protocollist der Provinz, im J. 1830 Guardian zu Požega. (Čevapović Synopsis 216.)

Marian Jaić (1824) aus Slawonien, geboren zu Brod den 4. Juli 1795, absolvirte die Normalschulen in seinem Geburtsort, in den Grammaticalien und Humanioren ertheilte ihm P. Marian Lanosović unentgeltlich Privatunterricht, trat am 7. Mai 1812 zu Bács in den Franciscaner-Orden der Minoriten capistraner Provinz, feierte nach absolvirtem philos. und theolog. Lehrcursus seine Primizien zu Brod den 4. Octob. 1818, bekleidete hierauf zwei Jahre das Lehramt bei den Präparanden an der Hauptschule zu Vukovar und seit 1821—1831 das eines Lectors der Theologie, hierauf war er Guardian im Kloster zu

Vukovar und der Ortspfarrei Administrator. (Čevapović Synopsis 396.)

Frano Tomlć (1825), Ehrendomherr des bischöflichen Capitels von Diakovar, Pfarrer zu Valpovo und des gleichnamigen Bezirkes Vicearchidiacon, des veröczer Comitates Gerichtstafelbeisitzer.

Frano Vrinjanin (Vrignanin) (1825), früher am bischöflichen Seminarium in Senj der alt- und neutestamentlichen Exegese Professor, wie auch an der dortigen Cathedrale Domherr, hierauf Pfarrer zu Grižani im vinodoler Bezirke des modrušer Bisthums.

Jakob Borkovlć (st. 1825), gebürtig aus Lissa (Vis), Weltpriester, starb im J. 1825 im hohen Alter. Ausser Kanzelreden hinterliess er in der IIs. auch Gedichte.

Ambrožo Markovlć (1826), geboren den 8. Novb. 1775 in Ragusa, Mitglied des Franciscaner-Minoriten-Ordens zu Ragusa, verdienstvoller Herausgeber des Gundulić'schen Gedichtes Osman, zu dem er ausführliche einleitende und erläuternde Anmerkungen schrieb. Auch scheinen die den übrigen bei Martecchini gedruckten einzelnen Gedichten Gundulić's beigefügten Worterklärungen von seiner Hand zu sein.

Ivan Salatić (vor 1826), Ragusaner, Weltpriester, starb 1826 66 Jahre alt. Hinterliess Predigten und Gedichte.

Marco Bruère (st. 1827), aus Bambino in Frankreich, kam in frühester Jugend nach Ragusa, erlernte hier die illyrische Mundart vollkommen und versuchte sich sogar in der Dichtkunst. Später lebte er als französischer Consul zu Travnik in Bosnien und setzte hier seine slawischen Sprachstudien mit Eifer fort. Er starb im J. 1827 zu Tripoli in Syrien und hinterliess in der Handschrift sehr viele treffliche Lieder, meist scherzhaften Inhaltes. Einige seiner illyrischen Gedichte ernster Gattung sind im Druck erschienen.

Ivan Dvojak (1827), Domherr der agramer Cathedrale und Archidiacon von Časma, Pfarrer und Proarchidiacon bei der

Cathedrale in Agram, Synodal-Examinator, des agramer, poželi gáner und varasdiner Comitats Gerichtstafelbeisitzer.

Ambrožo Matić (1827), Mitglied des Franciscaner-Ordens der Minoriten bosnischer Provinz, Lehrer der grammaticalischen Schulen.

Karlo Radinović (1827), Doctor der Theologie, früher Cooperator zu St. Petrus in Vico Latinorum zu Agram, dann Pfarrer zu Orihovac im gradiskaner Gränzregiment.

Bartao Pavlić (1827), geboren zu Klokočevik unweit Brod in der slawon. Gränze 1790, Priester des diakovarer Bisthums, früher Sonntagsprediger bei der Cathedrale in Diakovar, hierauf Vicerector des dortigen bischöflichen Seminariums und seit 1829 Pfarrer zu Varoš, einem bischöflichen Landgute.

Nikola Hadžić (1828), Normallehrer in Semlin.

Joso Marić (1828), Verfasser von Gelegenheitsgedichten, Studierender am kön. Gymnasium zu Maria-Theresiopel, hierauf der Philosophie in Agram.

Pavao Miošić (1829), Priester, im genannten Jahre Professor der Theologie am Seminarium in Zara, dann Bischof von Spalato und Makarska.

P. M. S. (1829), Uebersetzer des Gagliardoschen Buches vom Ackerbau — ist: **Matia Sonlić** (1829), gebürtig aus Traù, Priester, Professor der Agricultur am erzbischöflichen Seminarium in Zara und Uebersetzer der administrativen Gubernialrescripte ins Illyrische.

Stjepan Marianović (incertae act.), Priester des Franciscaner-Ordens bosnischer Provinz, Vf. der Grammatik: Institutiones gramm. Lat. idiomate Illyr. propositae etc.

Frano Milinković (1830), Pfarrer zu St. Georg (Gjurgjevac) in dem gleichnamigen kroatischen Gränzregiment, agramer Diöcese.

Stjepan Aćimović (1830), gr. n. un. Lehrer in Vinkovci, gehört der serbischen Abtheilung an, wo er auch vorkommt.

Ivo Jozepac (1830), Pfarrer in der Festung Essek in Slawonien, gab ausser einer slawonischen Predigt auch noch drei andere Reden in derselben Sprache 1827—1829, ferner einige Gratulationsgedichte heraus.

Antun Kaznačić (Casnacich) (1832), Ragusaner, dichtete mit Leichtigkeit und Eleganz sowohl in ernstem als scherzhaftem Styl.

Ignacio Al. Berlić (1833), bürgerlicher Handelsmann und Magistratsrath der k. k. freien Militär-Communität Brod in Slawonien.

Marco de Casotti (1835.)

Reihenfolge der illyrischen Werke.

I. Sprachkunde.

1. Orthoëpie: illyrische Namenbüchlein.

Probezettel von cyrillischer Schrift, gedruckt zu Urach 1561.
Schnurrer's slaw. Bücherdruck S. 51. Dobrowský's Slawin S. 129. Kopitar's Gramm. d. slaw. Sprache S. 453.

Sim. Budinei *Breve istruzione per imparare il carattere Serviano e la lingua Illyrica, sive brevis instructio ad condiscendum characterem Serbicum et linguam Illyricam. Venet. per Anton. Rempazetto 1597.*
Horanyi N. Mem. I. 625.

Азбуквивидняк словинскіи, иже опщеним начином псалтерищ назнваст се, писмом 6. Іеролима Стридонскаго, препаправлен О. Ф. Рафаилом Леваковичем Хервачанином, чипа маниних брат обслужевающих державе босне-херватске, у Риму на витискалиици свете скинщини от размножения вери, лета 1629. Kl. 8". 16 Bl. (A-B₄).

Neben dem glagolitischen Alphabet ist auch das cyrillische aufgeführt, und als Lesestück ist abgedruckt: Bogorodice djevo raduj se (Ave Maria) mit glagolitischen, cyrillischen und lateinischen Lettern. (Köppen Bibliogr. Listy Nr. 26. S. 376.) Einen neuen glagolitisch-cyrillischen Bukvar verfasste der Erzbischof von Zara, Caraman: Букварь Славенскій. Rom 1753. 4". 78 S.

Буквар языка славенска, в Тирнанѣ тип. акад. 8°. 40 S.
Bei Prof. Supan in Laibach. — Wahrscheinlich nicht für Serben oder Illyrier, sondern für Russinen bestimmt. — Eine andere, zu Tyrnau gedruckte cyrillische Azbukvica, so wie über-

haupt ABC-Tafeln mit Katechismen, siehe unter den theologischen Schriften im Abschnitte: Glaubenslehre.

(Mih. Grozdicha) *ABC ili uprava za potribu shularske Dalmatinske mladexi (sammt dem kleinen Katechismus)*, Temesvar 1779. 8". 87 str.

Der Verf., Franciscaner der bulgarischen Provinz und Administrator der karaschover Pfarrei im Banat, hielt sich darin mehr an die dalmatisch-illyrische als an die eigentliche bulgarische Mundart, wenn gleich das Buch für die bulgarische Jugend seiner Pfarrei bestimmt war. (Dobrowský's Slowanka I. 213.)

ABC iliti knjixica slovoznanja za potribu narodnih ucsionicâ u kraljesten Slavonie — ABC oder Namenbüchlein zum Gebrauche der Nationalschulen in dem Kgr. Slavonien — (slavonisch und deutsch). Ofen Universitäts - Buchdrukerei 1785. 8". 1800. 8°. 108 S. 1823. 8". 112 S. (Stereotyp.)

Wird als Schulbüchlein fast jedes zweite oder dritte Jahr neu aufgelegt.

ABC iliti knjixica slovoznanja za potribu selskih ucsionicâ u kraljesten Slavonie. U Budimu (vor 1830) 8°. — U Budimu s mudroucsne Pesth. skupshtine slovi 1815. 8". 48 str.

Universitäts-Buchdr.-Catalog vom J. 1830.

Knixica imen za hasan selskih skol. U Rici 1819. 8°. 95 str.

Abbeccedario della lingua italiana ed illirica, compilato dal D. Giorgio Plancich, *Ispettore generale etc. MS. 1820.*

Der Commission zur Begutachtung vorgelegt, mit Modificationen angenommen, aber noch nicht gedruckt.

2. Orthographie.

a. Illyrische.

O. Raimunda Zamagna *Dominikana, Vlast. Dubrovacs. (st. 1644), Ortografia (le regole dell' ortografia Illirica). In Venezia, presso Ginami 1639.*

Appendini II. 302.

Uputjenje k Slavonskomu pravopisanju za potribu narodnih ucsionicá u kraljestvu Slavonie. — Anleitung zur slawonischen Rechtschreibung u. s. w. — Ofen Univ.-Buchdr. (Seit 1785 bis 1832 sehr oft, in 8°.) 1810. 8°. 64 S.

Pravopisanje Illiricsko. U Terstu 1816. 8°. Gregor Čevapović in seinem Josip narodna igra, u Bud. 1820. 8°. S. 13 nennt es: Pravopisanje Illyricsko, koje G. Parok Novogradski, Senjske Biskupie, god. 1816 u Terstu na svitlo dade, und fügt zu dessen Lobe hinzu: po vlastitosti Illyricskog jezika izverstno vidi se.

Antonii Mihalich *Parochi Petrovar. Regulae orthographiae illyricae. MS.*

b. Lateinische.

Nauk za mochi pisati Latinskima slovima. Gedruckt zu Venedig vor 1709.
Katarina 1709.

3. Kalligraphie.

Uputjenje k lipo-pisanju za potribu narodnih ucsionicá u kraljerstvu Madjarskomu i Slavonskomu. — Slawonische Schönschreibung. — (Ofen Univ.-Buchdr. seit 1785 bis 1832 sehr oft, in 8°. 16 S.)

4. Sprachlehren.

a. Illyrische Sprachlehren.

Barthol. Cassii *Curietensis Dalmatae S. J. Institutionum linguae Illyricae libri duo, editio prima. Romae 1604, typis Zanetti, 8°. 189 pag.*

Cassius bekennt, dass er keinen Führer hatte, dem er hätte folgen können, indem er der erste war, der diesen Gegenstand behandelt: Er verdient Lob, dass er die Lehre von den Declinationen und Conjugationen klar und bündig vorgetragen und auch hie und da über andere Redeth eile verschiedene brauchbare Bemerkungen angebracht hat. Übrigens sah Cassius seine Arbeit nur als einen unvollkommenen Versuch an.

Vincentii Comneni *(l. zw. 1624—1644) Grammatica quinque linguarum, scilicet Illyricae, Graecae, Latinae, Italicae et Hispanicae.* Wahrscheinlich nicht gedruckt. Appendini II. 89.

Des Priesters **Georg Križanić** *kritische serbische Grammatik, mit Vergleichung des Russischen, Polnischen, Kroatischen und Weissrussischen, in serbischer Sprache, Originalhandschrift des Vf. vom J. 1714 (1665), 218 Bl. auf Papier in Folio, in der Bibl. der geistlichen Typographie in Moskau.* Eine ausführliche Nachricht über diese serbische oder illyrische Grammatik und ihren Vf. verdanken wir dem Hrn. Kalajdović. S. dessen Joann Exarch S. 120 — 123. Die abenteuerlichen Schicksale dieses römisch-katholischen Priesters, so weit sie bekannt sind, haben wir schon oben berührt. In Sibirien, wohin er verbannt wurde, endigte er seine Grammatik im J. 1665; unter der Vorrede befindet sich das Datum: писано в Сибири лѣта зрод октобра в з̃ ден. Die Grammatik enthält bei manchem Einseitigen und Excentrischen, was zum Theil dem Entbehren besserer Quellen und Hilfsmittel in Sibirien zuzuschreiben ist, viele helle Blicke, gesunde Urtheile und originelle Ansichten. Der Vf. eifert für die illyrische (serbisch-bosnisch-kroatische) Mundart. Seine Orthographie ist gewissermassen das Vorbild der des Hrn. Vuk Stefanović Karadžić. Er wirft das ъ und ь am Ende der Wörter ganz weg und bedient sich des letztern zur Mollirung der Consonanten, das j hat er ebenfalls u. s. w. Nach dem Urtheile des Hrn. Kalajdović, dem gewiss jedermann gern beipflichten wird, verdient diese Grammatik noch immer den Druck. — Ausser der Grammatik hat man noch einen polemischen Aufsatz von diesem Priester, betitelt: Соловечска челобитна од суеверству и од раздору, с объясненьем попа Юрка Крижанища презваньем Сербльанина, eigenhändige Handschrift des Vf. vom J. 1675, 231 Bl. auf

Papier in 4", in der Synodalbibliothek in Moskau. Dieser im J. 1675 in Tobolsk verfasste Aufsatz enthält eine Widerlegung der Solovecischen Bittschrift und ist an den Metropoliten von Tobolsk, Kornilij, gerichtet. Der Director der geistlichen Typographie zu Moskau, Polikarpov, übersetzte dieselbe ins Russische im J. 1704. Die Čelobitnaja der Solovecer Mönche erschien im Druck zu Suprasl 1788. 8". und öft. S. Kalajdovič Joann Exarch S. 122—123.

Nova Slavonska i Nimacska gramatika. — *Neue Slawonische und Deutsche Grammatik, durch* **Mathiam Antonium Relkovich,** *bei dem slavon. broder Infanterie-Regiment Oberlieutenant. Agram bei Franz Xaver Zerauscheg 1767. 8". 552 S. — Dieselbe zur 2. Aufl. befördert durch* **Franz Anglielich.** *Wien bei Joseph Kurtzböck 1774, 8". 557 S. — 3. Aufl. Wien 1789. 8". 535 S.*

Der lange Titel gibt selbst die Bestandtheile dieser Sprachlehre an. Es heisst dort: Der erste Theil hält in sich die slawonische Orthographie nebst kurzer Einleitung in die deutsche Rechtschreibung. Der zweite Theil zeigt die Etymologie oder Wortforschung und den Gebrauch der Theile der Rede (eigentlich die Wortbiegung). Der dritte Theil lehrt Syntaxim oder die Wortfügung erstlich insgemein, hernach von jedem Theile der Rede insbesondere. Darnach folgt ein Vocabularium oder Wörterbuch slawonisch und deutsch (nach Rubriken eingetheilt). nebst einem Auszuge der gemeinsten und im Reden vorkommenden Gespräche. — In dem Juranić'schen hs. Verzeichnisse der agramer Drucke steht die erste Ausgabe dieser Grammatik mit der Jahrszahl 1764 angeschrieben; was indess ein Versehen zu sein scheint. — M. P. Katančić bemerkt über Relković's Grammatik folgendes: „Antonius Relkovich recentissimus quidem, sed inprimis brevitate sua et accuratione commendandus mihi videtur. Molles enim asperasque, in quibus solis discrepant nostri, duabus modo consonis, non ut ceteri tribus quandoque, exprimit, et sono magis connaturali quam in Italicis. Haec tamen in eo notaris: 1) Quod linguae natura et vetustate non satis perspecta ad opus hoc scribendum accessit. 2) Molles *gy*, *ly*, *ny*, cum consona *j*, quae in derivatis modo cum *g*, *l*, *n* locum obtinet, non distinxit. 3) Quod scriptores, a quibus profecit, penitus praeteriit, Dellabellam inprimis et Micagliam. 4) Quod accentuum, quos initio non male tradidit, non magnam in decursu operis habuit rationem. „De Istro ejusque accolis commentatio" Budae 1798. 4". p. 283.

Neue Einleitung zur Slawonischen Sprache von P. **Marian Lanossovich,** *Franciscaner der Kapistraner Provinz. Essek 1778. 8". 272 S. — 2. verb. Aufl. Essek 1789. 8". 270 S. — 3. verm. und verb. Aufl. u. d. Titel: Anleitung zur Slawonischen Sprachlehre sammt einem nützlichen Anhange mit verschiedenen Gesprächen, deutsch-slawonisch- und ungarischem Wörterbuche, Briefen, Benennung der vornehmsten geistlichen und weltlichen Würden. Ofen, Universitäts-Buchdruckerei 1795. 8". 230 + 111 S.*

Das slawonische Wörterbuch ist nach dem deutschen Alphabete eingerichtet, doch so, dass die Substantive, Beiwörter, Zeitwörter und die unbiegsamen Redetheile getrennt werden. (Dobrowský's Slowanka I. 192.)

Gianmaria Mattei *(st. 1788) Illyrische Grammatik sammt Prosodie (Grammatica colle regole della prosodia Illirica), ungedruckt.*

Appendini lobt Mattei's gründliche Kenntniss der illyrischen Sprache; seine Handschriften (darunter, ausser einigen lateinischen Werken, auch ein illyrisches Wörterbuch) wurden nach seinem Tode zum Theil an die Franciscaner in Ragusa abgeliefert, zum Theil gingen sie in fremde Hände über und sind jetzt verschollen. Der Verlust der Grammatik, an welcher Mattei volle dreissig Jahre lang gearbeitet haben soll, ist sehr zu beklagen. Appendini II. 304.

Illyricae linguae praecepta, succincta perspicua methodo exposita. Colocae ap. Jo. Tomencsek 1807. 8". 104 pag.

Grammatica della lingua Illyrica, compilata dal Padre **Francesco Maria Appendini** *delle scuole pie etc. Ragusa presso*

Ant. *Martecchini 1808, 8°. XXIV + 336 S. — Edizione seconda 1828. 8". 335 S.*

Grammatik der Illyrischen Sprache, wie solche in Bosnien, Dalmatien, Slawonien, Serbien, Ragusa u. s. w., dann von den Illyriern in Banat und Ungarn gesprochen wird, für Teutsche verfasst und herausgegeben von Ignaz Al. Berlich *bürg. Handelsmanne und Magistratsrathe zu Brod in Slawonien. Ofen Univ. Buchdr. 1833. 8°. XIV+377 S.*

Grammatica Illyrica, MS. in 4°, in biblioteca archiepisc. Colocensi.

b. Lateinische Sprachlehren.

Grammaticae Emmanuelis Alvari Illyrica versio. Romae typis sacrae congr. de propag. fide 1637.
Appendini Grammat. Illirica p. VIII.

Grammatica Latino-Illyrica ex Emanuelis aliorumque approbatorum Grammaticorum libris juventuti Illyricae studiose accommodata a Patre F. Laurentio de Gliubuschi *(lies* Ljubuški), *Ord. Minor. S. Franc. de obs., Phil. Lectore, Prov. Bosnae Argent. alumno. Venetiis typis Anton. Bortoli 1713. 8". 226+25 S. (Catalogus verborum.)* 2. Ausg. *Venetiis 1781. 8°. 227 S.*

Diese Grammatik hat nach Appendini sowohl in der Anlage als auch in der Ausführung einigen Vorzug vor der nachfolgenden Babić'schen (App. a. a. O.). Unrichtig ist Horanyi's Ausdruck : in lucem emisit grammaticas *illyricae* linguae (statt *latinae)* institutiones. (II. 31.)

Thomae Bablch *Ord. S. Franc. Prima Grammaticae institutio tironibus Illyricis accommodata. Venetiis 1719. 12°., ed. 2. Venet. ap. Joseph. Corona 1745. 8". 448 p.*

Horanyi I. 77. Appendini a. a. O. Stulli's Verzeichniss. Horanyi N. Mem. I. 761.

Grammatica. Venetiis 1767.
Appendini II. 307.

Josipa Gjurini *Franc. Slovkinja slavnoj Slovinskoj mladosti napravljena. U Buccih po Andrii Santino 1793. 8°. 460 S.*

Auch mit d. lat. Titel: *Grammatica Illyricae juventuti Latino Italoque sermone instruendae accommodata studio ac labore etc.* Dieser Grammatik gebührt, nach Appendini, vor allen übrigen der Vorzug.

I primi elementi della lingua Latina esposti in Ital. ed Illirico ad uso degli scolari delle Scuole Pie di Ragusa. Ragusa presso Ant. Martecchini 1814. 12⁰. 18 Bog.

Institutiones grammaticae Latinae idiomate Illyrico propositae ad usum juventutis Provinciae Bosnae Argentinae, compilatae studio et opera P. Stephani Marianovich *ejusdem provinciae alumni, pro classe prima. Spalato* bei Joh. Demarchi 1822. 8⁰. XXIV+277 S.

c. Französische Sprachlehre.

Mozin, nova ricsoslovnica Illiricsko-Francezka, prinescena po Sclmi Stareserlchu, *Xupniku od Novoga u Lici, na potriboranje vojnicske mladosti Illiricskich derxavá. U Tarstu* slovima Gaspara Weisz *1812. 8⁰. 311 str.*

5. Wörterbücher.

a. Eigentliche Wörterbücher.

Faustl Verantii *Dictionarium quinque nobilissimarum Europae linguarum, Latinae, Italicae, Germanicae, Dalmaticae et Ungaricae. Venetiis ap. Nic. Morettum 1595. 4⁰. 128 pag.*

Peter Loderecker, ein Benedictiner zu St. Margareth bei Prag, setzte noch das Böhmische und Polnische hinzu und liess es so vermehrt zu Prag 1605 in Querquart auflegen unter dem Titel: Dictionarium septem diversarum linguarum, videlicet Latinae, Italicae, Germanicae, Dalmaticae, Bohemicae, Polonicae et Ungaricae (100 Blatt), una cum registro seu repertorio vernaculo. (188 Blatt.)

Das Dalmatisch-Lateinische nach dem Alphabete geordnete Register, bemerkt Dobrowský, beträgt nur 58 Seiten in drei Spalten (in Lodereckers Ausgabe?). Es enthält aber doch manche Wörter, vermuthlich veraltete, die bei Voltiggi vermisst werden. (Slowanka I. 191.)

Thesaurus polyglottus, vel dictionarium multilingue ex quadringentis circiter tam veteris quam novi orbis nationum linguis, dialectis, idiomatibus et idiotismis constans, ab **Hieronymo Megisero**, P. C. Caes. et Sereniss. Austr. Archidd. Historiographo. Francofurti ad Moenum 1603. 8". *4 Alphabete und 7 Bogen oder 1584 S.*

Unter dem Titel Sclavonica seu Illyrica lingua erscheinen darin folgende: Dalmatica: Epidauriorum seu Ragusaeorum, Jadcrensium, Arbensium, Epirotarum hodierna: Macedonum mediterraneorum. Serviorum vel Bosnensium. Bulgarorum seu Rasciorum . . . . Croatica, Istrianorum, Cursorum, Jazygum, Illyriorum etc. — Desselben Vfs. Dictionarium quatuor linguarum, videlicet Germanicae, Latinae, Illyricae (quae vulgo Sclavonica appellatur) et Italicae sive Hetruscae. Graecii ap. Jo. Fabrum 1552. 8" enthält unter der Benennung „Illyrice" nicht Dalmatische, sondern Kärntnisch-Windische Wörter. (Kopitar's Grammat. S. 435—438. Slov. Abth. dieses Werkes S. 63.)

Thesaurus linguae Illyricae, sive dictionarium Illyricum, in quo verba Illyrica Italice et Latine redduntur, labore P. **Jacobi Micalia** *S. J. collectum et sumtibus sacrae congreg. de propag. fide impressum. Laereti ap. Paulum et Jo. Baptistam Seraphinum 1649. 8". 8 Blatt +46+863 S.*

Das Lexicon enthält 863 Seiten. Auf der letzten liest man: In Ancona, per Ottavjo Beltrano 1651. Vor dem Wörterbuche steht auf 46 Seiten eine italienische Grammatik für Dalmatiner, illyrisch abgefasst. Sie führt den Titel: Grammatika Talianska u kratko, ili kratak nauk za naucsiti Latinski jezik, koga Slovinski upisa Otac **Jakov Mikalja** Druxbe Isusove, u Loretu po Pavlu i Ivanu Batisti Serafinu 1649. Dieser Grammatik geht ein Bogen voraus, enthaltend eine lateinische Dedication, italienisch-illyrische Vorrede und einen lateinisch-illyrischen Aufsatz von der illyrischen Orthographie auf 9 Seiten. Der Verfasser unterschrieb seine Zueignung an die Cardinäle der hl. Congregation de fide propaganda, auf deren Kosten das Werk gedruckt worden, Romae 8 Septembris 1646. In der italienischen Vorrede sagt Mikalja, er habe den schönsten Dialekt gewählt, d. i. den bosnischen, nach welchem sich alle illyrischen Schriftsteller richten sollten, wie er es in diesem Wörterbuche zu thun bemüht war. „Così anco sono molti e varii li modi di parlare in lingua illyrica, so wie es im Italienischen mehrere Provincial-Mundarten gibt, ma ogn' un dice, che la lingua Bosnese sia la più bella." (Dobrowský's Slowanka I. 190—191.) M. P. Katančić urtheilte von Mikalja's Wörterbuche folgendermassen: „Jacobus Mikaglia magnum sane sibi assumsit laborem, et in dictionario quidem conficiendo, quantum sciam, omnium primus. Adeoque, quod seu inopiam quarundam vocum, seu literarum in vocabulis abundantiam concernit, viro, qui hunc laborem primus sit aggressus, ignoscendum reor. Ceterum plura habet vocabula, quae in Dellabella desideres. Utinam is iterum esset typis datus: Cum enim vetustate seculum pridem superavit, in paucissimorum manibus reperitur. Singularis est in eo dialectorum linguae varietas; quamquam ea vocum earundem iteratio non ubique necessaria videatur." M. P. Katančić de Istro ejusque accolis commentatio, Budae. 1798. 4". p. 284.

Gjuro Mattei's *Vorarbeiten zu einem Illyrischen Wörterbuche und andere Schriften in illyrischer Prosa, vor 1728, ungedruckt.*

Die Vorarbeiten zum Wörterbuche benutzte Dellabella; der übrige handschriftliche Nachlass, darunter eine vollständige Sammlung der ragusinischen Nationalprodukte, verblieb bei seinen Erben. Appendini II. 303.

Dizionario Italiano-Latino-Illirico, cui si premettono alcuni avvertimenti per iscrivere e con facilità maggiore leggere le voci Illiriche, scritte con caratteri Italiani, ed anche una breve grammatica per apprendere con proprietà la Lingua Illirica, con in fine l'indice Latino-Italico, opera del P. **Ardelio Dellabella** *della compagnia di Giesù. In Venezia presso Cristoforo Zanne 1728. 4". 6 Bl. Dedication und Vorrede +50 S. Grammatik +785 S. Wörterbuch + 177 S. Index Latino-Italicus.—Eine*

2., von **Petar Bašić** *besorgte*, *bedeutend vermehrte Ausgabe dieses Wörterbuchs erschien zu Ragusa bei Karl Anton Occhi 1785. 4". 2 Bde. LVI+395+448 S. Unter den Vorstücken Instituzioni grammaticali della lingua illirica von S. XVIII—LVI.*

Appendini II. 304. — Dellabella legte Gjuro Mattei's Vorarbeiten zum Grunde. Die Grammatik ist nicht ganz ohne Werth; doch ist die Syntax über die Gebühr vernachlässigt. Einer Tradition zufolge soll der wahre Vf. dieser Grammatik nicht Dellabella, sondern der Abt Ignazio Gjorgjić sein. Mit Sicherheit weiss man nur so viel, dass Gjorgjić sowohl das Wörterbuch, als auch die Grammatik vor dem Abdrucke revidirt hat, wie diess Dellabella selbst bekennt. Das Wörterbuch ist sehr gut ideirt, doch zu arm an Wörtern. — In der 2. Ausg. fehlt der Index Latino-Italicus. In der Zueignung an den Senat der Republik Ragusa wird der ragusanische Dialekt wegen seiner Lieblichkeit und sonstiger Vorzüge (per la eccellenza e dolcezza delle sue locuzioni) mit der attischen Mundart unter den griechischen verglichen. (Dobrowský's Slowanka I. 189—190.) Beachtenswerth ist Katančić's Urtheil über Dellabella a. a. O.: „Ardelius Dellabella magnus vir erat, ut qui linguam Illyricam dictionario suo eique praefixis grammaticae legibus non modicum illustravit. In quo tamen hoc non admodum probanda censeo: 1) Tantam testium copiam, poëtarum praesertim, quibus novos condere mundos licitum est, et quos manibus quotidie terimus, quive non ejusdem omnes farinae censeantur. 2) Pretium unius Ragusanae elocutionis, contemtis aliorum vocabulis et pro barbaris habitis; crebrum item *je*, quod civiliores Ragusani, aliorum loquendi modorum periti, non usurpant: plebi id dumtaxat in usu est. 3) Quod nullam Micagliae, nullam alterius aut grammatici, aut onomastici, cujus opera sit usus, mentionem facit. 4) Inopiam vocum plurium. 5) Accentuum usurpationem superfluam. 6) Vocalium et consonantum geminationem inanem, in mollibus copiam, quae lectionem admodum difficilem reddant."

Gjanmaria Mattei (str. 1788) *Illyrisches Wörterbuch, ungedruckt.*

Appendini II. 304. Vgl. oben.

Dictionarium Latino-Illyricum et Germanicum, pulcherrimo rerum ac materiarum ordine ad diversas classes digestum, vocabulorum ad quamvis materiam, scientiam, artem et vitae humanae usum pertinentium ubertate insigne, proloquiis, notis et eruditis animadversionibus refertum, concinnavit **Adamus L. B. Patachich**. *MS. 4°. pag. 1038 sine mantissa. In bibliotheca archiepiscopali Colocensi.*

„Typo dignum," heisst es von diesem Wörterbuche in der von mir gebrauchten handschriftlichen Quelle.

Illyrisches Wörterbuch, handschriftlich, ehemals im Illyririschen Seminarium zu Priko bei Almissa. Appendini II. 306.

Joachimi Stulli *Rhagusini Ord. S. Franc. Seraph. Lexicon Latino-Italico-Illyricum ditissimum ac locupletissimum, in quo adferuntur usitatiores, elegantiores, difficiliores earundem linguarum phrases, loquendi formulae ac proverbia. Budae typ. ac sumt. reg. univers. Pestanæ 1801. 4°. 2 Voll. A—J. p. 800. L—Z. p. 810.*

Joakima Stulli *Dubrocsanina Srechenika redu s. Franc. Seraf. Rjecsoslozje, u komu donosu se upotrebljenia, urednia, mucsnia istieh jezikâ krasnoslovja nacsini, izgovaranja i prorjecsja. Illir. Ital. Lat. Csast druga. Razdjelak parvi A—O., Razdj. drugi P—Z. U Dubrovniku po Antunu Martekini 1806. 4°. 2 Bde.* XXXII+727+674 S.

Vocabolario Italiano-Illyrico-Latino del P. **Gioacchino Stulli** *Raguseo, de' Minori osservanti, diviso in due Tomi, nei quali si contengono le frasi più usitate, più difficili e più eleganti, i modi di dire, i proverbj ec. di tutte tre lingue. Parte terza. Tomo primo A—J, Tomo secondo L—Z. Ragusa 1810 presso Antonio Martecchini 4°. 2 Bde.* 40+838+862 S.

Die erste Abtheilung dieses Werkes, auf welches der Vf. 50 volle Jahre verwendet hat, ist Sr. Majestät Kaiser Franz I. dedicirt, welche Zueignung in einer illyrischen Uebersetzung auch der 2. Abtheilung vorgesetzt ist. In derselben dankt Stulli für die ihm im österreich. Kaiserthum seit 1782 gewordene Unterstützung und Belohnung. Die 3. Abtheilung dahingegen ist dem Marschall Marmont, Herzog von Ragusa, gewidmet. — Stulli lag bereits ums J. 1782 dem Ks. Joseph II. an, sein grosses Lexikon, nachdem es Friedrich II. abgelehnt hatte, auf kaiserliche Kosten drucken zu lassen. Auf Betrieb der Stellen war zuvörderst von dem Vf. selbst, von dem slawonischen Franciscaner und Grammatiker Lanosović und von dem Dichter und Priester Josip Kermpotić eine ganz erträgliche und den übrigen slawischen Orthographien näher kommende Combination des lateinischen Alphabets festgesetzt. Stulli wollte den alten barbarischen ragusanisch-dalmatischen Schlendrian beibehalten wissen; aber in dem darüber geführten Streite siegten Lanosović und besonders der brave Kermpotić ob. — Der 2. Abtheilung ist vorgesetzt: De praestantia et vetustate linguae illyricae ejusque necessitate ad plurimarum gentium populorumque origines et antiquitates rite investigandas, auct. Franc. Maria Appendini. Diese Abhandlung, über welche Dobrowský's Slowanka II. 94 ff. nachzulesen ist, wurde auch besonders in 8" gedruckt. — Der 3. Abtheilung geth voraus: Dell' analogia della lingua degli antichi popoli dell' Asia minore con la lingua dei popoli antichi e recenti della Tracia e dell' Illirico, prefazione del P. Franc. Mar. Appendini. Angehängt ist der 1. und 2. Abtheilung ein Verzeichniss der lateinischen und illyrischen Schriftsteller, aus deren Werken Stulli sein Wörterbuch zusammentrug. — Dobrowský's motivirtes Urtheil über die 2. Abtheilung dieses Wörterbuchs ist in der Slowanka I. 226 ff. zu lesen. Wir heben hier daraus einige Stellen aus. „Man sollte glauben," ruft Dobrowský aus, „bei dem vieljährigen Fleisse des Vfs. wäre es kaum möglich, dass ihm noch einige Wörter sollten entgangen sein, und doch kann ich versichern, dass ich manche Wörter, die ich mir beim Lesen glagolitischer u. a. Bücher angestrichen hatte und in Stulli nachgeschlagen habe, nicht fand. Dass Stulli auch aus russischen Wörterbüchern schöpfte, wird Niemand tadeln, hätte er nur die Wörter auch allzeit richtig gelesen und geschrieben. (Gerade das unkritische Durcheinandermengen verschiedener Dialekte in einem illyrisch sein sollenden

Wörterbuche ist höchst tadelnswerth). Die Geschlechter wusste
Stulli nicht immer richtig anzugeben. Um die Abstammung der
Wörter hatte er sich nicht viel gekümmert. Dass er dem passiven
Particip durchgängig eine eigene Stelle anwies und es von seinem
Verbum trennte, kann nicht gebilligt werden. Die unzähligen Zu-
sammensetzungen mit der Negation *ne* sind grossentheils ganz
überflüssig. Der Vf. bezeichnet fremde Wörter mit einem Stern-
chen: irrt aber gar oft darin, indem er vieles Fremde unbezeich-
net lässt und einiges ächt Illyrische für fremd ausgibt. Diese
und andere Mängel, die bei längerem Gebrauche noch entdeckt
werden könnten, schaden der Brauchbarkeit (schliesst Dobrowský)
des mühsam bearbeiteten Werkes nicht so sehr, dass man dessen
Vorzüge in Rücksicht der Vollständigkeit und richtigen Angabe
der Bedeutungen nicht rühmen dürfte. — Stulli's dickes und
bändereiches Wörterbuch ist zwar ein reichhaltiges, aber durchaus unkritisches Magazin, eine Fundgrube, deren Gebrauch die
grösste Vorsicht erfordert, um das Metall von Schlacken zu unterscheiden. Wir bewundern des unermüdeten Mannes ausdauern-
den Fleiss; Plan, Methode und Kritik vermissen wir bei ihm gänzlich. Einzelne Verstösse und Mängel mag man immerhin dem
Greise, der seine Materialien in hohem Alter redigirte, nachsehen ;
das Ganze beweist indess, dass ihm die Idee eines kritischen
Wörterbuches, wie solches der Standpunkt der Wissenschaft seiner Zeit erforderte, fremd war. Die Reichhaltigkeit ist bei ihm
oft mehr scheinbar als reell ; Wörter aus allen slawischen Dialek-
ten in ihrer abnormen Gestalt, ohne Zurückführung auf illyrische
Formen (z. B. die dem Illyrier unerhörten Composita mit *vi* statt
iz u. s. w.), schwellten das Buch unnützerweise an. Ich fand
darin freilich viele schöne altserbische Wörter, die ich mir beim
Lesen altserbischer Schriftdenkmäler aufgezeichnet hatte; aber
fast eben so viele, oft ganz gewöhnliche, ja sogar in solchen
Schriften, welche Stulli excerpirt hat, vorkommende Wörter
(z. B. neižitni in Gundulić's Suze sina razmetnoga etc.) fand
ich auch nicht. Noch ist zu bemerken, dass in der lateinischen
und italienischen Abtheilung gar viele alte und gute illyrische
Wörter vorkommen, welche man in dem illyrischen Theile ver-

geblich sucht; auch in dem latein. Theile fehlen manche gangbare Wörter, z. B. parus etc. Letzteres ist zugleich ein Beweis von der fehlerhaften Methode, nach welcher Stulli arbeitete. Trotz dieser Ausstellungen ist Stulli's Wörterbuch ein herrlicher Sprachschatz, mitten zwischen Schlamm und Schlacken viel gediegenen Metalls enthaltend: die Kritik erfüllt nur ihre Bestimmung, indem sie das Gute lobt und auf das Fehlerhafte warnend aufmerksam macht.

Ricsoslovnik (Vocabolario, Wörterbuch) Illiricskoga, Italianskoga i Nimacskoga jezika s jednom pridpostavljenom Grammatikom ili pismenstvom, sve ovo sabrano i sloxeno od Jose Voltiggi *Istrianina. U Becsu (Vienna) 1803 u pritesctenici Kurtzbecka* 8'. *710 S., die Grammatik vor dem Wörterbuche LIX S., und vor dieser zwei kurze Vorreden und eine längere in lateinischer Sprache 15 Bl., die Orthographie oder die Aussprache der Buchstaben* 2½ *Blatt.*

Eine Recension dieses Handwörterbuchs steht in Dobrowský's Slowanka I. 224—226. Wir heben daraus folgendes aus: Hätte Voltiggi auch gar nicht mehr geleistet, als dass er den Micalia durch eine bequemere Orthographie lesbarer machte und das Deutsche hinzusetzte, so würde er schon Dank verdienen. Wie kommt es aber, dass Micalia doch noch Wörter hat, die bei Voltiggi fehlen? z. B. mator alt, podzimak Herbst, tvarog caseus secundus Quarg, tvèrditi befestigen, u. s. w. Auch hat Micalia manches Wort richtiger ausgesprochen und besser erklärt. Viele türkische Wörter, die Micalia aufnahm, liess Voltiggi weg, führte aber dafür eben so viele deutsche Wörter in seinem Wörterbuche auf. Selten gibt Voltiggi mehr als eine Bedeutung an. Hie und da ist das Wort richtig im Italienischen, aber fehlerhaft im Deutschen erklärt. Endlich haben sich zum Verwundern auch einige polnische, böhmische und russische Wörter in ihrer abnormen, unillyrischen Gestalt in dieses Wörterbuch eingeschlichen, z. B. kur ill. pjetao, midlo ill. sapun, vozduch ill. zrak (wollte man letztere zwei Wörter illyrisiren, so müsste man milo, uzduh schreiben). — Die dem Wörterbuche vorgesetzte Grammatik ist gar zu dürftig.

Mathiae Petri Katancsich *Etymologicon Illyricum, ad leges philologiae dialecto Bosnensi exactum, in quo vocabula tam domestica quam peregrina, usu recepta, cum suis etymis afferuntur, illustrium gentis scriptorum testimonio firmata, cum accurata syllabarum dimensione, ad calcem index latino-illyricus et quaedam grammaticae observationes, Budae a. 1815 constanti ac pertinaci studio elaboratum. MS. 2 Voll. 1340 pag.*

Die Handschrift befindet sich mit dem übrigen Nachlasse des Verfassers im Besitze der kön. Universitäts-Buchdruckerei in Ofen.

b. Besondere lexicographische Schriften:
Vocabularien.

Nacsin za mochi naucsiti jedan putnik Latinin Slovinjski jezik a Herrat Italianski (Vocabulario Slavo ed Italiano, cioè vero modo d' imparar facilissimamente à parlar in lingua Slava ed Italiana). Gedruckt in Venedig vor 1705.
Mandaljena 1705. Katarina 1709.

Blaxa Thaddianovicha *Svashto pomalo, iliti kratko sloxenje imend i riesi u Illyrski i Nemaeski jezik (seu ex omnibus parum, vel brevis compositio vocum et verborum Illyricorum et Germanicorum). U Magdeburgu 1761. 12°. 191 str.*

„Continet vocabularium, dialogos et epistolas." Cat. Bibl. Szécsény. Suppl. II. 509.

6. Hilfs- und Übungsbücher.

a) Gespräche.

Sammlung einiger Gespräche und Wörter zur Erleichterung des Unterrichtes in der Deutschen und Kroatischen Sprache. Karlstadt mit Nabiachischen Schriften o. J. 8°. 232 S.

In der karlstädter oder primorischen Varietät. (Th. M.)

b) Sprichwörter.

Seimun Benesca's *(um 1580) Illyrische Sprichwörter.* Appendini II. 311. Nach Horanyi N. Mem. I. 384 von Stjepo Beneša. "Explanavit versibus omnia adagia Illyrica, vestigia secuturus cl. virorum D. Erasmi et Mauutii teste Abb. Georgio in Schedis."

Bernardin Giorgi's *(st. 1687) Sammlung Illyrischer Sprichwörter, ungedruckt.* Appendini II. 311.

Georgii Ferrich *Ragusini Tabulae ab Illyricis adagiis desumtae. Ragusae 1794. 8°. 143 pag.* Den lateinischen Fabeln sind die illyrischen Sprichwörter als Epimythien vorgesetzt. Ausser diesen gedruckten Fabeln hatte Ferić noch mehrere Hundert derselben nach andern illyrischen Sprichwörtern verfertigt. Appendini I. 188.

Proricsja i narecsenja, koja shtiuch i obderzavajuch i sam sebe svaki i druge pouzdano upravljati hoche, sa Serbskog jezika na Illyrieski privedena, nadopunjena i slozena trudom i nastojanjem **Ivana Ambrozovicha** *u Mudroskupshtini Peshtanskoj perve godine prava slishaoca. U Peshti slovima Mathie Trattnera 1808 8°. 189 str.*

Nach der 2. Ausg. von Muškatirović 1807. Der Herausgeber sagt: "Josh sam k ovom mlogo dodao i nadopunio, koje shto sam csuo, koje shto sam znao, a dikoja iz razlicsiti knjigá najbolja izvadio; gdigdi jasam latinska, macxarska i nimacska upotribljavao."

II. Redekünste: Poesie und Prosa.

A. Theorie des Styls: Briefschreiben.

Uputjenje u nacsin pisanja poslanicá za potribu narodnih ucsionicá u Macxarskom i Slovenskom kraljestvu (Anleitung zum Briefschreiben), Ofen Universitäts-Buchdruckerei 1780. 8°. 71 str. Ofner Univ. Buchdr.-Catalog.

B. Dichtkunst.

1. Sammlungen verschiedener Gedichte.

a. Volkslieder.

Georgii Ferrich *Ragusini Ad Cl. Virum Joannem Mueller Epistola, huic accedunt Illyricae linguae poemata XXXVII latinis carminibus ab eodem reddita, Ragusii exc. Andr. Trevisan 1798. 8°. 64 pag.*
Mit Ausnahme von einigen Heldenliedern, lauter Frauenlieder, aus dem Illyrischen ins Lateinische metrisch in verschiedenem Versmass übersetzt. Doch befinden sich unter den Volksliedern auch einige Gedichte ragusinischer Meister, namentlich ist das 5te S. 25 von Vladjo Minčetić. S. 59—61 steht der merkwürdige Brief des Joh. v. Müller an den Übs., S. 62—64 aber die Anfangsverse der illyrischen Gesänge.

b. Erzeugnisse einzeln genannter Dichter.

Gjore Dàržić's *(1463—1507) Vermischte Poesien, enthaltend 1) ein Hochzeitsdrama (un dramma nuziale), 2) ein Gedicht auf die Keuschheit, 3) erotische und moralische Lieder und Sonette (pjesni ljuvene i djeloispravne), alles ungedruckt.*
Vereint mit den Gedichten Šiško Minčetić's d. Ä. in einer Handschrift vom J. 1507, die man für ein Autographon hält, in der Bibliothek der Benedictiner auf Meleda aufbewahrt. Gjore Dàržić ist nebst Šiško Minčetić, Mavro Vetranić und Niko Dimitrić derjenige, welcher die damals noch unausgebildete ragusanische Mundart zuerst aus dem Munde des Volkes aufnahm und zur Würde einer Dichtersprache erhob. Seine Erzeugnisse haben demnach alle gewöhnlichen Tugenden und Mängel der Erstlinge einer Literatur: männliche, grossartige Gedanken, anschaulich sinnliche, lebendige Ausdrücke und Bilder, kräftige, pathetische Züge — alles dieses nicht sowohl als Früchte der Kunst, als vielmehr des Genies; aber auch bedeutende Unregelmässigkeiten in der Anordnung der Theile und Vereinigung zu einem

schönen harmonischen Ganzen, und Mangel an kritischer Sichtung der Ideen. Das Gedicht auf die Keuschheit in zwölfsylbigen Versen verdient durchaus nicht den Namen eines poetischen Kunstwerkes, da Anordnung und dichterische Belebung fehlen; doch ist es der gediegenen Sprache wegen sehr schätzbar. Das Hochzeitgedicht, eigentlich ein Schäferspiel, nach Art des Aminta von Tasso und des Pastor fido von Guarini, ist das älteste bekannte dramatische Product der Ragusaner, wenn dasselbe anders den Namen eines Drama verdient. Aber entschieden gross ist der Sprachwerth der Dichtungen Dàrżić's und seiner Zeitgenossen Minčetić, Vetranić und Dimitrić, und in dieser Hinsicht verdienten sie als wahre Sprachschätze vor allem die öffentliche Bekanntmachung durch den Druck. Appendini II. 217, 272, 282, 291. (Appendini nennt diesen Dichter mehrmal S. 217, 291 etc. aus Versehen Biagio statt Giorgio.) Delabella. Stulli.

Šiško Minčelić (Menze) Vlahovič's *d. Ält. (g. 1475, st. 1524) Vermischte Poesien, enthaltend 1) Liebesgedichte, 6 BB., Lieder und Sonette, 2) Gedicht auf die Kreuzigung Christi; alles ungedruckt.*

Šiško Minčetić's poetische Wirksamkeit fällt in die Zeit der Entfaltung der ragusinischen Literatur. Von seinen Dichtungen gilt demnach fast dasselbe, was bereits oben bei Gjore Dàrżić angemerkt wurde. Die Leidensgeschichte und Kreuzigung Christi, eine poetische Erzählung in zwölfsylbigen Versen, kann nur uneigentlich ein Gedicht genannt werden, da ihm dichterische Anordnung und Ausführung abgehen. Doch wird es der körnigen Sprache wegen sehr geschätzt. Appendini II. 218. 272. 291. Stulli.

Marro Vetranič's (*Vetrani*) *genannt* **Čavčlé** (*geb. 1482, st. um 1580-1600) Vermischte Poesien, enthaltend 1) Gedichte, 6 BB., moralischen, philosophischen, religiösen und scherzhaften Inhalts (bei Stulli: tri djela razlicjeh pjesanja, to jest bogumilich, djeloizpravnieh, sepotnieh i mudroznanieh s jedniem nadkladkom'; 2) ein kleines Gedicht „Putnik" (Il Pellegrino), und zwei längere „Remeta" (Il Romito) betitelt; 3) drei Dramen,*

Abrahams Opfer (posvetjenje Abramovo), die keusche Susanna und die Auferstehung Christi; 4) *Hekuba, Tragödie, übersetzt aus dem Griechischen des Euripides;* 5) *Schutzgedicht für Marino Dàržić, alles ungedruckt.*

Mavro Vetranić's dichterische Wirksamkeit fällt in die Zeit der ersten Entfaltung und Blüthe der ragusinischen schönen Literatur. Von seinen Poesien gilt demnach im allgemeinen fast eben dasselbe, was schon oben bei Gjore Dàržić gesagt wurde. Auch sie verdienten in mehr als einer Hinsicht den Druck. Besonders ist seine Uebersetzung der Hekuba aus dem Griechischen vortrefflich. In seinen Originaldramen behandelte Vetranić bloss heilige, biblische Gegenstände. Wiewohl vertraut mit den griechischen Theaterdichtern, liess er sich doch in seinen eigenen Dramen erhebliche Fehler in Hinsicht der Composition, der Knotenschürzung, der Fortführung und Auflösung der Handlung zu schulden kommen. Sein ängstliches Kleben an dem Buchstaben des biblischen Textes, den er sich scheute dichterisch frei zu behandeln, ist wohl die Hauptursache davon. Bei allem dem zeichnen sich seine Dramen durch kräftige Stellen, Präcision und besonders eine gediegene, reichhaltige Sprache aus, welche letztere ihr Studium noch immer sehr empfehlenswerth macht. Die poetische Erzählung Putnik ist ein Roman in zwölfsylbigen Versen; der Vfs. führt seinen Pilger duch Berge, Thäler und Wüsteneien; bei jedem Schritte begegnen ihm ausserordentliche Erscheinungen und abentheuerliche Verwandlungen; oft stellt er Betrachtungen über abstracte und wissenschaftliche Gegenstände an. Das Ganze ist zwar, streng genommen, kaum ein Gedicht zu nennen, aber der gehaltvollen, kräftigen Sprache wegen von nicht geringerem Werthe, als die übrigen Erzeugnisse dieses Dichters. Appendini II. 220. 272. 283. 291. 299. Dellabella. Stulli.

Niko Dimitrić's *(geb. 1493, st. um 1560) Vermischte Poesien, enthaltend 1) erotische und geistliche Lieder, 2) Sendschreiben in Versen an Freunde in der Levante, 3) Weisheitssprüche aus der heil. Schrift und den Werken der Philosophen, ungedruckt.*

Auch Niko Dimitrić gehört, nebst den drei andern schon

genannten, zu den ersten Anbauern der ragusinischen schönen Literatur, und theilt mit ihnen Vorzüge und Mängel. Eine kleine Probe von seinen Weisheitssprüchen (pricsice) hat Appendini II. 292 geliefert. Dellabella. Stulli. Appendini II. 220—221. 291.— Die gedruckten Busspsalmen dieses Dichters s. unten am gehörigen Orte.

Petar Divnić's *aus Sebenico (um 1530) Vermischte Poesien, darunter ein Lobgedicht auf seine Geburtsstadt, ungedruckt.* Appendini II. 252 mit Berufung auf Fortis L 149.

Petar Etorović's *oder* **Hektorević's** *(geb. vor 1500, st. nach 1557) Vermischte Poesien, enthaltend 1) zwei poetische Sendschreiben, das eine an Mavro Vetranić, das andere an Niko Naljeskovic oder Nale, vom J. 1541; 2) Odgovor* **Petra Etorovicha** *Vlustelina Hvarskoga knjigi Severina; tko vidi al csuje. Venezia 1567 (wahrscheinlich ebenfalls ein Sendschreiben); 3) Ovids Buch de remediis amoris ins Illyrische übersetzt; 4) Vermischte Gedichte (un volume di poesie varie), darunter Kirchenlieder, die noch jetzt in der Dominicanerkirche zu St. Petrus in Citta vecchia gesungen werden, ferner das Martyrium des hl. Lorenz und Abrahams Opferung, zwei Dramen, welche oft aufgeführt wurden, ja bis auf den heutigen Tag von Dilettanten in Citta vecchia gespielt werden; 1. 3. 4. ungedruckt. 5) Ribanje i ribarsko prigovaranje (pescagione), eine Reihe von Fischer-Idyllen (nach Appendini ungedruckt, was unrichtig ist, nach den Venediger Bücheranzeigen hingegen gedruckt), vgl. unten.*

Die dichterischen Erzeugnisse Etorović's zeichnen sich sowohl durch Gediegenheit und Kraft der Gedanken, als auch durch Reinheit der Diction sehr vortheilhaft aus. Von seiner noch gegen Ende des vorigen Jahrh. vorhandenen, jetzt leider verschollenen Uebersetzung des Ovids sagt Vincenz Priboero: „P. Hectoreus inter cetera eleganti metro Nasonem de remediis amoris in Illyricum idioma cum magna omnium admiratione transtulit, vel minimum Jota non omittens." V. Priboere Orat. de Orig. Success. Slavorum, Venet. 1532. 4°. —Dellabella. Stulli. Appendini II. 250.

Marina Darxicha *(st. 1580) Pjesni v jedno stavljene s mnozim druzim ljepim stvarimi, u Bnecich polak Frana Bariletta 1607. 8". 56 S.*

Niko Nalješković's oder **Nale** *(1535, st. 1585) Vermischte Poesien, enthaltend 1) drei Schäferspiele (commedie boscareccie) und vier Lustspiele, sämmtlich in Versen, 2) zwölf scherzhafte Lieder für Maskenzüge, 3) ein Buch vermischter Gedichte, 4) ein Buch Liebeslieder, 5) Betrachtungen über die Leiden Jesu nebst acht geistlichen Hymnen, 6) acht und zwanzig poetische Sendschreiben sammt Antworten, alles ungedruckt.*

Die drei Schäferspiele bieten hie und da einzelne anziehende poetische Stellen dar; die vier Lustspiele behandeln vaterländische Gegenstände und sind deshalb doppelt schätzbar. Keines dieser Lustspiele entspricht zwar vollkommen allen Anforderungen der Kunst; aber die Charactere der Personen, die uns darin vorgeführt werden, beurkunden überall den Dichter-Philosophen. Sie sind eben so anziehend und schön, als treffend-wahr und natürlich gezeichnet. Es scheint, der Dichter habe diese Dramen bloss für seine Freunde zum Lesen bestimmt; denn sie züchtigen die damals herrschenden Thorheiten und Sünden der Jugend und des Alters mit dem beissendsten Spotte und auf das schonungsloseste. In den poetischen Episteln ahmt Nalješković in Versbau und Styl sichtlich den Vetranić und Dimitrić nach. Seine anacreontischen Lieder, ebenfalls nach Art der Vetranić'schen gedichtet, zeichnen sich durch Leichtigkeit und Zartheit aus. Die bei Gelegenheit von Maskeraden gedichteten zwölf Scherzlieder sind ebenfalls zart, anmuthsvoll. Dellabela. Stulli. Appendini. II. 223. 274. 275. 283. 294.

Miho Bona Babulina oder **Bunić Babulinović** *(1550) Vermischte Poesien, enthaltend 1) Jokasta, Tragödie aus dem Griechischen, 2) dreissig Liebeslieder, 3) Proscastja od zaludnjenja vremena Miha Babulinovicha (le cose passate, nelle quali Michele Babulina perdè sioccamente il tempo), alles ungedruckt.*

In den Liedern ahmt Babulinović in Metrum und Styl die ältesten Dichter Vetranić, Dimitrić u. a. nach, und hat viel von ihrer Kraft im Ausdruke. Die Uebersetzung der Jokasta aus dem Griechischen ist vortrefflich und verdient den Druck. Dellabella. Stulli. Appendini II. 223. 294. 299.

Julia Bunić oder Bona *(1550—1585) Gedichte, ungedruckt.* Farlati VI. 21.

Gavrilo Tamparica's *(st. 1575) Vermischte Poesien, ungedruckt.* Appendini II. 213.

Frano Lukarić's *genannt* **Burina** *(1563) Vermischte Poesien, enthaltend 1) Atamanta, eine Tragödie aus dem Griechischen; 2) Pastor fido aus dem Italienischen des Guarini übersetzt, beide ungedruckt. 3) Fünf kleinere Gedichte, gedruckt in des Dinko Ranjina Pjesni razlike in Florenz 1563.*

Auch Lukarić ahmt in Metrum und Styl die ältesten Dichter, besonders Vetranić und Dimitrić nach, und hat viel von ihrer natürlichen Kraft und Gedrängtheit. Die Uebersetzungen des Atamanta und des Pastor fido sind sehr gelungen und verdienen in vollem Masse den Druck. Dellabella. Stulli. Appendini II. 225. 294. 299.

Marin Mažibradić's *genannt* **Šuljaga** *(st. 1598) Vermischte Poesien, namentlich erotische Lieder (pjesni ljuvene) und poetische Episteln, ungedruckt, bis auf ein der Sammlung des Dinko Ranjina Pjesni razlike in Florenz 1563 einverleibtes Gedicht.*

Mažibradić ahmt in seinen poetischen Episteln ebenfalls den Vetranić und Dimitrić in Versbau und Styl sichtlich nach; seine ebenfalls den Vetranić'schen nachgebildeten anacreontischen Lieder zeichnen sich durch Leichtigkeit und Zartheit vortheilhaft aus. Dellabella. Stulli. Appendini II. 224. 294.

Pjesni razlike **Dinka Ragnine** *vlastelina Dubrovacskoga, u koih on kaze sve, scto se zgodi mu stvoriti kroz ljubav, stojech u gradu Latinskom od Zangle. In Fiorenza appresso i figl. di Lorenzo Torrentino 1563. 4º. 10 unpag. Bll. Vorst. + 150 numer. Bll. + 13 unpag. Bll. Ind. etc. Eine für jene Zeit schöne Ausg., mit dem Portrait des Vf. — 2. Ausg. Venedig bei Marco Ginami 1634. 2 Bde.*

In der venediger Ausg. stehen im ersten Bande die erotischen, im zweiten die religiösen, moralischen und scherzhaften Gedichte. Viele Gedichte Ranjina's, sowohl Originalproducte als Uebersetzungen, sind nach Stulli noch ungedruckt. Die Poesien dieses Vfs. enthalten Lieder und Uebesetzungen aus Tibull, Properz, Martial, ferner aus Philemon, Moschus und andern Griechen. In seinen kleinen Gedichten ahmt Ranjina in Metrum und Styl die ältesten Muster des Vetranić und Dimitrić augenscheinlich nach, und hat viel von ihrer natürlichen Kraft und Originalität im Ausdrucke. Seine Verdienste um den illyrischen Parnass sind überhaupt ausgezeichnet gross. Bewandert in der griechischen, lateinischen und italienischen Literatur, versuchte er sich in fast allen Dichtungsarten und Versmassen, und hinterliess den Nachkommen schöne und regelmässige Uebersetzungen aus andern gebildeten Sprachen zum Muster. Alle Uebersetzungen des Ranjina, besonders jene aus Moschus und Philemon, sind vortrefflich und verdienten, da die Exx. bereits äusserst rar sind, von neuem aufgelegt zu werden. (Nach einer andern Stelle bei Appendini II. 275 möchte es fast scheinen, dass die Uebersetzungen aus Moschus Ueberarbeitungen und Verwandlungen der Idyllen in Schäferspiele sind.) Dellabella. Stulli. Appendini. II. 226. 294. 299. Der äusseren Form nach sind unter den illyrischen Gedichten des Ranjina viele sonettenartig, auch in der Form der Sonette gedruckt (nämlich in 2 Quadern und 2 Terzette abgetheilt), aber nicht als Sonette gereimt, sondern nur paarweise. Im 2. Bande der Rime scelte di diversi autori (Ebert's Nro. 19136) stehen Ausg. Venez. 1587 S. 578 ff. 26 italienische Sonnette dieses Ranjina; und in einem an ihn von Lod. Domenichi gerichteten (dass. S. 590.) heisst es am Schlusse: La lingua patria Tu, la pellegrina Scrivendo onori, e 'l Tuo nido, e lo strano Col bello stil, ch' a Febo s' avvicina. — Die Liebeslieder scheinen auch besonders gedruckt worden zu sein; wenigstens steht in dem der venediger Katarina 1709 angehängten Bücherverzeichnisse: Pisni gliubavi Dinka Ragnine, Pr. 16 soldi.

Andria Sorgo's *genannt* **Franko** *(geb. 1555, st. 1578) Poetische Versuche, ungedruckt.*

Appendini II. 233.

Sijepo Beneša's *(um 1580) Illyrische Gedichte, gegen Ende des XVI. Jahrh. gedruckt und dem Aloys. Saraca gewidmet.* Horanyi N. Mem. I. 384. Stulli („pjesni u Slovinski jezik sloxene").

Petar Gradi's *(vor 1585) Vermischte Gedichte, ungedruckt.* Appendini II. 308.

Ignacio Gradi's *Gedichte, ungedruckt.* Appendini a. a. O. (Aet. inc.)

Savo Bobali *genannt Mišetić (geb. 1530, st. 1585) Vermischte Poesien, enthaltend 1) Jegjupka, das ist die Zigeunerin, 2) Lieder, 3) zwei Sendschreiben, alles ungedruckt und erst um 1800 von Georg Ferić wiederaufgefunden.*

Čubranović's komische poetische Erzählung Jegjupka (vgl. unten) gab zur Enstehung der des Bobali den Anlass, welche ebenfalls sehr schätzbar und des Druckes werth ist. In seinen poetischen Episteln ahmt Bobali die Dichter Vetranić und Dimitrić in Styl und Versbau nach. Seine anacreontischen Lieder, nach dem Muster der Vetranić'schen, zeichnen sich durch Leichtigkeit und Feinheit aus. Appendini II. 233. 273. 294.

Dinko Zlatarić's *(geb. 1556, st. 1607) Vermischte Poesien, enthaltend 1) die Liebesgeschichte des Pyramus und der Thisbe aus dem Griechischen, 2) Elektra, Tragödie aus dem Griechischen des Sophocles übersetzt, 3) Amyntas, Schäferspiel aus dem Italienischen des Tasso übersetzt, 4) Verschiedene Epitaphien (nadgrobnice), alles zusammen gedruckt in Venedig 1597 4°.*

Ausserdem viele, meist erotische, zum Theil auch religiöse Gedichte, nach seinem Tode gesammelt von Miho Zlatarić und noch ungedruckt. Dellabella citirt eine Pastorale (Schäferdrama?) von Zlatarić, benannt Ljubmir. — Auch Zlatarić ahmt in seinen kleinen Gedichten die ältesten Sänger, besonders Vetranić und Dimitrić, in Styl und Versbau gern nach und hat viel von ihrer Kraft im Ausdrucke. Seine Verdienste um den illyrischen Helikon sind anerkannt glänzend und gross. Vertraut mit der griechischen, lateinischen und italienischen Literatur, schrieb er fast in allen Dicht-und Versarten, und stellte in seinen regelrechten und gelungenen Uebersetzungen aus andern gebildeten Sprachen den Nachkommen treffliche Muster zur Nachahmung auf. Die Uebersetzung Pyramus und Thisbe, Elektra und Aminta verdienten aufs neue den Druck, nachdem die Exx. der ersten Ausgabe so ausserordentlich rar geworden sind. Dellabella. Stulli. Appendini II. 227. 273. 294. 299.

Frano Bobali *genannt* **Kuko** *(vor 1600) Vermischte Poesien, von Abt Ignaz Giorgi gesammelt und betitelt: Poesie di Cuco il Seniore, meist Lieder und andere kurze Gedichte, darunter eines: „der Brand Trojas", alles ungedruckt.*
Appendini II. 233.

Paškoje Primović (Pasko Primi) *genannt* **Latinić** *(1617) Vermischte Poesien, enthaltend 1) Spjevanje uputjenja sina bozjega (sull' incarnazione del verbo), nach dem Italienischen des Sannazaro, in 6 Gesängen; 2) moralisch-religiöse und scherzhafte Lieder (pjesni bogumile i scpotne), Uebersetzung einiger Psalmen u. a. m., sämmtlich ungedruckt.*

Die gedruckte Euridice dieses Vfs. siehe unten unter den Dramen. — Das Gedicht über die Menschwerdung Christi ist dem Italienischen des Sannazaro frei nachgebildet und besteht aus 6 Gesängen. Es behauptet nur einen untergeordneten Rang und kommt der Christiade Palmotić's nicht gleich. Eben so wenig zeichnen sich die Uebersetzungen der Psalmen und anderer Kirchenhymnen durch Kraft aus. Namentlich ist die in Mauro Orbini's: Ogledalo duhovno, u Mnetcieh 1628. 16º. S. 293—297 unter der Ueberschrift Seekvencia abgedruckte Uebersetzung des bekannten Dies irae regellos, unrythmisch, matt. Einige satyrischscherzhafte Lieder beziehen sich auf die Sitten und Gebräuche der Einwohner von Cattaro und Curzola, und haben deshalb besonderes Interesse. Stulli. Appendini II. 237. 274. 300.

Gjurgje Barakovič's *(um 1618) Ljubav G. N., id est Deliciae amicorum, varia specie carminis. Venetiis 1693. 8º.*

Horanyi N. Mem. I. 762. Es könnte mit der Vila sloviuska identisch sein?

Šimun Zlatarić's *(st. um 1620) Poesien, enthaltend 1) Vila ustarena (la Ninfa invecchiata), eine recht gefällige Idylle; 2) Uebersetzung des 1. Buches von Ovids Verwandlungen, später von Ignac Gjorgji verbessert; 3) Uebersetzung des Psalmes Miserere, alles ungedruckt.*

Ein Epigramm von ihm kommt vor der ersten Ausg. der Busspsalmen von Ivan Gundulić vor. Appendini II. 230. 275.

Oracio Mažibradić's *genannt* **Šuljaga** *(st. um 1620) Poesien, enthaltend 1) Liebeslieder (pjesni ljuvene), 2) poetische Sendschreiben an Freunde, darunter über sein Hauselend an Valentin Valović, alles ungedruckt.*

In seinen poetischen Episteln ist die Nachahmung des Vetranić und Dimitrić in Versbau und Styl unverkennbar; seine anacreontischen Lieder, ebenfalls den Vetranić'schen nachgebildet, zeichnen sich durch Leichtigkeit, Zartsinn und Naivität vortheilhaft aus. Man wirft ihm zwar, so wie dem Gundulić, Palmotić und Ivan Sara Bona Vučićević vor, dass er ein zu blinder Petrarchist gewesen und in Weichheit und Schlaffheit verfallen sei. In der That ist das Streben nach Glätte, Feinheit und Weichheit bei allen oben genannten Dichtern vorherrschend; aber der Vorwurf der Schlaffheit trifft nicht sie, wohl aber andere, minder vorzügliche Dichter der damaligen Zeit. Appendini II. 224. 294.

Ivan Gundulić's *oder* **Givo Frana Gundulića** *(di Francesco Gondola) Vermischte Poesien, bestehend aus 1) Dramen: Galatea, Diana, Armida, Posvetilisete ljuveno (il sacrificio d'Amore), Cerera, Kleopatra, Adona, Koraljka od Scira, Fillida, Dubravka (Silvana, nach Dellabella eine Pastorale), Proserpina ugrabljena und Ariadna, mit Ausnahme der drei letzteren (?) sämmtlich in dem grossen Erdbeben und Brande 1667 untergegangen; 2) Jerusalem oslobodjen prinesen u Slovinsku pjesan iz Tassa (traduzione della Gierusalemme del Tasso), ging ebenfalls 1667 zu Grunde; 3) einzeln gedruckten Gedichten: Osman, Suze sina* *razmetnoga, Busspsalmen (pjesni pokcrne), Pjesanca v Bogu Ljubovnik sramexliv, Pjesan Ferdinandu II., welche alle, so wie das ebenfalls einzeln gedruckte Drama Ariadna unter den betreffenden Rubriken weiter unten nachzusehen sind.*

Gundulić ist der Hauptdichter der neuen Sängerschule in Ragusa, die man mit dem Namen der Petrarchischen belegte, und der einige vorwarfen, dass sie aus übertriebenem Haschen nach Feinheit, Glätte und Weichheit in unmännliche Schlaffheit verfallen. Allein dieser Vorwurf trifft, wie schon bemerkt wurde, im Grunde weder Gundulić, noch seine Genossen Oracio Mažibradić, Gjona Palmotić und Ivan Sara Bunić Vučićević, sondern andere schon verschollene Dichter seiner Zeit. Gundulić gab dem Theater in Ragusa neuen Schwung, indem er eilf (?) Dramen für dasselbe verfasste und dabei mit seinen Freunden selbst die Rolle eines Schauspielers übernahm. Proserpina und Ariadna sind allein (?) von allen Dramen Gundulić's noch übrig und können ungefähr den Massstab zur Beurtheilung des dramatischen Talentes des Dichters geben. Bei sonstigen hohen dichterischen Vorzügen war indess die Wahl des Versmasses höchst unglücklich. Er führte den achtsylbigen kurzen, in vierzeilige Strophen gereihten Vers statt des bisherigen zehn-, zwölf- oder dreizehnsylbigen nicht nur im Epos, sondern auch im Drama durchgängig ein, und zog alle seine Nachfolger nach sich, während seine Vorfahren diesen Vers bloss in den Prologen, Chören, Liedern und andern kleinen Gedichtchen gebrauchten. Appendini II. 234. 284 ff. 294. In den neuesten Zeiten (1826 ff.) fing der Buchhändler Martecchini in Ragusa an die Gedichte Gundulić's nach und nach einzeln herauszugeben. Sowohl diese, als auch die frühern Drucke einzelner Gundulić'schen Gedichte sollen unten an gehörigen Orten besprochen werden. Ob sich ausser den hier namhaft gemachten grössern und kleinern Gedichten dieses Sängers noch etwas erhalten habe, ist mir nicht bekannt. Vgl. Marković's Leben Gundulić's vor Osman, Ragusa 1826.

Vincenz (Vinko) Komneno's *(zw. 1623—1644) Sammlung vermischer Gedichte in einem Buche, ungedruckt.*

Appendini II. 90.

Antun Kastratović's *(st. 1630) Poesien,* worunter ein Schmähgedicht auf die Liebe, ungedruckt.
Appendini II. 311. Ein kurzes Gedicht dieses Vfs. steht in der neuen Ausg. der Suze sina razmetnoga etc. von Gundulić, Rag. 1828, den Busspsalmen vorgesetzt.

Skladanja izvarsnih pisan razlicih, poseto v onoga gospodina **Hanibala Lucia** *Vlastelina Hvarskoga, koje csini setampati u Mletcih sin njegov Anton, nakon 1556, kod Franje Markolina u 4".*
Danica Ilirska 1836 Nr. 33. Nach Appendini II. 250 lebte Lucio um das J. 1638. Es ist demnach die Jahrszahl in Gaj's Danica unrichtig und soll heissen 1656.

Ivana Ivanisceviclia *Kita cvitja razlikova, u Mnvtcieh 1642. 8⁰. — 2. Ausg. ebend. 1685. 8". — 3. Ausg. ebend. 1703. 8⁰. 152 str.*
Diesser Blumenstrauss enthält 1) Od pomnje, ku ima Bog od cslovika. 2) Od pokoja, ki se uxiva u Bogu. 3) Od jedinstva s Bogom. 4) Ljubeznivi razgovor od dusce s Isukarstem. 5) Pisam Davida proroka u Slovinsku princssena, istumacsenje od pisni, Ocse nasc u pisam, i molitve bogoljubne. 6) Od privare i zle naravi xenske. 7) Kako se je Petnik nausci peti. 8) Sarce izgubljeno. 9) Knjige i nadgrobnice razlike. Alles dieses in Versen. Das Bildniss des Vsf. steht S. 16 mit der Unterschrift: Joannes Joannitius J. V. D. Can. Theolog. et nunc tertio Vicarius gen. Pharens. et Brachinus. Dalmata nobilis Brachiensis. Zu seinem Lobe liest man auf der letzten Seite folgende Verse von Bartolomeo Ginami: „Eccoti un nuovo Apollo Travestito in humano; Con caratteri d'oro Merita honor soprano; Con accenti soavi Degno Heroe può chiamarsi degli Slavi." Noch vier andere Werke, die S. 6 genannt werden, gedachte der Dichter herauszugeben, als 1) Govorenja osobita svetoga Augustina, 2) Raj zemaljski, 3) Udasi od golubice, 4) Bics od zlobnikov i licimiri. Die zweite Ausgabe des Werkes führt L. Frisch in s. Hist l. Slav. Cont. sec. unter dem Titel an: Joh. Johannitii Fasciculus florum variorum, lingua illyrico-dalmatica Venetiis 1685. 8⁰.

Wahrscheinlich ist es die 3. Ausg., welche in den Bücherverzeichnissen bei Mandaljena Ven. 1705, Katarina 1709 folgendermassen angeführt wird: Ivanicij, koi pravi zlo od zlih xen, istumacsuje Otcsenasc i mnogi salmi ali pisni Davidovi i druge stvari (Ivanicio, che tratta della donne caste, del Pater noster, e delli salmi di David ed altre con la sua effigie in rame). Pr. 16 soldi. — Appendini ruft bei Erwähnung dieser Gedichte aus: „Esse sono eccelenti." II. 253.

Gjona Palmotie's *(geb. 1606, st. 1657) Vermischte Poesien, enthaltend 1) zehn Dramen (sie heissen nach Bašić: Elena, Achille, Ajace ed Ulisse, Enea, Danica, Paolomiro, Zaptislava, Alcine, Ipsipile, Colombo; nach Appendini: la discesa di Enea nell' Eliso, l'Atalanta, l'Achille, l'Edippo, il Ratto di Elena, la Daniza, la Zaptislava, il Paulimiro, l'Isippile, e la Contesa di Ajace e di Ulisse per le araci di Achille; nach Stulli: Paulimir, Zaptislava, Enea, Elena, Akille, Ajace, Ilisse, Danica, Alcina, Ipsipile); 2) Uebersetzung der Tragödie Suevia aus dem Lateinischen des Alessandro Donato; 3) zwei Gedichte, das eine „Sardce svete Katarine od Sjene" (sullo sposalizio di Gesù Cristo con S. Catarina da Siena), das andere auf die Könige von Dalmatien (sulle glorie dei Re Slavi della Dalmazia), alles ungedruckt.*

Die gedruckte Christiade dieses Dichters siehe unter den Epopöen. — Palmotić gehört ebenfalls der neuern oder l'etrarchischen Dichterschule in Ragusa an und erfuhr denselben Tadel, den wir schon bei seinen Zeitgenossen Gundulić u. a. erwähnten. — Er folgte seinem Oheim, dem Ivan Gundulić, sowohl in der dramatischen Dichtkunst als auch auf der Bühne. Ausgerüstet mit lebhafter Einbildungskraft, umfassend treuem Gedächtnisse, eingeweiht in die Tiefen der Philosophie, vertraut mit den classischen Geisteswerken der alten und neuen Literatur, entfaltete er gleich im Beginne seiner Kunstlaufbahn eine seltene Vollendung. Er pflegte oft zu erzählen, wie ihm die Musen im Traume erschienen, mit der Cither in der Hand und mit Gesang rings um ihn her den Reigen führend. Er schöpfte aus den Schäzzen des Alterthums die herrlichsten Ideen, verwandelte sie mit

freier Selbstständigkeit in sein Eigenthum und überraschte mit
denselben, so wie mit fast vollendetem Sprach- u. Versbau, seine
Zeitgenossen. Aus Homer holte er den Stoff zu seinem Achilles,
aus Virgil zu Aeneas Hinabsteigen in die Unterwelt, aus Sophocles zum Oedipus dem Tyrannen, aus Ovid zur Helena's Entfüh-
rung, aus Ariosto's rasendem Roland zur Danica, aus Tasso zum
Rinaldo und Armida (?), aus dem Priester Dioklcas zum Paulimir (soll heissen Falimir, d. i. Chvalimir хвалимиръ), aus andern Chroniken der Slaven zur Captislava. (Die Namen der zehn
Dramen gibt Appendini an verschiedenen Orten verschieden und
Stulli wieder etwas anders an. Wir können leider den Wirrwarr
nicht heilen.) Achilles und Danica haben den meisten Beifall gefunden. Die Handlung der Danica geht nicht in Iscozia, sondern
in Bosna vor sich, und an die Stelle des Ariodante ist ein ragusanischer Heldenjüngling, an die der Ginevra aber Danica, des
bosnischen Königs Ostoja Tochter, getreten. Die Ausführung ist
vortrefflich. Eine kurze Probe daraus steht bei Appendini II. 286 ff.
Paulimir und Captislava, wiewohl minder vollendet, haben den
Vorzug eines vaterländischen Interesses. Der Gegenstand des
ersten ist Ragusa's Gründung und glänzende Thaten seiner Einwohner, des zweiten aber der Heldensinn und die Waffenthaten
des slawischen Volkes. Captislava wäre ein vollendetes Kunstwerk,
wenn die zwei letzten Acte den drei ersten in der Ausführung
nicht nachstünden. Paulimir, aufgeführt in der Gesellschaft der
Oziosi 1637, erweckte, besonders durch die prophetischen Stellen
der Zauberer und Mönche über den Glanz Ragusas, den grössten
Enthusiasmus bei den Zuschauern. Palmotić war für das Drama
geboren und würde als ein Wunder angestaunt werden, wenn
sein Leben in das durch Kritik mehr erleuchtete folgende Jahrhundert gefallen wäre. Nie verfehlt er gegen geschickte Schür-
zung des Knotens und Anordnung der Theile zum Ganzen: aber
die Hast, mit welcher er pflichtmässig jährlich zwei Dramen für die
Družina lieferte, ferner die Zerstreuung, in welcher er als Dichter,
Theatervorsteher und Schauspieler lebte, endlich die angeborne
Leichtigkeit im Versemachen sind ebenso viele Ursachen, dass wir
in seinen Dramen manche Scenen bald kürzer, bald kraft- und

schwungvoller, bald weniger pathetisch wünschten. Oft streift derselbe, wie seine Genossen auf der dramatischen Laufbahn, durch Tasso's Beispiel angezogen, in Verwicklung und Styl ins Schäferspiel über. Dellabella. Stulli. Appendini II. 235. 275. 285 ff. 294.

Ivan Sara Bunić *genannt* Vučićević *des Ältern (st. 1658) Poesien unter dem Titel: Plandovanje (ozj), ausserdem fünf Eclogen (razgovori pastjerski), mehrere Liebeslieder, religiöse Hymnen und andere Gedichte, ungedruckt.*

Die gedruckte Mandaljena pokornica dieses Dichters siehe weiter unten. Er ist unter den Dichtern der neuern oder Petrarchischen Dichterschule in Ragusa derjenige, welcher in Rücksicht der Weichheit, Feinheit und Glätte die richtige Mitte oder das rechte Mass am besten getroffen hat. Indem er mit den älteren Dichtern an Originalität, Kraft und Fülle wetteifert, weiss er seinen Gedichten, so oft es der Stoff erfordert, eine solche Zartheit, Süsse und spielende Anmuth anzuzaubern, dass ihnen desshalb die erste Stelle unter den lyrischen Producten der Ragusaner gebührt. Seine Plandovanja (Ozj), bestehend aus mehr als hundert Gedichten, worunter villeicht dreissig als vollendete Muster dieser Art gelten können, werden deshalb sehr geschätzt. Ein kurzes Gedicht daraus ist abgedruckt bei Appendini II. 295. In der Idylle übertrifft Bunić alle andern Ragusaner durch natürliche Anmuth, Naivität und eine Feinheit des Witzes, die äusserst gefällt. Dellabella. Stulli. Appendini II. 236. 280. 294. 295.

Petar Kanavelle's *(1663) Vermischte Poesien, enthaltend 1) Pastjer vjerni (pastor fido), aus dem Italienischen des Guarini übersetzt und in der Družina dell' Incincibili zu Ragusa 1684 aufgeführt; 2) Muka Gospodinova (la passione di Gesù Cristo), Trauerspiel, aufgeführt in Curzola 1663; 3) Xivot Jobov, pjesni bogumile i razlike (nach Stulli) u. s. w., alles ungedruckt.*

Das gedruckte Gedicht dieses Vfs. auf das Erdbeben von Ragusa 1667 siehe weiter unten. Kanavelić ist zwar kein grosser Dichter, aber wegen seiner gefeilten und leichten Schreibart schätzbar. Seine Uebersetzung des Pastor fido ist wohl treuer, jedoch minder zierlich als die des Frano Lukarić. Stulli. Appendini II. 250.

Vladjo Minčetić oder **Vladjo Jera Minčetića (Menze)**' *des Ältern (1665) Poesien, enthaltend 1) Zorka und Radonja, zwei bukolische Gedichte (letzteres auch il villano Dalmatino genannt, und bei Appendini II. 275 ff. abgedruckt); 2) die h. Märtyrerin Justina, ein unvollendetes Drama u. m. a., sämmtlich ungedruckt.*

Die gedruckte Trublja Slovinska dieses Dichters siehe unter den Heldengedichten. Von den bukolischen Gedichten ist das erste voll Leben, Zartheit und Gefühl, doch nicht frei von Spuren des gesunkenen Geschmacks des Jahrhunderts; das zweite überrascht durch treffende Wahrheit und Natürlichkeit. Letzteres liess Appendini II. 275 ff. sammt einer lateinischen Uebersetzung abdrucken; das erstere scheint nach Dellabella auch schon ehedem gedruckt worden zu sein. Mit cyrillischen Lettern gab es Euthymius Popović heraus unter dem Titel: Идилиа, Сузе Радмильве, спеване по Влаху (sic, statt Владьу oder Бладиславу, Влахъ ist Blasius) Минчетишьу, у Будиму писм. ср. всеуч. 1826. 12.º 36 S. Der Herausgeber rühmt sich in der Vorrede, dass er das Gedicht nach der sirmischen Sprechart verbessert habe. In der That hat er es ganz verballhornt und die schönen Reime des Originals von Grund aus zerstört. — Dellabella. Stulli. Appendini II. 237. 275.

Nikolica Bunić Vučićević's *(1667) Vermischte Poesien, enthaltend 1) Glavosjecsenje sv. Ivana Karstitelja (l'Erodiade), eine poetische Erzählung in 3 Gesängen; 2) Auf die Wiedererbauung Ragusas 1668; 3) Vermischte Gedichte, Leben der h. Jungfrau, Abkunft der Familie Bunić, Lieder u. s. w., alles ungedruckt.*

Sein gedrucktes Gedicht auf das Erdbeben in Ragusa 1667 siehe unten. Die poetische Erzählung „Johannes der Täufer" ermangelt fast aller Begeisterung und dichterischer Weihe, wie alle andern Producte Bunić's. Appendini II. 104. 236. 272. Stulli.

Ivan Luka Antica's *(st. 1688) Poesien, enthaltend Lustspiele und andere vermischte Gedichte, ungedruckt.*

Antica's Gedichte wurden zu seiner Zeit mit Beifall aufgenommen. Appendini bemerkt, dieselben seien jetzt unbekannt und wahrscheinlich untergegangen: aber Stulli citirt sie unter den von ihm gebrauchten Quellen. Appendini II. 284.

Jakobica Palmotić's *genannt* **Dionorié** *(st. 1670) Poesien, enthaltend 1) Dubrovnik ponovljen (Ragusa rinnovata), eine poetische Erzählung in 20 Gesängen; 2) Dido, eine Tragödie, beide ungedruckt.*

Das Gedicht Dubrovnik ponovljen enthält eine naturgetreue Schilderung des grossen Erdbebens 1667 mit schönen poetischen Digressionen. Indem Palmotić die Unfälle der vom Erdbeben verwüsteten Geburtstadt, den sie verzehrenden Brand, die Überfälle raubgieriger Nachbarvölker, die Zerstreuung der Einwohner, die Standhaftigkeit einiger hochherziger Patrioten und die wider alles Vermuthen glücklich erfolgte Wiedererbauung derselben beschreibt, ergreift er oft das Gefühl und entlockt Thränen den Augen des Lesers. Leider konnte er diesem Gedichte nicht die letzte Feile geben. Kurze Proben daraus bei Appendini II. 269 ff. Als dramatischer Dichter besass er weder das Genie noch den Kenntnissreichthum, noch endlich die Kunstfertigkeit des Gjona. Indess wurde seine Dido 1646 nicht ohne Beifall aufgeführt. Appendini II. 236. 268. 269 ff. 288. Stulli.

Gjorgje Palmotić's *(1670) Poesien, davon noch übrig 1) Akis und Galatea; 2) Hero's Klagelied um den todten Leander, beides ungedruckt; die andern Gedichte verschollen.*

Appendini II. 236.

Šiško Gundulić's *(st. 1682) Lyrische Gedichte, darunter eine Uebersetzung des Epithalamium an Manlius von Catullus, ungedruckt.*

Appendini II. 234.

Bernardin Giorgi's *(st. 1687) Gedichte, ungedruckt.*
Appendini II. 311.

Maro (Marin) Orbini's *(st. 1687) Gedichte, ungedruckt.*
Appendini II. 308.

Vincenz (Vinko) Petrović's *(geb. 1677, st. 1754) Poesien, darunter eine Uebersetzung des befreiten Jerusalems von Tasso, ungedruckt.*
Appendini II. 149. 150.

Jerolim Kavanjin's *Gedichte (pjesni nach Stulli), ungedruckt und um das J. 1800 bei der Familie Bajamonti zu Spalato aufbewahrt.*

Kavanjin (dessen Zeitalter ich nicht anzugeben weiss) besingt nach Appendini fast alle Küstenstädte Dalmatiens und ihre vorzüglichsten Gelehrten mit eben so viel Wahrheit als Präcision. Stulli. Appendini II. 251.

Jakob Natali's *(sonst auch Nadalji) Zwei Gedichte, den Busspsalmen des Baro Betera Vened. 1702 vorgesetzt, und andere kleine ungedruckte Poesien.*
Appendini II. 239.

Antun Glegjević's (Gleggjević) *(vor 1709) Poesien, enthaltend 1) Der Bethlehemitische Kindermord (la strage degl' innocenti); 2) Die Geburt des Herrn, ein Hirtendrama; 3) einige andere Dramen, namentlich Olimpia, Damira und Zorislava; 4) Satyre auf die Dienerinnen in Ragusa, Dialog über die Frauen u. s. w., insgesammt ungedruckt.*

Das gedruckte Drama: Juditheus Sieg über Holofernes siehe unten. — Glegjević schrieb eine grosse Anzahl Dramen, von denen aber Appendini nicht bemerkt, ob sie noch alle vorhanden sind. Olimpia, Damira und Zorislava sind, nach ihm, die vorzüglichsten unter den dramatischen Erzeugnissen dieses Dichters. Die zwei letztern will er lieber Tragicomödien als Dramen nennen. Zorislava hat die schönste Verwicklung des Knotens, und ungeachtet in den Characteren des Hvalimir, Tvardoslav und Cjelimir einige unerhebliche und leicht zu entfernende Unregelmässigkeiten vorkommen, so kann man doch das Ganze nicht ohne Rührung lesen. Appendini II. 245. 274. 290.

Ivana Mersleba *(vor 1709) Pisni od ljubavi (Liebeslieder), gedruckt zu Venedig vor 1709.* Bücherverzeichniss bei Katarina Ven. 1709. — Appendini bemerkt bloss, Mersić habe verschiedene Gedichte drucken lassen, darunter einige burleske, die nicht ohne Werth sind. II. 253.

Ivan Sara Bunić *genannt* **Vučićevič** *d. Jüng. (geb. 1662, st. 1712) Vermischte Poesien, enthaltend 1) mehrere Lustspiele, aus dem Französischen übersetzt; 2) vermischte kleine Gedichte, darunter eine Uebersetzung des Psalmes Miserere und des Martialischen Epigrammes L. V. 29. „Kudyod zeea poseljese meni" etc., sämmtlich ungedruckt.* Stulli. Appendini II. 237.

Ivan Gundullć's *des Jüng.* oder **Givo Šiška** *(di Sigismondo)* **Gundullća** *(st. 1721) Vermischte Poesien, enthaltend 1) Suncsanica und Otton, zwei Dramen; 2) Suze Radmilove (le lacrime del pastore Radmio), Idylle, bestehend aus 10 Liedern; 3) verschiedene Lieder, sämmtlich ungedruckt.*

Appendini schreibt diesem Dichter an einem Orte (235) drei Dramen: Radmio, Raklica und Otton, an einem andern (289) gar vier: Suncsanica, Ottone, Radmio und Raklica zu; Stulli kennt nur zwei: Suncsanica und Otton. Wenn also Gundulić denselben Stoff (Radmio und Raklica) nicht zweimal, in der Idylle und im Drama, behandelte, so ist bei Appendini offenbar ein Versehen. Einige ziehen die Dramen Gundulić's sogar jenen des Palmotić vor; allein dieser ragt durch dichterischen Geist und Fluss der Rede über jenen bedeutend hervor. Eine kurze Probe aus der Suncsanica steht bei Appendini II. 289. Radmio's Klagen um die Geliebte Raklica ist ein Idyllencyclus, bestehend aus 10 Hirtengesängen (nach einer andern Stelle bei Appendini sollen es nur sieben sein, II. 235), voll schauerlich düsterer Trauer. Die Natur erscheint dem Radmio, der nach seiner Raklica seufzt, alles erheiternden Reizes beraubt und mit Finsterniss und Traurigkeit erfüllt. Kaum bemerkt man, dass die Gefühle überspannt sind und jene natürliche Gränze überschritten wird, welche den Alten stets, auch in der heftigsten Leidenschaft Gesetz war: so hinreissend ist die Begeisterung des Dichters. Eine kleine Probe aus diesem Gedichte ist abgedruckt bei Appendini II. 281 ff. Appendini II. 235, 275. 280. 289. Stulli.

Petar Boškovié's *(geb. 1705, st. 1727) Poesien, enthaltend 1) zwei Heroiden aus dem Lateinischen des Ovid übersetzt, nämlich Penelope an Ulysses und Phyllis an Demophon; 2) Cid, aus dem Französischen des Corneille übersetzt, unvollendet; 3) kleine Gedichte vermischten Inhalts, alles ungedrukt.* Stulli. Appendini II. 245. 301. Nach der letztern Stelle hätte Bošković bloss eine Heroide übersetzt; so widersprechend sind oft die Angaben Appendini's. — Die Kirchenlieder dieses Dichters siehe an einem andern Orte.

GJona Restl's *(st. 1735) Gedichte, sieben an der Zahl, ungedruckt.*
Appendini II. 239.

Ignaz Gjorgjié's *(geb. 1675, st. 1737) Vermischte Gedichte als 1) Elegien, neun Eclogen, Epigramme (zgode, nach Stulli) u. a.; 2) Marunko, eine komische Erzählung; 3) Judith, eine Tragödie, unvollendet; 4) Uebersetzung des ersten Buches der Aeneis von Virgil, sämmtlich ungedruckt.*

Die gedruckten Werke dieses Schriftstellers, als Saltier Slovinski, Uzdasi Mandaljenini, Xivot sv. Benedikta, siehe unter den betreffenden Rubriken. — Unter den Dichtern nach dem grossen Erdbeben (1667) ragt Gjorgjié in der Lyrik über alle hervor. Er allein dichtete originell, während andere bloss übersetzten. Er gestaltete seinen Styl nach dem der ältesten Dichter, indem er Wörter und Phrasen, die bei dem Volke schon ausser Gebrauch waren, aus denselben aufnahm. Am Schlusse seiner Mandaljena und der Psalmen findet man ein Verzeichniss veralteter Wörter und Ausdrücke mit Erklärungen. Belesen in den Schriften aller dalmatischen und kroatischen Schriftsteller vor

ihm, schwang er sich zu einem Sprachbeherrscher empor. Sein
classischer Styl schmiegt sich den Gedanken und Gegenständen
in allen ihren Nuancen auf das feinste an. Die Eingebornen
schwanken, welchem von ihren Dichtern sie die Palme des Vor-
rangs zuerkennen sollen, ob dem Sänger des Osman, Gundulić,
oder dem der Christiade, Palmotić, oder aber dem Gjorgjić?
Letzterer verräth freilich oft Spuren eines gesunkenen Geschmacks
und der Einwirkung des Jahrhunderts, und missfällt durch häufigen Wortwitz und eine gewisse epigrammatische Spitzfindigkeit.
Ungeachtet dieser Mängel ist Gjorgjić unbestreitbar ein grosser
Dichter, und seine Diction ist originell, gediegen, üchtslawisch.
Auch seine Ideen zeichnen sich oft durch hohe Originalität aus,
und es wäre zu wünschen, Ragusa hätte in der Folge mehrere
ihm ähnliche Dichter hervorgebracht. — In der komischen Erzählung Marunko führt der Dichter einen Landburschen Marunko
aus Meleda über seine spröde Geliebte Pavica klagend ein. Der
Charakter der Meledaner, ihre mit besonderen slawischen ihnen
eigenthümlichen Wörtern überfüllte Sprechart, ihre alten Fabeln,
die ihnen als Sagen einer Heldenvorzeit gelten, und die Sucht,
zur Unzeit witzig und geistreich erscheinen zu wollen, sind
darin auf das treffendste characterisirt. Das Gedicht besteht
aus 56 Sestinen und gehört zu dem vollendetesten, was die
illyrische Poesie aufzuweisen hat. Unter andern scherzhaften,
für den Gesang bei der Gusle bestimmten Gedichten zeichnen
sich besonders Davorja vom Tode des Marko Kraljević, und
noch zwei andere sehr vortheilhaft aus; ein viertes, gleich mun-
teres, ist in Sestinen. Die Eclogen, besonders Rumenko's und
der Miljena Hochzeit und der Umgang mit Nymphen, ragen
durch kühne Erfindung hervor, sind aber auch oft durch epi-
grammatischen Witz etwas entstellt und durch den achtsylbigen
Vers gelähmt; Bunić Vučićević's Idyllen, die sich in zwölfsylbigen Versen bewegen, sind bei aller Einfachheit und Natürlichkeit doch viel ernster und würdevoller. Eine von Gjorgjić's
Eclogen, fast alle illyrischen Versmasse darstellend, ist in seinen
vermischten Gedichten (?) abgedruckt. Die Uebersetzung des
ersten Buches der Aeneis ist elegant. Ein liebliches Gedicht:

Svjetnjak (lucciola) findet man als Probe bei Appendini II. 296 ff. Inder Bašić'schen Sammlung befinden sich auch Gjorgjić's vermischte kleine Gedichte in 5 Büchern. — Dellabella. Stulli. Appendini II. 245. 274. 282. 295. 300. 301.

Razgovor ugodni naroda Slovinskoga, u komu se ukazuje poesetak i svarha kralja Slovinskih, koji puno vikova vladasce svim Slovinskim darzavam, s razliesitim pismam od kralja, band i Slovinskih vitezova, izvadjen iz razliesitih knjiga i sloxen u jezik Slovinski po Fra Andrii Kacsichu Mloseichu *iz Brista, Sctiocu jubilatnomu etc. u Mlecih 1756. 8⁰. 396 str. — U. Mlecih 1758. 8⁰. (Nach Horanyi erst d. 1. A. in 12⁰. vgl. N M. I. 630 ff.) — U Mlecih po Dominiku Lovixi 1759, 4". 338 str. — U Jakinu po Petru Paulu Ferri 1780. 4". 318 str. — U Mlecih po Adolfu Cesaru 1801. 4⁰. 263 str. — U Mlecih 1801. (Nachdruck, soll heissen: u Dubrovniku po Ant. Martekini 1826) 4". 267 str. (bei dem letzten Nachdruck ist S. 265 —267 ein Schmählied auf Napoleon beigefügt.)*

Öfters gedruckt, auch seit 1831. — Nach dem Wien. Cens. Cat. bekam Mich. Weis in Triest im Mai 1831, und Ant. Martecchini in Ragusa im April 1831 die Erlaubniss, es neu zu drucken. Item Sept. 1831 ein Buchdrucker zu Zara.

Wahrscheinlich gibt es auch noch mehrere, mir unbekannt gebliebene Drucke dieses beliebten National-Gesangbuches. Der Vf. suchte aus Chroniken und Volkssagen die merkwürdigsten Heldengeschichten seines Vaterlandes und benachbarter Länder zusammen, gab ihnen poetische Form und verband die Gesänge durch prosaische · Einleitungen. Die Sammlung enthält 261 Heldenlieder, grösstentheils mehr historischen als romantischen Inhaltes. Er sagt von seinem Werke selbst, der Leser werde nichts Geschmücktes, aber ein Gebäude finden, das auf den natürlichen Felsen der Wahrheit gegründet sei. Ob nun zwar in ältern und neuern Zeiten viele Uneingeweihte, wie Fortis, oder im Meinungskriege befangene den Werth dieser Gesänge herabzusetzen bemüht waren: so ist und bleibt es dennoch Thatsache, dass Kaćić kein gemeiner Poet war, und dass sein

Buch in mehr als einer Hinsicht zu den Kleinodien der illyrischen Literatur gehört. Die Weckung, Erhaltung und Erkräftigung der vielfach gefährdeten Nationalität der Illyrier durch lebendige Vergegenwärtigung der Heldenthaten der Ahnen war sein grosses Ziel. Die Gesänge sind, mit Ausnahme von einigen wirklich nationalen, d. i. wörtlich aus dem Munde des Volkes entnommenen, sämmtlich aus der Feder des Dichters selbst, aber im Nationalmetrum u. Geiste, d. i. die eigentlichen Nationalgesänge mit allen ihren Tugenden und Mängeln getreu nachahmend. Daher ist auch das Buch ein Lieblingsbuch der Nation, und während Gundulić's und Palmotić's Meisterwerk entweder in finstern Kammern modern oder kaum von einigen Dilettanten grübelnd studiert werden, ertönen Kačić's Heldenlieder in allen Regionen und Kreisen des gemeinsamen illyrischen Vaterlandes. Selbst manche Serben griechischen Ritus lernen die lateinische Schrift lesen, nur um den Kačić lesen zu können. Man muss demnach staunen, wie sich Fortis nicht entblödete, dem Vf. vorzuwerfen, dass er seine Sammlung mit schlechtem Geschmacke zusammengetragen und in dieselbe mit noch schlechterer Beurtheilungskraft viele unnütze und ungereimte Dinge eingerückt habe. (Reise II. 151.) Er wurde desshalb von Lovrić und Sklamer mit Fug zurechtgewiesen, welche wussten, dass Kačić im Nationalgeschmacke gedichtet und viele Gesänge unmittelbar aus dem Munde des Volkes niedergeschrieben habe. So sind die Gesänge: O xenidbi Sibinjanin Janka S. 119, o Sekuli i Mustajpasci i Dragoman djevojci S. 120, o Jurisci Senjaninu S. 339, Ausg. 1801, wahre Volkslieder; andere, wie das Lied von Radoslav etc., sind in etwas veränderter Gestalt aufgenommen. Die sehr schätzbaren historischen Notizen über die bosnisch-dalmatischen adeligen Familien, die Kačić aus Archiven und mündlicher Ueberlieferung zusammengestellt hat, befinden sich auch in seiner Korabljica 1782. Es ist nur Jammerschade, dass alle Ausgaben dieses classischen Volksbuches von unzähligen Druckfehlern wimmeln! Viele Gesänge aus dieser Sammlung findet man mit cyrillischen Buchstaben umgeschrieben und zum Theil in Sprache und Styl, eben nicht zu ihrem

Vortheile interpolirt in folgenden Büchern: Т. Ковалевича Пѣснословка илити повѣсть о народу Славенскомъ, изъ књиге А. Качитьа, у Буд. 1818. 8°. I. С. Поповича Животъ Гьоргьа Кастріота Скендербега, у Буд. 1828. 8". S. 75—127 Gesänge von Skanderbeg. Ein Auszug aus Kačić in lateinischen Knittelversen ist: Emer. Pavić *Descriptio regum, banorum et heroum Illyricorum, Budae 1764. 8°.* W. Gerhard hat einige von diesen Liedern ins Deutsche übersetzt und in s. Wila Lpz. 1828. 8°. aufgenommen.

Joso Bettondi's *(st. 1764) Poesien, enthaltend 1) dreizehn Heroiden aus dem Lateinischen des Ovidius übersetzt; 2) Isukarst sudac (Christus judex), eine Tragödie aus dem Lateinischen des Jesuiten Tucci; 3) vermischte kleine Gedichte, alles ungedruckt.*

Der eleganten Uebersetzung der Ovidischen Heroiden sind lehrreiche Anmerkungen beigefügt. Unter den vermischten Gedichten befindet sich eine sehr geschätzte scherzhafte Beschreibung von Tarstenich auf der Halbinsel Punta. Stulli. Appendini II. 247. 274. 301. In der bischöfl. Bibliothek zu Agram wird folgende Handschrift aufbewahrt: P. Ovidia Nasona Eroide ili pesme ljuvene na slovinski prenescene po G. Josi Bettondi Dubrovcsaninu 1764. P. Ovidia Nasona perve xalosne knjige list 3. i 4., Fastorum L. II. v. 725—848. IIs. 147 S. Wahrscheinlich sind die Bruchstücke aus den Tristium und Fastorum LL. auch Bettondi's Uebersetzung, worauf auch Stulli's Ausdruck „Knjige Ovidiove i razlika ina, prinesenja iz Latinskoga" hinzudeuten scheint.

Damian Bettondi's *(nach 1764) kleine Gedichte, ungedruckt.* Appendini II. 247.

Mihajlo Milišić's *(geb. 1711, st. 1798) Poesien, ungedruckt.*

„Coltivò anche le Muse Illiriche", sagt von ihm Appendini II. 14.

Luka Bunić's oder Luka Mihajla Bunića *(di Michele Bona) (st. 1778) Poesien, enthaltend 1) vier Satyren aus dem Lateini-*

schen des Horaz übersetzt; 2) Verwandlungen der Arethusa und Arione; 3) das 4. Buch der Aeneis aus dem Lateinischen des Virgil, sämmtlich ungedruckt.
Die Uebersetzung des 4. Buches der Aeneis ist vortrefflich. Appendini II. 249. 301.

Fructus autumnales in jugis Parnassi Pannonii maximam partem lecti, vate **Mathia Petro Katancsich** *in Archigymn. Zagrab. Schol. Hum. Professore P. O. Zagrabiae typis Episcopalibus 1794. 8°. 78 p.*

S. 1—36 stehen lateinische, S. 37—78 illyrische Gedichte. Letzteren geht Brevis in prosodiam illyricae linguae Animadversio voran. Unter den Gedichten befinden sich Idyllen, Elegien, Oden und nach Art der Volkslieder gedichtete muntere scherzhafte Lieder in verschiedenen Versmassen. Die Bestimmung der Quantität beruht zwar im Ganzen auf richtigen Grundsätzen, lässt aber im Einzelnen noch viel zu wünschen übrig.

Lukrecia Budmani *geborne* **Bogašinović** *(st. v. 1803) Poesien, enthaltend 1) die Geschichte des Tobias; 2) Abrahams Opfer, ein Gedicht; 3) eine Ecloge, mehrere Lieder u. s. w., alles ungedruckt.*

Tobias und Abrahams Opfer sind poetische Erzählungen ohne besondern Kunstwerth. Appendini II. 246. 272.

Sliepanović's *Gedichte.*

In der bischöfl. Bibliothek zu Agram befindet sich folgende Handschrift: „Poeticorum Illyricorum tomi quinque: 1) Palmotta, 2) Gundulichii Osman, 3) Anonymi et alii, quorum ultimus **Sliepanovich**."

Šumšlé's *Gedichte.*

„Shumseleh insignis poeta Illyricus passim celebratur", sagt Voltiggi in der Vorr. zu s. Wörterbuch.

Ivan Salatić's *(st. 1826) Gedichte, unedirt.*

Marko Bruére's *(st. 1827) Gedichte vermischten, meist ly-*

rischen Inhaltes, theils einzeln gedruckt, theils im handschriftlichen Nachlasse.

Gjorgje Iggia's *Gedichte vermischten Inhalts, unedirt.*
Die Uebers. a. d. Latein. siehe unten.

2. Einzelne Dichtungen.

a) Lyrische Gedichte.

aa) Religiöse oralische Gesänge, Hymnen, Kirchenlieder.

Niko Dimitri *Pjesni pokorne Davidove (die sieben Busspsalmen).* In *Venezia presso Nicolò Bascarino 1549.*
Von Dellabella und Stulli benutzt. Appendini II. 221.

Marin Borešić's *oder* **Burešlé's** *Geistliche Lieder nebst Cato's moralischen Sentenzen, herausgegeben von* **Gavrilo Tamparica** *1561.*
Dellabella und Stulli. Appendini II. 225.

Pokorni i mnozi ini Psalmi Davidovi, sloxeni u Slovinjski jazik na csislo i miru po **Scimuno Budinei** *Popu Zadranina. In Roma per Franc. Zanetti 1582. 4". Über 98 S. (Nach einem defecten Exp.)*

Bartula Kascicha *(lat.* Cassius) *Pjesni duhovnih pedeset (Traduzione dei primi 50 Salmi, dedicata alla sua madre.) In Roma 1634.*
Appendini nennt die Uebersetzung elegant und kraftvoll. II. 253. Horanyi I. 387. In Sopikov's russischer Bibl. Bd. 1. Nr. 1727 ist folg. verzeichnet: „Псаломъ пятидесятый Помилуй мя Боже" на Иллирическомъ языкѣ, переводъ Бартоломея Кассія, безъ о. м. и года.

Bartula Kascicba *Hvale duhovne, i. e. laudes spirituales, versu.*
Horanyi I. 387.

Bartula Kascicha *Pjesni od pohvala bozih, Hymni Breviarii Pii V. et Clementis VIII. PP. MM.*
Horanyi I. 388.

Oficij B. Marie, D. Pie V. povelinjem dan skoro na dvor, a **Matiem Alberti** *Vlastelinom Splitskim i ucsiteljem iz Latinskoga sada u Slovinski jazik virno priucsen. (U Mnetcieh) 1617. 12°. 232 str.*
Assemani IV. 439. Engel III. 459 (beide aus Caraman). Dellabella und Stulli. Appendini II. 251.

Giva Frana Gundulicha *sedam pjesni pokornich. In Venezia presso Marco Ginami 1620. — 2. Ausgabe siehe unten unter poet. Erzähl.*
Dellabella u. Stulli. Appendini II. 233.

Giva Frana Gundulicha *Piesan od velicsanstvá bozieh. In Roma presso gli eredi del Zanetti 1621. — 2. Ausg. siehe unter poet. Erzähl. nebst Suze sina razmetnoga etc.*
Dellabella u. Stulli. Appendini II. 234.

Pisni za najpoglavitije, najsvetije i najveselje dni svega godiseta sloxene, i tako se u organe s jednim glasom mogu spivati, napravljene po **Atanasiu Georgicen.** *U Becsu iz pritizkopisa Matea Formike 1635. 4". 35 str.*

Jerolim Rafaela *(di Rafaele)* **Gozze's** (**Gučetić's**) *(st. 1639) Religiöse Gedichte, gedruckt in Neapel in 2 Bänden.*
Appendini II. 310.

Chudnoredne i svete pjesni u pohvalu sv. Ruse Limane i sv. Katarine djevice i mucsenice, mnozi Psalmi Davidovi etc. po **Sara Boni** *Vlastel. Dubrov. (st. 1721).*
Schriftenverzeichniss bei Stulli. Horanyi N. Mem. I. 515 —516.

Lovro Starčević's *(starb 1663) Religiöse Hymnen, ungedruckt.*
Appendini II. 310.

Augustin Macedonie's *(st. 1682) Kleine Gedichte in Illyrischer Sprache, gedruckt vor dem Italienischen Accento des* **Vitale Andrlašević,** *Venedig 1679.*
Appendini II. 310.

Sljepa Giorgi *drugacs* **Giman** *Sedam pjesni pokornieh. In Pulova presso Giuseppe Sardi 1686.* Zum Drucke befördert durch **Petar Bogašinović.** Appendini II. 238. 240.

Istumacsenje pisni Davidovih u spivanju Slovinska sloxeno, s pridgovorem i nadodanjem svarh svake pisni, po popu **Andrii Vitallcha** *Viscaninu iz Comise. U Buccieh pri Dominiku Lorisu 1703. 4". 552 str.*
In Sestinen. Jedem Psalm sind Erklärungen beigefügt. Die Uibersetzung wird sehr geschätzt. Stulli. Appendini II. 252.

Pjesan Causeicha *(sic) Kaludjera Benediktina uradjena na Otoku sv. Andrie izvan Kolocepa u Dubrovniku.*
Verzeichniss bei Stulli.

Sedam Psalam Davidovih. Gedruckt in Venedig vor 1705. Pr. 6 soldi.
Mandaljena 1705. Katarina 1709.

Pisan: Dan od gniva, nova sloxena. Gedruckt in Venedig vor 1705. Pr. 8 soldi.
Mandaljena 1705. Katarina 1709.

Mahalnize S. pisni (Ventoli in lingua Schiava). Gedruckt in Venedig vor 1705.
Mandaljena 1705. Katarina 1709.

Antun Matlašević Karaman's *(st. 1721) Kirchenlieder.*
Noch fortwährend im Gebrauche.

Tomasa Babicha *Pisme duhovne. Venetiis, 1722. 12".*
Horanyi N. Mem. I. 762, wo aber der Titel unrichtig durch „opuscula ascetica" übersetzt ist.

Vulgatae Psalmorum editionis, in locis obscurioribus aliarum versionum ac interpretationum claritate interpolatae, Illyrica metaphrasis, sive Saltier Slovinski, spjevan po D. **Ignaciu Giorgi**, *Opatu Melitenskomu. Venetiis apud Christoph. Zane 1724. — 2. Ausgabe. eb. 1729. 4°. 5 ¼, Bogen Vorstücke und 510 Seiten.*

In der 2. Ausg. sind das Leben Davids und die Erklärung der hebräischen Idiotismen neu hinzugefügt. — Gjorgjić hat in der Uebersetzung der Psalmen sich selbst übertroffen. Die Uebersetzungen der Busspsalmen von Dimitrić, Gun dulić, Betera, Stjepo Giorgi sind alle ebenfalls recht schätzbar; aber jene des Ignaz Gjorgjić umfasst alle Psalmen in verschiedenen, dem Inhalte eines jeden angemessenen Versmassen, ist mit lehrreichen Anmerkungen versehen, gibt die originellen orientalischen Gesänge in ihrer ganzen Kraft und Pracht wieder, und muss als eine wahre Bereicherung der gesammten slawischen Literatur angesehen werden. Von ihr sagt Frano Sorgo in der unvollendeten Biographie des grossen Dichters: „Georgius in regii Prophetae psalmis explicandis ita insudavit, ut suo nihil desit operi, non carminis facilitas, non sermonis nostri nitor, non verborum elegantia singularis, non sensuum scripturae genuina explanatio. Videtur enim legisse versiones omnes, atque, ut prophetica arcana clarius exponeret, non pepercisse lectioni ac studio Hebraici, Graeci ac Latini textus, potissimum secutus D. Hieronymi auctoritatem. Doleo tamen, hoc praeclarissimum opus Illyriorum tantum manibus esse terendum. Si enim a celebrioribus Europae academiis praestantia hujus libri cognosci posset, non dubito, quin Georgius communi omnium consensu sacrae Scripturae interpres diceretur clarissimus, in idiomatum, quibus psalmi conscripti sunt, et sensuum etiam difficiliorum intelligentia versatissimus." — Appendini II. 244. 300. Dellabella. Stulli.

Pisma od pakla, osobito od paklenog ognja tavnosti i vikovicsnosti, po F. **Lovril iz Ljubuschoga**. *U Mlecih 1727. 8°. 74 str. — U Mlecim 1746. 8°. 95 str.*

Hvale duhovne iliti popivke, koje se popiraju u vrime od

svetoga poslanja ili Missioni po Slovinskih i po Dalmatinskih derxavah (po **Petru Boskovichu***). U Benecih (po Antunu Bartoli) 1729. 16°. 64 str.*
Erschien nach dem Tode des Vfs. Appendini II. 245.

Jos. Mihich *Ord. S. Franc. Libellus sacrorum hymnorum, Illyrico idiomate, 1735. 8°.*
Horanyi II. 610.
Tome Babicha *Pisme duhovne, izvadjene iz knigâ mnogih. U Mlecih 1736. 16°. 60 str. (Th. M.)*

Bogoljubne pisme za probuditi u serdcu grishnika ljubav Boxju i Mariansku, po jednom Missionaru odebrane i stampane u Ternavi 1736. 16°. 143 str. (Th. M.)

Pisme duhovne iz drugih knjixic skupsprarljene, i nekoje iz nova s ostalimi bogoljubnimi molitvami prilozene po Missionaru Aposctol. U Zagrebu 1750. 16°. 127 str. (Th. M.)

Hvale duhovne, koje se pivaju u vrime od svetoga poslanja, trechi put pritiskane u Buecih po Jerolimu Dorigoni 1752. 12°. 32 str.

Pjesni u pohvalu sv. Ivana Biskupa Trogjerskoga.
Schriftenverzeichniss bei Stulli.

Anica Boškovica *(geb. um 1714, st. 1804) Religiöse und moralische Lieder, unedirt.*
Appendini II. 246.

Jerolim Filipović's *Geistliche Lieder (poesie spirituali). In Venezia 1759.*
Appendini II. 307 (wo der Vf. irrig Polipovich genannt wird).

Maria Dimitri *geborene* **Betera** *(geb. um 1674, st. 1764) Religiöse und moralische Lieder, ungedruckt.*
Appendini II. 239.

Pisme duhovne razlike, sastavljene od O. F. **Petra Knexevicha** *iz Knina, reda s. o. Francesca etc., za vechu slavu boxju i majke njegove a za duhorni razgovor duscâ bogoljubnih istoj* *majci od milosti etc. posvechene. U Mletcih po Shimunu Occhi 1765. 4°. 195 str.*

Pisme duhovne na ganutje grishnika s kratkim naukom karstjanskim u vrimenu sv. Missionara, kojega otci Kapucini po Lici i Karbavi posluju. U Zagrebu po Ant. Jandera 1770. 12°.

Juranić. — Ungewiss, ob illyrisch. Vgl. auch die kroat. Abtheilung.

Mihajlo Miliakovié's *(st. 1775) Kirchenhymnen, unedirt.*

Svemoguchi neba i zemlye stvoritely, s kiticom pervoga, drugoga i treesega poglavja knyige poroda po razumu sv. pisma nakichen i ispivan po **Antunu Ivanoshichn** *Biskupic Zagrebachke Misniku svitovnomu, godine 1788. U Zagrebu pritiskano kod Josipa Karola Kotsche (1788?) 4°. 5 Bl. Vorstücke, 123 S.*

Die prosaische Einleitung „Pridgovor" erstreckt sich S 1—56. S. 57—123 stehen religiöse Gesänge und Gedichte, vorzüglich über die Schöpfung und den Fall der ersten Menschen, ferner die sieben Busspsalmen u. s. w, alles in gereimten wohllautenden Versen und Strophen von der verschiedensten Art; aber auch zwei Stücke in elegischem Mass ganz nach den Grundsätzen der antiken Prosodie.

Pisme koje se pivaju pod sv. Misom, zajedno s pismom prid pridiku. Gedruckt vor 1799. 8°.

Slavulj sv. Bonaventure iz Diacskoga u Illiricski jezik prineshen za dusheenu poboxnih estiocá zabavu (po **Karli Pavlchu**). *U Pecsuhu slov. Kristine Engel udovice 1803. 8°. 18 str.*

Psaltirich duhovnih pisamá bogoljubnim dushama pripravljen i s dopushtenjem stareshiná na svitlost dan godine 1805. U Budimu, prodaje se kod Dam. Kauliczy Novosadskoga knigoprodavca. 12°. 118 str.

Kein Psalter, sondern ein gewöhnliches katholisches Gesangbüchlein.

Bogoljubne pismice za potrebu Bajske Xupne Cerkve. U Kalocsi 1806, 8°. 77 str.

Im Francisc.-Kl. zu Vukovar.

Csetiri pisma cerkvena od pokorne dushe Isusu Spasitelju izpivane.

Verzeichn. v. Divalt in Essek.

Pisma od sv. Bone mucsenika, kojega tilo lexi u cerkvi Vukovarskoj Reda sv. Franceska (s. l. et a.) 8°.

Pismenik iliti skupljenje pisamá razlicsitih, za nidiljne, svetacsne i ostale dneve priko godine podobnih, za vechu slavu boxju i kriposti duhovne naroda Ilirieskoga ucsinjeno po **Gjuri Arnoldu** *u slob. kralj. varoshi M. Theresiopolitanskoj poglavite cerkve sv. Therezie kora upravitelju. U Osiku slov. Mart. Alois. Divalt. 1819. 8°. 202 str.*

Bogoljubne pisme, koje se pod s. Missom pivati mogu (po **Marianu Jaichu**). *U Budimu 1827. 8°. 116 str. — 2. Ausgabe. Vinac bogoljubnih pisamá, koje se nediljom i s prigodom razlicsitih svetkoviná pod sv. Missom pivati obicsaju, iz razlicsitih duhovnih knjigá sastavljen i s nacsinom csiniti put Krixa, po O. P.* **Marianu Jaichu** *Reda S. O. Franceshka derx. Kapistranske Misniku. U Budimu slov. kr. mudroucsne skupshtine 1830. 8°. 165 str.*

Bis S. 122 Kirchenlieder, S. 122—134 Gebete, S. 135—165 Nacsin za csiniti put Krixa.

bb. Lieder, Oden, Elegien, Herolden.

Andria Čubranović's *(1500—1559) Lieder, ungedruckt.*

Die gedruckte Jegjupka dieses Dichters siehe unter den komischen Erzählungen. — Čubranović's Gedichte, die Jegjupka mitgerechnet, behaupten durch Vollendung, Süsse und Harmonie des Versbaues den ersten Rang unter den Ragusanischen. Ein kleines, betitelt Djevojke, liess Appendini II. 293 abdrucken; zwei andere mit der Ueberschrift Sibylla und Kaludjeri erwähnt er daselbst S. 294.

Miho Bunić's *(oder* **Miho Matic Bone**, *di Matteo Bona) (um 1550) Lieder (Pjesni ljuvene, Stulli), ungedruckt.*

Miho Bunić's Gedichte, in denen er die ältesten Muster, besonders des Vetranić und Dimitrić, nachahmte, zeichnen sich duch Gediegenheit und Kraft im Ausdrucke vortheilhaft aus. Appendini II. 223. 224. 294.

Ivan Palmotta Dionorić's *(1620) Gedicht zu Ehren Gundulić's, vor des letztern Pjesni pokorne, Ausg. Ragusa 1828.*

Pjesan visini privedroj Ferdinanda II. Velikoga Kneza od Toskane Gospara **Giva Frana Gundulicha** *Vlastelina Dubrovacskoga. U Dubrovniku po A. Martekini 1829. 8°. 15 str.* — *U smart Marie Kalandrice pjesan Gospara G. F. G. etc. 1829· 8°. 19 str. — Ljubovnik sramezljiv Gospara G. F. G. etc· 1829. 8°. 16 str.*

Das letztere Gedicht ist eine Uebersetzung des l'amante timido aus dem Italienischen des Girolamo Pretti. Appendini II. 234.

Zuesnopojka csastnoga G. **Lucida Mancinella,** *Biskupa obranoga, u pohvalu Otca Fra Antona Tellitenovicha. U Mlecieh 1639. 16°. 1 Bl.*

Presvetlomu G. Juriu Zrinskomu sadascnjemu Banu Hervatskomu O. F. **Rafael Levakovich** *iz Jastrebarske Reda S. F. Bogoslovac i Pripovidavac pozdravu. U Mnecieh 1639. 16°. 1 Blatt.*

Nadpisanje u osmoredke O. F. **Rafaela Levakovicha** *iz Jasterbarske, u pohvalu pisnika. U Mnecieh 1629. 16°. 1 Blatt.*

Nadpisanje presvitlomu G. Mikloushu Zrinskomu O. F. **Klementa Jancsetieha** *od Oslja reda S. F. Pripovidavca. U Mnecieh 1639. 16°. 1 Bl.*

Alle vor Karnarutić's Vazetje Szigeta grada, Ausg. 1639.

Pisan od stare babe i mnoge druge razlicsite (Stara baba con diverse canzonette) — nach dem Verz. b. Mandaljena 1705 und Katarina 1709. Stare babe pjesni po jednomu Zadraninu — nach dem Verz. bei Stulli. — Pr. 8 Soldi.

Canzonetta del Tovare. Vened. gedr. vor 1705.
Verzeichniss bei Mandaljena 1705.

Bernardina Ricciardi *(geb. 1680, st. 1716) Njekoliko pjesni u Slovinski jezik sloxene, nepritjesetene.*
Stulli. — Nach Appendini II. 148 behandelte Ricciardi meist heilige Gegenstände.

Jakova Armoluslcha *Slava xenska, sprotivni odgovor evitu seestomu (Iv. Ivanišerića), Patavii 1643 Guil. Crivellari. 4".*
Horanyi N. Mem. I. 184.

Pjesan rukopisna **Franceska Natalis** *Splitcsanina.*
Verz. bei Stulli. Das Zeitalter unbekannt.

Frana Lalicha *(st. 1722) Beztuxanstvo (indolenza), unedirt*
Appendini nennt es ein sehr schönes Gedicht II. 308. — Stulli.

Vladjo *oder* **Vladislav Minčetić** *des Jüngern (st. 1748) Epithalamium zu Ehren des Savino Pozza und Maria Gradi, ungedruckt.*
Appendi II. 238.

Stjepan Rosa's *(st. 1770) Gedicht auf Kaiser Peter den Grossen, unedirt.*
Appendini II. 305.

Jeka planine, koja na pisme Satira i Tamburasha Slavonskoga odjekuje i odgovara, o VI kratkI trVDI IeCse, Dok Iosh LIto I saD teCse (po Vidu Doshenu). U Zagrebu po factoru Ant. Jandera 1767. 12⁰. 94 str.
Juranić's Notaten. — Schutzgedicht für M. A. Relković wider die Angriffe eines Franciscaners auf den Satyr des erstern.
Kerčelic Notitiae praeliminariae p. 402.

Adama Tadie Blagoevicha *Pjesnik putnik, nikoji dogadjaji pervo i posli puta Josipa II. Cesara Rimsko-Nimaeskoga u Slavoniu. U Beesu u Jos. Kurepeka 1771. 8⁰. VI+70 str.*
Ein gelungenes Lobgedicht auf Ksr. Joseph II. Horanyi I. 302.

Antuna Ivanoshicha *Opiranje slichnorichno groba Josefa Chiolnicha, Biskupa Diakovarskoga. U Zagrebu po J. Th. Trattner 1784. 8⁰.*

Trattnerscher Catalog. — Nach Juranić's Notaten im J. 1786 gedruckt.

Antuna Ivanoshicha *Placs zarucsnice, to jest stolne cerkve Zagrebacske, nad smertiom svojega zarucsnika Josipa Gallyuff, Biskupa Zagrebacskoga, dan 18. Sushca 1786 godine, kada zpomenek u istoj cerkvi je ponavljan. U Zagrebu pritisk. pri Iv. Th. Trattner (1786). 8⁰. 19 str.*

Vielleicht in kroatischer Mundart?

Antuna Ivanoshicha *Poboxnomu zdihavanju petdesetoletnoga Mashnika G. Jose Millinovicha Kan. Zagr. U Zagrebu Kotsche 1788. 4⁰. — Petdesetogodishtnomu Mishniku P. Iv.' Paulovichu) Nashicskoga Monastira Poglavaru. U Zagrebu Kotsche 1788. 4⁰. — Pjesma od junacsten viteza Peharnika Oberstara. U Zagrebu kod J. C. Kotsche 1788. 4⁰. — Pisma od uzetja Turske Gradishke, koju osvoji glasoviti vitez Gideon Laudon. U Zagrebu J. C. Kotsche 1789. 8⁰.*

Jose Kermpoticha *Radost Slavonie nad priuzvish. i prisvitl. G. knezom iliti Grofom Antunom Jankovichem od Duravara etc. U Becsu slov. od Hrashanskoga 1787. 8⁰, 76 str.*

In der einem andern Gedichte dieses Vfs. (Katharine II. put u Krim 1788) vorgesetzten Epistel urtheilt der fünfkirchner Domherr Steph. Agjić von diesem Gedichte, nach Auseinandersetzung des Planes desselben, folgendermassen: „Hactenus carminis Tui sensus, in quo utrum inventionem, deductionem et bonum ordinem, an vero elocutionem ipsam amplius laudare debeam, non invenio. Sane singularia sunt omnia atque insigni poeta digna. Dignissimae vero, quas hinc inde adhibes, descriptiones Tuae, quae celebrari debeant, ceu quae vivis coloribus depictae sint, fontemque in Te pulcherrimarum imaginationum, quod poetae praeprimis necessarium est, uberrimum indicent. Habes in deductione quidem aliquas voces, quae ab usu

Slavorum alienae sunt, in tanta attamen, quauta est, linguae Illyricae super alias ubertate, ego illas bene Illyricas esse minime dubitare possum. Elisiones quoque, quas in breviculo versu Tuo in certis verbis liberius adhibes, vituperare minime possum; quippe quas procul dubio in Illyrico probatorum auctorum carmine ipse antea legeris."

Matije Petra Katancsicha *Pedesetyodishtnomu mishniku P. Ivanu Pavlovichu izpivano. U Zagrebu J. C. Kotsche 1788. 4°. (Juranić.) — Poskocsnica Pana i Thalie na Cernomu Berdu. U Osiku 1788. 8°. — Glasak Ljubice Vile shumske k sestri Milici u gori zelenoj nixe grada Samobora. U Zagrebu slov. Kotsche 1790. 8°. 4 str.*

Das letztere Gedicht verfasst zur Installation des Grafen Joh. Nep. von Erdödy zum Banus von Kroatien.

Kripost posli smerti xivi. Pivaoc Somborski putujuchi pripiva, (s. l.) *1788. 8°. 15 str.*

Nikole Pavlcsicha *Csestitnica prisvietlom G. Maximilianu Verhovcu Biskupu Zagreb., svitkovinu svoju slavechemu, poklonjena od skupshtine Bogoslovacá u petu godinu za zlamen zafalnosti. U Peshti tjeskovin Franje August Patzko 1789. 8°. 6 str.*

Pesma od Cesara Josefa. (U Zagrebu J. C. Kotsche) 1789. 8°. Juranić's Notaten.

Pisma od plemenite csete Horvatá u Budim za pohodit sretu krunu odlazechih po G. K. (**Gjuri Kordichu**) *izpivana. U Zagrebu slov. plem. od Trattneru 1790. 8°. 15 str.*

Marci Krajacsich, *Sacerdotio et religione magnus R. P. Franc., Rogoxich aliter Marinovich, dum 6. Oct. 1793 Jubileum Sacerdotii celebraret. Budae typ. reg. Univ. 1794. 4°. (Th. M.)*
(Scheint ein Gedicht zu sein.)

Antuna Josipa Turkovicha, *Pleb. u Oseku, Pozdravlenje u prigodi ulazenja u Pecsuh Bratjá od Miloserdja. U Osiku po Iv. Mart. Divalt 1796. 8°. 28. str.*

Antuna Nagy *Pisma od sakupljene i podignute proti Francuzom 1797 kralj. Horvatskoga i Slavonskoga plemenit. Vojske ili Insurekcie. U Zagrebu 1797. — Pirovna popirka prisvitl. G. knezu Ivanu Nepom. Drashkovichu od Trakostjan etc. U Zagrebu 1808. (L. G.)*
Publie Ovide Nasona Plucsnopirke (Tristium Libri), prin. po **Antuna Nagy.** *Hds. — Item: Priobrazne pisme (Metamorphoseon Libri). Hds.*
In gereimten Versen.

Gjuro Ferić *(vor 1800) übersetzte eine Heroide Ovids, ungedruckt.*
Appendini II. 188. 301.

Ivan Altesti *(vor 1800) übersetzte zwei Heroiden Ovids, unedirt.*
Appendini II. 301.

Petar Bašić *(vor 1800) übersetzte eine Heroide Ovids, ungedruckt.*
Appendini II. 301.

Uspominak preesastnoga vpelavanja redovnicske Bratje od Milosardja zvane u Zagreb, na den 23. miseca Augusta 1804, ispievan, i prislavnomu narodu poklonjen po **Titu Brezovacsky,** *Misniku Zagrebecske Biskupie, etc. U Zagrebu z slov. Novoselskimi 1804. 4°. 13 str. — Pisma Baronu Juri Rosichu, ces. kr. svetl. Majoru, na dan njegovoga s Josefom Shegerth vinesanja. U Zagrebu pri Jos. Karolu Kotsche 1805. 4°.*
In slawonischer Mundart. Später schrieb der Vf. alles im kroatischen Dialekt.

Pisma glavnome sadascnje Illyrie poglavici, vodji od Dubrovnika i Velikome Francie Marescalu od Marmont, ispevana po jednom Karlovcsaninu, koji ljubi Cara i svu domovinu, dana 25. Koloscka godiseta 1810. U Karlovcu kod Gasp. Veisza 8°.
⅛ Bog.

Pisma pri odhadjanju Francuza iz Horvacke zemlje, 1814.
12⁰. 13 str.
Wahrscheinlich in Karlstadt gedruckt: wenigstens in karlstädter Varietät.

Zbor piralicá Frushkoj u gori pribivajuchih prisv. G. Emer. Karla Raffaya Bisk. pozdravlja. Po Karli Pavicha. *U Novom Sadu po J. Jankovichu 1816. 8⁰. 15 str. — Turba grozdju negrishnoga. U Osiku slov. M. A. Divalda 1822. 8". 4 str. (Anonym) — EMerIk KarLo bIskVp petDesetLItu kLetVV sLaVeChI. U Osiku 1826. 12". — Pisma prisv. G. Fridriku Seidleru Obersht. U Osiku 1830. 8". 4 str. (anonym).*

Karla Pavicha *Elegia prisvitl. G. Biskupu Pavlu Mathii Sucsichu iz Stolnog Biograda u Djakovo prineshenomu. U Osiku slov. Mart. Aloys. Divalta 1830. 4⁰. 2 B. — Miropripivka, s kojom prisvitl. G. Pavla Mathia Sucsicha, duhorno vladanje Biskupie Djakovacske zakonito primajucheg, podloxno stado duhovno priklonito pozdravlja po* Karli Pavicha. *U Budimu 1831.* 4⁰. *4 Bl.*
Beide Gedichte in metrischen elegischen Versen.

Marka Antana Horvatovicha *Obradostnjenje Biskupata Diakovacskoga na doshastju priposht. i prisvitl. G. Biskupa svoga Imbrika Karola Raffay na Slavonski izvedeno, 25. Aug. 1816. Vu Zagrebu slov. Novosel. 1816. 8⁰.*

Antuna Mihalicha *Oda prisvitl. G. Em. Karli Raffayu, u vrime svecsanoga uvoda njegovoga u Biskupiu stolnih cerkvi Bosanske i Srimske. U Osiku slov. Divaldta 1816. 4". 8 str. — San u vrime svecsanoga uvoda prisvitl. G. Pavla Sucsicha od Pacser, u Piskupiu stolnih cerkvá Bosanske iliti Diakovacske i Srimske etc. U Novomsadu slov. Pavla Jankovicha 1830. 8⁰. 12 str. — Narodno veselje triu kraljevinâ G. Francishku od Vlasich Banu itd. U Novom Sadu slov. P. Jankovicha 1832. 8⁰. 15 str.*

Jose Kalasancie Mihalicha *Pisma pastirska na poshtenje njihove Prisvitl. Biskupske G. Emerika Karla Raffayi etc. U-Novomsadu 1816. — Pisma prisv. G. Em. K. Raffayi Biskupu. U Osika 1819. — Pisma prisv. G. Emeriku Karli Raffayi etc. u vrime petdesctolitnice njihove iliti druge pervine posvetilishta sv. Misse etc. U Budimu slov. kr. mudroucsne skupshtine 1826. 8⁰. 27 str. — Elegia G. Franji Kolungjichu Stolne cerkve Bosanske iliti Diakovacske Kanoniku. U Budimu 1826. 8⁰. 19 str. — Narodkinja Vila G. Pavli Mathii Sucsichu Stolne cerkve Stolno Biogradske Biskupu etc. U Budimu 1828. 8⁰. 15 str.*
Ebenfalls alles in gereimten Versen.

Naklon sinovske zafalnosti priposht. G. Gabri Jankovichu, Kanon. Diakov. etc., kada bi drugu mladu misu derxao 1827, slicsnoricsno sloxen po **Bartholu Pavlichu** *V. Rektoru. U Osiku s A. M. Divalda slovima. 8⁰. 15 str. — Bolest i ozdravljenje- G. Gabre Jankovicha. U Osiku 1828. 8⁰. 8 str.*

Jose Maricha *Versovi prisv. G. Pavlu Sucsichu, cerkve Stolno-Biogradske Biskupu etc. U Novomsadu slov. Pavla Jankovicha (1828). 4⁰. 4 Bl. — Placs kraishnika po smerti preuzv. G. Pavla Bar. od Radivojevich, c. k. ist. T. Savjetnika, Feldzeugmeistera etc. U Zagrebu slov. F. Suppan 1829. 8⁰.*

Frana Milinkovicha *Preizvish. G. Shandoru Alagorich, Biskupu Zagrebacskom, sloxito i poklonito od Kotara Jaspristie Gyurgyevacske etc. U Varaxdinu 1830. 4⁰. 4 Bl.*
Ein sehr roher Versuh in metrischen Hexameter.

Vinci ili pripieka G. G. Vladaocu Austrianskom Francesku I., po **Stefanu Achimovichu.** *U Osiku 1830. 8⁰. 32 str.*
Der Vf. ist ein gr. n. u. Serbe und kommt in der serb. Abtheilung vor.

A. P. d. H. (Adama Philipovicha de Heldenthal) *Pisma prisv. G. Pavlu Matii Sucsichu itd. U Osiku slov. M. A. Divalda 1830. 8⁰. 13 str.*

Ode u trojstrukom csinu prisv. G. Pavlu Matii Sucsichu od Pacsera itd. U Osiku slov. M. A. Divalda 1830. 8°. 16 str.

Gjorgje Higgia's *Übersetzung der Oden Horaz, ungedruckt.*

Gjorgje Higgia's *Übersetzung der Elegien des Catullus, Tibullus und Propertius, unedirt.*

Anton Kaznacsich's *Vermischte Gedichte, Hds.* Werden von Appendini wegen ihrer Leichtigkeit und Eleganz gelobt.

[Die Ragusaner haben an lyrischen Gedichten, in denen der Character und Genius der Nation, die Reize der Stadt, des Landes und der Gesellschaft, die Macht der Liebe, die Thaten der Eingebornen und ähnliche andere Stoffe, wie sie das vielgestaltige Leben der grossen Welt darbietet, poetisch abgespiegelt werden, einen Vorrath, der gedruckt un zehn bis zwölf Bände ausfüllen würde, ungerechnet die zahlreichen Dichterproducte, die einst vorhanden waren und jetzt vermisst werden. Wollte man aber aus diesem grossen Vorrath nur das bessere und beste auswählen, so würde die Zahl der Bände bedeutend zusammenschmelzen. Man bewundert bei vielen Gedichten oft einen schönen, trefflichen Eingang, dem die Mitte und das Ende gar nicht entsprechen. Die Länge und Breite, welche, so oft sie durch den behandelten Gegenstand nicht nothwendig geboten wird, knabenhafte Erweiterungen, müssige Umschweife, nutzlose und widrige Wiederholungen mit sich führt, macht viele dieser Producte zu höchst mittelmässigen. Je kürzer die Gedichte, je besser sind sie gewöhnlich; viele unter denselben sind vortrefflich. Dazu kommt, dass einige Dichter in ihren Liebesgedichten das Mass des Schicklichen überschritten haben, indem sie jene feine Hülle, deren sich Petrarca und andere bedienten, verschmähten und alles zu nackt herausstellten. Anderen, die bloss italienische Gedichte nachahmten, oder ältere vaterländische Erzeugnisse sich zu eigen machten und fremde Ideen vortrugen, kann kein Verdienst der Erfindung zugestanden werden. Appendini II. 298. 299. Bei allem dem besitzen die Ragusaner einen ansehnlichen

Vorrath guter lyrischer Producte, und es ist zu wünschen, dass die schon so oft projectirte, früher (von 1803) von Carlo Occhi, und neuerdings wiederum von Martecchini auf dem Umschlag des Osman angekündigte Herausgabe des „Parnasso Illirico dei Ragusei" endlich einmal zu Stande käme. In dem der italienischen Uebersetzung des Osman vorgesetzten Leben Gundulić's sagt Appendini in dieser Beziehung S. 33.: „l'erudito Canonico Pietro Bascich buon illiricista, ed assai benemerito per averci lasciata una completa raccolta trascritta di proprio pugno in 22 volumi di tutte le poesie illiriche superstiti, raccolta acquistata dallo stamp. librajo Martecchini ad oggeto di darla fra breve alla luce col titolo di Parnasso."]

b) Didactische Gedichte.

aa. Eigentliches Lehrgedicht.

α) Mit Rücksicht auf religiöse Erbauu ng.

Giarulla urescena cvitjem od scest vikov svita, sloxena u Slovinski jazik po **Giurgiu Barakovichu** *Zadraninu. U Mnetich, Polacho Francesca Bariletti 1618. 16⁰. 166 str.* — *Venez. presso Occhi 1702. 8⁰.*

Stulli. Appendini II. 252. Appendini erwähnt des Buches folgendermassen: Giarula ovvero testamento vechio e nouvo sulle sette età del mondo; und in dem Verz. b. Mandaljena 1705 und Katarina 1709 wird es so angeführt: Giarula ali Testamenti stari i novi.— Giarula cioè Testamento vechio e nouvo, e delle sette età del mondo. Pr. 12 Soldi. Horanyi N. Mem. I. 762.

Od naslidovanja Isukarstova knjige csetvere, parvo po bogoljubnomu Tomi od Kempisa u Latinski jazik sloxene, a sada po **Atanasiu Georgicen** *u njegov jazik obratjene i u pisni sastavljene, pritiskano u Becsu po Garguru Gelbhaaru 1629. 21⁰. 361 str.*

In zwölfsylbigen gereimten Versen. Appendini nennt die Uebersetzung vortrefflich. II. 251. B. Kašić hat dasselbe in

Prosa übersetzt. Vgl. unten. (Bei Engel in den Excerpten aus Caraman steht irrig 1729. III. 458.)

Pogardjenje Kamatnika ali Usurara. Gedruckt zu Venedig vor 1709. Pr. 12 Soldi.
Verz. bei Katarina 1709. Nur muthmasslich hieher gesetzt.

Ostan boxije ljubavi ili uzbudjenje i ljubeznivo poticsanje k ljubavi boxjoj, u Slovinske pisni sastavljeno, za kim nasliduje nadodanje, u komu se uzdarxe razlike pisni duhovne, u razlik nacsin skupljenje, po popu **Andrii Vitaljicha** *Viscaninu iz Komise. U Bnecih po Domin. Lovisa 1712. 16⁰. 432 S.*
In 8 Gesängen. Nachahmung eines Werkes des heil. Bernhard über denselben Gegenstand.

Ivana Dražića *Lipost dusce, ein Gedicht in 10 Gesängen vom J. 1713, ungedruckt.*
Nach Appendini des Druckes werth. II. 251.

Frano Getaldi's *(zw. 1600—1700) Dialog zwischen dem Erlöser und der Seele, in illyrischen Versen, wahrscheinlich ungedruckt.*
Appendini II. 310.

Vida Doshena *Par. Dubov. Axdaja sedmoglava bojnim kopjem udarena i nagardjena, iliti sablast griha na sedam glavnih grihá razdiljenoga oshtrom istinom pokarana i prikorena a drugacsie ukor malovridnosti csovicsanskih. U Zagrebu kod Antona Jandera 1768. 4⁰. 270 str. — 2. Ausg. Axdaja sedmoglava, to jest od sedam glavnih grihá. U Zagrebu po Ant. Jandera 1772. 4⁰.*

Es gibt davon auch eine cyrillische Umschreibung für griechisch-nichtunirte Serben von Georg Mihaljević. Ofen, 1803· 4⁰. — Ohne Zweifel meinte Kerčelić nicht dieses Werk, wenn er sagte: „Vidimus quoque a memorato Parocho Vito Dossen conscriptum de **Virtutibus opus,** quod ob typographiae his in regionibus neglectum edi nequit." Kerčelić Notitiae praeliminariae p. 402. Hiernach hatte der Dichter zu seinem Werke über die

Hauptsünden als Gegen- oder Seitenstücke auch eines über die Haupttugenden verfasst.

Innocentii III. P. M. Contemtus mundi in carmen Illyricum versus a **Josepho Antonio Vlashics**, *Par. Kamenicensi. Eszekini typ. Jo. Mart. Diralt 1785. 8⁰. 582 p.*
In kurzen gereimten Versen, nach Materien in Abschnitte getheilt. Auf jeden slawonischen Abschnitt folgt „Confirmatio veritatis supra deductae" in lateinischer Prosa. In der kurzen Vorrede trägt der Vf. die Regeln der von ihm befolgten Orthographie vor.

Spivanje odkupljenja svieta, sloxeno i razdieljeno u scest pievanja od G. D. **Marka Ivanovicha** *iz Dobrote od Boke Kotorske kanonika Naucsitelja Bogoslovca. U Mlecih po Alvizopol na pinese kneza Luke Ivanovicha 1815. 8⁰. 55 str.*

β) Behandlung weltlicher Stoffe: moralphilosophisches und didaktischssatyrisches Lehrgedicht.

Matte Antuna Relkovicha *Satir iliti divi csovik. Dresden 1761. — 2. Ausg. Essek M. Divald 1779 8⁰. 178 S. — 3. Ausg. Satir iliti dirji csovik, u pervomu dilu piva slicsno Slavoncem, a u drugom dilu Slovanac odpiva opet Satiru, trechi put na svitlo dat. U Osiku 1822. 8⁰. 142 S. + 8 Bl. Nachstücke*
Die erste Ausg. liess der Vf. als Officier 1761 zu Dresden in 1500 Exx. veranstalten. Bei der zweiten Ausg. hatte er das Gedicht um die Hälfte vermehrt. Die dritte Ausgabe ist schmutzig und uncorrect. Bei dieser steht am Ende: „Kratki izpis xivota M. A. Relkovicha" in Versen von A. P. o. H., das ist: Adam Philipovich od Heldenthal. Kerčelić sagt in Bezug auf dieses Gedicht: „M. A. Relkovich inter militaria sua servitia versu Slavonico elegantisimo, sub nomine Satyri, abusus Slavoniae ludit Slavoniamque instruit. Franciscanus quidam (Georg. Rapić) temere, invidens educationi Slavoniae, consequenter curam Magnae Dominae ac Episcoporum damnans, adversus Relkovichium inconcinne scribere praesumsit. Sed apud vulgum omnem se ipsum prostituit, ut invidia sua temeritasque probetur nemini.

Breviter ei respondit Relković, copiosius amocno anapaestico versu R. Vitus Doshen, Parochus Dubovicii." Notitiae praeliminariae p. 402. Vgl. auch Čaplović Slavon. und Croatien II. 312—314. Cyrillisch für griech. n. un. Serben wurde dieses Gedicht umgeschrieben von St. Raić: Сатиръ etc. у Віенп, 1793. 8°., у Будиму 1807. 8°.

Satir iliti divji csovik u nauku karstjanskomu ubavistit, uputit, naucsit i pokarstit po Slavoncu O. P. F. (Jurgju Rapichn *Gradishesanicu Pripovidaocu i Bogoslovice shtiocu Bratje male od obsluxenju r. s. o. Franc. etc. U Pesti s Eitzenbergerovima slovi 1766.*

Diess ist die oben erwähnte Streitschrift; ob in Versen?

Primudroga Catona chudoredni nauki iz Latinskoga jezika u Slovinski prineshcni i za istoga naroda korist na svitlo dani. U Gradcu tiskopisom Bushtinikd Widmannsteten 1763. 8°. 32 str.

Erwähnt von Jaić in der Vorr. zu Pustaić's Indianski Mudroznanac 1825. 8°., in welchem Buche diese moralische Sentenzen wieder abgedruckt worden sind.

Emerici Pavich *Schola Salernitana, rhytmico versu Illyrice expressa, Budae 1768. 8°.*

Horanyi III. 50.

Razgovor priprosti, iliti vertlar s povertaljem se razgovara, svima Slavoncima na posthenje prikazuje **Adam Philippovich od Heldenthal** *Misnik. U Osiku M. A. Divald 1822. 8°. 110 str.*

In gereimten Versen.

bb. Poetische Epistel.

Mariolica Ranjina's *(nach 1563) Episteln an Orazio Mažibradić, ungedruckt.*

Sie sollen nicht ohne Werth sein. Appendini II. 226,

Vlaho Vodopić-s *(vor 1585) Poetische Episteln an Niko Nalješković, ungedruckt, in der Sammlung der Gedichte des letztern.*

Appendini II. 223.

cc) Satyre.

Valentino Valovič's *(um 1600) Satyren und Epigramme, jetzt unbekannt.*
Appendini II. 224.

dd) Fabel.

Esopove Fabule za Slavonsku u shkulu hodechu dicu sastavljene (po **Matii Antunu Relkovichu**). *U Osiku pritiskane u slovopreshi Ivana Martina Divald 1804. 8⁰. 114 str.*

Filipović erwähnt dieser Fabeln im Leben Relković's folgendermassen: „Esopove on fabule u nase metni tad jezik, I kod svake i tabule metni na list za vidik, I svaka je verlo puna od lipoga nauka. Al je nashem puku spuna svaki nauk i muka; Voli lulu neg fabulu, lula daje lipi dim, A fabula tira shkulu i postati poshtenim."

Phaedri Augusti liberti Fabulae Aesopiae versibus Illyricis a **Georgio Ferrich** *Ragusino redditae: Fedra Augustova odsuxnjika priesive Esopove u pjesni Slovinske prinesene od* **Gjura Ferricha** *Dubrovcsanina. U Dubrovniku 1813. 12⁰. XII+ 167 S.*

Lateinisch und illyrisch. Die gereimte illyrische Uebersetzung ist etwas verwässert und matt. Vorangeht Appendini's Sendschreiben an den Uebersetzer, worin er ihn auffordert, recht bald seine lateinische Uebersetzung der illyrischen Nationalgesänge drucken zu lassen. Ferić machte die Uebersetzung des Phaedrus auf Appendini's Aufforderung im J. 1812.

ee) Epigramm.

Floria Zuzzeri Pešlonia *(geb. um 1550, st. um 1600) Epigramme, ungedruckt und ungewiss, ob noch vorhanden.*
Appendini II. 231.

Matia Pauli's *(st. v. 1800) Epigramme, ungedruckt.*
Appendini II. 311.

C. Erzählende Gedichte.

a) Poetische Erzählungen.

α. Behandlung heiliger Gegenstände mit erbaulichen Zwecken.

Marko Marulić's *Historia svete udovice Judite. In Venezia presso Bernardino Benali 1522.*

Appendini II. 251. "Historia Judith literis illyricis exornata ac concinne translata adeo, ut in eadem lingua periti nihil gratius nihilque acceptius legere queant, libris 6." Franc. Natalis in Biogr. M. Maruli apud Farlati III. 434.

Marka Marula *Navischenje muke Isukarstove, aliti plaes Gospoin (L'annunzio della passione di Cristo, il pianto della Madonna). Venedig bei Marco Ginami 1636. (Appendini II. 251). — N. Ausg. Venedig vor 1705. Pr. 8 Soldi. (Mandaljena 1705. Katarina 1709). — N. Ausg. b. Occhi 1720. 12.⁰ 56. S.*

Ob der Martecchinische Nachdruck 1806 (s. unten) Marulić's Werk sei, weiss ich nicht.

Suze sina razmetnoga G. **Giva Frana Gundulicha** *Vlast. Dubrov. In Venezia presso Marco Ginami 1622. 8⁰. — In Venezia si vende da Bartolo Occhi 1703. 16⁰. 55 S. — Neueste Ausg. Suze sina razmetnoga, sedam pjesnji pokornich i pjesan od velicsanstvá bozjeh G. G. Fr. G., od prie drugovdje, napokon ovdi pritjescténe, u Dubrovniku po Antunu Martekini 1828. 8⁰. 125 S.*

Das Klagelied des verlornen Sohnes besteht aus drei Gesängen, voll schöner, dichterischer, rührender Stellen. — Die Busspsalmen erschienen zuerst einzeln in Venedig 1620. Dellabella. Stulli. Appendini II. 234. 272. Mandaljena 1705. Katarina 1709.

Mandaliena pokornica **Giva Starjega Sare Bone Vueslehevieba.** *In Ancona 1630. — Eb. 1638. — In Venezia presso Bartolo Occhi 1705. 12⁰. 44 S.*

Eine äusserst schätzbare Erzählung in 3 Gesängen. Später behandelte auch der Abt Giorgi denselben Gegenstand. Dellabella. Stulli. Appendini II. 236. 272. Horanyi N. Mem. I. 513. Nach dieser Stelle erschien auch die 1. Ausg. in Venedig, die 2. aber erst um 1658.

Vinko Dudan's *Religiöse Gedichte und Lieder.*

„Perpia ac devotissima carmina dominicae incarnationis, passionis et mortis mysterii cum vita b. Osannae de Catharo itidem carminibus exarata in vernacula lingua sanctimonialibus mon. S. Pauli donavit." Ciccarelli 36.

Osip pravedni sin patriarke Giakova, u pjesni po popu **Petra Valettcha** *Kastellaninu. Gedr. zu Venedig bei Bartolo Occhi um 1709. Pr. 10 Soldi.*

Xivot sv. Katarine 1709. Dieses Gedicht steht auch in T. Babić's Cvit razlika mirisa duhovnoga (3. Ausg. Ragusa 1829) 3. Abthlg. S. 144—167.

Xivot sv. Katarine sloxen u versi slovima Slovinskoga jazika, kako se vidi u nauku karstjanskomu Otca Fra **Matia Divkovicha** *Reda sv. Francsiska, a princscen slovima Latinskima u isti jazik od* **D. Antona Gladilicha.** *U Bnecih u Bartula Occhi 1709.*

Uzdasi Mandaljene pokornice u spili od Martiglje, spjevani po D. **Ignacia Giorgi** *Op. Melit., k csemu se jose razlike pjesni duhovne i djelovispravne, sloxene od istoga, prilaguju. Additur in fine liber primus ejusdem Magdalidos ab eodem auctore carmine Latine redditus. In Venezia 1728 presso Antonio Zane. 4". VI+223 S.*

Poetische Erzählungen in Sestinen. Einige Gesänge können füglich theologische Excurse in Versen genannt werden. Der Vf. handelt darin gelegentlich von der Sünde, der Gnade und Liebe Gottes, dem seligmachenden Sehen etc. Ueberdiess ist das Gedicht nicht frei von Prunk und besonders von Wortwitz, was den gesunkenen Geschmack des Jahrhunderts verräth. — Unter den Razlike pjesni stehen unter andern: „Pricsice, u Slovinski jezik iz Babrie Garcskoga spjevaoca princsene" zwölf

Stücke von den Pseudo-Dubriusischen vierversigen (jambischen) Fabeln zugleich mit dem griechischen Original. Dellabella und Stulli. Appendini II. 244. 271.

Antuna Josipa Knezovicha *Kanon. kolues. Kruna obderxavajuchi u stanje apostolsko, izpovidnikâ sviuh ogledalo, xivot sv. Ivana od Nepomuka etc. na vershe sastavljena 1759. U Peshti po Franc. Ant. Eitzenbergeru (1759) 4". 281 str.* Angehängt ist: *Vershi od himbenog i laxlivog svita, iz koih moxesh poznati stanje sve, koliko i kako svak sebe upravljat put od spasenja etc., 52 str.*

Johann Nepomuk's Leben, dramatisirt, in elenden Versen.

Muka Gospodina nashega Isukersta i plaes divice Marie, sloz. od **Petra Knezevicha** *Reda sv. Franc. prov. ss. Odkup. u Dalm. U Osiku 1776. 8⁰. 122 str.*

(Vgl. unten beim J. 1804.)

Sveta Roxalia Panormitanska divica nakichena i izpivana po **Antunu Kanixlichu** *Poxexaninu. U Beesu pritiskana s od Ghelena slovi 1780. 8⁰. 125 str.*

Legende in gereimten leicht fliessenden Versen. Das Ganze ist in vier Theile (dio) abgetheilt, deren jeder mehrere mit dem Zeichen § versehene Abschnitte enthält. Von Kanižlić als Dichter urtheilte Katančić folgendermassen: „Quam haec (Illyrica) dialectus elegantiam et ad omne metrum flexilitatem habeat, paucis enarrari nequit, et is censere poterit, qui Ragusaeos aliosque Dalmatas vates audivit canentes. Quos si non superavit, aemulatus certe est Antonius Kanixlich, cujus manibus ut optime precor, ita Illyriorum Ovidium, pace gentis amplissimae, nuncupare ausim." De Istro p. 144. Unter dem Nachlasse Kataučić's befand sich auch folgende Schrift: „De Poesi Illyrica libellus, ad leges Aestheticae exactus, cum Rosaleide Kanixlichii emendata, Budae a. 1817. MS.

Josip poznan od bratje svoje, po **Alexandru Tomikovichu** *R. sv. Fr. Derx. Kapistr. U Osiku 1791. 8⁰. 51 str.*

(Ob nicht ein Drama?)

Xivot sv. Eustachie s naukom kerstjanskim vire sv. apostol. katol. rimske cerkve u sliesnoricsje sloxen i izpisan po **Antuna Josipu Turkovichu** *Par. Osiesk., prikazan Slavonskim shtiocem*

*za duhovnu zabavu. U Osiku po Divaltu 1795. 8°. 1. Bd. XIV
+310, 2. Bd. 326 S.*

Xivot i pokora sv. Marie Egipkinje, sloxeni u sces pjesni
jezika Slovinskoga po **Nikoll Marci** popu Dubrovcsaninu. *U Dubrovniku 1791. 12°. 115 str.*
Appendini II. 315.

Muka Gospodina nascega Isukarsta i placs matere njegove, sloxen od O. F. **Petra Knezevicba** *iz Knina, reda sv. o. Franc. U Vicenzi slovitisctem Tome Parisa 1804. 8°. 64 str.*
(Der Vf. lebte früher, 1765. Vgl. oben.)

Placs B. D. Marie. Prit. u Dubrovniku po A. Martckini 1806. 3 Bog.
Ich weiss nicht, ob Marulić's oder Knežević's Arbeit.

β. **Behandlung vermischter weltlicher Stoffe.**

SUepo Guécliè's *(1525) Dervise, komische poetische Erzählung in 50 Sestinen, ungedruckt.*
Den Vf., der lange eingekerkert war und mit einem langen Bart bleich, düster, verwildert aussah, erblickte einst die Tochter des Rectors der Republik und rief bestürzt aus: „Chi è quel Dervisc?" In dem aus diesem Anlass geschriebenen Gedichte, das durch Vollendung, Anmuth und Harmonie des Versbaues eine der ersten Stellen unter den besseren ragusanischen Dichtungen einnimmt, schildert sich nun der Dichter selbst auf eine scherzhafte Weise als einen türkischen Dervisch. Jede Sestine endigt mit dem Worte Dervisch, auch sind viele türkische, den Illyriern bekannte Wörter eingemengt. Die Sage will, dem Dichter sei die Hand der Rectorstochter zum Lohne geworden. Stulli.
Appendini II. 221. 274. 293.

Andrie Csubranovicha *Jegjupka (d. i. die Zigeunerin, wörtlich Aegypticrin). In Venezia presso Marino Battitorre 1559. — Ebendaselbst später oftmals. Ven. 1699.*
Horanyi N. Mem. I. 651.

Als Čubranović einst seiner Herzenskönigin auf dem Fusse folgte, um ihr seine Liebe zu offenbaren, wandte sich diese plötzlich gegen ihre Dienerin mit den lauten Worten um: „Che vuole da me questo Zingaro?" Hierauf schrieb nun der Dichter seine Jegjupka. In derselben führt er eine Zigeunerin als Wahrsagerin in einer Gesellschaft von Frauen (di Signore) ein und lässt durch sie denselben auf eine sinnige Weise den Horoskop stellen. Sie weissagt der ersten grosse Reichthümer, zwei durch Talente und Würden ausgezeichnete Söhne und ein hohes Alter. Der zweiten schildert sie die bösen Eigenschaften ihres Gemahls, besonders seine Untreue. Der dritten erklärt sie die Kräfte der Kräuter und Blumen, und lehrt sie die Kunst, sich die Haare blond zu färben und das Gesicht zu schminken, kurz die jugendliche Schönheit zu erhalten, um ihrem Manne zu gefallen. Der vierten enthüllt sie auf das artigste die Ursachen ihrer häufigen Weiberkrankheiten und schreibt ihr ein Heilmittel aus Kräutern und Blumen, in Taubenblut gekocht, vor. Die fünfte unterweist sie in der Kunst, durch Zauber der Rede die Herzen und die Achtung von Jedermann zu gewinnen. Zuletzt hält der Dichter durch sie derjenigen, von welcher er ein Zigeuner gescholten wurde, eine Lobrede, preist ihre Schönheit und Vernunft, verkündet ihr grosses Glück, erklärt ihr seine alte Liebe, klagt über ihre Härte und fleht sie an, ihm um des Kummers willen, den er um sie trage, ihr Herz mitleidsvoll zuzuwenden. Dem so vertheilten Stoffe entspricht im Aeussern eine unnachahmliche Harmonie des Verses und Eleganz des Styles; noch mehr Bewunderung verdient der feine Anstand, mit welchem der Dichter einen so delikaten Gegenstand zu behandeln wusste. Das Gedicht, eine wahre Prachtblume in dem Garten illyrischer Musen, wurde auch mit verdientem Beifall aufgenommen und rief in kurzer Zeit drei andere Nachbildungen hervor. Dellabella und Stulli. Appendini II. 222. 273. 293.

Jegjupka, eine komische Erzählung, von einem Unbekannten, unedirt.

Čubranović's berühmtes Gedicht gleichen Namens gab zu

diesem die Veranlassung, welches ebenfalls sehr gelungen und des Druckes werth ist. Appendini II. 273.

Jegjupka, eine komische Erzählung, von einem Unbekannten, ungedruckt.

Auch dieses, nach Appendini, nicht minder schätzbare Gedicht ist eine Nachahmung des Čubranović'schen. Es gibt demnach in Dalmatien vier poetische Erzählungen unter dem Namen Jegjupka, eine von Čubranović, eine von Sava Bobali genannt Mišetić und zwei von unbekannten Vff. Appendini II. 273.

Maro Dàrzlé's *(st. 1580) Heroische Gedichte (Poesie eroiche), gedruckt.*
Appendini II. 222. Appendini's Ausdruck ist unbestimmt. Stulli sagt bloss: „Pjesni u Slovinski jezik nepritiskane."

Barna Karnarutlcha *Vazetje Szigeta grada. In Venezia 1584. — Ven. 1639. 8°. 40 S. — Vazetje Szigeta grada ponovljeno po Petru Fodrociu 1661. (Th. Mikloušić Izbor str. 89.) — Wahrscheinlich auch mehrmal, namentlich um 1709 in Venedig gedruckt.*

Eine gute poetische Erzählung in 4 Gesängen. Appendini II. 252. Katarina 1709. Die Ausg. 1639 hat folg. Titel: Vazetye Szigeta grada, zloxeno po **Barni Karnarutlchu** Zadraninu. In Venezia appresso Bartolomeo Ginami 1639. 8°. 4 str. Vorausgehen vier kleine Gedichte zum Lobe des Vfs. und des Herausg. A. Telitenović.

Petra Kanavelli *Dubrovnik vlastelom u tresenji (Canzone intitolata l'amore convertito in odio, poemetto stampato sul terremuoto di Ragusa). Gedruckt in Venedig um 1667.*

Besser als die folgenden Gedichte von Nikolica Ivan Bunić Vučićević und Baro Betera über denselben Gegenstand. Stulli. Appendini II. 250.

Nicollca Ivan Bunić Vučićevlć's *Gedicht auf das Erdbeben in Ragusa (Grad Dubrovnik vlastelom u tresenji). Nach Stulli ungedruckt, nach Appendini hingegen gedruckt in Ancona 1667. (8°. 24 str.)*
Appendini II. 236.

Baro Betera's *Gedicht auf das Erdbeben in Ragusa. Gedruckt zu Ancona 1667.*

Appendini II. 238.

Bara Betere *Oronta iz Cipra. In Venezia presso Andrea Poleti 1695.*

Wahrscheinlich nach einem italienischen oder lateinischen Muster. Famiano Strada und Girolamo Preti behandelten denselben Gegenstand, jener in Ottaven, dieser in lateinischen heroischen Versen. Appendini II. 238.

Ivana Zadranina *Historia od Filomene (Filomene figlia del Rè Pandione). In Venezia 1670.* — 2. Ausg. *Historia od Filomene kchere kralja Pandiana, a dana na svitlo po Fra Ivanu od Zadra Reda male bratje sv. Francisca. U Bnecieh pri Bartolu Occhi 1602. (sic). 8°. 24 str.*

Ein nicht übles Gedicht. Appendini II. 252. Mandaljena 1705. Katarina 1709. Die 2. Ausg. hat die falsche Jahreszahl MDCCII statt MDCCII, was ein Druckfehler zu sein scheint, denn die Occhischen Drucke wimmeln von Druckfehlern.

Ivana Zadranina *Kazovanje chudnovate rati, ka je bila pod Maltom, u pjesni sloxeno. In Venediy vor 1705. Pr. 6 Soldi.*

Stulli. Mandaljena 1705.

Gjurgja Barakovicha *Zadranina Vila Slovinska. (Poetische Erzählung in 13 Gesängen.) Gedruckt zu Venedig um 1682 (?). Pr. 1. L. 10 d.*

Ausgezeichnet durch Composition, Styl und Versbau. Appendini II. 252. Stulli. Katarina 1709. — Vgl. oben vermischte Gedichte.

Petra Tome Bogascinovicha *Dubrovcsanina Beesa grada obkruxenje od Cara Mehmeta i Kara Mustafe Velikoya Vesiera. (Poetische Erzählung in 2 Gesängen.) In Padova presso Giusepe Sardi 1685.*

Ohne besondern poetischen Werth. Appendini II. 239. 272. Stulli. Mandaljena 1705. Katarina 1709.

Vlaho Squadri's *(zw. 1690—1700) Machjuse i Gjavolica, eine komische poetische Erzählung, ungedruckt.*
Appendini II. 274.

Historia od grada Budina (Libro detto Budin, che contiene la presa di Buda ed altri progressi della Bossina e Levante). Gedruckt in Venedig vor 1705. Pr. 6 Soldi. — N. Ausg. In Venezia 1734.
Mandaljena 1705. Katarina 1709. Appendini II. 306.

Historia od Kljissa. Gedruckt in Venedig vor 1705. Pr. 6 Soldi.
Mandaljena 1705. Katarina 1709.

Xivot od Olive hchiere Juliana Ocsara. U Bnccieh pri Bartola Orchi knigaru na rivi Schiavonschoi pod zlamenieni sv. Dominika 1702. 16°. 64 str.
In Versen.

Historia ali pisni od Olive (Historia di Oliva). Gedruckt in Venediy vor 1705. Pr. 8 Soldi.
Mandaljena 1705. Katarina 1709.

Ivan Antun Nenadić's *Kampf eines venezianischen Schiffes mit einem tripolitanischen, in Sestinen („Scambek satarisan u pjesni sastavljen" bei Stulli), gedruckt in Venedig bei Domenico Lovisi 1757.*

Appendini II. 252. Appendini Memorie 59. Stulli. Bei Gelegenheit des Sieges der Gebrüder Ivanović über den tripolitanischen Sciambecco, den sie im Hafen Zmaj zu Grunde bohrten.

Kratkopis poglavitih dogadjaja sadashnje vojske medju Mariom Tereziom kraljicom od Muczarske i Friderikom II. kraljem od Brandiburske, od pocsetka godine 1756 do sveerhe god. 1759, koje slozi Don **Ivan Zanlesich**, *cerkve sv. Katarine u Dubrovniku Nadpop etc., dio parvi, najpervo u Venecii kod Franceska Pitteri, a sada u Peshti kod Franc. Ant. Eizenberger 1762. 8°. 350 str.*

In Versen und Prosa. Nur der 1. Theil.

Emericl Pavich *Supplementum Illyricarum antiquitatum Illyricis versibus conclusum, 1768. 12⁰.*
Horanyi III. 50.

Katarine II. i Jose II. put u Krim izpjevan po Josl Kermpotleha *Srjetomisniku Liesaninu. U Beesu slovitisom od Jos. Hraschanzky 1788. 8". XVII+174.* S.

S. III—VI Vorrede „Lecturis" lateinisch. S. VII—X Brief an Stulli, lateinisch. S. XI—XIV Brief des Stephan Agjić, Domherrn von Fünfkirchen, an den Vf., lateinisch. S. XV Approbation der Censur, unterschrieben von Athanasius Szekeres, deutsch. S. XVI—XVII Brief von Stulli an den Vf., lateinisch. S. 1—144 das erzählend-beschreibende Gedicht in kurzen vierzeiligen Strophen nach Art der Gundulić'schen, ausgezeichnet durch Kühnheit der Gedanken und Schwung der Phantasie, so wie durch Schönheit der Diction. Es beginnt: Sievashe kroz oblake Pune dike i millinja Na csetiri kraja zrake, Kollish zemlje lice minja. S. 145—174 folgen lateinische Anmerkungen des Vfs. zum Text des Gedichtes. In der Vorr. berührt der Vf. seinen Streit mit Stulli wegen der Orthographie. Der besiegte Stulli sagt hinwieder von dem Gedicht: „Inventio hujus poematis talis est, quae Tibi magnam apud nostrates existimationem laudemque comparet: eadem certe consecutus es ferventi rerum imaginatione, optima distributione ac ordine naturae conformi, deductiones, similitudines, praecisiones mihi maxime arrident aliisque certe arridebunt: elocutio vero, verborum delectus, Illyrici elegantia sermonis, versuum facilitas aliaeque carminis Tui dotes sic aliciunt, ut Te inter principes Illyricae gentis poetas merito collocare haud dubitem."

Pjesma od junacstea viteza Daniela Peharnika, regimenta Ogulinzkoga Oberstara, kako on Turske csete, koje su s juriscem na Dresnik grad navalile, posicse i u beg natira, 4ti Travna 1788. U Zagrebu pristisk. kod Jos. Kar. Kotsche (1788). 4⁰. 8 str.

Ispisanje rata Turskoga pod Josipom Cesarom II. pocsetog godine 1787 po jednome regemenskom Patru skupljeno i u stihovc sloxeno, za razgovor narodu Illiricskom prikazano. U Osiku sa slov. Mart. Divalt 1792. 8⁰. 247 str.

Das Gedicht erzählt in kurzen gereimten Versen, welche in 18 Paragraphe abgetheilt sind, die vorzüglichsten Begebenheiten des Türkenkriegs 1787—1791 ziemlich nüchtern und ohne dichterische Kraft.

Kratko izkazanje jednoga dogadjaja, u komu se nasca godine 1813 rcdovnik F. **Andria Dorotich,** *sloxeno od istoga u redke obicsajne naroda Illiricskoga. U Bccsu u slovotischnici PP. Mechitaristà 1815. 8ⁿ. 47 str.*

Xivot velikoga Biskupa, privelikoga domorodca i najvccheya priatelja nashega **Antuna Mandicha,** *izpisan po Radoslavu od Pannonie Savske, narodu pako Biskupie Bosauske ili Djakovacske i Srimske sjedinjene prikazan po* **Adamu Filippovichu od Heldenthal** *Misniku. U Pccsuhu slov. Stipana Kuczevich 1823. 8ⁿ. 183 str.*

In gereimten Versen.

b) Idyllen.

Petra Ektorevicha *Ribanje i ribarsko prigovaranje i razlike ine stvari. Venezia 1568 presso Gianfrancesco Oamozio. 8ⁿ. — Venedig 1638. Pr. 8 Soldi.*

Appendini sagt (II. 250), Ektorević's Fischeridyllen seien noch nicht gedruckt; aber in dem beim Leben der h. Katharina Vened. 1709 angehängten Bücherverzeichnisse werden sie unter den bei Occhi verkäuflichen Büchern mitangeführt. Dellabella-Stulli. Der Vf. beschreibt darin die verschiedenen Arten der Fischerei, welche er in dem langen schmalen Thale von Città vecchia und in Gesellschaft mehrerer Freunde leidenschaftlich zu treiben pflegte. Voll dichterisch kühner neuer Gedanken; sprachlich interessant wegen der Kunstwörter bei der Fischerei. Das Buch ist sehr selten. Unter den angehängten Gedichten sind die poetischen Episteln bemerkenswerth.

Petra Zoranicha De Albis *Planine (selve). In Venezia presso Domenico Ferri 1569.*

Im Geschmack der Arcadia des Sanazzaro, zur Hälffte in Prosa, zur Hälfte in Versen. Es werden darin auf eine anmuthige Weise verschiedene Metamorphosen von Jünglingen und Jungfrauen in Prosa beschrieben, und dazwischen bezaubernd schöne Hirtengesänge und Lieder eingemengt. Appendini II. 252·

Anice Boskovice *Razgovor pastjerski varhu porodjenja Isukarstova u pjesan sloxen. In Venezia presso lo Storti 1758.*
Ein langes und schönes Hirtengedicht. Stulli. Appendini II. 246.

Salomon Gessner's *Idyllen,* übersetzt von Maro Zlatarić, ungedruckt.

c) Heldengedicht.

Osman, *spjevanje riteseko* Giva Gundulicha *Vlastelina Dubrovaeskoga, oznanjenjem djela Gundulicherjeh i xivotom Osmanovjem pritceseno, zdarxanjima pjevanjá naresceno, nadomjerenjima stvari od spjevaoca u kratko naresenjeh i izgovaranjem recsi tkomugodi sumracsnjeh sljedjeno.* U Dubrovniku po Antunu Martekini 1826. 8°. *1vi razdjeluk 201 str., 2gi r. 268 str., 3tji r. 270 str.* Beim 1. Band 12 und 49 S. Vorstücke und XXIV S. Erklärung dunkler Wörter.

Die schon längst von vielen ersehnte, von Gjanluka Volantić und Pjerko Sorgo vorbereitete Ausgabe des berühmtesten Gundulić'schen Gedichtes brachten endlich der ragusaner Minorit Ambrožo Marković und der Buchhändler Martecchini zu Stande. Der Osman enthält XX Gesänge, 2966 vierzeilige Strophen und 11864 kurze gereimte Verse, die Inhaltsverse von den Gesängen von Pjerko Sorgo ungerechnet. Es besingt das Missgeschick des Sultan Osman und den Waffenruhm des polnischen Königs Sigismund III. und seines Sohnes Wladislaw (im J. 1621). Den unerklärter Weise nach dem Tode des Vf. nicht vorgefundenen 14. und 15. Gesang ersetzte auf eine höchst gelungene Weise Pjerko Sorgo; wiewohl die Meinung über diese verlorenen Gesänge getheilt ist, indem einige dafür halten, dieselben hätten nie existirt, andere glauben, der Senat hätte sie aus Furcht vor den Türken unterdrückt, noch andere den 13. und 14. Gesang für verloren ausgeben. Die Ausgabe ist correct und schön: Vorrede, Biographie des Dichters und des Sultans Osman, so wie zahlreiche Anmerkungen sammt der Worterklärung am Ende des 1. Bandes sind von Ambrožo Marković. Im 3. Bande S. 268—269 Anm. 27 erwähnt derselbe gelegentlich auch einiger Handschriften, die er gebraucht habe; darunter sind Hss. von den J. 1648, 1652, 1689 und 1695. In der bischöflichen Bibliothek zu Agram befindet sich ebenfalls: „Osman spjevan po Givu Gunduliehu Vlast. Dubrov. godishta 1621. MS. Georgii Marcellovich Canon. Zagrab." Es ist merkwürdig, dass Gundulić schon in dem am 1. Octb. 1620 datirten Vorworte zu seinen Pjesni pokorne von seinem „Spjevanje csestitjem imenom privedre krune kralja Poljacskoga naresceno" spricht. Nach Cerva fing das Gedicht bereits im J. 1621 an im Publicum zu circuliren. Appendini und andere läugnen dies, indem der darin besungene Krieg in das J. 1621 falle. Der Herausgeber Marković hält dafür, das Gedicht sei erst 1627 vollendet worden. Den Inhalt der einzelnen Gesänge Osmans findet man bei Appendini II. 263—264. Ebendaselbst ist Ivan Lovrić's dem faden Gewäsche von Fortis entgegengesetztes Urtheil, so wie Appendini's kurze Anpreisung des Gedichtes zu lesen. Ohne eine eigentliche und regelrechte Epopöe zu sein, ist das Heldengedicht ein strahlendes Gestirn auf dem poetischen Himmel der Slawen. Beinahe gleichzeitig mit Marković gab der serbische Lehrer zu Triest, Jefta Popović, einen unkritischen, in vielen Stellen vollends entstellten und verdorbenen Abdruck des Osman mit cyrillischen Lettern heraus unter dem anmassenden Titel: Разна дѣла Јефте Поповитьа у Будиму. 1827. 12. 2 Bde. heraus. Eine höchst mittelmässige italienische Uebersetzung, angeblich von dem zaraer Gubernialrath Nikolaus Giažić, erschien unter dem Titel: Versione dell' Osmanide, poema illirico di Gio. Fr. Gondola patrizio di Ragusa. Colla di lui vita scritta dal P. Fr. M. Appendini. Ragusa presso A. Martecchini 1827. 8". 55+159 S. Appendini II. 249. 262 ff. Uebrigens behandelte den Feldzug 1621 auch der polnische Dichter Ignacy Krasicki in einer Epopöe: Woyna Chocimska, v XIII pieśniach, w Warsz. 1780. 8".

Vladja Jera Mincsetlcha *Vlast. Dubrov. Trublja Slovinska. Pritismuta u Jakinu 1665.*
Heldengedicht, in welchem die Thaten Georg Zrinski's gepriesen werden. Appendini, dessen oft einseitigen oder verkehrten Urtheile übrigens nie unbedingt zu trauen ist, nennt das Gedicht über die Massen schwülstig (gonfio e turgido all' eccesso). Dellabella. Stulli. Appendini II. 237. 272.

Christiade, to jest zivot i djela Isukarstova spjevana po **Gionn Palmotlcha** *Vlastelinu Dubrovacskomu. U Rimu po Jakobu Mascardichu 1670. 4". 634 str. Am Ende: Romae, excud. Mascardus.*

Nachdem sich Palmotić lange Zeit mit Besingen weltlicher Gegenstände abgegeben hatte, fasste er den Entschluss, einen heiligen Stoff zu bearbeiten, um den Nachkommen ein Denkmal seiner Frömmigkeit und Religiosität zu hinterlassen. Das Leben Jesu erfüllte seine ganze Seele, und um nicht durch eigenes Erfinden und Anordnen der Materie zu sehr aufgehalten zu werden, wählte er sich Vida's Christias zum Gegenstande seiner Arbeit. (M. H. Vida Christiados L. VI. Cremonae 1535. 4". Antverp. 1536. 8"· etc.) Diese Wahl war wohl getroffen; denn obgleich Vida's Gedicht im strengsten Sinne keine Epopöe genannt werden kann, so war dasselbe doch durch den darin wehenden echtreligiösen Geist ganz geeignet, Palmotić's Phantasie zu entflammen und zur Erreichung des vorgesteckten Zieles zu begeistern. Der lateinische Dichter schloss sein Gedicht in 6 Gesänge ein; der slawische machte ihrer vier und zwanzig. Hieraus sieht man, dass Palmotić Vida's Gedicht mit selbstständiger Freiheit, und zwar nicht ohne Ruhm, behandelte. In der That ist seine Bearbeitung der Christias mehr Paraphrase als eine eigentliche Uebersetzung. Freilich ist die illyrische Christias auch dadurch anscheinend breiter als das Original geworden, dass sich Palmotić statt des lateinischen Hexameters der durch

Gundulić so beliebt gewordenen vierversigen kurzen Strophe
bediente. Auf diese Weise sind aus dem ersten Buche des Vida
mit 963 Hexametern bei Palmotić 4 Bücher geworden, wovon
z. B. das erste allein aus 151 Strophen besteht. Palmotić's
Reime sind natürlich, der Ausdruck rein und correct, der Versbau harmonisch. Und wenn er auch, gleich Ovid, mit einer
überfliessenden poetischen Ader begabt, oft mit glänzenden Bildern zu verschwenderisch prunkt, oder von lebhafter Einbildungskraft hingerissen, im Erzählen und Schildern sich zu sehr ins
Einzelne, Kleinliche einlässt, so schadet das im Ganzen dem hohen Werthe des Werkes nicht, welches voll wahrhaft poetischer
Stellen ist, und eine erhabene, jeder Classe von Menschen angemessene Moral enthält, wodurch das Gedicht noch vor kurzem
ein Lieblingsbuch der ragusanischen Damen und der Jugend
war, geeignet, ihnen gesunde Lebensmaximen, genauere Kenntniss
der vaterländischen Sprache und Liebe zur Dichtkunst einzuflössen. Nach der von Ab. Gradi dem Opus posthumum (der
Dichter st. 1657) vorgesetzten Biographie hätte Ivan Gundulić
seinen Neffen Palmotić zur Bearbeitung der Christias bewogen.
Ebendaselbst wird berichtet, dass sich der Dichter mit Hintansetzung des verdorbenen ragusanischen Dialekts mit Vorliebe
der bosnischen Mundart bedient habe, und es wird derselben der
Vorzug vor allen andern illyrischen Varietäten eingeräumt.
Appendini II. 235. 300. J. S. Bandtkie Historya drukarń polskich. Kraków. 1826. III. 207—209.

Eneide Virgilia knjiga perva i druga novo u slovinski jezik iztomacsena i u pjesni slozena po **Ivana Zanotti** *Kanonika Zadarskomu. U Bnetcih 1688. 4⁰. I. knjiga 56, II. 51 str.*

Nach M. Kunić's aus den Notaten des A. Kucharski gezogenem Berichte in der „Gartenzeitung 1830 Nr. 38" war auch
in der bischöfl. Bibliothek zu Agram davon ein Exemplar.

Gjorgje Illgja's *(um 1801) Uebersetzung der Aeneis aus
dem Lateinischen des Virgilius, ungedruckt.*
Kunić a. a. O. Appendini hs. Nachr.

D. Dramatische Poesie.

Marln Dàrżlć's *Dramen,* *enthaltend 1. zwei Schauspiele, nämlich Isaaks Opferung und die Geburt des Herrn; 2. acht Lustspiele in Prosa, alles ungedruckt; 3. Tirena comedia* **Marina Darxicba,** *prikazana u Dubrovniku godiscta 1548. Venez. 1551. — Ebend. bei Francesco Bariletto 1607. 8". 68 S. — In Venezia presso Marco Ginammi 1630. 8". 109 S. 4. Zwei Dramen: Das Mährchen von Stanzio und Adonis (la Novella di Stanzio a l'Adone), ebenfalls gedruckt in Pjesni M. Darxicha. U Bnecich 1607. 8". 56 S.*

Die zwei ungedruckten Schauspiele: Isaak und die Geburt des Herrn, sind von untergeordnetem Werthe und jetzt kaum mehr bekannt. Ueber die Lustspiele bemerkt Appendini folgendes: „Wahr ist es, dass die Strenge der Sitten des Magistrats, die Mässigkeit und Enthaltsamkeit der Privatpersonen in diesem glücklichen Zeitalter keinen reichlichen Stoff für das scherzhafte und satyrische Lustspiel lieferten, um so mehr, als eine weise Hauszucht nicht leicht zur öffentlichen Kunde gelangen liess, was als anstössig und sittenverderbend stets geheim gehalten werden muss: aber dessen ungeachtet sollten diese Lustspiele, in denen gewiss manche interessante Züge damaliger Sitten und Lebensverhältnisse aufbewahrt sind, fleissiger hervorgesucht und benutzt werden, im Fall sie noch existiren." Die Tirena ist ein tragikomisches Schäferspiel („favola boschereccia" App.) in 5 Acten. Der Vf. schrieb es einer Freundin aus Toscana zu Liebe. Bei Gelegenheit der Hochzeitsfeier seines Freundes Vlaho Dàrżić und der reichen Anna Aligretto 1548 wurde dasselbe achtmal nach einander in Ragusa aufgeführt, hierauf mehrmal gedruckt, und steht noch heutzutage in Ragusa und Dalmatien in Ehren. Bei seiner Erscheinung schrieben es Dàrżić's Feinde dem Mavro Vetranić, der im vertrauten freundschaftlichen Verhältnisse mit dem Dichter lebte, zu, allein dieser lehnte in einem an die Ragusaner gerichteten Gedichte die Ehre ab und nannte Dàrżić den wahren und einzigen Verfasser des Gedichtes. Appendini II. 222. 275. 283 Dellabella und Stulli.

Savko Gučetić's (Gozze) *genannt* **Benderiševlć** *(st. 1603) Tragödien: 1. Ariadna, aus dem Italienischen des Vincenzo Giusti; 2. Dalila, aus dem Italienischen des Lodovico Grotto, genannt il Cieco d'Adria, beide ungedruckt.*
Mehreres, was er schrieb, ist nicht mehr vorhanden. Stulli. Appendini II. 233. 284.

Paska Primovicha, *drugacs* **Latinicha** *Euridice, poluzalostivo prikazanje.* U Mnetciek 1617.

Das, wie es scheint, der tragischen Oper Euridice (1608) des Toskaners Ottavio Rinuccini nachgebildete Gedicht (Tragicomödie nennt es Appendini) wurde zu seiner Zeit mit vielem Beifall aufgenommen.

Ljubica, pastirsko razgovaranje slozeno po **Marina Gazarovicha,** *s time nikoliko prigovaranji ljuvenih, ke sloxi za meusridke Murata gusara morskoga, koji se mogu meu svakim csinom i ovdi prikazati, sa nikoliko ostalih pisan ljubenih, placsnih i veselih. In Venetia per Evangelista Deuchino (Duchino?) 1623. 16⁰. 143. S.*

Eine Art Schäferdrama in 5 Acten im macaronischen Styl. Besser sind die angehängten Liebeslieder.

Osmanschica, sloga **Ivana Tomka Marnavicha.** *U Rimu po Jakovu Masskardu 1631. 4⁰. 188 str.*

Schauspiel in 5 Acten, in zwölfsylbigen Versen.

Ariadna, poluzalostivo prikazanje spjevano od **Giva Frana Gundulicha** *Vlast. Dubrov. In Ancona presso Marco Salvioni 1633. — 2. Ausg. U Dubrovnika po Antunu Martekini 1829. 8⁰. 78 str.*

Dellabella und Stulli. Appendini II. 234. In der neuen Ausgabe fügte Ambrožo Marković am Ende ein kurzes Verzeichniss schwieriger Wörter sammt Erklärung bei.

Antun Krivonosić's *(vor 1630) Das Urtheil des Paris, ein Schäferdrama, ungedruckt.*
Appendini II. 311.

Anibala Lucia *Robinja. U Mnetcich 1638.*

Drama in 3 Acten. Beigefügt ist eine Heroide aus dem Lateinischen des Ovid, mehrere Liebeslieder und ein Lobgedicht auf Ragusa. Appendini II. 230. Vielleicht auch später gedruckt. Vgl. Mandaljena 1705. Katarina 1709. Pr. 16 Soldi.

Antun Sasslo's *(um 1640) Lustspiele, zum Theil gänzlich untergegangen, zum Theil mit einigen Lücken noch vorhanden und ungedruckt.*

Die Lustspiele wurden zur Zeit ihrer Erscheinung nicht ungefällig aufgenommen. Appendini II. 284.

Frano Radalja's *(nach 1646) Dramen, jetzt, bis auf ein ungedrucktes und wenig bekanntes, untergegangen.*
Appendini II. 288.

Ivan Gučetić's *(1652) Drama „Io", zuerst italienisch verfasst, dann von dem Vf. selbst ins Illyrische übertragen, ferner eine Tragödie betitelt „Leo Philosophus Imperator", aus dem Lateinischen des Jesuiten Gialtino übersetzt, beide ungedruckt.*
Appendini II. 238. Farlati VI. 19—20.

Vinko Pučić's *genannt* **Soltan** *(vor 1667) Drama „Olint i Sofronia," ungedruckt, und „Giuliza", ebenfalls ungedruckt.*

Der Stoff des Drama ist aus Tasso entlehnt, aber der Dichter behandelte ihn mit voller Freiheit. Es mangelt darin nicht an erschütternden Scenen. Die Charaktere des Königs Aladin, des Magiers Ismeno, der Chlorinde, der Sophronia und des Olint sind treffend gezeichnet. In der Diction ahmte Pučić den Gundulić und Palmotić nach, die er als seine Freunde liebte und als Meister hoch in Ehren hielt. Appendini II 238. 288. Appendini nennt nur das erste Drama; aber Farlati sagt von ihm: „Duas comoedias carminibus Illyricis composuit vulgavitque, altera Giuliza, altera Sifronium inscribitur." VI. 18.

Šiško Minčetić's *oder* **Menze** *(zw. 1650—1700) Drama, ungedruckt.*
Appendini II. 312.

Antuna Glegjevicha *Historia udovice Judite i Olopherna. Drama. Gedruckt zu Venedig vor 1709. Pr. 10 Soldi.*
Xivot Katarine 1709.

Timotej Gleg's *(nach 1719?) Dramen, aus dem Italienischen des Metastasio übersetzt, wahrscheinlich ungedruckt.*
Appendini II. 304.

Marino Tudisi's *(vor 1770) Dramen, meist Nachbildungen des Molière, ungedruckt.*

Der kenntnissreiche und beissend-witzige Dichter, der letzte, der sich bemühte das illyrische Theater in Ragusa von seinem gänzlichen Verfalle zu retten, glaubte seiner Aufgabe am besten zu genügen, wenn er Molière's Dramen überarbeitete und dem Nationalgeschmacke anpasste. Seine Schauspiele wurden auf der Bühne mit stürmischem Beifall aufgenommen, wiewohl es einige gab, die darüber im Stillen Klagen führten, dass er an die Stelle der feinen Witzspiele des französischen Meisters oft rohe und pöbelhafte Spässe setzte. Dem slawischen Theater in Ragusa schien unter ihm eine neue glänzende Epoche zu bevorstehen; aber es waren nur noch die letzten Töne der scheidenden Melpomene und Thalia. Nach ihm verstummte die slawische Muse auf der ragusaner Bühne. Noch jetzt lebt Tudisi's Name im ehrenden Andenken bei den Ragusanern. Appendini II. 290—291.

Prikazanje razpushtene kcheri, velike poslie pokornice, sv. Margarite iz Kortone trechega reda sv. Franceska (po O. F. Ivana Velikanovichn). *U Osiku slor. Iv. Mart. Divalt 1780. 8°. VII + 96 S.*

Sveta Terezia divica duhovna reda Karmelitanskoga, za prikazu u jezik Talianski sloxena, i u Illiricski privedena po O. F. Ivana Velikanovichn *Brodjaninu Franceskanu. U Osiku slov. Iv. Mart. Divalt 1803. 8°. 68 S.*

Drama in Versen und Prosa. Voltiggi sagt in der Vorr. zu s. WB.: „P. Velikanovich — comoedias patrio sermone summa cum laude in lucem protulit," mir ist indess kein anderes Drama von diesem Vf. bekannt.

Josip Pavišević's *(1776) Dramen.*
Voltiggi sagt a. a. O.: „P. Parisevics (sic), orator et poeta, qui plures elegantes tragoedias edidit." Wahrscheinlich ist Josip Pavišević gemeint, der indess, so viel mir bekannt, nur lateinisch schrieb.

Josip, sin Jakoba patriarke, u narodnoj igri prikazan od ucsenikâ Vukovarskih, po **Gergi Csevapovicbu** *mudroznanja naucsitelju etc. U Budimu pritiskanjem kr. mudroskupshtine 1820. 8⁰. 140 str.*

Drama in Versen mit vielen Gesängen, deren Noten beigedruckt sind, bestehend aus zehn Scenen, und 1819 dem Bischof von Diakovar, Emerich Karl Raffay, zu Ehren von den vukovarer Schülern aufgeführt. Die Verse sind mannigfaltiger Art, alles, auch die sapphischen, gereimt und ohne eigentliches Metrum; die Diction ist rein, leicht, fliessend.

C. Prosa-Erzählungen.

Himbenost pritankog veleznaustva Nasradinova, izvadjeno iz Talianskog u Arvatski jezik po **Nikoli Palikuchi** *iz Prukljana. U Jakinu po P. Ferri 1771. 8⁰. 71 S.*

Volksroman, eine Art Bertoldo. Ueber Nussreddin Chodscha s. Göthe's West-östl. Div. Bemerk. z. Buch des Timur, 6. Bd. S. 146 neueste kl. Ausg.

Adama Tadie Blagoevicha *Chinki, nikoi Cochinchinczianski dogadjaji, drugima zemljam hasnoviti. Aeque pauperibus prodest, locupletibus aeque. Hor. — Versio e Gallico in Ilyricum idioma. U Becsu, Kurtzböck 1771. 8⁰.*

Horanyi I. 302, wo der Titel sehr entstellt ist.

Pripovidesice na veselje i zabavu Slavonskog naroda, po **Nikoli Hadzichu.** *U Budimu slov. kr. mudroskupshtine 1829.*

Marka de Casotti *Milenko i Dibila. U Zadru 1835 8⁰.*
Historischer Roman. Der Stoff ist aus dem 17. Jahrh.; Styl und Ausführung werden gelobt. Česká Wčela 1835 č. 35 str. 280.

D. Sammelschriften in Versen und Prosa.

1. Vermischte Schriften einzelner Verfasser.

Franatica Pjerka Sorgo's *Werke, enthaltend 1) die neuntägige Andacht des h. Ludwig, der h. Maria Magdalena von Pazzi und die Betrachtungen des Jesuiten Spinola in 4 Bänden; 2) einige Psalmen und Hymnen, zwei Elegien von P. Roti, die Berufung des h. Ludwig, Drama aus dem Lateinischen des P. Tolomei, Demetrius, Artaxerxes, der König Hirte, Dido, Dramen aus Metastasio, Psyche aus Molière, Merope aus Maffei, einige Gesänge aus Tasso's befreitem Jerusalem, vier Heroiden aus Ovid; 3) Lustspiele aus Molière und Goldoni in Prosa; 4) Epithalamien, Gedichte bei Mönchsweihen, Lobgedicht auf den Prinzen Eugen, zwei heroisch-komische Gedichte, nämlich Vjeche (il Consilio) und Poklad Lastovski (il Carnovale dei Lagostani), sämmtlich ungedruckt.*

Sorgo bearbeitete in seinen Dramen meist fremde Stoffe, nahm jedoch Rücksicht auf nationale Sitten und Gebräuche. Doch behauptet er nur eine untergeordnete Stelle neben Joso Bettondi und Marino Tudisi. Es war, als er schrieb, schon die Zeit des Verfalls da. Stulli. Appendini II. 248. 274. 290. 299. 301. Unter den Übersetzungen ist besonders jene der Merope aus Maffei hochgelungen und verdient gedruckt zu werden.

Mara Zlataricha *Vlastel. Dubrov. (1803) Njekoliko rukopisnich mudrich csina i u prostoslovju i u pjesni, ungedruckt.*

Stulli. — Darunter auch eine Übersetzung von Salomon Gessner's Idyllen, vgl. oben. Appendini II. 229. Unter seinen kleinern Originalgedichten sind besonders die scherzhaften von ausgezeichneter Anmuth.

2. Taschenbücher.

Almanach Illirski za godinu 1823, od **J. Matlcha.** *U Karlovcu gornjem po J. N. Prättner.*

III. Geschichte und Geographie.

A. Geschichte.

1. Politische Geschichte.

a. Allgememeine Welt- und Völkergeschichte.

Kratko ukazanje dilá, darxavá i vladanja ovog kruga svitovnjega, prineseno iz Talianskoga i istomacseno u slavni jezik Illiricski, vnogo napravljeno i umnoxeno po N. N. U Mleccih po Dominiku Lovisu 1706. 12°. 116 str.

Zarcalo razlicih dogadjaji. Male Zoriesich. *U Mlecim 1780 12°. I. B. 256 S. II. B. 280 S.* Appendini II. 307.

Korabljica pisma svetoga i svih vikova svita dogadjaji poglavitih, u dva poglavja razdiljena, jedno pocsimlje od pocsela svita do porodjenja Isusova, a drugo od porodjenja Isusova do godiseta 1760, prinescena iz knjigá Latinskih, Talianskih i iz kronikâ Pavla Vitezovicha u jezik Bosanski po Fra Andrii. Kacsichu *iz Brista reda sv. Franc male bratje. U Mleccih 1760 (Horanyi), u Mleccih pritiskano kod Dominika Lovisa 1782. 8°. 495 str. — N. Ausg. ebend. 1802. (?) — N. Ausg. U Mleccih 1782 (soll heissen: u Dubrovniku po Ant. Martekini 1822) 8°. 500 str.*

Die 2. Hälfte dieses Geschichtsbuches stimmt mit den in Razgovor ugodni desselben Vf. enthaltenen Erzählungen vaterländischer Begebenheiten wörtlich überein. Diese Erzählungen schöpfte Kačić zum Theil aus Archiven, zum Theil aus der Tradition und den Nationalgesängen, und insofern sind dieselben von nicht geringem Interesse.

Dogodjaji svieta po Dan. Emiru Bogdanichu. *Div I. U Becsu kod Josipa Baumeistera 1792. 8. XVI+132 str.*

Das im ganzen recht gute Büchlein enthält in 15 Capiteln bloss die alte Geschichte „Od Adama do kralja Cyrusa." Der vorgesetzte Index hat zwar 20 Capitel bis „Vladaoci Egypatski," aber im Buche stehen nur 15. Ob eine Fortsetzung erschienen ist, habe ich nicht in Erfahrung gebracht.

Storia generale dei Regni etc. di Marino Borselch. *Ragusa 1799.* Appendini II. 306.

b. Besondere Geschichte.

aa. Geschichte einzelner Völker.

Des anonymen Presbyters von Dioklea (um 1161) slawische Chronik in illyrischer Sprache, handschriftlich in der Vaticana zu Rom.

Diese Chronik wurde erst im Anfange des XVI. Jahrh. ans Licht gezogen. Dominik Papalis fand in der Markoviéischen Krajna, was nach Lucius in der antivarer Diöcese liegt, einen mit slawischen (cyrillischen oder glagolitischen?) Buchstaben geschriebenen Codex, und übergab ihn seinem Mitbürger und Freunde, dem spalater Patricier Marko Marulić, der den illyrischen Text im J. 1510 ins Lateinische übersetzte. Es fand sich aber auch eine lateinische Chronik desselben anonymen Priesters von Dioklea unter dem Titel: Presbyteri Diocleatis regnum Slavorum, vor, welche zwar mit der slavischen in den meisten Stellen wörtlich übereinstimmt, aber etwas weiter als letztere geht. J. Lucius gab nun beide Chroniken, nämlich sowohl die lateinische Version des Marulić, als auch den lateinischen Text des Diokleas in s. De regno Dalm. et Croat. L. VI. Amstel. 1666. fol. heraus, welches Werk auch in J. G. Schwandtneri Script. rerum Hung. Vindob. 1746—48. fol. im 3. Bande genau wieder abgedruckt wurde (in dem wiener Nachdruck des Lucius 1758 fehlen die Chroniken). Es frägt sich nun: welche von beiden Chroniken das Original, und welche die Übersetzung sei? Dobrowský äusserte seine Meinung hierüber folgendermassen: „Der Presbyter von Dioklea hat seine Geschichte nicht in slawischer, sondern in lateinischer Sprache geschrieben. Die dalmatische Chronik, die Marko Marulić übersetzte, war selbst nur ein später gemachter Auszug aus dem Diokleaten." Wien. Jahrb. d. Lit. 1827. Bd. 37. Allein wie sind mit dieser Ansicht die Worte des Presbyters in der Vorr. zu seiner lateinischen Chronik zu vereinbaren: „rogatus a vobis, ... ut libellum: Gothorum, quod latine Slavorum dicitur Regnum, quo omnia gesta ac bella eorum scripta sunt, ex Slavonica litera verterem in Latinam, vim inferens meae ipse senectuti .... vestrae postulationi parere studui; verum tamen nullus legentium credat, alia me scripsisse praeter ea, quae a patribus nostris ex antiquis senioribus veridica narratione referre audivi." Hier spricht doch der Presbyter deutlich davon, dass er die slawische Chronik verfasst habe, das „alia me scripsisse" hat nur in Bezug auf die slawische, nicht lateinische Chronik Sinn. — Marulić's Codex soll der jetzt in der Vaticana zu Rom Nr. 7019 befindliche sein; allein die Zeilen, die Dobrowský daraus citirt, sind lateinisch orthographirt! Eine aus Marulić's Codex durch Hier. Kialetich 1546 genommene Abschrift mit lateinischen Buchstaben besass Lucius („exstat apud me Presb. Hieronymi Kialetić exemplar slavo idiomate, sed charactere latino conscriptum, quod ex ipsius Papalis exemplari in Krajua Markovichiorum reperto et slavo charactere exarato se verbatim transscripsisse testatur A. D. 1546 die 6. Oct. Almissi.") Eine andere aus dem 16. Jahrh. im böhm. Museum. Diokleas ist in der gelehrten Welt besonders durch den Misoslawen Engel als Fabelhans verschrieen: indess hat man hier etwas verdammt, was man noch nicht recht kennt. Marulić übersetzte willkürlich, liess aus oder schob ein nach Laune und Einfall. Ohne eine kritische Ausg. des illyrischen und lateinischen Urtextes, ohne Lösung der Vorfragen über das Alter des Vfs. und der Handschriften, über das gegenseitige Verhältniss und die Schicksale beider Texte u. s. w., lässt sich Diokleas weder verdammen, noch zu Ehren bringen. Wenn aber die Russen mit der kritischen Herausgabe ihres Nestors noch lange nicht fertig sind, wie sollen es die Dalmatiner mit jener ihres Diokleaten sein? Und sollte die Kritik in der Chronik des Presbyters wirklich mehr Fabeln als Geschichte finden: immer bleibt sein Werk für die Slawen ein Sprachdenkmal vom unschätzbaren Werthe, sobald es erwiesen ist, dass dasselbe um 1161 in illyrischer Mundart verfasst worden.

Storia di **Filippo Grabovac** *sugli Illirici. In Venezia 1745.* Appendini II. 306.

Storia sulla nazione Illirica. In Venezia 1767. Appendini II. 306.

Pripisanje pocsetka kraljestva Bosanskoga. U Mlecim 1775. 12⁰. 88 str.

bb. Geschichte einzelner Familien.

Gergura Peshtalicha *Reda sv. Franc. Dostojna plemenite Bacske starih uspomena, sadashnjih i drugih slavinske kervi djelá slava, Bacskim plemichum z prigodom csuvanja svete krune i okrunjenja Leopolda II. od domorodca u Baji prikazana. Colocae 1790. 8". 48 pag.*

„*Memoria aliquarum familiarum comitatus Bacsiensis banderii ejusdem comitatus, occasione coronationis Leopoldi II. regis Hung. excusa.*" Catal. Bibl. Széchény. Suppl. II. p. 383.

cc. Biographien.

Xivot Petra Velikoga Cara Russie, izpisan od Arkimandrite Antonie Kalifora, i tretjiput na svitlo dan u jezik Talianski, a sada prineshen u Illiricski Slavonski s malim nadodanjem od O. F. **Alexandra Tomikovicha** *Francesk. derx. Kapistr. U Osiku slovima Martina Divald 1794. 8⁰. 376 str.*

Izpisavanje xivlenja i csini Napoleona Cesara Francuzá i kralja od Italie, od njegovog narodjenja do vrimena sklopljenoga u Becsu mira, iz Nimacskoga u narodni jezik prenesheno po **Antunu Nagy**, *u Zagrebacskoj visokoj Ucsionici Naucsitelju etc. U Zagrebu slovotiskom Novoselskim 1811. 8".*

c. Materialien zur Geschichte.

"Aliquae Tabulae seu Regesta Mss. Illyriae, quae servantur in Sutiscensi ac Fojnicensi Conventibus" (in Bosnia).

Von Occhievia in seinem Epitome Vetustatum Bosnensis provinciae beiläufig erwähnt: "tamen ne a quopiam accuser, quod stante praejacta caritate monumentorum temere quidpiam huic tenuissimo inscruerim opusculo, paucos illos fontes, e quibus derivavi, quidquid hic exaravi, ob oculos pono; et sunt sequentes: 1. Aliquae Tabulae etc."

Inscriptio Dalmatica Segniae in porta Ecclesiae S. Martini extra urbem, an. 1303.

Abgedruckt in Lucii de Regno Dalm. et Croat. L. VI. ed. Schwandtner p. 473.

Illyrische Zeitung — Laibach, zw. 1810—1813.

Der in Laibach während der französischen Herrschaft erschienene "Télégraph officiel" wurde eine Zeit lang auch in illyrischer Übersetzung herausgegeben.

2. Kirchengeschichte.

Andria Zmajević's, *Erzbischofs von Antivari und Dioklea (zw. 1650—1694), Annalen der Kirchengeschichte, lateinisch und illyrisch (mit cyrillischen Buchstaben), handschriftlich in der Bibliothek der Propaganda zu Rom.*

"Scripsit (Zmajevich) sermone vulgari Illyrico Annales ecclesiasticos ab orbe condito ad suam aetatem, Latine et Illyrice charactere cyrilliano. Qui Mss. servantur in Bibl. sacrae congr. de prop. fide, cum hac annotatione: Anno 1694. 28. Septembris. Joannes Pastritius. Imprimatur. Fr. Thomas Maria Ferrari, Magister Sacri Palatii Apostolici." Assemani Kalendaria IV. 413. — Nach Appendini übersetzte er sein Werk aus dem Illyrischen ius Italienische, und die (illyrische?) Hs. kam nach seinem Tode in die Bibliothek des Burović in Perasto, wo sie sich um 1811 befand. (Appendini N. Mem. 52.)

Izkazanje sabora etc. po O. P. F. **Josipu Banovcu** *Pripov. U Jakimu po F. Ferri 1763. 8⁰. 36 str.*

Ivan Josip Pavlović Lučić „*Vita Nikol. Biancovich Ep. Mucarsc. et Scard., illyrico sermone. Venetiis ap. Sebast. Coleti 1798.*"
„Culte et prolixe" — italice ab academico Taurinensi Venet. 1800. (Ciccarelli 27.)

Bogoljubstvo Dubrovacsko. (Po D. **Tomi Ivanovichu** *Popu Dubrovcsaninu. — U Dubrovniku po A. Martekini 1804. 4⁰. ?)*
Geschichte der ragusanischen Kirche.

B. Geographie.

Geografia, Venez. 1779.
Appendini II. 307.

Mathiae Petri Katancsich *Geographia Ptolemaei, e Graeco Illyrice reddita, subjunctis vocibus Graecis et varietate lectionis. Pestini a. 1803. Ms.*
Im Besitze der kön. ungar. Universitäts-Buchdruckerei in Ofen.

IV. Philosophie und Pädagogik.

1. Populäre Schriften über Moral.

Matie Antuna Relkovicha od *Ehrendorf Nek je svashta ili sabranje pametnih ricsi. U Osiku 1795. 8⁰. 73 str.* — 2. Ausg. *u Osiku 1805. 8⁰. 79 str.*

Filipović im Leben Relković's sagt davon: „I on pisa, Nek je svashta, lipu malu knixicu. U njoj metche on proshasta, da naucsi diesicu, Da se mogu u dojduche vrime dobro vladati. Ali dice to shtiuche ja nemoga josht najti."

Politika za dobre ljude, to jest uprave razumnoga i kripostnoga xivota iz Nimacskoga poslavoncsite od **Karle Pavicha** *Opata etc. U Peshti sa slovi Ivana Thome Trattner 1821. 8⁰. 188 str.*

Indianski mudroznanac, iliti nacsin i vishtina, kako csovik na svitu ziviti mora, da Bogu ugoditi, obshtini kasnovit i srichan biti more, s nadometkom nikojih priricsa i chudnorednih nauka primudrog Katona, po G. **Martinu Pustaichu** *sl. Brodske regemente Majoru iz Nimacskoga u Slavinski jezik prineshen, potlam pako po* **Marianu Jaichu** *reda s. o. Franceska etc. na svitlo izdan. U Budimu slov. kr. mudroucsne skupshtine 1825.* 8°. *123 str.*

Nach der Vorr. des Herausgebers Jaić übersetzte der sel. Major Pustaić dieses Werk im J. 1813 aus dem Deutschen. Das Original rührt vom Grafen v. Chesterfield her. Voraus geht: Opisanje poshtenoga csovika, in gereimten Versen S. 1—2, unterzeichnet B. Angehängt sind Cato's moralische Sentenzen, in gereimten Strophen, S. 90—123. Das Buch empfiehlt sich durch correcte und fliessende Sprache.

2. Jugendschriften.

Male povidanja. U Rici 1819. 8°. *127 str.* Deutsch und illyrisch.

Cvitje istine za oplemeniti razum i popraviti serce mladezi, iz razlicsitih knjigá sebrano i na Slavonskom jeziku izdano po **Nikoli Iiacseichu** *ces. kr. nacsalnom ucsitelju Zemunskom. U Novomsadu slov. P. Jankoricha (1828).* 8°. *105 str.*

Lesebuch für die Jugend, in der Sprache nicht rein gehalten, indem darin viele unillyrische, aus der serbischen Mengmundart cyrillischer Bücher herübergenommene Wortformen vorkommen, wie schon das undialektische „nacsaluom" auf dem Titel bezeugt. Illyrisch müsste es heissen „nacselnom."

V. Mathematik.

1. Reine: Arithmetik.

Aritmetika u slavni jezik Illiricski, po F. **Mati Zoricsichu** *Sctiocu Bogoslovac. U Jakinu po Petru Ferki (sic — Ferri)* 1764. 12°. *117 str. — U Jakinu 1766. 12. 116 str.*

Appendini II. 307.

Uputjenje u brojoznanje ili racsun, za potribu narodnih ucsionicâ u Macsarskom i Slavonskom kraljestvu. U Budimu sa slovima kr. madj. Mudroskupshtine — Anleitung zum Rechnen — (vor 1799). 8⁰. — N. Ausg. 1809. 8⁰. 79 str. Oft aufgelegt.

Racsun za pervu i drugu godinu shkulsku iz Latinskog u Bosanski jezik prinese P. **Ambroxa Malhich** *reda s. Franje Misnik. U Osiku slovima Divaldovima 1827. 8".* VI+166 str.

2. Angewandte: Kalender.

Novi i stari Kalendar Illirieski (po **Antuou Nagy**). *U Budimu 1813—1823.* Mit vielen nützlichen Aufsätzen.

Novi i stari Kalendar Slavonski za prosto godishte 1830, na korist i zabavu Slavonacâ sloxi A. Ph. od H. S. D. M. O. J. **(Adam Phillpovicb od Heldenthal)**. *U Osiku slov. Divaldovima. 8⁰. 20 Bl.*

Kuchevni Slavonski kalendar za pristupno godishte od rodj. Isukersta 1832. U Peshti sa slovi Jozipa Beimel, dobivase u Nov. Sadu kod Konst. Kaulici 4⁰. 16 Bl.

VI. Natur- und Gewerbkunde.

1. Allgemeine Schriften über Haus- und Feldwirthschaft.

Kuchnik, shto svakoga miseca priko godine u polju, u berdu, u bashcsi, oko marve i zivadi, oko kuche i u kuchi csiniti, i kako zdravje razloxno uzderxati ima, iz dugovicsnog vixbanja starih kuchnikâ povadi i u Slavonskom glasu izdade **Josip Stipan Relkovich** *od* **Ehrendorf** *sl. Diakovacske Biskupie parok u Vinkovcih. U Osiku slov. Iv. Mart. Divalt 1796. 8". 8 Bl. Vorr.* + 445 S.

In kurzen gereimten Versen (demnach uneigentlich auch unter Nr. II. gehörig), nach Monaten eingerichtet; der Sache und der Sprache nach interessant. Es scheint das Buch seitdem in Essek nachgedruckt worden zu sein.

2. Besondere Schriften.

a. Feldbau.

Priručna knjiga za Slavonsku seljansku mladez učsiti u dobro naredjenom poljskom radjenju, koju najparvi biashe popisao Ivan Viegand, iz Nimacskog jezika u Slavonski priobratio **Ignacia Jablanczy** *sv. Varm. Poxecske negdashuji Notar. U Becsu kod. Jos. Kurtzböcka 1772. 8⁰. 216 str.*

Nauk poljskoga texanja od G. D. **Domlnika Glanuizzi***. U Mletcih po Ivanu Antonu Perlini 1792. 8⁰.* Appendini II. 307.

Nauk za texake od Dalmacie itd., po plemenitomu G. knezu **Glulla Parma***. U Mleciih 1793. 12⁰. 161 str.*
Aus dem Italianischen übers. von **Franco Ciprian Quarko**.

Nauk od poljskoga texanja Ivana Karsta Gagliardo, po P. M. S. prinesen u jezik Slovinski. U Zadru po Ivanu Demarchi 1829. 8⁰. 148 str.
Der Übersetzer ist **Matia Sauilć**, Priester und Professor der Agricultur.

b. Ostbaumzucht.

Uputjenje u vochka sadjenju i odhranjenju, za poljske seljanike, izdato od Francisku Ritter plemenitoga od Haintl (sic) itd. U Budimu slov. kr. Mudroskupshtine 1812. 8⁰. 134 str.
Bücherverz. der Univ.-Buchdr. 1830.

c. Kartoffelbau.

Malahna naprava i ponukanje za texaka varhu prikoristnoga tega od krumpira, po **Ivanu Marino De'Marisu** *Rabljaninu. U Zadru po Ant. Battara 1804. 8⁰. 32 str.*

d. Zuckererzeugung.

Nacsin iz sladkoga soka kukuruzovine, kada je kukuruz potergan, raztopni shekera napraviti, iz Diacskoga u Illir. prinesheno po **Antunu Nagy.** *U Budimu slov. kr. Mudroskupshtine 1812. 8⁰. 27 str.*

Kratko ubavistjenje iz javorovoga soka shekera zadobiti. U Budimu etc. 1813. 8⁰. 39 str.

e. Tabak.

Uputjenje za duvan sadeche ljude u kraljestva Magjarskomu i Galicii. U Budimu slov. kr. Mudroskupshtine 1822. 8⁰. 40+6 str.

f. Flachs.

Ubarishtenje od lana i konoplje opravljanja za poljodiljce. U Budimu pritiskano slov. kr. Mudroskupshtine 1789. 8⁰. 34 str.

g. Baumwolle.

Karle Filiberta Lastryera Raztolmacsenje od sianja pamucsnoga sada, na kratkom sloxeno i biljexkima uredjeno po Opatu Ludoviku Mitterpacher, iz nimacskoga u illiricski jezik prinesheno po **Antunu Nagy** *itd. U Budimu s kr. mudroskupshtine slovi 1812. 47 + 4 str.*

h. Seidenzucht.

Antuna Romani kratak nauk etc. (Seidenzucht etc.) 8⁰. Slawonisch. (Agramer Catalog.)

L. Mitterpachera Uputjenje od murvá uredjenja i svilnih bubá hranjenja za derxavne ucsionice izdato. U Budimu slov. kr. mudroskupshtine 1804. 8⁰. 48 str. — N. Ausg. Uputjenje od dudová uredjenja etc. U Budimu etc. 1823. 8⁰. 51 str.

Das Original von Abt Ludwig Mitterpacher ist: Untericht über die Maulbeerbäume und Seidenraupenzucht zum Gebrauche der Landschulen. Ofen mit k. Universitäts-Schriften 1803. 8⁰. 56 S.

i. Bienenzucht.

Vjeshtni uvod u gojenje peseld za potribovanje vojnickieh krajind etc., sloxen po izkushanju *A. Brosiga,* iz Njemacskoga prinesen. U Becsu 1808. 8°. 28 str.
(G. Partelin.)

k. Schafzucht.

Venceslava Ivana Pauls Razloxenje sverhu plodjenja i pripashe ovacá, s jednim nadometkom od sijanja i timarenja duhana po zapovidi privisokih stareshinà iz Nimacskoga na Slavonski jezik pricsheno od jednoga otacsbini svojoj napridak zelechega domorodca. U Becsu kod Josipa Kurtzböcka 1772. 8°. 111 str.

Prava i pomljivo izpisana ovcsarnica, iliti uvixbani nauk, kako se ovce po dobrom gojenju u najpodpuniu verstu okrenuti i u njoj uzderxati mogu, najpre od jednoga puno zasluxenoga i vishta domorodca Nimacski sloxen, zatim na zapovid visokih stareshinà u Slavonski jezik pricshen po **Matblì Antuna Relkovichu** ces. kr. kapetanu. U Osiku po Iv. Mart. Divald 1776. 8°. 144 str.

l. Handel.

Josipa Sipusa Temely zitne tergovine polag narave i dogodjajev razborito. U Zagrebu u Biskup. slovotisk. 1796. 8°. (Juranić). Vielleicht kroatisch?

m. Schiffahrt.

Marka Horvatovicha *(Pleb. Oltarista S. Marka)* Nacsin laglji velikih ladjá uz i niz vodu putovanja.
Th. Mikloušić Izbor dugovany str. 96.

VII. Medicin.

Joannis de Mediolano *Flos medicinae de conservanda bona valetudine Illyrice illustratus.* U Peshti 1768. 8°. 61 str.
Appendini II. 307.

Likarie priprostite **Jure Vladmirovich.** *U Mlecim 1775. 12.*
48 str.

Appendini a. a. O.

Knjiga od marvinskih bolesti za seljane od Ivana Bogudrag Volstein likarstva naucsitelja etc. u ccs. kr. marvinskom bolnostanju u Becsu 1783, iz Nimacskoga u Slavonski jezik po **Marku Lukichu** *ranarno-csovicsanskoga i marvinskoga likarstva likaru. U Becsu 1784. 8°. 30 str. (nach and. 70 S.)*

Ivana Carobbi *Csast obnascani babi pupkoreznici Horvatinki, ili kratka naucsenja dostojna uglaviti babu pupkoreznicu od seli Horvatskih, Slovinskih i Dalmato-Liburniacskih etc. Rkp. 1795. 172 S. mit 12 Tabellen.*

In der bischöfl. Bibliothek zu Agram. Die Mundart ist die primorisch-dalmatische.

Kratki nauk od ncipanja kozú kravjih po Mihajlu Neustädteru pervom likaru u Erdeljskoj zemlji na svitlo dan, sada pako iz Nimacskog jezika u Illiricski priobratit za korist domovine i potribu svinh otacá i materá Slavonskoga Kraljestva. U Zagrebu pritisk. slov. Novosel. 1804. 8°. 40 str.

Varhu navlucsenja kravokozicá dvi u kratko beside, za pobuditi svekolike otce i majke, po Mihovilu Neustädteru zdravja tanacsniku i parvome u Sibinju likaru u Nimacskom jeziku prie sloxene. U Rici (1804). 8°. 15 str.

Razglas visce kuge od G. **Luka Stulli.** *U Dubrovniku po Ant. Martekini 1805.*

VIII. Jurisprudenz.

1. Natur- und positives Civilrecht.

Postanak naravne pravice i duznosti ljudskih iz uje izrirajuchih, od prefaljene Mudroskupshtine Budimske za shkule po

Macsarskoj i kraljestvih k njoj pridruxenih u Latinskomu jeziku sloxen, i godine 1778 na svitlo dat, koga je posli **Mathia Antun Relkovich od Ehrendorf** *jubilati Kapitan za shkule po Slavonii i Srimu iz Latinskoga poslavonesio, i na hasnovito uxivanje domorodcem na svitlost izdao. U Osiku pritiskan u sloropreshi Ivana Martina Divalt 1794. 8°. 63 str.*

Filipović im Leben Relković's: „Zbog naroda slavnog svoga on Postanak pravice Priokreni s Latinskoga zarad puka sricsice."

2. Strafgesetzbuch.

Obchinska naredba od zlocsinstvá i njihovih pedepsá (prev. **Ivan Matkovich** *Poxerac). U Budimu utishtena slovima kr. Mudroskupshtine 1788. 8". 144 str.*

Das bekannte Josephinische Strafgesetzbuch.

3. Stadtgesetzgebung.

Normativo statutario politico-giudiziale della commerciale et maritima città di Carlobago, dato alla publica luce per Sovrano Commando dell' Augustissima Maria Theresia, — *datirt vom 15. December 1757, italienisch und illyrisch gedruckt.*
Engel II. 338.

4. Zünfte.

Obchinske naredbe za skupshtinu i druxtvo cihová kraljevine Magjarske. U Budimu slov. kr. Mudroskupshtine 1813. Fol. 40 str.

5. Kirchenrecht.

Naredbe od zbora darxave Splitske dane na svitlo od Stipana **Kosmi,** *Arkibiskupa Splitskoga. In Venetia 1699. 8°. 167 str.*

Stulli. Engel III. 461. Aus dem Lateinischen übersetzt von **Nikola Blankovié**, nachmaligem Bischof von Makarska. Farlati III. 518.

Le disposizioni delle S. Congregazioni sulla santa obedienza dal 1568simo al 1729, raccolte da **Giovanni Kraljich.** *Venezia 1738.*
Appendini II. 307.

P. **Hieronymi Lipovcsich** *a Pozega Praerogativae tertii Ordinis S. Francisci, Illyrice, a. 1769.*
Čevapović *Oat. prov. S. Joannis a Capistr. 1823 p. 320:*
„*Hunc librum post fata auctoris publici juris fecit Emericus Pavich.*" *Horanyi II. 487.*

Zakon carkovni sloxen i upravljen za naucsenje i prosvitljenje Redovnikov Harvaskoga naroda od **Angela Dalla Costa.** *U Mncci po Ivanu Casali 1778. 4°. 208 str.*
Appendini II. 251.

Traduzione delle Sanzioni del concilio di Trento e molti altri opuscoletti del Sig. Canonico **(Giovanni Giuseppe) Paulovich Lucsich** *(um 1800).*
Appendini II. 307. Ob gedruckt, wird nicht gesagt.

IX. Theologie.

1. Bibel.

a. Einzelne Theile.

aa. Pentateuch.

Emerici Pavich *Divinarum literarum libri Geneseos et Exodi, ad literam Illyrice redditi (c. a. 1760). Wahrscheinlich ungedruckt.*
Horanyi III. 50.

bb. Psalmen.

Lavabo. Gedruckt zu Venedig vor 1705.
Mandaljena 1705. Katarina 1709.

Psaltir princsen od Latinskoga u Slovinjski jezik. Venedig vor 1709. Pr. 4 S.
Katarina 1709.

cc. Propheten.

Probe von den Propheten — der Isaias vermuthlich, den **Leonhard Merčerlé** *aus Dalmatien übersetzt hatte — in kroatischer (d. i. illyrischer) Sprache mit lat. Schrift gedruckt zu Tübingen 1564.*
Die Auflage war nur zu 50 Exx. Ob der Druck beendet wurde, ist nicht gewiss. Exx. sind jetzt unbekannt. Dasselbe wurde auch mit glagolitischer Schrift gedruckt. Schnurrer's Slaw. Bücherdr. 1799. S. 69. 71. Dobrowský's Slaviu S. 135.

dd. Job und Tobias.

Knjige Joba i Tobie, slovinski sloxene po O. **Jacinta Komenin** *(richtiger* **Giacinto Cemini**) *Dominikanu Dubrovcsaninu (vor 1703).*
Stulli. Appendini II. 302. Horanyi M. Mem. I. 635.

Xivot Tobie iz Staroga pisma.
Stulli.

ee. Lectionen aus den Evangelien und Episteln (Schiavetto).

P. **Bernardin von Spalato** *Episteln und Evangelien. Venedig 1495. Beginnt: „Incipit vulgarizatio Dalmatica epistolarum et evangeliorum atque prephacionum et benedictionum continentium in missali." Schluss: „evangelia et epistolae cum prephationibus et benedictionibus per anni circulum in lingua ylliricha feliciter expliciunt emendata et deligenter correcta per fratrem Bernardinum Spalatensem. Impress. Venetiis per Damianum Mediolanensem anno Dom. 1495. 12. Martii. 4". 208 pag.*
Mit gothischen Lettern. Das älteste bis jetzt bekannte gedruckte Buch katholischer Illyrier, die sich der lateinischen Schrift bedienen. Ein Ex. davon fand Hr. Kucharski auf seiner Reise in Dalmatien. Vgl. Assemani IV. 439. Engel aus Caraman III. 459.

Episteln und Evangelien. 2. Ausg. zw. 1500—1552. Nach Horanyi von **Benedikt Zboravčić.** *Venedig im J. 1543.* Dobrowský, Wien. Jahrb. d. Lit. 1827, Bd. 37. Horanyi N. Mem. I. 278.

Kroatisches Messbuch, kurz vor dem J. 1556 zu Venedig mit lateinischer Schrift gedruckt. Primus Truber sagt in der Vorr. zum 1. Theile seines windischen N. Testaments, Tübingen 1561. 4°, dass er seine Uebersetzung aus zwei lateinischen, zwei deutschen und einem wälschen N. Testament verfertigt, sich auch, der Sprache wegen, eines kroatischen Messbuchs, das kurz vor dem J. 1556 zu Venedig mit lateinischer Schrift gedruckt worden, bedient habe. Vgl. Chr. Fr. Schnurrer's Slaw. Bücherdr. Tüb. 1799. 8°. S. 25. — Es ist ohne Zweifel ein gewöhnliches Messbüchlein darunter zu verstehen.

Pistule i Evanyelya po sfe godischie, Harvatskim yazichom stumaceno, nouo pristampana i s pomgnom priuiyena, po nacinu nouoga Missala nareyena po sfetoy materi crichui. Prodaya se v Bnetcih pri sfet. Xulianu v chnigara, chi darxa zlamen od Macche. 1586. Am Ende: In Venetia per Giouan' Ant. Rampazetto. Et si vendono a S. Zulian, all' inscyna della Gatta. 4". 116 Bl. und 6 Bl. Vorstücke. Der Text mit Vignetten und gothischen Lettern; die Vorstücke mit römischer Schrift.

Diese Ausgabe besorgte ein Priester aus Trau, den Stulli **Benedikt Zborić,** Sović und Kucharski aber Zboravčić nennt. Dobrowský a. a. O. hat die Jahrszahl 1585, was ein Versehen oder Druckfehler zu sein scheint, indem Kucharski und Čop in der Jahrszahl 1586 übereinstimmen. Ein Ex. in der kais. Hofbibliothek, ein anderes in der Lycealbibliothek zu Laibach. M. Sović in s. Rifflessioni Vened. 1787 führt neben 1586 auch eine Ausg. 1588 von Zboravčić an. — Nach Horanyi N. Mem. I 278 hätte Zboravčić schon die Ausgabe 1543 veranstaltet.

Episteln und Evangelien, durch **Ivan Bandulovich**, *Minoriten aus Skoplje in Bosnien. Venedig 1613. 8°, typis Ant. Turini, sumt. Barth. de Albertis.*

Mit röm. Schrift, wie alle folgenden Ausgg. Bandulović, den Occhievia den ersten bosnischen Schriftsteller nennt, scheint eine neue Uebersetzung geliefert zu haben („evangelia et epistolas Illyricae linguae reddidit"). Epit. vetust. Bosn. prov. Anc. 1776. 4". p. 82. Assemani aus Caraman IV. 439. Engel III. 459. Nach Horanyi N. Mem. I. 278 vermehrte nur die Zboravčić'sche Ausg. von 1543 und 1586 mit einigen neuen Lectionen aus dem Missal und recensirte den Text der Version.

Ivan Bandulovich *Pisctole i evangjelja. 1640 in titulo, 1639 in fine.*

Kopitar.

Episteln und Evangelien, durch **Bartuo Kaseleb** *(Bartholomaeus Cassius). Gedruckt zu Rom bei Bernardo Tani 1641. Fol.*

Caraman Observazioni Nr. LI. Assemani IV. 439. 440. Appendini II. 253. Horanyi I. 388. Dobrowský's Slovanka I. 66. Wahrscheinlich eine neue Uebersetzung. Hieher gehört aus Sopikov Opit. rusk. Bibl. I. Nr. 1725: Посланія св. апостола Павла къ Римлянамъ и къ Галатамъ — oder richtiger: Посланія апостольскія и Евангелія, denn das Тожъ bei Sopikov möchte ich hier lieber auf die vorvorletzte Nummer beziehen — переводъ Бартоломея Кассія, Римъ 1640. 4". Dass Cassius bloss Lectionen herausgab, sagt Assemani (nach Caraman) ausdrücklich: epistolas et evangelicas lectiones literis latinis et sermone illyrico edidit. Freilich stimmt bei Sopikov Jahrszahl und Format nicht dazu.

Episteln und Evangelien, Venedig 1665.
Kucharski.

Pisctolje i Evangelja priko svega godiscta, novo istomacsena po razlogu missala dvora rimskoga dosadascnja od mnozih po-

manjkani ocsisctena, i sa svimi, koja dosad u Slovinski jezik manjkahu, s velikom pomnjom istomacsena i virno prinescena, pristupisce k njim mnogi blagosovi, red kersctenja i kalendar Pape Gargura s tabulom blagdani pomicslivih, s tabulom u kojoj se csini mjena miseca, po F. **Ivana Bandalichova** Skop. R. M. B. U Bnecieh po Nikoli Pezzanu 1682. 4°. XXI + 281 str.

Episteln und Evangelien. Venedig 1699.
Kucharski. Wahrscheinlich ist es diese Ausgabe, welche in dem Katalog bei Mandaljena 1705 und Katarina 1709 angeführt wird: Pistule i evangelya ali tumaç. (Schiavetto cioè epistole, vangeli). Pr. 6 L. 10 Soldi.

Episteln und Evangelien. Venedig 1718. 4°.
Kucharski. In der bischöfl. Bibliothek zu Agram wird aufbewahrt: Missale romanum lingua illyrica scriptum, compactum cum epistolis et evangeliis illyricis, impressis Venetiis a. 1718. 4°. (Das Missale mag glagolitisch sein).

(Episteln und Evangelien, durch **Nikola Keselch.** *Gedruckt zu Ofen vor 1739. 4°.)*
„P. Nicolaus Kesich (mort. 1739) recudit evangelia Illyrice, addens singulis orationes concinnas ex Germanico idiomate ad Illyricum traductas, Budae (ante 1739) 4°." Occhievia. Horanyi II. 344. Čevapović Catalogus p. 320.

Pisctole i evangjelja priko svega godiseta novo istomacsena po raslogu missala deora Rimskoga, od svieh pomanjkani koliko moguche bjesce, koju dosad nebjehu, ocsisctena, i sa svimi, koja dosad u Sloviuski jezik manjkahu, s velikom pomnjom istomacsena i vjerno prinescena, s norjema svetcima, pristupjesce k njim mnogi blagosovi, red karsctenja i kalendar Pape Gurgura s tabulom blagdanji pomiscljivih (sic), i s tabulom u koje se csini mjena mjeseca, po F. **Ivana Bandulovlehu** *Skop. R. M. B. U Bnecih po Nikoli Pezzanu 1739. 4°. 247 str.*

Epistole i evangjelia priko sviju nedilja i blagi dneva svetih godiscnjih, i muka Gospodina Nash. Isukersta po Mattii, Marku,

Luki i Ivana u jedno sloxena, po redu rimskoga missala Pape Clem. VIII. i Urb. VIII. razredjena, s troshkom pokojnoga G. **Antuna Kesicha** *Gradjanina Budimskoga dovershena, a s nastojanjem brata njegova O. P. Fra* **Nikole**, *Reda s. Franc obsluxitelja provincie Bosne Argentine pocseta, koi u vrime strashne kuge s truda prisharshi na viesni pokoj drugoj bratji pocseti posao ostavishe, koja bratja i dovershishe. Tlacseno u Budimu kod Veronike Nottenstajnin udovice 1740. 8*". XX + 530 *str.*

Episteln und Evangelien, neu übersetzt von **Imro Pavich**, *gedruckt zu Ofen 1764. 8*".
Horanyi III. 49. Pavić selbst sagt indess davon nur: „ep. et ev. expunctis mendis iterato luci dedit." Ramus olivae p. 71. Er verbesserte nämlich die Kesić'sche Ausgabe und fügte die Leidensgeschichte nach einem jeden Evangelisten besonders bei, während sie bei Kesić u. a. aus allen vieren in eins zusammengetragen war.

Pisctole i evangelja, priko svega godiseta na novi nacsin istomacsena po razlogu missala dvora Rimskoga, od svih pomanjkanja, koliko je moguche bilo, ocsistjena, i sa svimi, koja dosad nebiahu, s velikom pomnjom u Slovinski jezik istomacsena i virno prinesena, s prilozkom razlikih blagosovi, nacsina kar setenju male dice iz rituala Rimskoga, i Kalendara Pape Gargura XIII. s brojnicom blagdana pomiesni i s razbrajanjem dana, u kojim se csini mina miseca. U Mletcih po Ivanu Novellu 1773. 4". *274 str.*
Besorgt von **Petar Knezevič** aus Knin.

Vandjelja i knjige apostolske istomacsene iz Missala novoga Rimskoga u jezik Slovinski. Ragusa nella stamp. priv. di C. A. Occhi 1784. 4". *288 str.*

Evangjelistar Illiricski za sve nedilje i svetkovine priko godine. U Budimu 1794. 8". *514 str.*
Dieses Lectionarium gab P. **Marian Lanosovič** genannt **Gjurić** heraus. Čevapović Catalogus p. 322. Die Ausg. soll von veralteten, zum Theil aus der cyrillischen Kirchensprache

herübergenommenen Wörtern wimmeln, und ist deshalb wenig in Gebrauch.

Evangelia et Epistolae. Illyrice. Soproniii 1806. (Kopitar.)

Epistole i evangjelja priko sviu godishnjih nediljâ i svetkovinâ s drima mukama Isusa po Matheu i Ivanu ispisanima, po uredjenju rimskoga misala i naredbi sv. Tridentinskoga sabora složena i u Slovinski iliti Illirieski jezik prishtampana po O. F. **Emeriku Pavlchu** *etc., sada puko s pridatiu velikim blagosovom vode na vodokerstje iz nova pritismuta. U Budimu sa slov. kr. madj. mudroskupshtine 1808. 8°. 436 str.*

Epistole i evanjelja priko svega lita po redu missala rimskoga skupno molitvami i blagosovmi u jezik Slovinski prineshena. U Rici 1824. 4°. 6 Bl. + *316* + *LXXXV S.*

Dieses Schiavet enthält alles, was der Priester bei der öffentlichen Messe zu singen pflegt, bloss mit Auslassung dessen, was nach der Vorschrift leise gelesen werden muss. S. 1—316 steht das Missale, S. I—LXXXV das Commune Sanctorum. Die Approbation ist von Ivan B. Ješić, Bischof von Senj und Modruša.

ff. Evangelium Johannis.

Vangelye S. Juanna (Evangelio di San Giovanni). Gedruckt zu Venedig vor 1705. Pr. 6 Soldi.

Mandaljena 1705. Katarina 1709. „Ex fide dignorum testimonio accepimus, ... nonnullos irrepere abusus, apostolicae sedis intentionibus institutisque contrarios, perniciosa aliquorum libertate, qui audent missas insertis orationibus et precibus Slavo vulgari sermone conscriptis componere, initium quoque Evangelii secundum Joannem et Psalmum Lavabo eadem vulgari lingua latinisque characteribus impressa, nulla desuper a nobis facultate et approbatione praeobtenta, sibi aliisque sacerdotibus legenda proponere etc." Constitutio Benedicti PP. XIV. an. 1754. Assemani IV. 419.

ss. **Neues Testament.**

Први дель Новога Тештамента, на томь сȣ всн четири еванге̄листи и апȣстолсва дѣнѣ, исъ мнозихь ѩзиковь вь садашни опщени и разумни хрватски ѩзикь по А н т о н ȣ Д а л ⸗ м а т и н ȣ и С т i п. Истрiанȣ сь помощȣ дрȣгихь братовь верно стлмачени и цирȣличєскими слови наипрво сада штампани — „*Der erste halbe Theil*.... *mit cyrulischen Buchstaben gedruckt*," вь Тꙋбингу 1563. 4". *2 Alph. 9 Bog. Text und 18 S. Titel und Vorrede.* Дрȣги дель Новога Тештамента, вь комь се садрже апистолске епистоле по ордину како броiь (sic) на друг̈ои страни ове харте каже etc. Вь Тꙋбинги 1563. 4°. *2 Alphab. 5 Bog. 3 Bl. Text und 31 S. Titel und Vorrede.*

Der Vorbericht im 2. Theil ist nicht allein von Anton Dalmatin und Stephan Istrianin, sondern auch von Georg Jurčić unterschrieben. Das Neue Testament mit glagolitischer Schrift erschien zu Tübingen 1562—1563. 4°. 2 Bde. Wenn auch der glagolitische und cyrillische Text der Augsburgischen Confession etc. sich nur durch die Schrift von einander unterscheiden, so ist dies nicht so ganz der Fall mit den beiden Ausgaben des N. Testaments, die vielmehr oft von einander abweichen. Dobrowský sagt über diese Version des N. Testaments: „Hätte man zu Tübingen die altslawonische Version zum Drucke gewählt, und nicht lieber eine neue verständlichere Uebersetzung nach Luther, Erasmus, Truber windischer liefern wollen, man würde gewiss bei den Serben, Bulgaren, selbst in Polen und Russland mehr Beifall und Abnahme gefunden haben. Allein die Tendenz der ganzen sonst löblichen Anstalt war die Slawen in Kroatien und den türkischen Ländern recht christlich, d. i. nach der Sprache der damaligen Aufklärer, Lutherisch zu machen." Dobrowský's Slavin S. 130—131. Kopitar's Gramm. S. 432.

b. Ganze Bibel.

Bibliorum versio illyrica selecta seu declaratio vulgatae editionis latinae **Bartholomaei Cassii** *Curicsensis e Soc. Jesu*

Professi ac Sacerdotis Theologi, ex mandato sacrae congreg. de propaganda fide, a. 1625. Ms.

Ein vollständiges Ex. dieser Uebersetzung wird in Rom bei der Congregation der Propaganda aufbewahrt. Folgende Theile davon fand A. Kucharski auf seiner Reise in Dalmatien vor: Vol. I. Pentateuchus. Vol. II. Esdrae I & II, Tobias, Judith Esther, Job, Liber Psalmorum, Proverbia Salomonis, Ecclesiastes, Cantica canticorum, Liber sapientiae, Ecclesiasticus. (Die übrigen Bücher des A. Testaments sind nicht da.) Vol. III. Novum Testamentum. Die zwei ersten Voll. sind von des Uebersetzers eigener, das dritte von fremder Hand. Alle drei waren im J. 1829 im Besitze des Domherrn Galzigna (Gozinić) auf der Insel Arbe. Das Autographon des N. Testaments soll sich bei der Familie Antoniani auf der Insel Cherso befinden. Abschriften einzelner Abtheilungen aquirirte auch Hr. Kucharski. Kašić revidirte die Uebersetzung zuletzt noch im J. 1642. Im J. 1640 wünschte er seine Uebersetzung des N. Testamentes gedruckt zu sehen. In seinem Briefe an Papst Urban VIII., worin er ihm das illyrische Ritual vom J. 1640 zueignet, spricht er nur vom N. Testamente. „Utinam aliquando," so drückt er seinen Wunsch aus, „etiam lucem aspiciat selecta a me ex antiquis Illyricis codicibus versio Illyrica Novi Testamenti Tuo imperio Tuisque perurbanis auspiciis." In dem Briefe an die Leser vom 15. August 1636 nennt Cassius ausdrücklich das Alte und Neue Testament. Er lud zugleich die illyrische Geistlichkeit ein, sich bei der Propaganda mit ihrer Bitte zu verwenden, damit seine Uebersetzung gedruckt werde. Caraman in s. Considerazioni §. 53 will wissen, dass der Bischof von Zeng aus Eifer für die Erhaltung der Literalsprache den Druck dieser in die dalmatische gemeine Redesprache übersetzten Bibel verhindert habe. Assemani scheint an einigen Stellen anzunehmen, dass das Neue Testament gedruckt sei (p. 439 unten in der Anmerkung „anno vero 1641 edidit", p. 439—440, „epistolae et evangelia nec non Officium B. M. V. et Cassiana Testamenti novi versio non literali slavica lingua sed vulgari illyrica prodiere*); allein er verwechselt die Ausgabe der Lectionen aus

den Evangelien und Episteln mit der des Neuen Testaments.
Vgl. Dobrowský's Slovanka I. 65—66. Ueber eine ältere illyrische, aus der Vulgata 1547—1554 gefertigte Uebersetzung mit glagolitischer Schrift, die ein Priester aus Dalmatien nach Tübingen brachte, siehe I. 169.

Stjepan Rosa's *Illyrische Bibelübersetzung, etc. 1750—1770. Hs.*

Nach Appendini in der Bibliothek der Propaganda zu Rom (II. 305). Rosa liess seine in illyrischer Vulgarsprache verfertigte Bibelübersetzung bereits im Jahre 1750 dem Papste Benedikt XIV. überreichen mit der Bitte, dass sie gedruckt werden möge. Er beging aber dabei die Unklugheit, seine Bemerkungen über die slawische Version im neuesten Missal unter dem Titel: Annotazioni in ordine alla versione Slava del Missale Romano, beizulegen, worin er Caraman's glagolitisches Missale vom J. 1741 sehr heftig tadelte, um die Nothwendigkeit einer neuen Uebersetzung darzuthun. Dies war sein Verderben, denn er hatte die Hand in ein Wespennest gesteckt. Caraman, aufgefordert von der Propaganda, stellte den Annotazioni seine Considerazioni 1753 entgegen. Ueber beide Schriften wurde das Gutachten gelehrter Männer eingeholt. Dies stellten Anton Tripković, erwählter Bischof von Nona, und Basilius Bošković, der ruthenischen Congregation Generalprocurator, im J. 1754 den 2. Juli aus. Dem Bischof von Nona, Anton, ward auch die Rosische Uebersetzung des N. Testaments auf Befehl des Papstes zur Revision übergeben, um über den Dialect derselben sein Urtheil zu fällen. In seinem darüber ausgestellten Zeugnisse vom 3. August sagt er: Ich habe die Uebersetzung gelesen, geprüfet und befunden, dass sie im ganz gemeinen illyrisch-bosnischen oder ragusanischen, jedermann geläufigen und allgemein gebräuchlichen Dialecte abgefasst ist („eamque prorsus vulgari dialecto Illyrica Bosnensi seu Ragusina omnibus pervia et usuali confectam reperi"). In dieser Hinsicht konnte also die Rosische Uebersetzung sich keine Approbation versprechen, die sie denn auch nicht erhielt, weil der grosse Eiferer und Verfechter der

alten slawischen Kirchensprache Caraman bei dieser Gelegenheit
in s. Considerazioni auch auf die Nachtheile aufmerksam machte,
die daraus entstünden, wenn die illyrische Clerisei, die man
ohnedies nur mit Mühe dahin bringen könne, sich mit dem
neuen Missale zu versehen, indem sie sich lieber an die alten
hielten, in dem Gebrauche des gemeinen Dialectes bei der Messe
bestärkt würde. Er bemerkte zugleich, dass die illyrischen Priester nur wenige Schritte von der Gefahr entfernt wären, die
Literalsprache bei der Messe ganz zu verlassen, indem man hie
und da schon Versuche gemacht hätte, die Messe in der gemeinen Redesprache zu lesen. Caraman's Declarationen hatten
zuletzt das Verbot der illyrischen Redesprache und die ausschliessliche Anerkennung der glagolitischen Kirchensprache beim
Gottesdienste zu Folge (Papst Benedikts Bulle vom 15. August
1754). Bei so bewandten Umständen musste Rosa's illyrische
Bibel ungedruckt bleiben. Vgl. Dobrowský's Slovanka I. 66—68.

Des Priesters **Burgadelll** *illyrische Bibelübersetzung, vor
1800.* Hs.

In einem Catalog bei Appendini (II. 306) wird eine illyrische, damals im Seminarium von Poljica zu Priko nahe bei
Almissa aufbewahrte Uebersetzung der h. Schrift im Manuscripte
erwähnt. Dobrowský rieth, es könnte eine von den drei alten Uebersetzungen (die glagolitische 1547—1554, die Kačić'sche 1625
oder die Rosa'sche 1750) sein. Slovanka II. 152. Allein nach
A. Kucharski's an Ort und Stelle eingezogenen Erkundigungen
verfertigte diese Uebersetzung ein gewisser, um 1800—1808
verstorbener Priester Burgadelli, und die Handschrift befand sich
im J. 1829, nach Aufhebung des Seminariums, bei dem Priester
Kružičević in Priko.

*Sveto pismo Starog Zakona Sixta V. P. naredbom pridjeno, i Klementa VIII. Pape vlastjom izdano, sada u jezik
Slavno-Illyrieski izgovora Bosanskog prinesheno, tad SS. Otacá
i naucsiteljá tomacsenjem nakicheno (po* **Mathll Petru Katancsichu**
reda sv. Franc. etc.). U Budimu slovima i troshkom kr. Mudro-

skupshtine 1831. 8°. Svezak I. Knjige Poroda, Izhoda, Levitika, Broju i Pozakonstva. XL + 691 str.

Pavao Mlošlé's, Prof. *der Theol. im Seminarium zu Zara, illyrische Bibelübersetzung, 1829 ff. 11s.* Kucharski.

2. Gottesdienstliche Bücher; Amtsbücher für Seelsorger.

a. Missale und Rituale.

Kroatisches (d. i. Illyrisches) Messbuch, angeblich um 1556 zu Venedig gedruckt.
Ist wahrscheinlich ein gewöhnliches Messbüchlein für Laien.

Illyrisches, in gemeiner Redesprache abgefasstes Missale, vor dem J. 1750 zum Drucke bereit, aber durch Caraman hintertrieben.
Dobrowský's Slovanka I. 68. Engel III. 457. Beide aus Caraman's Considerazioni.

Ritual Rimski istomacsen Slovinski po Bartholomeu Kascichu Popu Bogoslovcu od druxbe Jesusove, Penitencsiru Apostolskomu. U Rimu iz utjescenice sfet. skupa od rasplodjenja s. vjere 1640. *4°. 450 str. Kalendar 82 str.*
Voraus geht eine lateinische Epistel an Papst Urban VIII. „Meum fuit," heisst es darin, „sacra jubente Congregatione, quum adhuc essem in Basilica Vaticana Poenitentiarius Illyricus, diuturno labore in paene infinita idiomatis Illyrici varietate perscribere communiori dialecto Illyricis, quod Latinis sermo Latinus praescripsit." — Die Vorrede ist illyrisch, datirt vom 15. August 1636. Der begutachtende Censor war Mutius Vitellescus Soc. Jesu Praepositus Generalis, ddto. 13. Mart. 1637. Assemani IV. 438—439. Dellabella. Appendini II. 253. Der Kalender kommt auch abgesondert vor.

Obicsaji i molitve iz Rimske katolicsanske knjige nauka duhovnoga izvadjene itd. U Rici 1824. 4⁰. 93 str.
Die Approbation ist vom Bischof Ivan B. Ješić.

Ritual rimski, utiscten po naredbi S. Otca Pape Pavla Petoga, a sada uzmnozan i ispravljen po prisvetomu Gosp. Nascemu Benediktu XIV. U Mletcim kod Frane Andreole 1827. 4⁰.
Enthält die Kacsich'sche Version mit geringen Modificationen.

b. Amtsbücher.

Ispravnik za jerei isporidnici i za pokornici, po Selmnnu Budineu. *U Rimu 1582.* — *Romae typ. s. c. d, pr. f. 1635. 8⁰.* Horanyi N. Mem. I. 625. — N. Ausg. *Ispravnik za erei ali redovnici isporidnici i za pokornici, prenesan s latin. jazika u Slovinjski. In Venezia, B. Occhi 1709. 12⁰. 257 str.*

In der, dem glagolitischen von Levaković besorgten Abdruck 1635 vorgesetzten Begutachtung des Censors Bartholomaeus Cassius, datirt aus Rom den 1. Nov. 1635, heisst es wörtlich: „Ex commissione Reverendissimi P. M. S. Pal. Apost. perlegi libellum impressum Romae anno 1582 cum hac inscriptione: Ispravnik za erei, hoc est Direttorio per li Sacerdoti, quem ex brevi Directorio Latino Magistri Polanci Theologi Societatis Jesu, D. Simon Budineus Jadrensis Presbyter paraphrastice non verbatim Illyrico idiomate conscripsit etc." Hieraus ist klar, dass die Uebersetzung des Budineus zuerst in Rom 1582, und zwar mit lateinischen Lettern gedruckt wurde. Levaković schrieb das Büchlein bloss mit glagolitischen Buchstaben um. Dasselbe sagt Caraman in s. Considerazioni Nr. 51. „L'istesso Levakovich ristampò l'anno 1635 a spese di Propaganda con caratteri Gerolimiani il Direttorio per li Sacerdoti, che Simon Budineo Sacerdote Zaratino avea dato alla luce con caratteri Romani e dialetto volgare." Assemani IV. 441. Ob im J. 1635 auch ein lateinisch-lettriger Wiederabdruck erschienen sei, ist nicht ganz gewiss; Horanyi sagt über die Buchstaben nichts.

Ogledalo misnicsko O. **Ivana Anicia** *(richt.* **Anesicha***) Franceskana Bosanskoga (um 1678). U Jakinu 1681. 12°. 192 str.*
Stulli.

Koristna pomoch za spovidnike, plovane, namisnike i pokornike. Gedruckt zu Venedig vor 1709. Pr. 1 L.
Katarina 1709.

Od uza me O. F. **Filipa iz Occhievje** *reda manje brache s. o. F. obsluxitelja provincie Bosanske daen. Ministra Provinciala, prikazano PP. Kapelanom i Missionarom Bosanskim. U Mlecih po Dom. Lovisi 1765. 8°. 406 str.*

„In eo multa brevia et parata pro parochis et missionariis Bosnensibus tam super doctrinam Christianam, quam super evangelia in omnes dominicas et festa per annum in brevissimos sermones congesta." Occhievia Epit. vetust. prov. Bosn. Horanyi III. 691. Enthält einen Inbegriff der Religionslehre und kurze Predigten.

Nauk mladoga misnika. U Mlecim 1767. 8°.

Ruesna knjixica za utiloviti u zakon katolicsanski obrachenike, za narediti i na srichno priminutje dovesti bolesnike i na smert odsudjene, i za privesti na spasonosni zakon razdvojnike, Xupnikom i ostalima duhovnim Nastojnikom a i istime pravovirnima domachinom veoma koristna, upisana po jednomu sinu s. Frane derxave S. Ivana od Capistrana **(Imri Pavicha)** *1769. U Peshti sa slori Eitzenbergerovi (1769) 8°. (186 str.) X + 174 str.*

Knjiga pastjerska **Ivana Luke Garanjine** *Arkibiskupa Splitskoga (um 1788?)* „*Tres pastorales literae, italico et illyrico idiomate, typis mandatae apud typographum Coleti annis 1771 et 1779.*"

Stulli. — „Primam ad parochos, alteram ad vicarios foraneos, tertiam ad capitulum et clerum direxit." Ciccarelli 104.

3. Auslegung der heil. Schrift.

Постила то есть братко истлмаченые всихъ неделскихъ еванге.ііовь и поглавитеихь праздниковь, сврози все лето, сада найпрво цирылическими слови штампана — „*Kurze Auslegung über die Sonntags- und Fest-Evangelien etc.*" — Вь Түбингн 1563. 4°. *Der Text geht von Bl. 1 bis 259. Bl. 184 ist ein Titelblatt:* Други дель — „*Anderer Theil der Postille.*" *Unten 1562. Mit zahlreichen, nicht schlechten Holzschnitten.* Schnurrer S. 104. Dobrowský's Slavin S. 133. Kopitar's Gramm. S. 453.

Parvi del posztile evangeliov — po Ivanu Brenczíu — u Harvacki yazik iz Latinskoga — po **Antonu Dalmatinu** *i* **Sztipanu Istrianinu** *— U Ratisponi poli Irana Burgara 1568. 4°. Mit latein. Lettern. Der 1. Theil 207 Bl., der 2. 277 Bl., Register 9 Bl.*

Ein Ex. auf der öffentlichen Bibliothek zu Regensburg. Die Sprache ist die illyrische, nicht die provincial-kroatische. Die Zueignung deutsch und illyrisch. Die Uebersetzer sagen, sie seien jetzt berufen „den Crabaten das göttliche Wort zu bringen." Dieselben rühmten schon in der Bittschrift, welche sie am 2. März 1566 zu Stuttgart dem Hzg. Christoph wegen Entlassung und Pässe einreichten, dieses Fürsten Grossmuth und Huld, „mit welcher er auch jetzo gnädig bewilligt hätte, die Postillam Rev. D. Joh. Brentii und dessen Büchel de Poenitentia zu drucken." Schnurrer S. 73. Wahrscheinlich ist diese Regensburger Postille gemeint. Nach dem J. 1568 ist keine Spur mehr von Anton und Stephan zu entdecken; dieses Buch ist also eines der letzten, dessen Druck sie besorgten. P. Köppen Bibliogr. Listy N. 39. S. 578—579 (aus Dobrowský's Brief). Hiedurch wird es wahrscheinlich, dass auch die unten erwähnten: Augsb. Confess., Catechismus Lutheri, Kirchenordnung und die Apologie der Augsb. Conf. kroatisch (d. i. illyrisch) mit lateinischen Buchstaben zu Tübingen 1564 wirklich erschienen sind.

Otca poshtovanog Goffine pravovirno po missalu cerkovnomu uredjeno knjixenstvo, iliti kratki nauci i tomacsenja sviu nediljnih i glavnih svecsanih Evangjelá, i ista vire i diloredaog xivlenja iz njih umenja izvadjena, u koima se sva ona tomacse, kojano su pravovirnom kerstjaninu za dobitje spasenja potribna, tomacse se i cerkovne ceremonie, iliti nacsinu po cerkovnomu ocsita sa slovom prigibanja, kadenja, i ostali duhovni obsluxivanja obicsaji, iz Nimacskog u Slovinski iliti Illyricski jezik prineshena po O. T. **Emeriku Pavlchu** *reda S. Franc. U Budimu s tjeskom Landererovom 1778. 8°. 401 str.*

4. Glaubenslehre.

Theologie (vielleicht Katechismus?) des Petrus Canisius, gedruckt zu Rom 1545.
Appendini II. 306.

Abecedarium und der ganze Katechismus ohne Auslegung in der Serbischen Sprache („in der syruischen Sprach"). Urach 1561. 8". 11 Bl.
Die Auflage war zu 2000 Exx. Schnurrer S. 87. Dobrowský's Slavin S. 129. Kopitar's Gramm. S. 453.

Катехисмусь, една малахна книга, и кои іесу велепотрибни и користни науци и артикули праве карстианске вере сь кратким истумаченьемь за младе и припросте люди, и та права вера одь божиега стана или битиа и светой троици, одь светога Атанаѕіа сложена, тере іедна лица предика одь крипости и плода праве карстианске вере, крозь Антона Далматина и Стипана Истриана садь найпрво изь мнозихь іезикь Харватски истумацена *(sic)* — *Katechismus mit Auslegung in der Syruischen Sprach* — Штампано к Тубинги годиште по Искрстовомь ройстви 1561. 8°. 7 *Bogg. и. 3 Bl.*

Die Auflage war zu 2000 Exx. Die deutsche Zuschrift, an den Kg. Maximilian gerichtet, ist datirt zu Tübingen den 25. Octb. 1561. Uebrigens ist dieser Katechismus von dem in eben demselben Jahre, aber etwas früher, zu Tübingen gedruckten glagolitischen nur allein in der Schrift verschieden; die Sprache ist in beiden dieselbe. Schnurrer S. 87. Dobrowský's Slavin S. 129. Kopitar's Gramm. S. 449.

Едни кратки разуми науци найпотребнеи и пръднеи артикъли, или дели старе праве вере крстианске и. s. w. — „Die fürnampsten Hauptartikel christlicher Lehre, aus der Lateinischen, Teutschen und Windischen Sprache" u. s. w. Tübingen 1562. 4". Der Text beträgt 34 Bogen und 3 Bl. Eine lange Vorr. an Ky. Maximilian von 14 Seiten. Noch eine Vorr. auf drei Bl. von Anton Dalmatin und Stephan Istrianin unterschrieben. Weiter eine Einleitung auf 3 Bl. und ein Register der Capitel auf 5 Bl.

Das Werk selbst ist eine Uebersetzung von Melanchthon's Loci communes. In demselben Jahre erschien es auch mit glagolitischen Buchstaben. (Schnurrer S. 96. Dobrowský's Slavin S. 132. Kopitar's Gramm. S. 453.) Aufl. zu 1000 Exx.

Артикъли или дели праве старе крстианске вере ись светога писма редомь поставлени на кратко разумно сложени и стъмачени etc., сада вь новѣ ись латинскога, немшкога и краинскога іазика ва хрвацки верно стлмачени по Антонѹ Далматинѹ и Стипанѹ Истриянѹ — „Confessio oder Bekenntniss des Glaubens etc." Вь Тѹбинги 1562. 4°. Vorstücke 2 Bogg., dann 3 Bl. deutsche Vorr. an Philipp Landgrafen zu Hessen mit dem Datum: Urach 20. Oetb. 1562.

Es ist dies keine wörtliche Uebersetzung der bekannten augsburgischen Confession vom J. 1530, sondern vielmehr ein Auszug aus mehreren Confessionen, namentlich der augsburgischen, würtenbergischen und sächsischen nach der wind. des Pr. Truber. Die Sprache stimmt mit der glagolitischen Ausgabe von demselben Jahre überein. (Schnurrer S. 101. Dobrowský's Slavin S. 134. Kopitar's Gramm. S. 452.) Aufl. zu 1000 Exx.

Katechismus Lutheri, kroatisch (d. i. illyrisch) mit lateinischer Schrift, von **Anton Dalmatin** und **Stipan Istrianin**. *Tübingen 1563.*

Die Aufl. war zu 400 Exx. Text mit der cyrillischen und glagolitischen Ausgabe gleich. Exx. jetzt unbekannt. Schnurrer S. 108. Dobrowský's Slavin S. 134. Kopitar's Gramm. S. 448.

Augsburgische Confession, kroatisch (d. i. illyrisch) mit lateinischer Schrift, von **Anton Dalmatin** *und* **Stipan Istrianin**. *Tübingen 1563.*
Die Aufl. war zu 400 Exx. Text mit der cyrillischen und glagolitischen Ausg. gleichlautend. Exx. jetzt unbekannt. Schnurrer S. 107. Dobrowský's Slavin S. 134. Kopitar's Grammatik S. 448.

Apologie der Augsburgischen Confession, kroatisch (d. i. illyrisch) mit lateinischer Schrift, von **Anton Dalmatin** *und* **Stipan Istrianin**. *Tübingen 1564.*
Ist auf der kön. Bibliothek zu Dresden vorhanden. Dieselbe erschien auch mit glagolitischen Buchstaben. Schnurrer S. 110. Dobrowský's Slavin S. 135. Kopitar's Gramm. S. 448.

Nauk karstjanski za narod ljudski sloxen po **Lixandru Komulovichu** *Vlastelinu Splitskomu, Arcipretu s. Jerolima (dottrina christiana per la natione illirica di Don Alessandro di Comuli). U Rimu, Zanetti 1582. 8°.*
Stulli. Appendini II. 251, wo das Jahr 1580 steht, was ein Versehen ist, falls es nicht eine Ausg. von diesem Jahre gibt. Appendini lobt die Reinheit und Gediegenheit der Prosa dieses ausführlichen Religionsbuches. Vgl. Dobrowský's Glagolitica Prag 1807. 8°. S. 64, wo das Vaterunser daraus und die Angabe der Komulović'schen Ortographie.

Кратка азбуквица и кратакъ керстіанески катол. наукъ П. О. П. Каникіа *verfasst von* Šimun Budineo *Zadranin (1583).*
Stulli. — Erschien wahrscheinlich, wie das Directorium Sacerdotum (Ispravnik za erei, Rom 1582), zuerst mit lateinischer, dann von Raphael Levaković umgeschrieben, im J. 1628 mit glagolitischer Schrift. Engel III. 463 aus Caraman's Considerazioni.

Сумма, то іестъ скупленые или сабраные наука христіанскога, сложено по п. о. II. Канисіу. У Риму при Д. Вази 1583. 4⁰. 264 str. — *Summa doctrinae christianae Petri Canisii traducta ex Latina lingua in Slavonicam 1583. (Engel III. 458 aus Caraman).*
Ist gleichfalls ein Werk des Šim. Budineo. — Sopikov Opyt ross. Bibliogr. Bd. I. Nr. 696, und Köppen Bibliogr. Listy Nr. 263 liefern keinen genauen Titel. Das Ex. in der Bibliothek der kais. Akad. der Wiss. in S. Petersburg ist defect. — Von diesem Katechismus beschloss die Provincialsynode von Aquileja 1596: quem cupimus a clero illyrico frequenter tractari et legi, ut sit haec materna lingua sacerdotibus Illyriae in promtu ad populos docendos. Engel a. a. O.

Istumacsenje obilnie nauka karstjanskoga po **Ivanu Tomka Marnavichu** *Bisk. Bosansk. (Bellarmini S. E. R. Cardinalis Doctrinae christianae uberior explicatio composita jussu Clementis VIII., in Illyricam linguam [u jazik Horvatski] jussu Urbani VIII. per Joannem Tomcum Marnavitium versa). Romae typis sacrae congr. de propag. fide 1627. 8⁰. 171 str. — N. Ausg. U Bnecieh 1699. 12⁰. 187 str.*

Catal. Bibl. Széchény. T. I. P. 1. p. 90. Schlözer's Nord. Gesch. S. 538. Engel III. 463. Stulli. (2. Ausg. bei J. Philippan.)

(Nauk karstjanski kratak, da se more lasno na pamet naucsiti, prenapravljen i prepisan trudoljubijem O. F. **Rafalla Levakovicha** *iz Jasterbarske etc. — Doctrina christiana Bellarminiana in Croaticum [i. e. Illyricum] versa a Raphaele Levakovich etc. Romae typis sacrae congr. de propag. fide 1628. 12⁰. p. 69.)*

Nicht nach Budineo, sondern von Levaković selbst übersetzt. Erschien eigentlich glagolitisch; ob auch cyrillisch oder lateinisch, ist sehr zu bezweifeln. Assemani IV. 441. Engel III. 463. Beide aus Caraman's Considerazioni.

Исповѣданик сабранъ из православниех наячителя по п. о. мешря Нероиммя Накормитаня реда приповиедалаца с.

Доминика, принесен к іезик босански трүдом п. о. ф. Стіспана Матиіевнћа солииланина реда с. Францеска мале братіс обслужүвъниех државе босне архентіне приповиедаоца. *In Roma nella stampa della S. Congr. de propag. fide 1630. 8°. 102 S.*

Der Uebersetzer, der nach der Vorrede über 18 Jahre lang in Bosnien in dem Weingarten des Herrn arbeitete, und darunter 6 Jahre lang als Kapellan in Sarajevo, übersetzte am letzten Orte dieses Büchlein und richtete es später, auf Betrieb des Raphael Levaković, zum Drucke ein. Die Schrift dieses Ispovjedaonik ist die gewöhnliche cyrillische, und nicht, wie dies bei den venediger Drucken katholischer Serben der Fall ist, die bosnische Bukvica. Bemerkenswerth ist der Gebrauch des ѣ statt н in der Mitte zwischen Vocalen, des ѽ, und ѡд neben und durcheinander, des ъ willkürlich nach harten Consonanten u. s. w. Die Paginirung ist cyrillisch, die Signatur aber lateinisch. Des Dialects wegen ist dieses Büchlein einer besondern Beachtung werth.

O. **Bartolomea Kascicha** *Bogoslovca od reda družbe Jesusove Zarcalo nauka karstjanskoga, od ispovjesti i od priesesctjenja. U Rimu po credich Bara Zanetti 1631. 8". 180 str.*
Horanyi I. 387. Appendini II. 253.

O. **Bartolomea Kascicha** *Nauk karstjanski kratak (Compendio della dottrina Cristiana del Bellarmino). In Roma 1633.*
Horanyi I. 387. Appendini II. 253.

Giovanni Darscia (Daržić?) Dottrina spirituale — aus dem Spanischen des P. Giovanni Gondini in illyrische Prosa übersetzt, gedruckt zu Loreto 1637.
Appendini II. 303.

Professio orthodoxae fidei ab Orientalibus facienda, jussu Urbani P. VIII. edita. Romae typis sacrae congreg. de propag. fide 1648. 4°. 21 Seiten. Auf der Rückseite der serbische

Titel: Исповѣданіе православное вѣры, отъ восточныхъ творимоо (sic Strojev).
Lateinisch und slawisch. Vgl. Strojev Opisanije knig Grafa Th. A. Tolstova, Mosk. 1829. 8". S. 240. Nr. 108. Sopikov Opyt ross. Bibliogr. Bd. I. S. LXXVII.

Istumacsenje Symbola apostolskoga, to jest virovanja privisokoga etc. Gosp. Kardinala Bellarmina, prineseno u Slovinski jazik po prisv. G. Petru Gaudencla *ali* Radovcslchu *Splicsaninu Biskupu Rabskomu. U Rimu 1662. 8°. 234 str.*
Appendini II. 307.

Vincentll Dalach (Balać) *Presb. S. J. Illyrica Symboli apostolici expositio. Ms. c. 1672.*
Ehedem in der Bibliothek der Jesuiten zu Ragusa. Horanyi N. Mem. I. 256—257.

Кратка азбуквица и кратак керстіански католичански наук. п. ѳ. Петра Каницца дрүштва имена Іисусова. Сложен ȣ славински іезик. Притискан по милости припощованога и привисокога г. кардинала Колониѣа Острогонскога арцибискȣпа, ѵ тернави тип. академ. лѣто госп. ахче (sic = 1695) 8". 2 Bl. und 42 Seiten. (Vergl. S. 212.)

Signatur lateinisch, A — B vollständig, C sieben Blatt. Seitenzahl cyrillisch oberhalb der Columne in der Mitte, die zwei ersten Blätter ohne Seitenzahl. Auf der vollständigen Columne 24 Zeilen. — Auf dem 2. Bl. steht das cyrillische Alphabet und einige Buchstabenverbindungen (Sylbentafel). Darin kommen kombinirte Figuren eigener Art vor, namentlich für lj, nj, ć (tj); statt и wird überall н gebraucht; auch andere Buchstaben haben eine von der Cyrillica verschiedene Gestalt; ъ und ь fehlen gänzlich. Nach Hrn. Kucharski's Erkundigungen heisst diese bosnisch-cyrillische Abart, nicht aber die glagolitische Schrift, in Dalmatien und in den Nachbarländern Bukvica. Dazu stimmt auch, dass Obradović in Dalmatien seinen cyrillischen Erstling, Weis-

heitslehren in alphabetischer Folge, Bukvica nannte.*) — Ausser
dem Katechismus kommen darin am Ende auch kurze Gebete
und Gesänge in gereimten Versen (попнвке духовие) vor. Die
Typen sind neu, nicht ungefällig, doch scheint der Druck misslungen
zu sein, indem bei den drei Bogen nicht weniger als
8 Blatt umgedruckt und als Cartons eingeklebt wurden. Ein Ex.
dieses Büchleins sah ich bei H. A. Dragosavljević, Lehrer in
Vukovar; ein anderes befindet sich in der Bibliothek des H.
von Janković in Pest.

*Kratka Abekavica i kratak kerstjanski katolicsanski nauk
posht. O. Petra Kanizia drushtva imena Isusova, sloxen u Slavinski
jezyk, pritiskan po milosti priposhtovanoga i privisokoga
Gospodina Kardinala Kolonicha Ostrogonskoga Arcibiskupa. U
Ternavi typ. Acad. 1696. 8⁰. 41 str. — 2. Druck ebend. 1697.
8⁰. 41 str.*

Im Catalog der eh. Széchény'schen Bibliothek, in Dobrowský's
Slovanka I. 253 und in der mir durch G. Pantelin
mitgetheilten Abschrift des Titels nach dem Ex. in der Janković'schen
Bibliothek zu Pest steht die Jahreszahl 1696; in
dem durch Hrn. M. Čop für mich copirten Titel des bei Prof.
Suppan in Laibach befindlichen Ex. hingegen 1697, wozu auch
die Angabe „pritiskan u Ternavi 1697" auf dem Titel des Ofner
Nachdrucks 1792 stimmt.

*Abecevica kratka i kratak kerstjanski katolicsanski nauk
etc. pritiskan etc. u Ternari 1697. 8⁰., sada pako u Budimu iz
nova utishtena slov. kr. mudroskupshtine 1792. 8⁰. 46 str.*

Abekavica Illiricska (s. l. & a.) 8⁰. 25 str.
Im Franciskaner-Kloster zu Vukovar.

Наѫк карстиаиски с мнозиеми стваpи духовними и веле
боголювбнеми, кои наѫк ѳ Ледесмова и Беларминова наѫка ѫ
иедно стисне и слови боголюбни богословац фра Матие

---

*) Ueber die Bukvica siehe J. Berčic's Bukvar staroslovenskoga jezika.
Prag und Zara 1860. S. 70, 78. Hier sind die betreffenden Titel mit der gewöhnlichen
Cyrillica abgedruckt. J. J.

Дивковић из нелашке реда светога Францешка. 8 Мнецие на азчн (sic, d. i. 1698), по Николи Пеццанꙋ књигарꙋ ꙋ марцарꙗ под ипшењом лилиана. 16⁰. 12 Bl. *Kalender und 384 Seiten Text. (Bukvica).*

Das Büchlein ist ohne Zweifel Nachdruck einer frühern, mir unbekannten Ausgabe. Die Signatur ist blos lateinisch, die Paginirung aber in arabischen Ziffern und cyrillischen Buchstaben zugleich. Der Nauk Karstjanski ist von jenem desselben Vfs. in s. theologisch-ascetischen Buche vom J. 1611 (vgl. unten) durchaus verschieden. S. 1—179 stehen verschiedene religiöse Gesänge und Gebete in gereimten Versen. S. 180—295 Gebete in Prosa. S. 296—377 kurzer Katechismus in Fragen und Antworten nach Ledesmi und Bellarminus. S. 378—384 Litanei an die h. Jungfrau sammt Gebet.

Наꙋк карстианскн *etc. ohne Titelblatt, wahrscheinlich zu Venedig um 1700. 16⁰. 96 Seiten. (Bukvica).*

Signatur lateinisch A—C, Seitenzahl cyrillisch und arabisch. Bl. 2 enthält unter der Ueberschrift: бꙋквица мала за диетцꙋ, das Alphabet und eine kurze Sylbentafel. Die Namen der Buchstaben lauten folgendermassen: az, buk, viede, glagolje, dobro, iest, živiete, zielo, zemlje, iže, ii, kako, ljudi, mislite, naš, on, pokoi, harci, slovo, tardo (sic), huk, vart, hier, ot, fi, ci, čarv, šav, ščav, ior, iat. Der Katechismus ist der gewöhnliche. Am Ende Gebete und Litaneien.

Ispovjed kartjanska etc. po O. F. Stipanu Jajesaninu Reda s. Frane prov. Bos. U Mlecieh 1703. 16⁰. 415 str.

Den cyrillischen Abdruck 1707 siehe unten.

Nauk karstjanski ali dottrina vella. Gedruckt in Venedig vor 1705. Pr. 1 L.

Mandaljena 1705. Katarina 1709.

Nauk karstjanski ali dottrina mala. Gedruckt in Venedig vor 1705. Pr. 8 Soldi.

Mandaljena 1705. Katarina 1709.

Put nebeski ukazan csoviku od Boga po svetoj carkvi, to jest nauk karstjanski u kratku obilato i razborito istomacsen u jezik Bosanski po D. **Ivanu Garllcslchu** *Xupniku Diakovacskomu i Missionaru etc., vele koristan nesamo ljudem svitovnjim, nego josc istim xupnikom jezika Bosanskoga.* Venetiis apud Hieronymum Albriccium 1707. 12". 12 Bl. Vorstücke u. 269 S. Dogmatischen und moralischen Inhalts. In der Vorr. erklärt sich der Vf. über seine Orthographie. (Im Catalog bei Katarina 1709. Pr. 1 L. 4 S.)

Испов҄ѣдь карстианска и намь знати се право изповидити, врешена с многим стварима дховним и приликам. Извађено из разлики сньига латински веома корисно, сложено н незик босански алити илирички по боголюбном богословцн фра Стипанн Найчанинн ѡ Маркованц алити маргитић реда свстога Францешка провинцие босне арђентине. 8 Млецие на лѣз (1707) по Николи Пецциани сньихаря н марцарни подбилигом лилиана. 16°. 16 Bl. Vorstücke und 285 Seiten Text. (Bukv.)

Voraus geht eine Vorr. des Vfs., der gewöhnliche Kalender sammt Paschalie und die Approbation der Censur, welche letztere aber in meinem Ex. ausgerissen ist. Hierauf folgt S. 1—50 Belehrung über die Beichte. S. 51—76 Gebete bei der Beichte. S. 77—121 Wunder, welche an denen geschahen, die nicht recht (pravo) gebeichtet haben. S. 122—267 gereimte Verse von den Werken und Thaten des Heilandes und mehrerer Heiligen. S. 268—285 Litaneien und Gebete. Die Paginirung ist cyrillisch, die Signatur lateinisch. Ein Theil der Vorr. enthält des Vfs. Ansichten von der slawischen Sprache. — Die lateinisch-lettrige Ausg. s. oben beim J. 1703.

Nikola Blankovlch's *(Blanković) Bischof von Makarska, Christenlehre in illyrischer Sprache. Venedig 1708.*
Engel III. 464.

Fra **Lovrjenc Ljubaški's** *Kurze Christenlehre sammt einigen Liedern. Venedig (um 1713). 8°.*
Occhievia. Horanyi II. 31.

Зарцало истине међ цркве источне и западње, од дом Карста Пејкића од Чипровац, каноника печујскога. У Мнеције на АѰІГ (1716), по Николи Пеццанѫ кньигарѫ и мардарии под нишеньом лилиама. 12°. *5 nicht paginirte Bl., 106 S. und 2 Bl. Index. (Bukv.)*

Die Paginirung ist arabisch, die Signatur lateinisch. Auf die Approbation der Censur vom 14. Novb. 1715 folgt eine lateinische Dedication: Eminentissimis ac Reverendissimis Principibus DD. Sacrae Congregationis de propaganda fide Cardinalibus, mit der Unterschrift: Christophorus Pejchich (sic), Bulgarus alumnus et missionarius, hierauf die Vorr. an den Leser. Das Buch selbst ist historisch-polemischen Inhalts. Später übersetzte es der Vf. selbst ins Lateinische: Speculum veritatis, Venetiis 1725. 8°. Von ihm sagt Solarić: „Чудно, да што є Іисусъ чрезъ апостоле человѣколюбно сапіо, овыхъ велемудріи пресмници нису нигда престали своєобичлино керпежити и дерати, народе, единородну братію разврътьати и разбратьати." Aber — Iliacos intra muros peccatur et extra.

Pisanica duhovna kerstjanskoga nauka puna, izpisana po jednomu misniku od druxbe Isusove Missionariusu apostolskomu, i za uzkers poklonjena plemenitoj Gospodi Senatorom, Purgarom i svemu poglavitomu varoshu Poxerkomu, navlastito pako otcem i materam priporucsena. Iz Bibliotheke Kateketice S. J. svete Anne u Becsu 1734. U Becsu stampana pri Schwendimonissen Tutoru (1734). 16°. 96 str.

Vgl. unten beim J. 1754. — Von Juraj Mulih oder nach seinem Werke.

Nauk karstjanski kratak sloxen po naredjenju sv. Otca Pape Klementa VIII. In Venezia per Bartolo Occhi 1738 12°. 48 str.

Ukazanje istine medju carkvom istocsnom i zapadnjom po Fra Stipanu Badrchu. U Mlecim 1745. 12°. 118 str.

Stephani Villov Ord. S. Franc. *(m. 1747) Dialogus (controversisticus) inter Theodorum Schismaticum et Franciscum Catholicum. (Gedruckt.)*
Occhievia. Horanyi III. 572. Čevapović Catalogus S. 319. Ob in illyrischer Sprache, wird nirgends ausdrücklich gesagt.

List nauka karstianskoga napravljen na posctenje Gospodina Isukarsta i Čarkve s. Rimske a na korist dicsice male po O. Fra Lauri Iz Gllubuskoga. U Bnecih pri Bartulu Occhi 1752. 12°. 24 str.

Operetta contro gli increduli. Pest. 1764.
Appendini II. 307.

Innocenzo Gàrglé's *Katechismus für die Jugend. Venedig bei Occhi 1745.*
Appendini II. 305. Stulli. — 2. Ausg. Nauk karstjanski sloxeu po naredbi s. Otca Pape Klementa VIII. od Kardinala Bellarmina, i kratko uvjescbanje o parvoj ispovjesti i pricsesctjenju djece nedorasle sloxeno po naredbi Benedikta XIII., a sve Sloviuski istomacseno po Otcu **Innocencu Garglcba** Malobracsaninu, drugo pritjesctenje. U Dubrovniku po Ant. Martekini 1811. 8°. 5 Bogg.

Innocencie Gargicba *Nauk karstjanski u csetiri djela razdjelen. U Mlecich po Occhi 1750. 4°. 324 str.*

Innocenzo Gàrglé's *(um 1750?) Katechismus für Scelsorger, in illyrischer Prosa. Venedig bei Occhi.*
Appendini II. 305. Stulli.

Matia Clasel (Klašić) *(um 1750?) Cristiano istruito nella sua legge del Segneri, in illyrischer Prosa übersetzt und wahrscheinlich ungedruckt. Horanyi zufolge gedruckt nach 1760.*
Appendini II. 304. „Pauli Segneri opus Il Cristiano istruito nella sua legge." Horanyi N. Mem. I. 651.

Pripovidanje nauka karstjanskoga, sloxeno i u razlika govorenja razdiljeno po O. F. **Jerolima Filipovichu** *iz Rame, Sctiocu jubilatornu redu S. O. Francescka obsluxenja, knjige parve svarhu vire i ufanja, prikazane prisvitl. i priposct. G. Pacifiku Bizzi, Arcibisk. Splitskomu etc. U Mletciih po Simunu Occhi 1750. 4°. 584 str. Knjige druge svarhu ljubavi prisv. i priposct. G. Nikoli Dinaricsichu Arcibisk. Splitskomu etc. prikazane. U Mletciih po Sim. Occhi 1759. 4°. 451 str. Knjige treche, u kojim se uzdarze govorenja od svetih Sakramenatâ, kriposti stozernih, dilâ od milosardja i druga, posvechene prisvitl. i priposct. G. (Pavlu Dragichevichu) Biskupu Diumenskomu i namistniku apostolskomu u Bosni i u Biskupatu Duvanskomu. U Mletciih etc. 1765. 4°. 380 str.*

Eigentlich Predigten. „P. Hieronymus a Rama edidit eruditissimarum concionum tomos tres super doctrinam christianam, praecepta decalogi et septem sacramenta, ubi altissimam doctrinam cum clarissima explicatione ad captum plebis mirabiliter conciliavit" sagt Occhievia. Horanyi III. 144. Appendini II. 253 („un grosso volume", was eigentlich 3 Bde sind). Item II. 307.

Franceska Tauszi *Bisk. Zagreb. Obilato duhovno mliko, to jest nauk kerstjanski Illyricskoj diesici darovan. U Zagrebu po Ant. Reineru 1754. 8°. über 190 Seiten.* (Def. Ex.)

Stulli. Juranić. Anderes schrieb T. provincial-kroatisch. — Das Buch war für den slawonischen Theil der agramer Diöcese bestimmt.

Duhovna pisanica kerstjanskog nauka po **Jur. Mulihu** *Mission. apostol. U Zagrebu 1754. 16°. 550 str.*

Vgl. oben beim J. 1734. Jur. Mulih schrieb sonst prov.-kroatisch; wahrscheinlich ist dies eine Uebersetzung oder Umarbeitung seines Poszel apostolski 1742. 8°.

Emerici Pavich *O. S. Franc. Jezgra nauka kerstjanskoga. Budae 1754. 12°.*
Horanyi III. 49.

Emerici Pavich *Amplior Catechismus, adjectis piis Cantionibus auctior. (Budae) 1755.*
Horanyi III. 49.

Emerici Pavich *Epitome Catechismi Romani, intermixtis quibusdam odis. Budae 1769. 12⁰.*
Horanyi III. 50.

Nauk karstjanski lasan i kratak, po jednomu Redovniku S. O. Franceska male Bratie. U Mlecih 1756. 12". 118 str.

Nauk katolicsanski u pitanja i odgovaranja sverhu pet poglavitih strari Petra Kanizia u tri skule razdilit, i za slavnu Biskupiju Pecsujsku drugi put uzmloxenije po jednomu observantu sloxit. U Budimu 1759. 12⁰.
Scheint eines von den Pavić'schen Katechismen zu sein.

Purgatorie otvoreno, da imade purgatorie ili ocsischenje etc., po jednomu Redovniku etc. („Dubrovcsaninu," Stulli). U Mlecih po Dom. Lovisu 1760. 12⁰. 65 str.
Stulli. (M. Čop.)

Nauk karstianski po prisvitl. G. D. **Hierolima Bonaesicha,** *pri Archipopu od Bracsa. U Mlecih po Antonu Bassaneu 1761. 12⁰. 148 str.*

Dva nauka mnogokoristna za one, koi parvi put imaju pristupiti na s. ispovid i s. pricsesctjenje, po D. **Alessandru Bonicelli** *iz Losinja veloga. U Mlecih po Joannu Tagier 1762. 12⁰. 56 str.*

Antuna Kanixlicha *Mala i svakomu potribna bogoslovica, to jest nauk kerstjanski u tri skule razdiljen, s obicsajnima molitvami i pismami, za dicu, koja igju u skulu od nauka kerstjanskoga. U Zagrebu od Jos. Schotter 1763. 12". (Juranić.) — N. Ausg. U Ternavi 1766. 16⁰. 258 str. (Th. M.) — N. Ausg.*

Pritiskanje peto. U Ternavi 1773. 12⁰. 258 str. — Pritishtenje shesto. U Budimu 1818. 12⁰. (Universit.-Büch.-Verz.)

Kamen pravi smutnje relike, iliti pocsetak i uzrok istiniti rastavljenja cerkve istocsne od zapadne, po mlagoposhtovanomu G. **Antuna Kanixlichu** *etc. druxbe Isusove misniku jurve pokojnomu etc. obilato izpisan, s blagodarnostjom pako uzvishene i prisvitle kralj. magyarske komore na svitlo dan. U Osiku kod Ivana Martina Divalta 1780. 4⁰. XVIII + 907 str.*

Durch Verwendung des Bischofs von Slawonien Ant. Mandić auf Kosten der kön. Kammer nach dem Tode des Vfs. gedruckt. Sprache und Styl werden sehr geschätzt, und das Buch von den Landsleuten „opus Ciceronianae eloquentiae" genannt.

Nauk kerstjanski etc., po zapovjedi etc. Stjepana dell'Oglio Biskupa Kotorskoga, od D. **Ivana Antuna Nenadicha** *iz Perasta. U Mlecieh 1768. 12⁰. 288 str.*

Stephani Rosa *(m. 1770) Manuale theologicum latino-illyricum, explicationes, definitiones et descriptiones exhibens ordine alphabetico. Ms.*
Appendini II. 306.

Blago nauka karstjanskoga Nikole Turlotte u Slovinski jezik sloxeno po jednomu Franceskanu. U Mlecim 1770. 4⁰. 466 str.
Stulli. Appendini II. 307.

Kratak Abecedar i kratak kerstjanski katolicsanski nauk. U Peshti 1770. 8⁰. 46 str.

Cvit Mirisni nauka karstianskoga. **Luka Vladimirovich.** *U Mleci 1771. 12". 91 str.*

Katekism Rimski po naredbi s. sabora Tridentinskoga u iztomachen i priobrachen iz Latinskoga u Slovinskomu jeziku po D. **Josefa Matovichu** *iz Dobrote derz. Kotorske. U Mlecieh po Jovan Battistu Costantini 1775. 8⁰. 528 str.*
M. Th. Stulli. Appendini II. 252.

Nauk karstjanski po obicsaju Biskupie od Trevisa istumacscn u Jeziku Illirieskomu. U Mnccih 1778. 12°. 96 str.

Ispitanja svarhu svetih redova i sakramenatá u obchinu izvadjena iz risce knjigá od Fra Mije Draglesevicha iz Vargorca reda s. o. Franc. itd. U Mlecim 1779. 8°. 288 str. — U Zadru po Ant. Lud. Battara 1800. 12°. 285 str.

Kratko skupljenje chudoredne iliti morale bogoslovice svarhu sedam katolicsanske carkve sakramenatá, iz svetoga pisma, iz svetih sabora, iz odredjenjá svetih otacá Papi, iz nauka naucsiteljá carkve boxje, i iz ostalih izvarsnijih bogoslovacá i kanonistá izvadjeno, za obchemu sluxbu paroká iliti xupniká naroda slovinskoga navlastito seljanskih, za missionare, za one, koi imadu pochi na ordine, za izpovidnike i za sve, koi podiljuju i primuju svete sakramente pomljivo sloxeno i skupljeno u slavni Illirieski jezik i na svitlost dato za dobro obcheno od prisvitl. G. **Marka Dobreticha** *reda s. Franc. od obslux. Biskupa Eretrianskoga etc. U Ankoni po Petru Pavlu Ferri 1782. 4°. 580 str.*

Appendini (II. 253) lobt das Buch der gediegenen Sprache wegen sehr und führt es als Beweis an, dass die illyrische Sprache zur Behandlung wissenschaftlicher Gegenstände geeignet ist. Dobrowský's Slovanka II. 97.

Nauk karstjanski u kratko sloxen po naredjenju sv. Otca Pape Klementa VIII. od Kardinala Bellarmina. U Dubrovniku 1783. 8°. 46 str.

(Vielleicht von Petar Bašić?)

Mali katekizmus u pitanjih i odgovorih za najmanju dicu u Slavonii. U Budimu u slovarnici kr. magj. mudroskupshtine 1785. 8°. Sehr oft neu aufgelegt. — U Budimu etc. 1825. 8° 20 str. (Stereotyp.)

Prilog k malomu katekismu (deutsch u. slavconisch). Essek bei Divalt 1785. 8°.

Sridnji katekismus u pitanjih i odgovorih za nauk dice u Slavonii. U Budimu u slovarnici kr. magj. mudroskupshtine 1825. 8°. 96 str. — 1830. 8". 96 str.
Wahrscheinlich mehrmal aufgelegt.

Sridnji iliti pokratcheni katekizmus. U Rici (o. J.) 8". 72 str.

Veliki katekizmus u pitanjih i odgovorih za obchinski i osobiti nauk dice u Slavonii. U Budimu sa slov. kr. mudroskupshtine 1807. 8". 141 str. — N. Ausg. 1815. 8". 143 str.
Ohne Zweifel oftmal aufgelegt.

Uputjenja katolicsanska u razgovore sloxena i u tri dila razdiljena, u kojima shtogod na vire i zakona izkazanje, to je istoria i cerkerne nauke, obicsaje, svetotajstva iliti sakramente, molitve, sluxbe i svetoredbe, to je ceremonie, spada, ovo sve u kratko iz svetih vrutká, pisma i pridanja, tomacsi se, po Francesku Amatu Pouget naucsitelju bogoslovice i opatu u jezik franceski skupljena, i od istoga u latinski prineshena, a iz ovoga u illirieski privedena i na svitlost dana od O. F. **Ivana Velikanovicha** *Brodjanina derx. s. Ivana Kapistr. reda s. Franc., Dio I. i II. U Osiku slovima Iv. Mart. Divald 1787. 4°, zusammen 528 S., Dio III. 1788. 518 S.*

Wird auch der gediegenen Sprache wegen sehr geschätzt. Der 3. Band wurde von S. 297 an in Ofen zu Ende gedruckt.

La confessione della fede greca. Roma 1789.
Appendini II. 307.

Nauk karstjanski u kratko istumacsen za laksce uvixbati dicu etc., ponovljen i u kratje sloxen po naredbi prisv. Antona Belglave, pervo Biskupa od Zanta, zatim od Korcule, a sada Bisk. od Trogira, po nastojanju M. P. O. F. **Antona Glavanicha** *pri Definitora Generala i peterom Provinciala reda s. o. Franc. u Dalm. U Rimu po Ant. Fulgoni 1789. 12". 156 str.*

Malahni katekixam s upitanju i odgovaranju za najmalahnu djecu, prinessen po **Francesku Nikoli Persicha** *Naucsitelju*

Bogoslovcu, Kanon, od Lubiane etc. Graetii litt. Zeykamianis 1789. 8°. 48 str.

Malahan Katekizam za ucsenike od sckole trivialske, parvi djel od zakona navcsenja, prinoss. po **Franceska Nikoli Persicha** *etc. Graetii litt. Leykamianis 1789. 8°. 112 str.*
Dobrowský Glagol. Prag 1807. 8". S. 94 theilt daraus das Vateruuser mit.

Istomacsenje nauka karstianskoga. U Mlecih 1797. 12". 232 str.

Veliki katekizam i iz njega izvedene najpoglavitie istine kerstjansko-katoliesanskog zakona za koristno pojavljenje nauka o izkushavanju uzrastnie mladexi u pitanjih i odgovorih, za Slavoniu. U Osiku stori Ivana Martina Divalt 1800. 8". 125 str.

Ive Bernardina Leakovicha *Kratak odgovor sverhu razdjeljenja istocsne i zapadne cerkve. U Osiku 1802. 8". 58 str.*

Nauk karstjanski i druge stvari za znati potribite, sakupljen u kratko iz knjigá dobre uspomene M. P. OO. Fra **Filippa Iz Occhevie,** *Fra* **Lovre Iz Ljubuschoga,** *Fra* **Luke Vladimirovicha** *i razlik. drugih. U Vincenzi slovotisetem Tomme Parisa 1804. 8". 32 str.*

Pravovjerstvo starieh, mladjem Dubrovesanom na izgled. U Dobrovniku po Antunu Martekini 1804. 4". 172 str.

Jezgra nauka kerstjanskoga, pisme i molitve bogoljubne za sluxbu i zabavu duhovnu puku kerstjanskomu prikazane. U Osiku pritisk. u slovopreshi bascetinika pok. Mart. Divalda 1807. 8°. 129 str.

Vf. ist **Juro Sertić,** Domherr und Rektor des Seminarium zu Diakovar.

Katechismus u svih Francuskog Cesarstva cirkvah upeljan. U Karlovcu czivil- i militarzkom knig pritiskanju 1812. 8°. (Ueber 80 S. nach einem defecten Ex.)

Die Mundart in diesem Büchlein hält zwischen der prov.-kroatischen und illyrischen die Mitte, und scheint dieselbe zu sein, welche in und um Karlstadt gesprochen wird.

Pocsetak slovsta (sic), napomena i kratko istomacsenje stvari potribitih nauka karstianskoga, usctampano po naredbi prisvjtl. G. Fr. **Augustina Miletlcha** *Biskupa Daulianskoga. U Splitu 1815. 8⁰. 184 str.*

Istomacsenje stvari potribitih nauka karstianskoga. **Augustin Miletlch.** *U Rimu 1828. 12⁰. 211 str.*

Molitve, koje duhovni pastiri s bogoljubnim pukom moliti imadu. U Zagrebu 1817. 16⁰. (Katechismus mit Gebeten). — 2. Ausg. U Osiku 1821. 12⁰. 280 str. (Mit neuen Gesängen und Gebeten vermehrt). — 3. Ausg. Kratki nauk kerstjansko-katolicsanski s molitvami, koje duhovni pastiri s bogoljubnim pukom duhovnoj brigi zaufanim vesito moliti imadu, za korist Biskupiá Bosanske iliti Diakovacske i Srimske zakonito ujedinjenih po zapovidi i vlasti G. Bisk. Emerika Karole Raffaya za uzmlozenje sluzbe bozje i obderxavanje slozuoga i jednakoga nacsina u molenju, s trechim izdanjem izpravljen i uzmlozan. U Osiku slov. Divald. 1827. 8⁰. XXXI + 276 str.

Alle drei Ausgaben dieses, ursprünglich für den slavonischen Theil der agramer Diöcese geschriebenen Katechismus liess der Bischof E. K. Raffay veranstalten. Die 3. wurde mit neuen Gesängen und Gebeten vermehrt. In den zwei ersten ist die Vorr. an den Clerus bloss lateinisch, in der dritten aber eine neue epistola encyclica lateinisch und illyrisch abgedruckt.

Mala svakomu potribna bogoslovica, to jest nauk kerstjanski s obicsajnimi molitvami i pismami uredjen. Pritiskanje shesto. U Budimu s kr. mudroskupshtine slovi 1818. 12⁰. (Von J. Pavić?)

Nauk karstianski sloxen po jednomu Otcu drushtva Isusova. U Jakinu 1820. 12⁰. 6 str.
Ohne Zweifel Abdruck einer ältern Ausgabe.

Katekizam mali s upitovanjim i odgovorim za dicsicu. U Mletcih po Frani Andreoli 1823. 8°. 61 str.

Auf Veranstaltung des Schulinspectors **Jure Plančić** mit der von der Commission projectirten neuen Orthographie.

Nauk karstjanski u kratko sloxen po naredjenju s. Otca. Pape Klementa VIII. od Kardinala Bellarmina. U Dubrovniku po Ant. Martekini 1824. 16". 39 str.

Mali katekismus s pitanji i odgovori. U Rici 1824. 8". 29 str.

Uvixbanje svarhu sakramenta pokore. U Udinu 1774. 4". 127 str.

5. Sittenlehre.

Marino Gaìjazovič *(1540) De recta hominis ad pietatem institutione, illyrice* — ungedruckt und jetzt unbekannt.

Als die erste ragusanische Schrift in illyrischer Prosa bemerkenswerth. Appendini II. 302.

Cvjet od kriposti prikoristan djecsici i svakomu vjernomu kerstjaninu, koi ga uzbude setiti csesto, prinessen u Slovinska slova iz Talianskoga po **Kristu Maxarovichu** *Vlastel. Perasck., poklonjen prisvietl. i priposct. G. Marinu Dragu Bisk. Korculansk.* U Buccih 1712. 8". 110 str.

U kratko sloxena 24 razgovora chudoredna rukopisna O. **Timotea Glega** *Franceskana Dubrovcsanina (nach 1719).*

Wahrscheinlich Predigten. Vgl. desselben Vfs. Lesestücke aus der h. Schrift. Stulli.

Theologia Moralis seu manuductor illyricus ad cognitionem sacri ordinis etc. alias Bogoslovje diloredno oliti rukovod Slovinski na poznanje svetoga reda, upraeljen od **Antona Kadcsicha** *Bisk. Trogirsk. za korist i duhovni napridak onih, koji hlepe biti zabilixeni svetim perijacom, koji sluscaju svetu ispo-*

*cid i koji pastiruju stadu Isukerstovu. Bononiae 1729. 4".
553 S. nebst 6 Bogy. Vorstücke.*
Appendini II. 253 mit der falschen Jahreszahl 1759. Stulli.
Dobrowský, Reise nach Schweden, Prag 1796. 8°. S. 24. Engel III. 463.

Istina katolicsanska iliti skazanje upravljenja spasonosnoga ritka karstjanskoga s zabilixenjem zabludjenja Garcskoga odmetnicsstva iliti Garcskich erexiá, u koje su nesrichno upali, odkad su se od Rimske carkve oddilili, sve izvadjeno iz s. pisma, iz nauká svetich Otacá i razlikih knjigá, sloxeno u jezik Illiricski i na svitlost dato po Otcu Fra **Antunu Bachichu** *reda male bratje obslux. s. o. Franc. etc., prikazano priuzvish. Velicsanstvu G. Emerika Eszterhazy Primata i Arkibisk. Ostrogon. etc. U Budimu kod Ivana Giurgia Nottenstein 1732. 4°.* XX + 570 str.

„Liber moralis" Occhievia. „Morum doctrina" Horanyi I. 78. Stulli. Appendini II. 307 (wo irrig Babić).

Dilorednik za kripostljubnu zabavu i korist svakoga csovika, po **Mihallu Mihaljevichu** *Paroku Drenjanskomu etc. na svitlost izdat. U Osiku slov. Mart. A. Divald. 1823. 8°. 152 str.*

6. Predigten.

a. Einzelne Predigten.

Ruzsicska Antonii Presb. et Eloqu. S. Prof. — Predika od jedinstva u kerstjanstvu sverhu Evang. Joan. podj. 17. red. 20—21, iz Nimacskoga na Illiricski jezik prevedena po **Adamu Thadi Blagoevichu** *od Valpova. U Becsu (1773). 4". 139 str.*

In dem Catalogus Bibl. Széchény I. p. 484 wird bemerkt „In duabus columnis character. lat. et glagol." wo es doch heissen sollte „cyrill." — Dieselbe Predigt erschien deutsch: Predigt von der Einigkeit im Christenthum, Wien b. Kurtzböck 1773. 4", und lateinisch: Sermo de concordia in populo christiano, e germ. in lat. translatus, Vindob. typ. Jos. Kurtzböck 1773. 4".

Redovnika Dominikana Dubrovcsanina (**Arkangela Kalicha**) *Tri besjede Dubrovniku u strahu od kuge recsene. Ragusa C. A. Occhi 1784. 4". 27 str.*

Franje Fastinioni *Razgovor u prilici starodobitja zverhu Cetina, kroz velikoga topova vladavca Josipa De Vinsa etc. U Zagrebu po Iv. Thom. Trattnern 1791. 8°. — Razgovor u prilici, kad rajska Ogulinska jest odhajala suproti Francuzu. U Zagrebu slovotiskom Novoselovim 1796. 8°.*

Smert priuzvish. Gosp. Gedeona Laudona, po O. **Josipa Stojanovich** *R. s. Fr. U Budimu 1794. 8°. 14 str. — Tuxba dushe i tila. U Budimu 1794. 8°. 15 str. — Uspomena opchenskoga suda. U Budimu 1795. 8°. 29 str.*

Čevapović Catal. p. 322.

Razgovor drugi od osobite virnosti, koju vojnik svojemu kralju duxan jest izkazati, od **Jurja Belicha**. *U gradu Alexandrji pritiskan s slovima Ignatia Vimercati 1795. 8°. 20 str.*

Davida Meznara *Pridika od s. Martina Turonskoga Biskupa, kanoti odvitnika iliti patrona xupne cerkve u slavnome Poxeshkoga Comitata spailuku Brestovacskomu podignute. U Zagrebu pri Ant. Novoselu 1795. 8°. — Pridika u vrime zadobitoga po Austrianci suproti Francuzi kod Rhena potoka gradova Maintza i Mannheima priobladanja, po slavnoj varmedji Poxeshkoj: „Tebe boga falimo" derxane zafalnosti etc. U Zagrebu pri A. Novoselu 1796. 8°.*

Govorenje pokopno, koje o sprovodu Mathe Franc Kertizza stolnih cerkvi Bosan. iliti Diakov. i Srimske Biskupa etc. na 29. dan m. Serpnja godine 1805 obderxavanomu recse **Frano Kolungjich** *iste Biskupie Misnik etc. U Osiku sa slov. Iv. Mart. Divalta (1805). 4°. 28 str.*

Pokopno govorenje, koje o sprovodu priuzvish. G. Antuna Mandicha stolnih cerkvi Bosan. iliti Diakov. i Srimske Bisk. etc. na dan 11 m. Oxujka 1815 obderxavanomu recse **Karla**

Pavich *istih Biskupid Misnik, Opat B. M. D. u Biharu etc. U Osiku slovima Bashtinikâ Diraltovih 1816. 4°. 28 str. — Svetčano govorenje o prigodi druge mlade misse priposhl. G. Gabre Jankovicha Kanon. Djakov. etc. 1827 recseno od* **Karle Pavicha** *u Budimu slovotishtjem kr. mudroskupshtine 1828. 8°. 23 str.*

Govorenje pokorno, koje o svecsanom porodu prisvitl. G. Jozipa Kiralya Bisk. Pecsuj. dana 26 Kolovoza 1825 recse **Franjo Tomich** *Kanon. U Pecsuhu slovima Stipana Knexevicha 1825. 4°. 21 str.*

Govorenje od prituje na povratjenje u stare grihe, po prisritl. G. **Emerika Karll Raffay** *itd. U Osiku 1826. 4°. 14 str. Der deutsche Text 18 S. — De dignitate sacerdotum, illyrice & germanice. Essecii 1826. 4°.*

Bischof Raffay verfasste die Predigten lateinisch, und sie wurden dann in's Illyrische übersetzt.

Johann Jezepac *Progovor na dan slavnog porodjenja ces. Frane I. U Osiku 1830. 8°. 16 str.*

b. Predigten in Sammlungen.

F. **Paoli Zuzzeri** *Ord. S. Domin. Sermones de Adventu, Quadragesimales & de Sanctis, an. 1580.*

Farlati VI. 18 „sermone patrio," er war ein Ragusaner und lebte in Ragusa.

Бесиѣде Дивковића сварху еванђелиа недильниех etc. 8 Мнетциех по Н. М. Бертани 1616. 8°. Diese 1. Ausgabe habe ich nicht gesehen, wohl aber folgende: Бесиде Дивковића сварху еванђелиа недильниех прико свега годища, кое бесиде из различниех диачкиех книга приведе, и списа и сложи богольубни богословац фра Матие Дивковић из Иелаиска (sic), реда светога Францешка из провинцие примешком Босне Арђентине, у коих се бесидах ддрже миоге ствари велевридне и корисне колико за редовнике, толико за свитовне льуде, како се очито види чателниех ове книге. Дом Ноан Филиповић или

Гарчиh, мисник и кавалир светога Марка испод Синиа к
Цетини архибискиие сликце чини поповити щамих, бждкhи
по маньками и мало не се находећи књиге именоване сварх
еванђелки фра Матіе Дивковиhа, к кои немашька нища,
веhе све онако како ие и парвље щампано поцованим редо-
вником и девотим баршhапом с моим трждом и с великом
помњом и меhем заменне криж светога Марка. Прищанна к
Мјецн по роhенкю нежсовк на лѣд. 1704. по Николи Пецциан
књнгарк к Марцерии з допѫшhеннем старцhи с. оф. 8°., 10
nicht paginirte Bl. Einleitung und 1010 S., der Text in gespal-
tenen Columnen.

Blatt 1008 auf der Rückseite liest man: поче се писати
на хилиадж и шеcат и дрѫгонаест, стѧденога на кн., к сѫботк
к времеик, и сварши се на хилиадж к шесат и четприаест к
о.товк, гарпша на кн. а щамла се на axis, и онет се ристамна
и попови на нед. Auf das Haupttitelblatt folgen 9 unpaginirte
Blätter, wovon die ersten 7 ein summarisches Inhaltsverzeichniss
über die vorzüglichsten in den Predigten abgehandelten Gegenstände, das 8. die Approbation der kirchlichen Censur vom Jahre
1615, das 9. endlich die Dedication enthält: присвит.тожм и
приночтованомк госн. госн. фра Бартолк Кадчиhк достойпомк
бискмпм макарскомк. Hierauf folgen die Reden selbst mit einem
Specialtitelblatt und der Jahreszahl: дѫг. 1703. In Allem enthält das Buch 66 geistliche Reden oder Predigten (беснде). Die
Paginirung ist arabisch und cyrillisch, die Signatur lateinisch
und cyrillisch. Occhievia. Horanyi I. 523. Appendini II. 307,
wo es statt 1740 heissen sollte 1704.

Rajmundo Gjamanjle's *(st. 1640) Fastenpredigten, ungedruckt.*
Apendini II. 302.

F. **Vitalis de Ragusio** *Ord. S. Franc. Conciones per ferias
solemnis jejunii et adventus dominici habitae, partim illyrice,
partim italice typis edita. (Wahrscheinlich* **Vitale Andriašević,**
1686).

Farlati III. sacr. VI. 18 (ohne Angabe der Zeit) jedoch
in der Reihe der Schriftsteller zw. 1570—1580.

ФАЛА ѿ СВЕТИ алити говореньиа ѿ светковииа забили-
зени прико годища. Такођер говореньиа сварху сванђелиа к
све недилье прико годища, и стомачено из различки књига
латински и сложено к незик илирички по боголюбномк бого-
словцу ѿ. п. фра Стипанк Найчаникк Марковцу алити Марги-
тикк из кралЬевства босанскога. У Млеци лѿп (1708) по Николи Пецани под билигом ѿ лилиана. 4". 4 Bl. Vorstücke, 296
S. Text.

Das 2. Bl. enthält auf der Vorderseite die Dedication an
Fra Marko Butaić Bogoslovac und Minister Bosanski (Provin-
cialis), auf der Rückseite die Vorr. des Vfs., auf dem 3. Bl.
steht das Inhaltsverzeichniss: es sind in allem 109 Predigten.
Das vierte Bl. Approbation der Censur vom 3. April 1708. Die
Paginirung ist arabisch und cyrillisch, die Signatur lateinisch.
Occhievia.

U kratko sloxena 24 razgovora chudoredna rukopisna O.
Timotea Glega *Franceskana Dubrovcsanina (nach 1719).*

Stulli. — Schon oben unter moralischen Schriften verzeichnet.

Ardclio Dellabella's *(um 1728) Predigten, mehrmal gedruckt,
zuletzt in Venedig. Razgovori nauka karstianskogu. U Mleci
(s. a.?) 4°. 259 str.*

Appendini Grammat. illir. p. XIII.

Luka Kuljiz *(str. 1742) Fastenpredigten. Hs.*
Sehr geschätzt.

*Rjecs boxja s mnogo karstjanskich nauki za samu svarhu
borje slave i duhoene koristi narjesetena darxavi slovinskich
karstjanima po potajnu Bogoslovcu redocniku priporjedalaca
Dubrovesanina* (Vincenca Gozze drugach Gucxetieh). *U Mlecicma
prid Scimunom Occhi 1743. 4°. 496 str.*

Enthält 30 Predigten. Der Auctor hat sich nicht genannt.
In der Vorr. spricht er von Fra Arkangeo Gozze (Gučc-
tić) und lobt dessen Styl und Sprache über alles. Appendini

II. 305. 307. Stulli. — Ob die in Neapel gedruckten Panegirici dieses Vfs. in illyrischer Sprache verfasst seien, weiss ich nicht. Appendini II. 305.

Dushu csuvajuche pohodjenje, to jest oniuh, koji na nebeskih darovih, milaserdju i milostima fale, slave i uzvishuju jedno Boxanstvo, trostruka slava, ili prisretoga trojstva iz bogoljubnih promishljanjá, uzdisanjá i pismicá sklopjenju, na nebu pocseta i na zemlju poslana od tri desetine angljeoska krunica, koju priuzvish. G. Martin Biro de Padany Vesprimski Biskup u nedilju prisretog trojstva u svojoj crkvi 1746 jest zapocseo etc., u jezik macsarski na svitlost dana, a sada ... po O. Fr. Jerolima Lipovesichu *iz Poxege reda s. o. Franc. etc. u jezik illiricski princshena. U Budimu kod Veronike Nottensteinin udovice 1750. 4°. 432 str.*

Das Original ist: Biró Márton Padáni Veszprémi Püspök Lelket örizö látogatás etc. Budán 1747. 4°. 104 Seiten.

Jerolima Filipovicha *Pripovidanje nauka karstjanskoga etc. U Mletcih 1750—1765. 4°. 3 Bde. 1. Bd. 1750. 584 S. 2. Bd. 1759. 451 S. 3. Bd. 1765. 380 S.*

Dogmatik in Form von Predigten; schon oben unter dogmatischen Schriften verzeichnet.

Duxna slava sinorskoga bogoljubstva, koju nebeskoj kraljici slavnoj i priesistoj Marii divici u sedam predikâ od sedam priko godine nje svetkovinâ daje o. Fra Antun Papusljich *s. Bogoslovice scioc generalis etc. U Budimu kod Veronike Nottensteinin udovice 1751. 4°. 84 str.*

Occhievia. Horanyi III. 38.

Marino Petrovié's *(um 1750?) Predigten, Lobreden auf Heilige (panegirici) und andere Religionsschriften, ungedruckt.* Appendini II. 305.

Govorenja sveta chudoredna, podobna razumu od svake versti cseljadi, varhu svih nediljá od godiscta, rukotvorje Ivana Kampadelli, Popa Paduanskoga, Naucsitelja od s. Bogoslovja, dano na svitlost, osobito xupnikom od selà, prinesseno u Harvatski jezik od **Dominika Pavicsicha** *Hvaranina iz Varbanja, Popa od skupa S. Filippa u Splitu, prikazano svim prisv. i priposc. Arkibiskupom i Bisk. od Harvatskih darxavà. U Mnecih po Bonifaciu Viezzeri 1754. 4". 519 str.*

Stulli, der den Vf. irrig **Pavić** nennt. Appendini II. 306—307.

Testimonium bilabium, seu sermones panegyrice - dogmatico-morales pro solemnitatibus Domini Sabaoth, nec non et alii nonnulli, ut indiculus argumentorum infra positus monstrat, latine & illyrice elaborati ad honorem et gloriam atque in obsequium SS. Nominis etc. Jesus, a Patre **Philippo ab Occhievja** *Ord. Min. regal. obs. Seraph. P. S. Franc. etc. Venetiis typis Dominici Lovisa 1755. 4". 398 et 144 pagg.*

Nediljnik dvostruk O. F. **Filipa iz Occhlevje** *reda Manje bratje s. o. Franc. obslux. etc., to jest po dva govorenja za svaku nediliju priko godine, lasna, kratka i ravna, sama za lasnochu pastirà mselacskieh puka priprostoga i nenaucsnoga uredjena i data na svitlost. U Mletcih po Dominiku Lovisi 1766. 4". XVI+440 str.*

Svetnjak O. F. **Filipa iz Occhlevje** *reda manje bratje s. o. Franc. obslux. etc., to jest govorenja od svetieh, kako i na dneve svetkovinà giblivieh, koi se shtuju uzderxanjem od poslovà, sluxavshi priko sve godine, kratka i ravna kakonoti za lasnochu pastirà puka priprostitoga spravljena i data na svitlost. U Mlecih po Dominiku Lovisi 1766. 4". 208 str.*

Horanyi III. 691. Appendini II. 307.

Serafino Cerva's *(st. 1759) Fastenpredigten, unedirt.* Appendini II. 15.

Predike od svetkorini doscastja Isukarstova po O. F. **Josipu Banovcu**, *reda s. o. Franc. U Mlecih 1759. 4". 155 str. — Razgovori duhovni. Ancona 1763. 6". 155 str. — Predike nediljne. U Mlecih 1766. 4". 164 str.*

Appendini II. 307. ("Avvento e quaresima," also erschienen wahrsch. die Fastenpredigten zu Ancona 1763).

Prosvitljenje i ogrianje jesenog i zimnog doba, iliti nediljne i svecsane pridike priko jeseni i zime dolazeche, razum csoricsanski u dilovanju prosvitljujuche a dushu spasonosnim naukom griuche, za pomoch sviu dushá nastojniká i ostalih pripovidalacá kratko ali kruto sloxene po O. Fra **Emeriku Pavichu** *reda s. o. Franc. od obslux. etc. U Budimu s troskom G. Barnabe Dexericha Gradjanina Budimskoga usctampane po Leopoldi Francesku Landereru 1762. 4°. 132+131 str.*
Horanyi III. 49. Appendini II. 307. Čevapović Catal. p. 320.

Svakomu pomalo iliti pridike nediljne zajedno s korizmenima, svima duhovnim pastiram veoma koristne, a pravovirnim kerstjanom osobito hasnovite, koje stanje i svakoga csovika vechanje u sebi uzderxaju, i temelj evangjeoskoga zakona svakomu i nesctnomu obilato navishtuju po F. **Gjuri Rapichu** *Gradicsaninu reda male bratje s. o. Franc. od obslux. etc., sloxite i na svitlost date. U Peshti kod Antuna Franceska Eitzenbergera 1762. Fol. 474 str. (744?).*
Catal. Bibl. Széchény. Suppl. II. p. 412. In meinen hss. Notaten stehen 744 S.

Od svakoga pomalo iliti kratko izpisanje xivota, mucsenicsstva i slave pravih i svetih priatelja boxjih na korist i vicsno spasenje ne samo sviu pravovirnih i bludechih dushá s moguchom pomljom sabrano i s osobitim trudom skupito i u Illirieski jezik na svitlost dato po O. F. **Gjuri Rapichu** *iz Gradishke Reda S. Franje prov. sv. Ivana Kapistr. U Peshti kod Ant. Eitzenbergera 1764. 4°. 636 str. Festtagspredigten.*
Appendini III. 145. Čevapović Catal. p. 320.

Besjede karstjanske za nedielnieh i blazieh daná od godiscta (po O. **Gjuru Bascichu** *Jesuvitu Dubrovcsaninu). U Mlecieh Sim. Occhi 1765. 4°. 328 str.*

Stulli Appendini II. 32. 305. (Wahrscheinlich ist S. 307 „il parlar cristiano, opera anonima, Venez. 1763," dasselbe Buch und die Jahrszahl falsch.) Appendini lobt die Gründlichkeit, Ordnung, Weihe und Natürlichkeit des Styles dieser Predigten.

P. **Hieronymus Lipovčić** *(1766)* „*Sermones quosdam morales alicujus Episcopi Hungari illyrizavit.*"
Occhievia.

Mihajlo Milinkovič's *(st. 1775) Predigten, unedirt.*
Sehr gelobt.

Sebastiano Dolci's *(st. 1777) Fastenpredigten, wahrscheinlich gedruckt.*
Appendini II. 27.

Le lodi dei Santi, 1778.
Appendini II. 307.

Csetiri govorenja chudoredna po O. F. **Gargi iz Varesca**.
Abgedruckt in T. Babić's Cvit razlika mirisa duhovnoga (3. Ausg. Ragusa 1829). 2. Abth. S. 48—69.

Ivan Luka Garanjin *(st. 1783) Predigten und Homilien. Hs.*
Vortrefflich, bei J. L. Gar. d. J. (Ciccarelli 104).

Ivana Josipa Paulovicha (Lucsicha) *Deset pokornih razgovorá. U Jakinu 1785. 4°. 139 str.*

Besjede duhovne Otca **Bernarda Zuzzeri** *Dubrovcsanina druxbe Jesusove, recsene prid skupsctinom Dobre Smerti u Carkvi s. Ignacia u Dubrovniku. U Dubrovniku po Andrii Trevizan 1793. 4°. XXIV+424 str.*
Nach dem Tode des Vfs. von **Gianluka Volantić** herausgegeben. Appendini Gramm. Illir. p. XI. Vorgesetzt ist das Leben des Vfs. von **Gjuro Baćić**.

Govorenja za sve nedilje godishnje na sluxbu pripovidaocá i na korist slishaocá sastavita po Otcu Fra **Bernardinu Leako-**

vichu *reda s. O. Franc. etc. U Osikusl ovima Iv. Mart. Divalt. 1795. 4°. 263 str.*

Nauk od poglavitih stvari kerstjansko-katolicsanskih, po O. Fra **Bernardinu Leakovichu** *reda s. Franc. U Budimu slovima kr. Skupnoucsnice 1798. 8°. X S. Vorr., 490 S. Text, 10 Bl. Inhaltsanz. und Errata.*

Das Buch enthält Predigten, 40 an der Zahl.

Govorenja za sveesane dneve Bozje, B. D. Marie i Scetih, s nikima priloxitima porad poboxnoga obicsaja, po O. Fra **Bernardinu Leakovichu.** *U Osiku slovima Iv. M. Divald. 1802. 8°. 404 str.*

Sveta govorenja pedeset na vechu slavu Gospodina Boga Sabauth, na poshtenje blaxene divice Marie Bogorodice i ostalih svetih boxih priko godine sloxena i prikazana Njihovoj Excell. G. Nikoli Milashinu Bisk. St. Biograd. etc. od Fra **Aleksandra Tomikovicha** *Franciskana etc. U Osiku slovima Iv. Mart. Divalt. 1797. 4°. 385 str.*

„Sermones 50 festivi cum quibusdam fragmentis." Čevapović Catal. p. 322.

Malahni skup pastirski nikih govorenja, koja vladajuchi s carkvom Makarskom na misto svoga Biskupa ucsini u carkvi stolnoj istoga grada priposet. G. **Ivan Jozip Paulovich Luesieh** *obaju zakoná naucsitelj i iste Makarske carkve kanonik etc., prikazano prisvitl. G. Garguru iz Varesca Bisk. Ruspskomu i u svoj Bosni i Hercegovini. U Mlecih kod Sebastiana Koleti 1800. 4°. 99 str.*

Josip Stajanović's *Sonntagspredigten, ungedruckt.*
„Insignes conciones Dominicales typum praestolantur". Čevapović Catal. p. 322.

Silvester Ninković's *Predigten, unedirt.*
„Sermones parati typum expectant." Čevapović Catal. p. 326.

Arkangeo Kalle's *Fastenpredigten*, im J. 1803 zum Drucke bereit. Appendini II. 305. Sprachlich rein, trefflich; sehr geschätzt.

Nediljna govorenja za sve nedilje cile godine, iz s. pisma i nauka s. otacâ izvadjena, u kratko sloxena po O. Fr. **Adalberta Horvathu**, *reda s. o. Franc. etc. U Budimu slovimu i s troshkom kr. mudroucsne skupshtine 1824. 8º. 1. Bd. XVI+526, 2. Bd. 587 S.*

Korizmena govorenja od muke i smerti G. Isukersta, pokore i strashnog suda boxjega, iz s. pisma etc. po O. Fr. **Adalberta Horvathu**. *U Budimu etc. 1824. 8º XII+288 str.*

Sveta govorenja od razliesitih svetkovinu, u kratko sloxena po O. Fr. **Adalbertu Horvathu** *etc. U Budimu etc. 1824. 8º. XVI + 366 str.*

Jakob Borkovič's *(st. 1825) Kanzelreden, unedirt.*

Razgovori za sve nedilje kroz godishte, dilo **Frane Vrignanina** *bivshega kanonika stolice Senjske etc. i suda Plovana Grixanskoga etc. U Rici pritiskano slovima bratje Karletzky 1825. 4º. 466 str.*

Enthält 57 Predigten. Das schön gedruckte Buch ist dem Bischof von Senj und Modruša Johann Baptist Ješić dedicirt. Die Orthographie ist ganz eigenthümlich: ch=ć, c=c, ç=ć, nj: njega, lj: bolje, ſ̌, ſ = c: ſveti, ſlovo, S, s = ш, Stenje, dusa, x=ž, z=z, ˆ ist Dehnungszeichen des gen. pl. &c. kuchâ, otacâ, pût. Uebrigens parvo, karstjani, marziti, svit, potribocha, od statt o mit dem gen. od suda obchena, od pokore, od pakla, od napasti (de judicio, pocnitentia etc.), gen. pl. adj. -ih: bezumnih i oholih glavâ etc.

Razgovori Petra Vanni Redovnika vu illiricski jezik preneshení po **Franu Vrignaninu**. *U Rici 1831. 8º.*

Ivan Salatić's *(st. 1826) Predigten, unedirt.*
Werden sehr geschätzt.

Sveta govorenja za sve nedilje kroz cilu godinu, sloxena i recsena u stolnoj cerkvi Diakovacskoj po **Bartholu Pavlichu** *Bisk. Diakovacske misniku (1. knjiga, u kojoj se zaderxaju govorenja potsinavshi od perve nedilje prishastja po poslidne po uskersu). U Budimu slovima kr. mudrovcsne skupshtine 1827. 8". 1. knjiga 498 str., 2. kn. 230 str.*

Pridike i Homilie za sve nedilje i svetkovine priko cile cerkvene godine, po **Antunu Mihalichu** *S. Bogoslovja naucsitelju, okolisha Petrovaradinskog Vice-Archi-Diakonu i u Petrovarad. gradu paroku sloxene. U Novomsadu slov. Pavla Jankovicha 1. svez 1829. 8". 240 str., 2 sv. 1829. 286 str., 3. sv. 1830. 252 str., 4. sv. 1830. 323 str.*

Nach Joh. Mart. Gerik's (?) Pf. zu Ingolstadt, Predigten, Bamb. und Würzb. 1819.

7. Erbauungsschriften.

a. Historischen Inhalts.

aa. Auszüge aus der heiligen Schrift; Biblische Geschichte.

Timoteo Gleg's *(nach 1719) Lesestücke aus der h. Schrift („lezioni scritturali"), aus dem Italienischen des Cesare Calino übersetzt und wahrscheinlich ungedruckt.*

Appendini II. 304. (Vielleicht eins mit den obigen 24 Razgovori?).

Xivot Tobie iz Staroga pisma.
Stulli. — Schon oben IX. 1. dd. verzeichnet.

Ogledalo temelja vire i zakona katolicsanskoga, to jest s. Pismo iliti jezgra sviuh dogadjajá Staroga i Novoga Zakona stolmacsenjem svetih otacá etc. po G. Rayaumontu sloxeno, prineshcno po O. F. **Emeriku Pavichu***. U Budimu slov. Landerera 1759. 8". XII+693 str. Osim pokazanja poglavjá St. i N. Zakona.*

„Historiae e sacra veteris et recentioris temporis memoria (sic) depromtae, interserta SS. Patrum interpretatione, cum figuris, Budae 1759. 8°." Horanyi III. 49. Richtiger „Compendium historiarum Biblicarum adjecta expositione SS. Patrum." Čevapović Catal. p. 320. Appendini II. 307. — „Jezgra pisma svetog god. 1760 na svitlo dana" erwähnt von Pavić selbst in der Vorrede zu seinem Lectionarium der Evangelien und Episteln 2. Ausgabe 1808, ist dieses Buch.

Compendio della S. Scrittura di **Andrea Kačić**, *1760.* Appendini II. 306.

Historia svetoga pisma staroga i novoga zakona za potribu narodnih ucsionicà u magjarskom i slavonskom kraljestvu. U Budimu slov. kr. mudroskupshtine 1789. 8⁰. — N. Ausg. U Budimu etc. 1828. 8". XII.+111 str.
Sehr oft aufgelegt.

bb. Leben des Heilandes und der h. Jungfrau Maria.

Bartola Kascicha *Historie Loretane djela dva. In Roma presso il Lunetti. 1607 (1617?). 8⁰.*

Horanyi I. 387 mit der Jahrszahl 1607. Appendini II. 253 mit der Jahrszahl 1617.

Xivot Gospodina nascega Isukarsta. Vita del Signor nostro Giesù Christo. Upisa ga **Bartolomeo Kascich** *Paxanin, pop bogoslovac od reda druxbe Jesusove, penitencir Illirik u s. Petra. In Roma edizione fatta dalla Congregazione de propaganda fide 1637 (oder 1638?) 8⁰. — N. Ausg. In Venezia appresso Bartolo Occhi 1700. 8⁰. 124 str.*

Horanyi I. 388 hat die Jahrszahl 1637, Appendini II. 253 1638. Enthüllt nach Appendini das Leben der h. Jungfrau Maria. Dellabella.

P. **Francisci Glavinich**, *Franciscani rigidioris disciplinae, Virginis Tersactanae historia, a. 1644 typis mandata.*

Farlati Illyr. sacr. IV. 138. Wahrscheinlich illyrisch. (Indess citirt Engel II. 343. IV. 9 desselben Vfs. Historia Tersactana, welche lateinisch zu sein scheint).

Xivot Gospodina nascega Isukarsta. Gedruckt zu Venedig vor *1709. Pr. 16 Soldi.* Katarina 1709.

Xivot blazene divice Marie. Gedruckt zu Venedig vor *1709. Pr. 16 Soldi.* Katarina 1709.

Xivot Gospodina Jesusa Christa, naroda csovicsanskoga spasitelja, po Mateu, Marku, Luci i Ivanu svetiem evanggelistam i iniem davniem svetiem otcima, savarscen zivotom B. D. Marie njegove matere. Invidia Djaboli fit, ut fabulae salutari doctrina admisceantur, ut sic fidei veritas et religio obscuretur et enervetur. Tert. *(Po* Sljepanu Rosl *Dubrovcsaninu).* U Mnecih kod *Scimuna Occhi 1764.* 4°. *XVI+195 str.*

Appendini II. 305. Man tadelt die gesuchten Wörter und Redensarten.

Xivot majke boxje, kraljice i gospoje nashe prisvete divice Marie, popraviteljice griha Eve i povratiteljice milosti, od ove gospoje ocsitovan i objavljen sluxbenici svojoj Marii od Agride etc., najprie u jezik shpanjski od iste pisan, pak u talianski i latinski prinesen, i najposli u illiricski u kratko skupljen i sabran po Antuna Bachicha *reda s. o. Franc.* U Pecsuu slovi Ivana *Engela 1773.* 4°. *404 str.*

Xivot Gospodina Boga i spasitelja nashega Isukersta, s boxanstvenom prilikom njegovom, za dicu napisan i u slovinski iliti illiricski jezik pristampan po Stipana Lukicha *vis. slav. kamere kr. magj. concipisti.* U Peshti sa slovima J. Th. Trattnera *od Petroza 1823.* 8°. *217 str.*

Istinito ispisanje csudotvorne prilike B. D. Marie, koja u Radnoj sverhu 150 godina veche od bogoljubnih kerstjana po-

borno se shtuje, i od dana do dana csesto s novima milostima sviti, gdi se sajedno objavlje i lice stare i nove cerkve Radnanske, za vishu slavu boxiju i B. D. Marie, kano i za osobito utishenje bogoljubnih dushá iz latinskoga u slavonski jezik po **Marianu Jaichu** SS. Bogosl. shtivcu reda s. o. Franje etc. prinesheno. U Aradu 1824. 16°. 178 str.

cc. Lebensbeschreibungen und Legenden von Heiligen.

Joannis Tomci Marnavilii Vita S. Margaritae, filiae Belae regis, illyrice. Venetiis 1612.

Auch lateinisch in ebend. Regiae sanctitatis Illyricanae foecunditas, Romae 1630. 4°. 296 pag.

Xivot sv. Karla Borromea slovinski prinesen po **Petru Palikuchi** Dubrovcsaninu. In Roma presso Zanetti 1614.

Dedicirt dem Fabio Tempestivo, Erzb. von Ragusa. Appendini II. 302.

Bartola Kascicha Xivot sv. Ignatia skracheni. In Roma 1623. Horanyi I. 387. Appendini II. 253.

Bartola Kascicha Perivoj od djevstva (Hortus virginitatis, in quo describuntur vitae 25 virginum). In Roma presso Zanetti 1625. 8".

Dellabella. Horanyi I. 387. Appendini II. 253.

Bartola Kascicha Xivot sv. Franceska Saveria, Apostola od Indiá. In Roma 1638.

Horanyi I. 388. Appendini II. 253.

Cvit svetieh, to jest xivot svetih, od kih Rimska cirkva csini spominak, preneshen i sloxen na Harvatski jezik katolicsanskim obicsajem po O. **Francesku Glavinichu** Istrianinu Franceskanu. U Mnetcieh 1628. 4°. — Ovit svetih iliti xivot svetih etc. U Mnetcih 1702. 4°. 275 str.

Katarina 1709.

Miko Pozza's (st. 1686) Leben des h. Dominicus, des h. Philipp Neri, der h. Katharina von Siena, des h. Franz Xa-

verius, des h. Anton von Padua, der h. Rosa von Lima, und Uebersetzung der Betrachtungen des P. Francesco Salazar, ungedruckt.
Appendini II. 302.

Xivot sv. Giosafata obrachen od Barlaama, s jednim verseem nadostavljen radi xenå biti osudjen, pisane parvi put u Talianski jezik, a sada prinesene i istumacsene u Slovinski jezik po Petru Macukatu *Pucsaninu Splitskomu. In Venetia per Bartolo Occhi 1708. 8°. 96 str.*
Prosa; S. 88—96 Ponutkovanje kako se svak ima xenå vorovat, in Versen.

Xivot s. Franceska Xaveria po O. Matti Viteleski *Jesuvitu.* Stulli.

Ignacia Giorgi's *(geb. 1675, st. 1737) Leben und Thaten des h. Benedict, illyrisch. Oft gedruckt, zuletzt zu Ragusa.*
Dellabella. Appendini II. 244. 304. Die Diction in diesem Buche gilt bei Sachkundigen als klassisch.

Xivot 4 svetih, Frane, Ante, Diega i Pasckala. Petar Knexevich. *U Mlecim 1759. 12°. 63 str.*

Kratak xivot i naredbe sv. Otca Franceska Seraf. U Osiku 1777. 16°. 174 str.

Gianmaria Mattei's *Leben des h. Aloysius Gonzaga und der h. Michaelina von Pisauro, illyrisch, vor 1788.*
Farlati Illyr. sacr. VI. 21.

Dila svetih mucsenikå nehimbena i izabrana, s trudom i pomnjom O. P. Teodorika Ruinarta, reda s. Benedikta misnika, skupita, razabrana i na svitlost dana, a po Ivanu Marevichu, *stolne Pecsujske cerkve kanon. etc., za korist duhovnu svega Illiricskoga naroda iz latinskoga jezika na illiricski prineshena i u tri dila razdilita. U Osiku slovi Ivana Mart. Divalt, dio 1. 1800. 8°. 18 Bl. Vorr., 4 Bl. Erklärung fremder Wörter, 303 S. Dio 2. 404 S. Dio 3. 364 S.*

(Ivana Jose Pavlovicba Lucslcha) *Kratko izkazagne xivota, smarti i çudesa s. Ivana Nepomuccna s descticzom. U Dubrovniku 1801. 8". 112 str.*
Dobrowský's Slovanka I. 231.

(Petra Bascicha) *Xivot s. Vlasi Biskupa i Mucscnika, branitelja skupnovladanja Dubrovacskoga. Pritjescten u Dubrovniku po Ant. Martekini 1803. 8". XII+180 str.*
Appendini II. 301.

Xivot s. Nikole Biskupa i ispovjednika, upisan od Metodia Patriarke od Carigrada, od Scimuna Metafrasta i od injeh pisaocá gareskieh, a poslje u kratko skupljen od Ivana Djakona i Leonarda Justiniana Mletacskoga Plemicha, iz kojeh bi izvadjen ovi novi kratak skup, a sad od D. **Miha Karamana** *u slovinski jezik istomacsen. U Dobrovniku po Antunu Martekimu 1814. 8°. 32 str.*

Opisanje xivota s. Genoveve, rodjene vojvodkinje od Brabanta, udate pako knjegine od Triera, iz razlicsitih knjigá iz nova sloxeno i na svitlost dano po A. N. (**Antuna Nagy**). *U Budimu s. kr. mudroucsne skupshtine slovi 1821. 8°. 160 str.*

b. Eigentliche ascetische Schriften und Andachtsbücher.

Basilio Gradi (st. 1586) *übersetzte aus dem Lateinischen ins Illyrische „il libro sull' Orazione di Tullio Grispoldi," und fügte Anmerkungen bei. Gedruckt zu Venedig bei Giovanni Battista Giunta 1561.*

Appendini II. 88. — Anders Dolci: „nonnullis suis locupletatum additionibus dicavit supradictis S. Clarae Monialibus (Magdalenae Gucsetich et Paulae Gradi) ex eisdem Venetis typis, quin et eodem anno 1567 (nämlich gleichzeitig mit Od djevstva, bei Jo. Bapt. Guerra).

O. **Basilla Gradi** *Benediktina Vlastel. Dubrov. Od djevstva i djevisckoga bitja. In Venezia presso Giovanni Battista Guerra*

1577. (sic Apendini, *1567 Dolci*). Zugeeignet der Magdalena Gucsetich und Paula Gradi, Nonnen des St. Clara-Ordens.

Später von dem Vf. selbst ins Italienische übersetzt und gedruckt zu Rom 1584. Polnisch von Simon Wysocki S. J. Kalisz 1607. Appendini II. 87—88.

F. **Paull Zuzzeri** *Ord. S. Domin. Libellus de Societate Nominis Dei, item alter de Societate Rosarii, sermone patrio (er war ein Ragusaner), c. 1580.*
Farlati VI. 18.

O. **Alexandra Komulovicha** *(Comoli) Jesuvita Zarcalo od ispovjesti. In Roma presso Zanetti 1606.* 12°.
Dellabella. Horanyi I. 414. Stulli.

Zercalo od spovidi. Gedruckt zu Venedig vor 1705. Pr. 6 L.
Mandaljena 1705. Katarina 1709.

Матне Дивковнћа р. св. Франц. Buch theologischen, moralisch-ascetischen und historischen Inhalts. *Venedig 1611. 8°.* über 336 Bl. *(Defect. Ex.) Vergl. S. 207.*

Bl. 42 auf der Rückseite liest man unter einem Bilde, welches Christum in der Mitte der Apostel darstellt: на ахіа. Weiter Bl. 186 auf der Rückseite: на лица (sic) и шесат и сновает в мнение. Die Numerirung der Blätter ist arabisch und cyrillisch; die Signatur hingegen lateinisch und cyrillisch. Das 19. Bl. handelt von der Nachahmung Christi bis Bl. 41. Vom Bl. 42 Rückseite bis Bl. 299 steht нам карстнанскн von Matia Divković, damals Capellan in Sarajevo, aus dem Lateinischen übersetzt im J. 1609. Auf die Sign. Pp 3 (Пп г) folgt in dem Ex. eine Lücke bis Ss (Шш), welches Blatt schon mit 9 paginirt ist, wiewohl die Sign. fortlauft. Von Bl. 9 bis 37 werden die Wunderwerke der h. Jungfrau Maria erzählt. Alles weitere fehlt.

Zarcalo duhovno od pocsetka i svarhe xivota csovjecsanskoga etc., istomacseno iz jezika Italianskoga u Dubrovacski po D. **Mauru Orbinu.** *In Roma presso il Zanetti (um 1613?).*

Appendini II. 302.. — *In Venezia presso M. Ginammi (1621).* 8⁰. *312 str.* — *U Mlecim 1703. 12". 202 str.*

Wahrscheiulich auch später in Venedig aufgelegt. In dem Verzeichniss bei Mandaljena 1705 und Katarina 1709 steht: Zercalo duhovno, to jest pocsetak i sverha xivota nascega. Pr. 1 L. 4 Soldi. Das Original ist von Angelo Nelli.

Огледало дховно ѡ почетка и свархе живота човичанскога раздилѥно и разређено в петнанест разговора а в сто и недесет дубна алити самлѥн поглавитих, учинѣсни међу мещром и нѥговим вчеником, истомачено из језика италианскога в словинсен. В Мнетциех на ахеи (1628) по Марку ђинаму либрару в Марцари близу светога Марка ѡ инсенье шперанце. 16⁰. *16 Bl. Vorstücke, 456 S. Text und 12 Bl. Inhaltsanzeige. (Bukvica.)*

In der Dedication des Buches an den skradiner Bischof Thoma Ivkovin nennt der Drucker den Uebersetzer schlechtweg Mavro Dubrovcsanin. In der Approbation der Censur auf dem 16. Blatt ist als Revisor des Werkes unterschrieben der Jesuit Bartolomaeus Cassius am 9. Novb. 1613, ferner Jo. Ludovicus Seech Comiss. Inquisit. Venet. 1621. Ginammi druckte also die früheren lateinischlettrigen Ausg. von 1613 und 1621 mit cyrillischen Buchstaben nach. Das Ganze ist in 15 Dialoge eingetheilt. Auf dem letzten Blatte liest man: продаие се ово либарце и остали ѡ овога језика к Мнеци при Марку ђинами либрару в Марцари, и к Саранум при господину Ивану Падилѥу у латкенек (sic). Die Paginirung ist arabisch und cyrillisch, die Sign. latein. und cyrillisch.

Francisci Glavinich *Munus Christi amoris. Venetiis 1625.* Th. Mikloušić Izbor dugovany ztr. 84. Ob illyrisch?

O. **Franceska Glavinicha** *Istrianina Franceskana Osetiri poslidnja cslovika, to jest od smarti, suda etc. U Mnetcieh 1628. 4⁰.*

Luka Kuzmić's *Ueber die Art gut zu beichten (del modo di ben confessarsi).* Gedruckt zu Rom 1631.
Appendini II. 303.

Selmun Omnčević's *(vor 1632) Schriften geistlichen Inhalts (scritti sacri Illirici), ungedruckt.*
Appendini II. 312.

Atanasia Georgicsevicha *Prilike i promišeljanja sardca csovjecsanskoga (paragoni e pensieri del cuor umano).* U Becsu po Mateu Formika 1633.
Stulli. Appendini II. 251.

Bogdana Bakselcha *Bogoljubna razmišeljanja od otajstva odkupljenja csovicsanskoga.* Romae typis s. Congreg. de propag. Fide 1638. 12⁰. 226. str.

Uebersetzung der Meditationes des h. Bonaventura. Engel III. 463. Dort heisst es irrig „in der vulgar-bulgarischen Sprache." Denn die Mundart ist die illyrische.

Bartola Kašić's *Von der Nachfolge Christi IV BB.* von Thomas von Kempen. Rom 1641.
Appendini II. 253. (Nach M. Jaić um 1660 zu Rom in 16⁰. gedruckt.)

Bartuo Kascich *Od molitve, koja se csini pametju, seu de meditatione.*
Horanyi I. 387.

Чвиет ѳ крѣпости дяховни, приведен ѹ ѣезик илирички алити словински etc., auctore Paulo Posilovich. Venetiis typ. Nicolai Pezzani 1647. 16⁰. — Venedig 1756. 8⁰. (Bukv.)

Dieses aus dem Lateinischen übersetzte Werk kenne ich bloss aus Durich's Bibliotheka slav. p. 19 und aus Stulli. Dedicirt ist das Buch Ferdinand IV., König von Ungarn und Böhmen. — Die 2. Ausg. steht in Horanyi III. 43.

Наслаѣенне дяховно, кои жели добро живити, потом тога добро ѹмрити, овди ячи се начин ромоѣи болеснике ѹмрити, такођер ѹтишити и поткопати осѹђене на смарт ѿ правде. Иедан карстианин како се има исповидити, и своѣ дѹшѹ по разлогѹ искѹшати и пристѹпити к исповидникѹ, коще миоге молитве и салме и осталс ствари веома потрибните иедномѹ правомѹ карстианинѹ говорити и знати, састављьсне и истомачепе по ѻра Павлѹ Посиловићѹ из Гламоча реда светога Фрапцешка из провинцие босанске. ѹ Мнецие на ахпв (1682), по Николи Пеццанѹ књьигарѹ ѹ Марцарии под нишењом лилиана. 8⁰. *25 Bl. Vorstücke und 205 Bl. Text. Nach Horanyi III. 43 auch Venedig 1756. 8⁰. (Bukv.)*

Die Vorstücke enthalten: auf der Rückseite des Titels: брои словински и диачки, d. i. Parallelismus der cyrillischen Zahlbuchstaben und der arabischen Ziffern; Kalender und Paschalie; dritthalb Blatt Druckfehleranzeige; Inhaltsverzeichniss über die im Buche vorkommenden Gegenstände, Dedication des Vfs. „много пощованомѹ оцѹ и добротом свакс крипости прешеномѹ ѻра Михи Богетићкиз Харвата," endlich die Vorrede des Vfs. Am Ende des Buches befindet sich ein Aufsatz in gereimten Versen über die Eitelkeit und Vergänglichkeit aller Dinge dieser Welt. Merkwürdig sind in diesem Buche die slawischen Benennungen der Monate, deren einige von den sonst üblichen sehr abweichen. Zwischen Vocalen wird ѣ statt i gebraucht. Die Blattzahl ist arabisch und cyrill., die Signatur lateinisch.

Nacsin za dobro umrjeti istomacsen u Dalmatinski jezik po Petru Gaudencia *Biskupu Rabskomu. U Rimu 1657.*

Stulli. Mikloušić Izbor dugovany str. 89 (wo der Vf. — wahrscheinlich des Originals — Posctuv. Otac Ivan heisst).

Zarcalo Marinsko, to jest poniznost B. D. Marii. Jure Habdelich. *U Gradcu 1662. 12⁰. 192 str.*

Vgl. Die kroat. Abthlg.

Porta coeli et vita aeterna. Vrata nebeska i xivot vjecsni, koje sloxi O. Fra Ivan Ancio *to jest* Ancsich *iz Dumanskoga Biskupata prov. Bosan. reda s. o. Franc. male bratje obslux. pripovidalac i lektur, i dade na svitlost god. gosp. 1678 miseca*

Lipnju na posctenje boxje i na korist carkve Illyricske, kojoj se priporucsuje u molitvah, prikaza ji priuzvisc. etc. Alexandru Orescenciu Card. Rimsk. U Jakinu po Franc. Seraphinu 1678. 4°. *XL und* 330+107 *S. Liber secundus quarta pars: Porta coeli etc. Knjige druge dio csctvarti etc. prikazano priuzvisc. G. Ivanu Nikoli Konti Rimsk. Kardinalu etc. god. gosp. 1678 m. sarpnja 10. U Jakinu etc. XVI+246 S.*

Enthält zuerst eine weitläufige Auslegung des Kreuzzeichens und des Vaterunser, dann 1 Bl. Druckfehler; darauf mit neuer Pagination, ohne besonderes Titelblatt: Dio trechi (wahrscheinlich meint der Vf. 1. Theil vom Kreuze, 2. Theil vom Vaterunser; also 3. Theil —) Svarhu zdrave Marije 107 S. Der 2. Band (liber secundus) enthält: razgovori svarhu vire. Mag ein curioses Buch sein. (M. Čop. Horanyi I. 30.)

Svitlost karstianska i sladkost ducsá. (Ivan Ančić.) *U Jakinu 1679. 12°. 208 str.*

Svitlost dusce verne, gdi scest stvari k zvelicsenju cslov. uzderxe se (po O. Francisku Glavnichu). *In Venetia 1685. 8°. 128 str.*

Auch in dem Verz. bei Katarina 1709 wird angeführt: Svitlost dusce verne. Pr 16. Soldi.

Razmiscljanja pribogomiona od ljubavi boxje. Meditationes devotissimae amoris divini, Sloxena i izvadjena u jezik Slovinjski Bosanski iz s. pisma i razlikieh izkuscanieh naucsiteljá i pisacá, po Fra Mihajlu Radnichu *Bacsaninu, priporjedaocu sctiocu Generalomu prov. Bos. Argent. reda male bratje s. Francescka. U Rimu typ. Christoph. Dragondelli 1683.* 4°. *403 str.*

Das Vorwort an den Leser, datirt „U Rimu na 2 Kolovoza (August) 1683," s. in Katančić's Comm. de Istro p. 285. Occhievia.

Pogardjenje izpraznosti od svjeta u tri djela razdjeljeno, sloxeno i izvadjeno u jezik Slovinski Bosanski iz s. pisma i razlikieh izkuscanieh naucsiteljá i pisacá, po Fra Mihajla Radnicha

Bacsaninu etc. Romae ex typographia Christophori Dragondelli 1683. Fol. 566 str.
Eine Uebersetzung des Contemtus Vanitatum Mundi von Didacus Stella. Occhievia. Čevapović Catal. p. 319.

Razgovor dusce bogoljubne za u ljubavi dan provesti O. **Vitala Andriasci** *(drugacs* **Andriascevich***) Franceskana Dubrovcsanina. In Venezia presso N. Pezzana 1686.*
Stulli. Appendini II. 303.

Vitala Andriascevicha *Put od raja. In Venezia presso Pezzana 1687. (1682 bei Horanyi.)*
Appendini II. 303. Horanyi N. Mem. I. 96.

Ponukovanje na zagarljenje krixa i jiste ricsi bogoljubnoga Tome od Kempisa, od Dubrovcsanina slovinski sloxeno. Gedruckt zu Venedig vor 1709. Pr. 8 Soldi.
Katarina 1709. Stulli.

Oscliri poslidnja csovika od smarti, suda, pakla i kraljestva nebeskoga. Gedruckt zu Venedig vor dem J. 1709. Pr. 1 L. 4 Soldi.
Katarina 1709. Möglicherweise von Glavinić.

Bogoljubna razmiscljanja svarhu muke Isukarstove i pet raná njegovieh po O. **Mihajlu Angelu** *Bnecsaninu Kapucinu (um 1705).*
Stulli.

Poboxna uragjenja trema knjigam po O. Hermanu Hugonu Jesuritu.
Stulli.

Put krixa O. **Vlaha Letunicha** *Franceskana Dubrovcsanina.*
Stulli.

Misli karstjanske za svaki dan od mjeseca po **Ivanu Petru Marki** *Vlastelinu Splitskomu.*
Stulli.

Zabava duhovna po **Malichu.**

Stulli. — Es sind wahrscheinlich die Duhovna zabava 1734, 1754 und Duhovne mervice 1758 unter den dogmatischen und Gebetbüchern gemeint.

Razlike rukopisne duhovne zabave iz Italianskoga u Slovinski jezik prinesene po popu **Ivanu Selmunovichu** *Dubrovcsaninu.*
Stulli.

Bara Betere *Dubrovcsanina Chutjenja bogoljubna varhu sedam pjesni pokore Davidove s veche druzieh tomacsenjá. In Venezia presso Andrea Poleti 1702.*
Stulli. Appendini II. 239.

Baro Betera's *Uebersetzung der Soliloquia des h. Augustinus, unedirt.*
Appendini a. a. O.

Nacsin pomochi k zvelicsenju umirajuche etc., po Popu **Iliji Lukinichu** *Kanon. i Primanceru Senjsk. U Senju leta 1722. Jakov Tomasini stampa u Benetkah. 8°. 248 str.*

Od ljubavi Jesusove i od nacsina za stechi je, pismo O. Franceska Nepueu prinesceno u jezik slovinski (po Dinku Bianki). U Mnecieh po Franc. Storti 1722.
Appendini II. 305. Horanyi N. Mem. I. 481.

Bogoljubna razmiscljenja od otajstva odkupljenja csovjecsanskoga po O. **Marianu Lekuselchu** *Franceskanu Bosanskomu (c. 1724).*
Stulli.

Cvit razlika mirisa duhovnoga. Venetiis 1721. 8°. Horanyi N. Mem. I. 761. Diess wäre die 1. Ausgabe, wenn die Angabe verlässlich wäre; allein sie scheint unrichtig.

Cvit razlika mirisa duhovnoga, upisan i dan na svitlost po O. F. **Tomasu Babichu** *od Velima Biskupie Skradinske Reda* *s. o. Franceska male Bratje oss. Prip. i Diffi. Darxave Bosanske, u dva dila razdiljen, 1. dio uzdarxi nauk karstjanski s mnogim molitavam i devocioni razlici, i iztumacsenje istoga nauka korisno za svakoga etc., 2. versci od mnogih Svetkovind priko godiscta, i druge pisme duhovne i bogoljubne na korist virnih, prikazan prisvitl. i priposctovanomu G. G. Vincenciu Zmaevichu Arcibisk. Zadarskomu. U Mnecih 1726 po Stipanu Orlandinu kod s. Justine 4". 339 str. — Druge sctampe u Mlecih etc. 1736. 4⁰. 13 Bl. Vorstücke und 378 S. — U Mlecih 1759. 4⁰. 327 str. — U Mneci 1802. 4⁰. 484 str. — U Mneci (s. a.) 4⁰. 2 Bände. 1. Band 179, 2. Bd. 188 S. — U Dubrovniku po Ant. Martekini 1829. 4⁰. XX+188+76+179 str.*

Die Ausgabe vom J. 1726 ist die erste, wie aus dem Datum der Censur und aus dem Schlussworte des Vfs. zu ersehen, und Horanyi irrt daher. In der 2. Ausg. sind die gereimten Stücke hie und da schon geändert, erweitert, mit neuen vermehrt und auch anders geordnet. Es scheint, dass der Vf. 1736 noch am Leben war. — Ob die in der ragusanischen Ausgabe 1829, welche aus 3 Abtheilungen besteht, vorkommenden, nicht von Babić, sondern von anderen Vfn., namentlich von Stipan Badrić Gargo aus Vareš, Petar Knežević und Petar Vuletić herrührenden Stücke, zuerst in diese ragusaner, oder schon früher in irgend eine venediger Ausgabe aufgenommen wurden, weiss ich nicht, da ich nur die Ausgaben 1726, 1736 und 1829 vor mir habe.

Pravi nacsin za dovesti dusce virnih na xivot viesni, koi sloxi O. F. **Stipan Badrich**. *U Mlecih 1727. 8⁰. 74 str. — U Mlecih po Stipanu Orlandinu 1746. 8⁰. 96 str.*

Uzao Serafinske, nashki goruche ljubavi triput svezan, to jest kratko ali temeljito popisanje pocsetka, ukorenjenja i razshirenja davnashnjeg poglavitog iliti archibratinstva konopnoga pojasa patriarke sv. Franceska, uzdignutog odavna u carkvi i manastiru male bratje redovnickog obsluxenja, sinovâ istog patriarke, provincie Srebrno Bosanske (sic) u kraljevskomu i slo-

bodnomu gradu Budimu etc., u tri dila razdiljeno, od koih parvi meche prid ocsi koren, pocsetak, rashirenje, otajstva i duxnosti potribitog obsluxenja bratinstva, drugi tomacsi oproshtenja i daje mloge lipe i potribite nauke zdravom kartjanskom virovanju, ufanju i bogoljubnom dilovanju kriposti, tretji pripisuje zakon vladanju poscbitom i obchenom bratinstva, i broji oproshtenja, koja se s obsluxenjem istoga dobivaju, sve pripravljeno, sloxeno i pod tlacs dato s trudom i s perom O. F. **Lovre Bracsuljevicha** *zavitnika spomenutog gori reda etc. U Budimu po Ivanu Giurgiu Notenstein 1730. 4⁰. 577 str.*

Allen Ordensbrüdern gewidmet. Occhievia. Catal. Széchény. Suppl. II. 65. Čevapović Catal. p. 319.

Mjesec Djevice Marie razmishljanja poboxna. U Dubrovniku 1734. 8⁰. 84 str.

Im Franciskaner-Kloster zu Vukovar.

Filipa Laztricha iz Occhlevje *(1741 ff.) Koristan nauk dilovati molitvu od pameti.*

Filipa Laztricha iz Occhlevje *Kratak nacsin csiniti put krixa. U Rimu 1758. 16⁰. 35 str.*

Epit. vet. prov. Bosn.

P. Stephani Vilov *(m. 1747) De Salutatione nomine Jesu libellus.* Čevapović Catal. p. 319. Ungewiss, ob in illyr. Sprache.

Put krixa. U Mlecim 1747. 12⁰. 52 str.

Uvodjenje u xivot bogoljubni, sloxeno od s. Franc. od Sales, a prineseno u Slovinski jezik po **Ivu Angeli** *popu Dubrovacskomu (vor 1750).*

Stulli. Horanyi N. Mem. I. 96. Eine Uebersetzung der bekannten Philothea des h. Franz von Sales.

Crisostomo Clescovich's *(um 1750?) Verschiedene Andachtsbüchlein, gedruckt in Ragusa.*

Keines derselben macht Appendini namhaft II. 305.

O. **Jerolima Filipovicha iz Rame** *(1750 ff.) Put krixa.*

Elegantissimae instructiones & meditationes exercendi viam crucis. Occhievia. Horanyi III. 142.

Kratko istomacsenje zapovidi uprave S. O. Francisca. **Petar Filipovich.** *U Mlecim 1750. 16⁰. 58 str.*

P. **Lucae Csilich** *(1740—1760) Recta via ad coelum. Budae 12⁰.*
Ob illyrisch, wird nirgends gesagt. Occhievia. Horanyi I. 449.

Gjure Grisié's *(st. 1752) Il penitente istruito del Segneri, ins Illyrische übersetzt und ungedruckt.*
Appendini II. 305 „Razlicsna duhovna rukopisna uradjenja." Stulli.

Nauk novoga ispovidnika. U Mlecim 1754. 16⁰. 95 str.

Prisvete obitelji skazanje i probudjenje bogoljubstva pram Isusu, Marii i sv. Josipu, po **Josipu Banovcu** *Reḑa sv. Franc. derz. ss. Odkup. U Mlecih 1759. 8'. 106 str.*
(Inhalt unbekannt).

Ispitanja svarhu s. Roda. **Josip Banovac.** *U Jakinu 1764. 12⁰. 202 str.*

Blagoslov od polja i saklinjanja zli vremena. **Josip Banovac.** *U Jakinu 1767. 12⁰. 364 str.*

Primoguchi i sardce nadvladajuchi uzroci s kripostnimi podgomochima za ljubiti Gospodina Isukarsta Spasitelja nashega sa svim sardcem, sa svom dushom i sa svom jakostju, najpric u Francuski, posli u Nimacski jezik na svitlo dati, a sada u Illirieski iliti Slavonski prinesheni i s razlicsitima nauci i pripovistma iliti izgledi uzmloxani i obilatie istomacseni po **Antunu Kanixlichu** *Druxbe Isusove Misniku. U Zagrebu od Kajet. Franc. Härl 1760. 8⁰. 270 str.*

Jezgro istomacsenja spasenja kurstianskoga. **Frane Matich.** *U Mlecih 1762. 12⁰. 107 str.*

Ubojstvo dusce razloxite. U Jakinu po F. Ferri 1763. 8⁰. 48 str.

(M. Čop.)

Razmiscljanja karstianska. **Luka Vladimirovich.** *U Mlccim 1765. 12⁰. 70 str.*

Njekoliko duhovnich uradjenjá O. **Petra Knexevicha** *iz Knina, Franceskana (um 1765).*
Stulli.

Put krixa po **Ivanu Antunu Nenadichu** *Namjcstniku obchenomu od Kotora (um 1768).*
Stulli.

Upravljanje griscnika k bogu, to jest kako se griscnik po Sakramentu pokore i pricesctjenja upravlja k bogu, nauk od velike koristi, dat na svitlost po jednom redovniku xeljnu spascnja karstjanskoga. U Mletcih po Ant. Bassanesu 1768. 8⁰. 139 str.

Knixica duhovna u csetiri dili razdiljena i sloxena iz mnogih knixicá od Otci Missionari Druxbe Isusove Ricskoga kolleja na sluxbu blixnih slav. Biskupii. U Ternavi typ. Soc. Jesu 1768. 12⁰. 96 str.

O. **Ludovika Radicha** *Francesk. Dubrov. Rukolisti duhovni. (Manuale spirituale). Gedruckt zu Livorno 1776.*
Stulli. Appendini II. 304—305.

Razmishljanja bogoljubna s. Bonaventure Kardinala i naucsitelja Scrafinskoga sverhu muke i smerti Gospodina nashega Isukersta i otajstvi odkupljena naroda csovicsanskoga, istima nadostavljena muka i placs majke njegove, uredno za pivanje sloxena, koja za duhovno bogoljubnih zabavljenje O. Fra **Ivan Velikanovich**, *reda s. o. Franc., na svitlost etc. U Osiku 1776. 8". 210 str.*
Catal. Széchény. Suppl. II. 541.

Regulae S. Francisci, idiomate slavonico pro laicis a P. **Joanne Velikanovich.** *Essekini 16⁰.*

Samogovorenja iliti dushcvni razgovori sv. Augustina, prineshcno iz Lantinskog u Illiricski jexik god. 1778 po Otcu Fr. **Petru Mandikichu.** *U Osiku 1779. 8⁰. 175 str.*

Uprava mlogokorisna ispovidnika. **Mate Zoricsich.** *U Mlecih 1781. 12⁰. 144 str.*

Sarce prisveto Isusovo razgledano zaljubjeno etc. po Tomasu Masheroni. U Bnecieh 1783. 8⁰. 375 str.

Priprava na isporjes i pricsesetjenje s nacsinom podobnicm za csut bogoljubno s. missu, i raslike molitve, po D. **Roxju Salatichu.** *Ragusa nella stamp. di Carlo Antonio Occhi 1783. 8⁰. 272 str. — 2. Ausg. U Dubrovniku po Ant. Martekini 1805. 16⁰. 231 str.*

Gianmaria Mattei liess einige Andachtsbücher, die Appendini weiter nicht namhaft macht, in illyrischer Prosa vor 1788 drucken.
Appendini II. 304. Mattei war ein gründlicher Kenner der illyrischen Sprache; indess wird in seinen Schriften der zu häufige Gebrauch seltener oder veralteter Wörter getadelt.

Regula tretoga Reda S. O. Franciska za provinciu od Dalmacie na slavu Isusa, Marie, S. O. Franciska, prinesena iz Talianskoga na jazik Slovinski po M. P. O. F. **Antonu Juranichu** *pridajuchi nike molitve etc. U Rimu po Ant. Fulgoni 1788. 12⁰. 256 str.*

Bitje carkovno, opomene onim, koji su od boga zvani za dobro zagarliti ga i za u istomu dostojno ziviti, od priposct. O. **Ivana Josipa Paulovicha Lucsicha.** *U Mlecih kod Dominika Pompeata 1788. 8⁰. 76 str.*

Petar Bašić's *Zwei religiöse Büchlein, gedruckt zw. 1785—1800.*
Appendini II. 301. Eines davon ist Katechismus (Dottrina cristiana), wahrscheinlich jener vom J. 1783.

Utishenje oxalostjenih u sedam pokornih pisamá kralja Davida iztomacseno, u toliko promishljanjá s nikima od csiste ljubavi boxje i iskernjega molitvama zaderxano i u nacsinu sebe od kuxne otrove prinzderxati, sloxeno od **Gergura Peshtalicha,** *s. Fancishka Serafinskog redovnika etc. U Budimu slov. kr. mudroskupshtine 1797. 8". 4 Bl. Vorr. und 248 S.*

Auf die Busspsalmen folgt die Auslegung derselben, dann erbauliche Betrachtungen über dieselben, endlich Gebete und eine kurze Anleitung für Priester über das Verhalten zur Pestzeit.

Ivan Stulli's *(st. 1804) Von der Nachfolge Christi IV Bücher des Thomas von Kempen. IIs.*
Die Uebersetzung wird von Kennern sehr gelobt.

Put kriza u Jakinu pritisnut, i ina rukopisna uradjenja popa **Giva Stulli** *Dubrovcsanina (um 1800).*
Stulli. Appendini II. 315.

Put kriza. O. Fr. **Nikola Vucsich.** *U Mlecih 1802. 12". 141 str.*

Vaga vrimena i vikovicsnosti, to jest razlika medju vrimenitim i vikovicsnim, O. P. Ivana Euzebie Nierembcrga D. J. Misnika, odavna iz shpanjskog jezika na talianski, a sada iz talianskoga na illirieski prineshena, za duhovnu korist svega naroda i pomoc duhovnih pripovidavcá, po **Ivanu Marevichu** *Kanon. Pecsuj. etc. U Osiku slovi Ivana Martina Divalt 1803. 8". Knjiga I. 90, II. 100, III. 58, IV. 53 str.*
Verfasst im J. 1791.

Priprava duhovna za bogoljubno pristupit na s. Sakramente od ispovjesti i priesesetjenja i druga djela kreposti karstjanskieh, za utjehu i razgovor duscá bogoljubnich. U Dubrovniku po Ant. **Martekini** *1804. 16". 4 Bogen.*

Na slavu prisvete i nerazdjelene Troice Oca Sina i Duha svetoga, i na csast priesiste Bogorodice vazda djece Marie, S. Vlasi i svieh svetacá, ovu kniga svemu Dubrovacskomu skupu poklanja D. **Toma Ivanovich** *pop Dubrovcsanin. U Dubrovniku po Ant. Martekini 1804. 4". 25 Bogen.*

Blago ss. prosctenji bogoljubnoga skupa aliti druxbe prisvetog sardca G. N. J., po dopusctenju s. o. Pape Pia VII. s nadostavljenjem pribogoljubnih razmiscljanjî, molitvam i drugim bogoljubstvima prama istom prisvetom sardcu uzdarzanim u devetici, prineseno od slovosloxja i izgovaranja Dubrovacskoga na bistro slovosloxje i izgovaranje Dalmatinsko po misniku D. R. Riardovichu darx. Splitske. U Splitu u sctampariji Ivana Demarchi 1814.

Misto od ocsistenja, to jest purgatorium poboxnosti zivih otvoren, iliti kratko svagdashnje obvershivanje za pomochi dushe purgatoriuma. Francuski najpervo na svitlo dano, zatim pako po nikojem prama istinu dushama poboxnomu misniku u Taliansko u Rimu godine 1805 prinesheno, popravito, i u red mlogo bolji, zaderxavshi ipak pervu podobu, privedeno, a najposlam iz rimskoga na svitlo davanja LX u latinski, i iz ovog u Illirieski jezik priokrenuto. U Osiku slov. bashtinika (Iv. Mart.) Divalt 1816. 16⁰. 24 str.

Kratko uvjeschanje o pravoj ispovjesti i pricsesctenju diece male, iz Talianskoga Slovinski prineseno, drugo pritisctenje. U Dubrovniku po Ant. Martekini 1816. 16⁰. 4 Bogen.

Put Marianski na Bistricu k csudnovitomu kipu Marie Bistricske u slavnom kraljestvu Horvackomu, s ispisanjem pocsetka uzdignute kod kipa ovoga poboxnosti. Na svitlost dato po Antunu Mihaly u Gymn. Poxeshkomu shkola gramm. jubil. Prof. U Varaxdinu kod Janusha Sangilla 1822. 8⁰. 56 str.

Put prisvetoga krixa iliti poboxni kerstjanin prid 14 stojalishti muku Isusovu promishljaje i Isusu sebe priporucsuje s molitvicami, promishljavanjem, litaniami i pismicom xalostnom. U Osiku (vor 1830).

Ujedinjenje u poborno drushtvo prisvetoga serdca Isusovog. U Osiku (vor 1830.)

Vjescbanje i nacsin pomolnikom za stechi prosctenje godiscta svetoga. U Dubrovniku po Ant. Martckini 1826. 16°. 1 Bog.

Sakupljenje razliesitih zabavá, u kojim se uzdarze razmiscljanja duhovna svarhu istiná vikovitih, zabave jutarnje i recsernje s upravom odluke, nacsin za dobro se ispoviditi i pricsestiti s razmiscljavanjem i zafalami, pomutkovanje za csastiti B. D. M. Skupljeno i princseno u Slovinski jezik iz Talianskoga po jednomu misniku od skupa s. Filippa. U Splitu po Ivanu Ant. Piperata i sinu 1829.

Mariana Jalcha *Od naslidovanja Isukarsta kn. IV. Rkp.*
Das bekannte Buch des Thomas von Kempen.

cc. Gebetbücher.

Officium B. V. M., in illiryscher Uebersetzung, auf Pergament aus dem XIV. Jahrh. in der Bibliothek zu Ragusa.
Hr. Prof. A. Kucharski fand diese ragusanisch-illyrische Handschrift während seines Aufenthalts in Ragusa auf der dortigen Bibliothek. Sie ist sehr schön geschrieben. Einige Psalmen sind darin mit andern Uebersetzungen zu vergleichen. M. Kunitsch's Bericht in der Gartenzeit 1830. N. 28.

Officium S. Hieronymi, quod illyrico idiomate donavit F. **Angeus Martinus** *Ord. Praed. (um 1520).*
Farlati Illyr. sacr. VI. 17.

Molitva slozena po **Antuuu Vrancslchu** *Arkibiskupu Ostregonskomu (um 1550).*
Stulli.

Libellus Kalendarium, officia B. V. Mariae, s. Crucis, s. Spiritus, mortuorum, septem Psalmos poenitentiales, litanias omnium Sanctorum et alias preces continens. Venetiis a. 1571. 12°.

Mit der bosnisch-cyrillischen Bukvica gedruckt. Auf den gewöhnlichen, die Namen der in der römisch-katholischen Kirche verehrten Heiligen enthaltenden Kalender folgt zuerst auf einem Blatt das Alphabet, dann das Ave Maria (здрава Марија милости пуна) und das Vaterunser: оче нашь, кои јеси на небесиех — и мелони нась одь зла. Амень. Drei Blatt weiter steht eine andere Formel des Vaterunsers, welche des Ausdrucks лкавago (πονηρον) wegen die griechisch-slawische heissen kann, und in welcher insbesondere die Wörter насити пась statt насищиьи auffallen. Der unwissende Herausgeber verwechselte nämlich die Sylbe ньи mit dem Pronomen ни oder нась, und насниц mit наситн. Am Ende des Buches werden Drucker, Druckort und Jahrszahl also angegeben: щаипано в бонециех. каковь. ḍie баромь. и аброхо корсо. в8мьпано. ала сена. ḍиела. скала. в ч. ћ. о a. Mit dem Zeichen der Leiter (insigni scale) ist auch das Titelblatt geziert, auf welchem man unten liest: M. D. LXXI. Ein Ex. dieses überaus seltenen Büchleins wird auf der kais. Hofbibliothek in Wien aufbewahrt. Vgl. Dobrowsky Instit. l. slav. p. XLIV—LXV.

Rosario s. druxbom prisluenoga imena Isusova etc., sloxeno po **Arkangelu Gucsetichu** *Dominikanu Vlastel. Dubrov. In Roma presso il Bonfadino 1597. 4".*

Dellabella. Horanyi. II. 40. („Rossario precsisto djevice Marie, i. e. de confraternitate nominis dei & rosario B. V. M.") Appendini II. 302. (Bei letzterem sind: Rosario della B. Vergine, und: Sul nome di Gesù, zwei besondere Werkchen). Stulli. Auch nach Farlati sind es zwei besondere Schriften: scripsit illyrica lingua de confraternitate nominis Dei et Rosario B. Mariae, item libellum alium de Rosario. Farlati VI. 19.

Sigismondi Giorgi *Orazioni d'un penitente contrito, illyrisch und italienisch. Gedruckt in Rom bei Zanetti 1611.*

Appendini II. 323.

Rafaele Gozzi *Uffizio dello Spirito Santo e della S. Oroce, illyrisch, gedruckt 1638.*

Appendini II. 303.

Molitve katolicsanske iz Djacskoga u Harvatski jezik istomacsene po O. **Antuna Telltenovicha** *Franceskanu (um 1639).*
Stulli.

Pletro Tomaso Bogasclnl (Bogasclnovlcb) *Libretto di preghiere a S. Antonio, c l'uffizio Illirico di S. Giuseppe, di S. Benedetto. In Padova presso Giuseppe Sardi 1685. L'uffizio di S. Domenico etc. Eb. 1686.*
Appendini II. 240. Stulli. Horanyi N. M. I. 502—503.

Officsice B. D. Marie, po O. **Ignaciu Aqullinl** *Domin. Dubrovcs. Venctiis per Dominic. Milochum 1689.*

Officium mortuorum cum officio S. P. Dominici. — Officsice S. Dominika po **Ignaciu Aquillnl** *etc. Venet. ap. Dom. Milochum 1690.*
Horanyi N. M. I. 178. Stulli.

Officsice B. D. Marie po O. **Bernardu Sorgu** *Benediktinu Vlastelinu Dubrovacskomu. In Colonia 1693.*
Stulli. Appendini II. 304.

Diverse Orationi e divotioni. Gedruckt zu Venedig vor 1705.
Mandaljena 1705.

Officij Blaxene Divice Marie (Offizio della Beatissima Vergine). Harvaschi. Gedruckt zu Venedig vor 1705. Pr. 1 L. 10 Soldi.
Mandaljena 1705. Katarina 1709.

Letanie Gospe (Litanie della Madonna). Gedruckt zu Venedig vor 1705. Pr. 2 Soldi.
A. a. O.

Officij svetoga Antona od Padue. Gedruckt zu Venedig vor 1709. Pr. 14 Soldi.
Katarina 1709.

Ukazanje vridnosti ruzaria svetoga, i otajstva od prisvetoga ruzaria istumacsena (Rosario della Madonna). Gedruckt zu Venedig vor 1705. Pr. 16 Soldi.
Mandaljena 1705. Katarina 1709.

Officii od nedilje svete zajedno s mukum po Matiu, Luki, Marku i Ivanu, i s ostalimi molitvami u veliki petak etc., prineseno po D. Antona *koi se* Boxln *zorisce, od sela Jezara, otoka Mortera, Kotara Sebenika, darx. Dalm. In Venetia si vende da Bortolo Occhi 1704. 16". 352 str.*
Eine Uebersetzung der Hebdomada sancta. In dem Occhischen Catalog bei Mandaljena 1705 und Katarina 1709 wird dieses Buch also angeführt: Officij velike nedilje (Officio della settimana santa) Harvaschi. Pr. 1 L. 4 Soldi.

Podkripljenje umiruchich za dobro i sveto pochi u milosti boxjoj s ovoga svita, istumacseno, skupljeno i nadostavljeno po D. Luci Terzichu *Popu od skupsctine S. Filipa Neria Bisccsanina etc. In Venetia si vende da Bortolo Occhi 1704. 8". 368 str.* (Catal. Széchény. pag. 375.) — *N. A. Podkripljenje umiruchik etc. iztomacseno i skupljeno pria po Don* Luci Terzichu, *koje da bolje i upraonje izgovara u Harvaski jezik, popravi i pristampa po Ocu P. Fra* Bernardinu Paulovichu *iz Dubrovacske Darxave. U Mlecih po B. Occhi 1747. 12". 324 str. — U Mlecih 1800. 12". 324 str.*
Stulli. Katarina 1709.

Ivan Dražlé's *Gebet des Prinzen Eugen, ins Illyrische übersetzt und gedruckt zu Prag 1713.*
Appendini II. 251.

Pribogoljubne molitve, zgovarajuche pervo i po dospitku misse, iz missala Rimskoga etc., po D. Ivanu Kraljichu *od Otoka V.jskoga. U Buccih 1724. 8". 96 str.*

Duhovno „nemojse zaborarit od mene," iliti knjixica molitvena, koja se zove put nebeski iz razlicsitih jezikd i knjixicá izabrana i u jedno sastavita po **Antunu Josipu Knezovichu** *etc.* U Budimu kod Veronike Nottensteinin udovice 1746, 8°. 794 str. — N. A. U Budimu — *(sada bolje popravljena drugi put na svitlost izlazi)* — *1818. 8°. XIV+637 str.* (Unter dem Titel: Molitvena kniga pod imenom put nebeski).

O. Jerolima Lipovcsicha *(um 1750) Stazica nebeska. 8".*
Gebetbuch. Horanyi II. 487. Čevapović Catal. p. 320.

Statiza duhovna xivota vikovicsnjega od razlicsitih bogoljubnih molitvá ucsinjena, po kojoj putnici bogoljubno putujuchi po ovoj dolini od suzá mogu lako svladati nepriatelje dushe, i s velikim plodom molechi svaki dan uputiti se u slavu kraljestva nebeskoga. U Budimu po Leopoldi Franceshku Landereru 1755.

P. Hieronymi Lipovcsich a Poxega *De modo SS. Trinitati laudes persolvendi (hymni variaeque preces ad orandum SS. Trinitatem, illyrice) a. 1750.*
Horanyi II. 487. Csevapovich l. c.

Lucae Karaglch *(1681—1754) Ord. S. Franc. Liber precum illyrice.*
Horanyi II. 297.

Duhovne meruice iliti malene molitvice od veche knjige „duhovne hrane" ljubeznivo odkinjene i kerschanskoj dicsici serdceno priporucesene po **Juraja Mulicha** *(sic) drushtva Isusovoga misniku, misionaru apostolskomu. Pritisk. u Presborku po Ivanu Mahalju Landereru 1758. — 2. Ausg. U Budimu 1818. 8°.*

Bogoljubstvo na poshtenje s. Franceska Saverie Druxbe Isusove Indianskoga aposhtola i sveta csudotvorca, s pomochom

priposhtovanoga G. Ivana Paxy na svitlost dano. U Ternavi 1759. 17°. 260 str.
(Th. M.)

Utoesisete blaxenoj Divici Marii ugodno i prietno a nami vele koristno i potribito, na pocstenje Gospe Almacske, majke od utocsiseta nazvane, po **Antona Kanixlicha** *Druxbe Isusove misniku. U Mnecih pritiskano od Antona Bossanessa 1759. 12°. 873 str.*

Njekoliko duhovnich zabavá O. **Bernarda Zuzzeri** *Jesuvita Dubrovcsanina (darunter die neuntägige Andacht für den heil. Blasius, anonym), vor 1762.*
Stulli. Appendini II. 305.

Nacsin pravi moliti Boga. **Petar Jurich.** *U Mlecim 1763. 12°. 166 str.*

Osmina dilovanja duhovnoga. **Mate Zorlesich.** *U Jakinu 1765. 12°. 160 str.*

Pomoch svagdanja duscá od purgatoria. U Mlecim 1765. 12°. 72 str.

Osmina redovnicska. **Petar Knezevich.** *U Mlecih 1766. 12°. 396 str.*

Bogoljubnost molitvena na poshtenje prisvete Trojice jedinoga Boga, blaxene divice Marie i svetih s razlicsitimi naucima i istomacsenjem svetih obicsnjá cerkvenih sloxena, i prikazana s. Aloisii etc. od **Antona Kanixlicha.** *U Ternari 1766. 8". 580 str. — 2. Ausg. U Budimu 1794. 8". XVII+580 str. — 3. Ausgabe. U Budimu slov. kr. mudroskupsht. 1813. 8". XXXII+564 str. — U Zadru po Ant. Lud. Battara (1800 ff.) 16°. 644 str.*

Devetica s. Paskala Bailona. U Mlecim 1767. 16°. 24 str.
Stulli.

Blagosov od poglia i zaklignianja zlia vremená, u çettiri dilla razdiglieni, veoma kripostni i moghuchi suprot svakoj zivini sckodlivoj i vlastima ajerskiim, dati na svitlost za sluxbu misnika slovinskii po O. F. **Banovcza**, *pripovidaocu reda S. O. Franciska. U Jakinu 1767, po Petru Ferri.*
Časop. Česk. Mus. 1851. sv. II. str. 56.

Emerici Pavich *Ord. S. Franc. Liber precum selectarum intersertis piis quibusdam hymnis, illyrico idiomate. (Budae) 1769. 8°.*
Horanyi III. 50.

Marianska devetina iliti devetodnevno bogoljubstvo. (S. l.) 1769. 16°.
Im Franziskaner-Kloster zu Vukovar.

Pisme i molitve za vojnike, s priloxenim kratkim naukom kerstjanskim, na najvishnju zapoved Njih c. kr. Velicsanstva Marie Terezie. U Zagrebu 1770. 16°. 16 str.

Deveterodnevje na csast prisvetoga sardca Krista u Mlecich uslovotjesetcno, i ine duhovne rukopisne raduje, po O. **Ivana Mattei** *Jesuvitu Dubrovcsaninu (vor 1788).*
Stulli.

Csetiri jutarnje, to jest Bozichna, Vodokarstna, Vazmena i Martacska, i druge takojer tri velike svete nedilje, to jest csetvartka vecsere Gospodinove, Velikoga petka i Subote, istomacsene iz Latinskoga u Harvatski jezik. U Mnetke kod Scimuna Cordella 1794. 4°. 102 str.

Obicsajne molitve na pokstenje svetih odvitnika od kuge. U Budimu (s. a.) 12°.

Bogoljubstva jednoga kerstjanina i njegova iskernjega za svagdanju sluxbu. U Budimu (vor 1799) 8". 72 str.
Oft aufgelegt. Gebete, Lieder.

Officsice B. D. Marie po Mlbu Draglcherichu Franceskanu iz Vergorca.
Stulli. — Gehört wahrscheinlich in ein früheres Zeitalter hinauf.

Ivan Stalll's *Neuntägige Andacht für den h. Joseph Kalasantius*, gedruckt um 1800.
Appendini II. 315. Er nennt diese Uebersetzug elegant und lobt des Vfs. tiefe Kenntniss des Illyrischen.

Malena knjixica molitvena. U Osiku 1802.

Novena i pjesan za svetoga Boxicha. U Dubrovniku po Antunu Martekini 1804. 16°. 1 Bog.

Molitva sedam bolesti blaxene djevice Marie S. C. J. Pritiskano u Dubrovniku po Ant. Martekini 1804. 16". 1 Bog.

Slawonische Kirchengebete. Agram 1807.
Dobrowský's Slovanka I. 253.

Svagdanju smerti uspomena i molitve za dobiti dobru smert (po **Karll Pavlchu***). U Budimu slov. kr. mudroskupshtine 1808. 12". 36 str.*

Nauk od oproshtenja u obchinu i od jubileuma osobito s pridavkom od molitavà, na zapovid i troshkom G. Emerika Karle Raffaye Bisk. Bosan. i Srim. etc., izdan za ubavistiti svoje stado od proglashenog jubilea (po **Karll Pavlchu***). U Osiku slov. Divaldovima 1826. 8". 98 str.*

Molitvena knjiga ključ raja nebeskoga nazvana, u kojoj se mloge kripostne molitve za sluxenje bogoljubnih kerstjanâ nahode, sada pervi put na svetlo dana po A. N. **(Antuna Nagy).** *U Budimu slov. kr. mudroskupshtine 1818. 12⁰. 290 str.*

Malena knjixica molitvena, u kojoj zaderxaju se molitve jutarnje i veesernje, k pohoxnomu slushanju s. misse, k pravoj ispovidi i dostojnoj priesesti s mlogima litaniama za xive i mertve vele koristne. U Budimu slov. kr. mudroskupshtine 1818. 8⁰. — N. Ausg. U Budimu itd. 1829. 18⁰. 234 str.

Vinac angjeoski, to jest bogoljubne molitve i pisme, koje se u razliesitih prigodah duhovnog i cerkvenog obsluxaranja priko godine moliti i pivati mogu, za vechu slavu boxju, uzmloxanje bogoljubstva i usluxenje virnih kerstjanâ na svitlost da po mojom troshkom **Ignacie Bajay** *G. M. U Peshti slov. Ivana Thome od Trattner 1821. 8⁰. 326 str.*

Pohoxnost k boxanstvenomu serdcu Isusa spasitalja nashega, kano ujedinjenje s svima pravovirnima, na duhovnu hasnu xivih i mertvih, s nalogima s. oproshtenji od stolice apostolske nadiljenu. U Rimu 1790 podignuta, sada po cilom kerstjanskom sritu razshirita, u Slavonski jezik prineshena (po **Ivanu Drajak** *Kanon. i* **Karolu Radinovich** *SS. Theol. Doct.), s molitvami i jednim pridavkom na svitlo dana od priuzvish. G. Maxim. Verhovacz Bisk. Zagr. U Zagrebu u slovotiski Franca Suppan 1827. 12⁰. 81 str.*

Aus dem Kroatischen des Th. Mikloušić ins Slawonische übersetzt.

Bogoljubnos, koja se diluje u petak veliki od 18. do 21. ure, na ispomenu od tri ure, u koje visje Jesus na krixu izdisajuchi za nasce spasenje, sloxena i istomacsena u Slovinski jezik po D. **Simu Trosani** *Dubrov. Kanon. svet. Jerolima u Rimu. U Dubrovniku po Ant. Martekini 1828. 12⁰. 5 Bogen.*

Devetinja u bogomilnieh zabavah provedena, na podobno pripravljenje k blagdanu S. Patriarke Franceska tri reda gla-

soslavnoga otca i izroditelja uputjenja sviem duscam etc., pristarljaju se na svarsi razlicieh svetacâ pjesm. U Dubrovniku po Ant. Martckini 1828. 8°. 6 Bogen.

8. Theologische Miscellen; unbestimmte Schriften.

Würtembergische Kirchenordnung, kroatisch (d. i. illyrisch) mit lateinischer Schrift, von **Anton Dalmatin** *und* **Stjepan Istrianin.** *Tübingen 1564. 8°.*
Ein Ex. dieses seltenen Büchleins besitzt die kön. Bibliothek zu Dresden. Dasselbe wurde auch mit glagolitischen Lettern gedruckt. Schnurrer Slaw. Bücherdr. S. 110. Dobrowský's Slavin S. 135. Kopitar's Gram. S. 448.

Bartole Kascicha *Kalendar iz missala Rimskoga („Calendario al penitenziere apostolico„). Romae 1640 typ. congr. de propag. fide. 82. str.*
Appendini II. 253. Dobrowsky's Reise nach Schweden S. 24. Eigentlich ein Theil des Rituals.

Vaga umerlog csovika. U Budimu slov. kr. mudroskupshtine 1823. 8°. 11 str.

IV.

Kroatische Literatur.

Reihenfolge kroatischer Schriftsteller.

XVI. Jahrhundert.

Mihalj Bučić (zw. 1564—1574) ist der erste mit Sicherheit nachzuweisende Schriftsteller, der sich in seinen Schriften der kroatischen Mundart oder der im heutigen Provincialkroatien und einigen benachbarten Districten gebräuchlichen gemeinen Volkssprache bedient hat. Da er den katholischen Glauben verlassen hatte und zum Protestantismus übertrat, so beginnt eigentlich auch in Kroatien, wie in Krain, die Epoche der Nationalliteratur mit der des Protestantismus, und Truber's Vorbild ist aller Wahrscheinlichkeit nach nicht ohne Einwirkung auf Bučić und seine Gehilfen geblieben. Von den Lebensumständen dieses Mannes ist wenig bekannt. Er stammte aus einem adeligen Geschlechte und war zuerst katholischer Pfarrer zu Belica auf der Murinsel; seine Verwandten Georg und Nicolaus Bučić kommen in der Reihe der agramer Domherren vor. Darauf trat derselbe zum Helvetischen Glaubensbekenntnisse über und verbreitete dasselbe unter den Kroaten mit Predigten und Schriften. Er schrieb wider das wirkliche Vorhandensein des Leibes Christi in dem Sacramente des h. Abendmals ("contra realem praesentiam Corporis Christi in Eucharistiae sacramento"), gab einen Katechismus, nach einigen, was jedoch zweifelhaft ist, ein Neues Testament und andere theologische Bücher in kroatischer Sprache heraus. Die Grafen Zrinjski, die mächtigsten Gönner und Anhänger des Protestantismus, hatten nämlich auf Ansuchen Bučić's und anderer zu Nedělišće eine kroatische Buchdruckerei errichtet, aus der sehr viele protestantisch-theologische Bücher, besonders

Katechismen (auch Verböczy's Tripartitum, von Pergošić ins Kroatische übersetzt, 1574) erschienen sind. Der eifrig thätige Bischof von Agram, Georg Drašković, der erst 1563 von dem tridentiner Concilium zurückgekehrt und von Fünfkirchen nach Agram versetzt worden war, arbeitete indess dem Protestantismus in Kroatien aufs kräftigste entgegen. Schon im J. 1569 finden wir, dass ihn Papst Pius V. wegen seines Eifers in Beförderung der katholischen Sache („studium in provehenda re catholica") in einem eigenen Schreiben belobte. Als nun dieser den Michael Bučić durch kanonische Ermahnungen nicht beschwichtigen konnte, berief er 1574 eine Synode, auf welcher Bučić als Apostat verdammt, seinem Werke eine Widerlegung entgegengesetzt, und die wider ihn gefällte Sentenz dem Kg. Maximilian zur Bestätigung vorgelegt wurde. Die Akten dieser merkwürdigen Synode hat der Paulaner P. Venantius Glavina im J. 1771 mit Noten und Corollarien herausgegeben. Maximilian verfügte indess nichts widriges gegen Bučić, vielmehr schlug die protestantische Religion in Steiermark, Kärnten und Kroatien immer festere Wurzeln, bis Ferdinand II. zur Regierung gelangte und die neue Lehre in diesen Provinzen mit energischen Mitteln niederschlug. Die letzten Schicksale Bučić's sind unbekannt. (Engel's Gesch. von Dalm., Kroat. & Slav., oder II. 148, aus M. Kèrčelić u. J. Smendrović Collectio Scriptorum ex Regno Slavoniae, Zagr. 1774. 8°. Horanyi N. Mem. I. 602—604).

[Ueber Drašković's oberpriesterliches Walten, besonders seinen wachsamen und energischen Eifer wider die in Kroatien allmälig eindringende Reformation, ist Farlati Illyricum sacrum Bd. V. S. 539—545 nachzulesen. Es heisst dort z. B. „Totam dioecesim peragravit, ubique pravas opiniones, quae ex finitimis regionibus Lutheriana peste infectis irrepserant, ex animis hominum penitus evulsit etc. Quidam e Canonicis, sive instigante Dudichio, qui per summum dedecus ordinis episcopalis ad partes Lutherianas defecerat, sive ea spe decepti, quod propediem fore putabant, ut sedes apostolica, multorum precibus exorata, potestatem nubendi presbyteris faceret, uxorem ducere praeoccupaverant. Sacrilegi et execrandi facinoris ulciscendi et prorsus a clero suo eliminandi vehementissimo studio exardescens, nihil animadversionis et poenae praetermittendum censuit, ut connubia tam nefanda dissolveret, ac ne inposterum fierent, severissime caveret ac sanciret. Quem vero ab illicito et scelestissimo concubitu abducere non potuit, eum sacerdotio privatum exilio perpetuo multavit. — Tres synodos dioecesanas convocavit, an. 1570, 1573 et 1574, quorum acta et decreta sapientissima deperdita scriptores rerum Zagrabiensium merito dolent. (Allein die Akten vom J. 1574 sind ja vorhanden und gedruckt.) — Sed illud inprimis cordi et curae ei fuit, ut fidem catholicam ab omni errore intactam servaret; atque ad coërcendos et eliminandos haereticos potestatem utramque episcopalem et banalem adhibuit. Qui ab ecclesia Romana dissentirent, eos vetuit stabilem adipisci possessionem in universa Slavonia, magistratus gerere, honores assequi, quibuscumque muneribus fungi, ac ne serviles quidem artes exercere, aut cuiquam famulatum praebere voluit; id quod postea lege sancitum est. Ita voluntarium exilium sibi consciscere illos coëgit, Rascianos schismaticos, et omnes vel haereticae vel schismaticae impietatis suspectos proscripsit, hos qui reciperet suoque patrocinio foveret, eum perfidiae ac laesae divinae regiaeque Majestatis reum esse declaravit. Michaelem Buchichium, qui cum in ea regione, quae Dravo et Muro fluviis interjacet, concionatoris officio fungeretur, perniciosa dogmata spargebat e pulpito, ac populos a recta fide et Romani Pontificis auctoritate abducere conabatur, in posteriori synodo dioecesana diro anathemate confixit et perpetuo exilio multavit." (Also wäre Bučić doch wirklich des Landes verwiesen worden? Wohin begab er sich und wo starb er?)]

Januš Pergošlé (1574), der Uebersetzer des Verböczy'schen Tripartitum, ist uns seinen übrigen Lebensumständen nach gänzlich unbekannt.

Anton Vramec (1578), Priester der agramer Diöcese, war zuerst Pfarrer zu St. Marcus in Agram, dann Domherr und Archidiacon von Varasdin und hierauf von Bežin. Am Schlusse der lateinischen Dedication vor seiner Chronik (1578) unterschrieb er sich: „Anthon Vramec D. Philosophiae E. Z. Canonicus ac Parochus in Rain etc." (Rain = Бртхще?) Kèrčelić führt ihn in s. Historiae Cathedr. Ecclesiae Zagrabiensis, Zagr. 1770. fol. p. 241—252 unter den agramer Domherren als Archidiaconus zuerst von Varasdin und dann von Bežin mit folgendem Beisatze an: „Antonius Vramecz, Historiae, Concionum Scriptor et Parochus S. Marci Lib. Regiaeque Civitatis Montis Graecensis Zagrabiensis," — und p. 244 bemerkt er in Bezug auf seine Chronik, dass sie auf Betrieb und Kosten des Bischofs Georg Drašković erschienen sei. Es bleibt demnach selbst nach Kèrčelić zweifelhaft, ob die Predigten Vramec's wirklich gedruckt worden sind oder nicht? Nach Mikloušić's Izbor dugovany S. 82, soll er um das J. 1572 gestorben sein. In diesem Falle wäre seine Chronik ein Opus posthumum. Es scheint indess die Angabe des Todesjahres auf einem Irrthume zu beruhen.

XVII. Jahrhundert.

Peter Grof Zrinjski, magy. Zrinyi (1660), der jüngere Bruder des Grafen Nicolaus und der Urenkel des berühmten Helden von Sziget (1566), des kroatischen Leonidas, Grafen Nicolaus Zrinjski. Der ungeschwächt auf ihn fortgeerbte Heldensinn seiner Ahnen erglänzte mehrmals in seinen kühnen Waffenthaten auf dem Schlachtfelde wider die Türken. Als oberster Kapitän von Zeng und dem Küstenlande schlug er mit einer kleinen Schaar Tapfern am 16. Oktober 1663 den Alipaša Čengić bei Georgenfels (Jurjeve Stěne) an der Gačka. Im J. 1665 ward er Ban von Kroatien; in dem folgenden Jahre wurde er in den venetianischen Adel aufgenommen. Allein in den eben damals aufs neue aufflackernden bürgerlichen Unruhen nahm Peter Zrinjski Theil an der Verschwörung, die sich wider den König gebildet hatte (1670). Der kais. General von Karlstadt verwüstete mehrere seiner Schlösser und nahm zuletzt den Grafen selbst gefangen. Er wurde im J. 1671 zu Wiener-Neustadt als Majestätsverbrecher enthauptet. Den Beweis, dass er in glückli-

cheren Zeiten mitten unter Waffengetöse auch den Musen nicht
ohne Erfolg huldigte, liefert seine Uebersetzung der Sirena aus
dem Ungarischen seines Bruders Nicolaus. Letzterer wurde
geboren im J. 1616 und entwickelte nicht weniger Tapferkeit
und Glanzruhm als seine Vorfahren in den Kämpfen wider die
Türken. Im J. 1647 wurde er zu der Würde eines Bans von Kroatien erhoben. Dieser berühmte Held und Sänger wurde im J. 1664
auf einer Jagd zu Kużanci unweit Čakovec (Čakathurn) von einem
durch eine abgeschossene Kugel wüthend gemachten Eber zer-
rissen. Er war sechs Sprachen vollkommen mächtig und dichtete in der ungarischen. Seinen Werken fehlt zwar die letzte
Feile, aber dessen ungeachtet sind sie in mancher Hinsicht Edel-
steine in der Krone der ungarischen Poesie. Ausser den unten
verzeichneten Gedichten hinterliess Peter Zrinjski in lateinischer
Sprache die nach seinem Tode gedruckte Abhandlung „De belica
disciplina restituenda, 1705. 12". (Horanyi III. 635.)

Juraj Habdelić (1670—1672), Priester des Jesuiten-Ordens.

Matiaš Magdalenić (1670), wahrscheinlich ein Ordensbruder
oder doch ein Priester, über den alle weitern Nachrichten fehlen.

Ivan Belostenec (Beloztenec), geboren in Kroatien im Jahre
1595, trat in sehr jungen Jahren (um 1608) in den Paulaner-
Orden und erhielt die Priesterweihe 1624; im J. 1634 wird
er unter den Generaldefinitoren genannt, welche beauftragt waren,
die Statuten des Ordens und des Klosters von Lepoglava zu
revidiren; im J. 1651 trat er die Würde eines Vicarius vom
Kloster Lepoglava an; im J. 1674 feierte er am Feste des hl.
Jacobi sein fünfzigjähriges Priesterjubilaeum und starb am 10.
Febr. des folgenden Jahres 1675 in seinem 80. Lebensjahre zu
Lepoglava. (Hist. synopt. PP. Claustri Lepoglav.) Nach einer
Stelle in der Vorrede zu seinem Werke hatte er damals, als er
sein Lexicon beendete (vor 1675), bereits volle 58 Jahre in de
Orden verlebt („a quinquaginta octo annis professi pauperis").
Nach seinem Priorat von Lepoglava wurde er Provincial von

Istrien. Aus der Vorrede zu seinem Wörterbuche geht hervor, dass er mit Bedacht und nicht ohne tüchtige Vorbereitung zu dessen Abfassung schritt. „Quidquid in feracibus Illyrii litoribus, Dalmatia, Croatia, Slavonia, Istria et vicinioribus inibi insulis (quarum magnam partem . . . majoris experientiae in lingua gratia, non absque magno meo incommodo peragravi), quidquid, inquam, colligere potui, abunde in hoc gazophyllacium congessi etc." Er verfasste zuerst den kroatisch-lateinischen Theil seines Wöterbuches und gab anfangs der Alterschwäche und der fortdauernden Kränklichkeit wegen die Bearbeitung des lateinisch-kroatischen Theiles ganz auf. Später jedoch entschloss er sich, in einem Alter von 70 Jahren auf vielfältiges Drängen seiner Freunde, auch diesen Theil auszuarbeiten. Belostenec war, nach Horanyi's Bemerkung und nach dem Zeugnisse, welches seine Werke abgeben, ein ebenso gründlich gelehrter Theologe, als scharfsinniger und beredter Denker. Sein Werk lag an 65 Jahre lang in der Handschrift und wurde erst 1740 von den Ordensvorstehern zum Drucke befördert. Da nun in dem Wörterbuche, wie es gedruckt ist, nicht nur Ritter's Schriften, der als kroatischer Schriftsteller, so viel bekannt, erst im J. 1684 auftrat, sondern sogar Ardelio Dellabella's Wörterbuch, citirt werden, so ist klar, dass die zwei Ordensbrüder, denen die Revision des Werkes vor der Herausgabe desselben von den Ordensobern übertragen war, einiges darin nachgetragen haben. „Opus," heisst es in der Approbation des Prior Generalis, „ad inclytae nationis Illyricae obsequium a venerabili Conventu Lepoglavensi (wahrscheinlich lebte Belostenec hier) reassumtum, iterato ex commissione Superiorum Religionis a duobus idiomatis gnaris SS. Theologiae Doctoribus revisum." Es scheint indess, dass sich diese zwei Doctoren bei der Revision nicht sehr angestrengt haben; denn im kroatischen Theile wird oft auf Wörter verwiesen, die in der Reihe gar nicht vorkommen.

Gabor Jurjević (1675), k. k. Dreissigstamts-Controlor (Protipisec) zu Varasdin, aus einem adeligen Geschlechte, im übrigen unbekannt.

Pavel Ritter genannt Vitezović (1684), wurde zu Zeng (ill. Senj) an der kroatischen Küste, wo sein Vater Beamte war, ums J. 1650 geboren und in Belgien erzogen. Von da brachte er den Geschmack an Wissenschaften in das damals noch sehr rohe, kaum durch einzelne Lichtfunken einiger besser gesinnten Priester und Ordensbrüder nothdürftig erhellte Kroatien. Um das Jahr 1681 erschien er als Deputirter von Zeng auf dem ödenburger Reichstag, in den J. 1682 und 1683 aber als Abgeordneter der Stadt Zeng am kais. Hofe. Hier machte er sich durch Lobgedichte und Anagramme auf den Kaiser und seine Minister, besonders den damaligen Bischof von Neustadt, Ladislaus Graf Kolonić, beliebt. Um in seinem Vaterlande seine literarisch-politischen Zwecke besser verfolgen zu können, musste er seinen wahren Vorsatz anfangs unter der Maske literarischer Charlatanerie verstecken. Da er sah, dass der Familienstolz sehr weit ausgebreitet war, so fing er von der Heraldik an und fabricirte Stammbäume aus seinem Kopfe, aus etymologischer Wortdeutung, aus der Poesie und Redekunst. Wenn er mit diesem Redekram die interessirten Familien aufmerksam gemacht und an sich gefesselt hatte, und es nun zum scharfen juridischen Beweis kommen sollte, so liess er sich die Archive zeigen, brachte dieselben in Ordnung und machte sich Anmerkungen zu seinem literarischen Behufe. Nach seiner Agentie in Wien kaufte er sich zu Agram ein Haus und das Gut Šitjarevo, reiste aber oft in Privatgeschäften als Vertreter von andern nach Wien. Im J. 1687 zur Zeit des pressburger Reichstages bei Krönung Josef I. ward er zum Ritter von goldenem Sporn geschlagen. Im J. 1691 ernannte man ihn zum Vice-Gespan von Lika und Krbava, dann zum königlichen Rath, endlich zum Freiherrn. Er beredete die Stände der drei Reiche dazu, in Agram eine Druckerei zu errichten; hiedurch, so wie durch seine Verhältnisse zum Hofe und zu den Grossen, besonders aber zum Clerus des Landes, zog er sich aber nach der Zeit viele Verdriesslichkeiten zu. Nichtsdestoweniger war er unter Ks. Leopold I. in alle Archive gesandt mit dem Auftrage, alles, was zum Erweis der Rechte des ungarischen Reiches auf die illyrischen Länder dienlich wäre, aufzusuchen. Endlich brach das Ungewitter mit aller Gewalt über ihn aus. „Nata post Leopoldi victorias (heisst es bei Kèrčelić und Smendrović) Commissione neoaquistica, systematica item, Protonotariorum judicatui non favente Leopoldo rege die 5. Maji 1705 mortuo, in eas talesque ruit calamitates (er scheint Mitglied und Theilnehmer bei der neoaquistischen Commission gewesen zu sein), quod universa et quaevis supellex sua direpta tam in aede Zagrabiensi, quam et bonis Šitjarevo exstiterit, oneratusque innumeris injuriis Viennam concessit, prius finem vitae quam negotiorum suorum sortitus." Er starb in Wien am 17. Decb. 1713. Kèrčelić nennt ihn „virum summae diligentiae, qui plurima conscripsit et notavit, quorum meliora lucem non viderunt." Ueber den Hass und die Verfolgungen, welche er sich durch seine literarische Betriebsamkeit zuzog, bemerkt Kèrčelić Folgendes: „Visa ejus vulgari lingua edita ab illo chronica, item vulgo Sibylla, tantus in immortalis memoriae virum concitatus ab iis, quibus doctrinae et literae vi vocationis incumbunt, ast livor atque odium, ut prope infinitis calumniis et injuriis affectus, omnique spoliatus substantia, Viennam abiret, ibidem 1713 mortuus." Es scheint also die herrschende geistliche Partei in Kroatien die Ausübung der Schriftstellerei in der Nationalsprache von Weltlichen und die Ausdehnung der Literatur auf profane Gegenstände als bedenklich, ja als gefährlich und wahrscheinlich auch als einen Eingriff in ihre Monopolsrechte erachtet zu haben. Doch mögen den Sturz und das Unglück Ritter's auch noch andere, uns unbekannte Verhältnisse herbeigeführt haben. Ritter war ein unermüdet fleissiger Literat und Sammler von Materialien zur Geschichte, aber nur ein ziemlich seichter Gelehrte, und ein durchaus oberflächlicher, unkritischer Forscher. Seine lateinischen, sowohl gedruckten als handschriftlichen, später von Kèrčelić und andern benutzten Werke findet man fast vollständig verzeichnet bei Engel I. 288—290. II. 146. 155—157, ferner im Catalog. Biblioth. Széchény. Sein warmer slavischer Patriotismus und seine Verdienste um die kroatische Sprache, Buchdruckerei und Literatur verdienen übrigens die dankbarste

Auerkennung. Dieser Ruhm soll und wird ihm ungeschmälert bleiben.

Pavel Češković (1690), Canonicus Cantor des Capitels an der Cathedrale zu Agram, im übrigen unbekannt. Seine Predigt vom J. 1690 wäre, wenn die Angabe richtig ist, das älteste bis jetzt bekannte Product der auf Betrieb Ritter's in Agram eingeführten kroatischen Buchdruckerei. Er starb als Präpositus Major, Canonicus Senior, Abbas S. Margarethae de Bela, den 2. Septb. 1724.

Šimon Judas Šidić (1696), Domherr zu Agram, starb als Abbas B. M. V. de Belastena und Custos der Cathedralkirche zu Agram den 28. Novb. 1710.

Mihalj Šimunić (1697), Domherr von Agram und Archidiakon von Gorica.

Juraj Gjurićić (vor 1700), Pfarrer zu Vidovec.

XVIII. Jahrhundert.

Mihalj Krištofić (vor 1704), aus Kroatien, Priester des Paulaner-Ordens, in welchem er sich als Doctor der Theologie und Prediger auf das rühmlichste auszeichnete. Er starb im J. 1704. (Horanyi II. 446, aus Orosz Synopsis Annalium FF. Eremitarum O. S. Pauli, Sopronii 1747. 8°.)

Ivan Krištolovec (1710), gebürtig aus Varasdin, Priester des Paulaner-Ordens, wurde, nachdem er die gewöhnlichen Ehrenstufen durchgelaufen, zuletzt im J. 1715 zum General seines Ordens erwählt — in welcher Würde er der 64. der Reihe nach war — und vom Kaiser Karl VI. mit dem Titel eines kaiserl. Raths beehrt. Er starb im J. 1730. Ausser zwei kroatischen

Schriften, die er herausgab, schrieb er die Geschichte des Hauses
Oesterreich lateinisch, und das Leben des h. Paulus des Proto-
eremiten italienisch. (Horanyi II. 447.)

Stefan zubenannt **Zagrebec** nach seinem Geburtsorte Agram
(1715), Priester und mehrmaliger Guardian des Kapuciner-Or-
dens des hl. Franciscus in der steirischen Provinz, ein unermüdet thätiger Prediger und Schriftsteller, der zuletzt durch
vielfältige Mühen an Kräften erschöpft und des Augenlichtes völlig
beraubt, den Rest des Lebens in beschaulicher Ruhe zuzubringen genöthigt war. (Horanyi III. 579). Er wurde im J. 1688 zu
Agram geboren und starb den 15. Februar 1742.

Stefan Škvorc (1717) aus Agram, Clericus regularis. Er
nennt sich, wie der Obige, nach seiner Geburtsstadt auch **Zagrebec**, und ist deshalb von jenem um so sorgfältiger zu unterscheiden.

Ferenc Šušnik (vor 1739), Priester des Jesuiten-Ordens,
lebte zur Wiederherstellung seiner durch Berufsarbeiten ge-
schwächten Kräfte in behaglicher literarischer Musse zu Agram,
und arbeitete hier, unterstützt von seinem Ordensgenossen Jambrešić, an einem kroatisch-lateinischen und lateinisch-kroatischen
Wörterbuche. Aber ein Nervenschlag und der bald darauf erfolgte Tod machte im J. 1739 seinem rühmlichen Bemühen
kurz vor der Erreichung des vorgesteckten Zieles, ein Ende.

Andraš Jambrešić (1726), aus Zagorje in Kroatien gebürtig,
Priester des Jesuiten-Ordens, lebte in Agram und setzte das
von Šušnik angefangene, bereits bis zum Drucke gediehene Wörterbuch fort. Sowohl früher als nachher gab er mehrere andere, die kroatische und lateinische Sprachkunde betreffenden
Schriften heraus. Sein Todesjahr ist unbekannt.

Ivan Mihalj Sottner (1734), wahrscheinlich ein Ausländer.

Stefan Fuček (1735), Pfarrer zu Krapina, starb den 8. Juli 1747.

Juraj Mulih (1739—1750), Priester des Jesuiten-Ordens, apostolischer Missionär oder Landprediger, starb im Jesuiten-Collegium zu Agram, kurz nach gehaltener Nachmittagspredigt, am 31. Decb. 1750 (oder 1751).

Josip Bedeković (1744), aus einem adeligen berühmten Geschlechte in Kroatien gebürtig, trat in jungen Jahren in den Paulaner-Orden, in welchem er zuletzt die Würde eines Generaldefinitors bekleidete. Als Historiker ist er bekannt durch sein voluminöses Werk: Natale solum S. Hieronymi in ruderibus Stridonis occultatum, Neostadii 1752. fol. 2 Bde, in welchem Buche sich viele interessante, wiewohl eben nicht zum behandelten Thema gehörige Notizen befinden. (Horanyi I. 155. Eb. N. Mem. I. 361—363.)

Stefan Raffay (1744), Präbendist des agramer Domcapitels („Präbendarius Chori Ecclesiae Zagrabiensis"), Fortsetzer der Ritter'schen Chronik, starb zu Agram den 2. Novbr. 1750.

Jerima Šoštarić (1746), Priester des Franciskaner-Ordens.

Ivan Gallyuff (1747), der Uebersetzer von F. Pomey's Flos Latinitatis.

Boltižar Adam Kèrčelić (1747), dessen adelige Vorfahren aus Krbava stammten und sich im Dorfe Bèrdovec unweit Agram niederliessen, wurde geboren zu Bèrdovec am 9. Febr. 1715. Im J. 1747, also im 31. seines Lebens, wurde ihm das Canonicat von Agram und im J. 1749 die Würde eines Abtes ertheilt; im J. 1752 ward er Beisitzer der Banalgerichtstafel. Er starb im J. 1778, im 63. seines rastlos thätigen Lebens. Kèrčelić behauptet unter den lateinischen Schriftstellern seines Vaterlandes, besonders als Historiker, einen ausgezeichnet ehrenvollen Rang. Er benutzte ausser den Handschriften des Capitels, beonders die handschriftlichen Vorarbeiten Levakovič's, Ritter's u. a. Unter seinen zahlreichen lateinischen gedruckten und ungedruckten Schriften (die man bei Engel I. 290—291, II. 145, 242 etc. verzeichnet findet), ragen durch urkundliche Forschung und kritische Freimüthigkeit besonders hervor: De regnis Dalmatiae, Croatiae et Slavoniae notitiae praeliminares, Zagrabiae (1770) fol., und Historiae Cathedralis Ecclesiae Zagrabiensis Partis I. Tomus I., Zagrab. 1770. Fol., welches letztere Werk nur vom J. 1091 bis 1603 reicht, indem der fernere Druck des aus drei Abtheilungen (Partes) bestehenden Ganzen untersagt wurde. Auch das erstgenannte Werk wurde nur auf speciellen Befehl der Kaiserin Maria Theresia zum Drucke zugelassen. Schade, dass Kòrčelić's lateinischer Styl so barbarisch horrid ist. (Horanyi II. 327.) Was er in kroatischer Sprache schrieb, kann in Vergleich mit seinen lateinischen Werken nur geringfügig genannt werden. Er machte sich um sein Vaterland auch noch durch die Vermachung seiner schätzbaren Bibliothek an die agramer Akademie, das erste Beispiel einer patriotischen Handlung dieser Art in Kroatien, besonders verdient.

Hilarius Gasparotti (1751—1758), Priester des Paulaner-Ordens. Horanyi (II. 4.) verwechselte ihn mit P. Stefan Zagrebec und schrieb die von diesem herausgegebenen Predigten irrig jenem zu. ʻEr starb als Vicarius provincialis nach 1758 zu Lepoglava. Er wurde im J. 1712 geboren und war früher Prediger im Kloster Lepoglava, hierauf Vicarius provincialis (Collega minor aptris provincialis), in welcher Würde er am 6. März 1762 starb. Seine Frömmigkeit und Gelehrsamkeit wurde sehr gerühmt.

Arsenius Glić (1752), gebürtig aus Varasdin, Priester des Franciskaner-Ordens der Provinz des hl. Ladislaus, über zehn Jahre Prediger zu Agram und Varasdin, im J. 1770 noch am Leben.

Ferenc Tauszy (1754), geboren den 23. März 1698, fasste in der Jugend den Entschluss, sich dem geistlichen Stande zu widmen, und studierte die Humaniora im Seminarium zu Agram, hierauf drei Jahre lang die Philosophie und Theologie in dem kroatischen Collegium zu Wien, zuletzt besuchte er noch die Universität zu Bologna. Als er von da zurückkehrte, versah er ein halbes Jahr lang die Stelle eines Cooperators zu Končina, einem Gute seines Onkels, des Bischofs Georg Branjug; im J. 1723 den 24. Aug. wurde er Pfarrer zu Stenjevec bei Agram, im J. 1729 den 1. Mai Domherr zu Agram, und nach successiver Erlangung mehrerer anderer Priesterwürden zuletzt Bischof von Bosnien 1749 den 6. August. Zwei Jahre darauf, am 30. Juli 1751, wurde ihm das Bisthum von Agram verliehen, dem er bis zu seinem am 11. Jan. 1769 erfolgten Tode vorstand. Seinen milden, freigebigen Sinn und seine sonstigen Verdienste um die Kirche rühmt Farlati in s. Illyr. sacrum Tom. V. p. 602.

Lovrenc Bogović (1755), stammte aus dem ödenburger Comitate in Ungarn, erkor sich in früher Jugend den Mönchsstand und trat in den Orden des hl. Franciscus, in welchem er durch zwei ascetische Werke seinen Namen auf die Nachwelt fortpflanzte.

Mihalj Šilobod genannt **Bolšić** (1758—1768), Pfarrer zuerst zu Martinska ves, dann zur hl. Dreifaltigkeit unter dem Berge Okić, wo er im Jahre 1787 starb. Er stand zu seiner Zeit als ein sinnreicher Mechaniker und als gewandter lateinischer Dichter in grossem Rufe.

Godofrid Palković (1758), Priester des Franciskaner-Ordens, ist bloss als Vf. eines kroatischen Gebetbuches bekannt.

Ferenc Kovačić (1760), Herausgeber und möglicherweise auch neuer Uebersetzer des Thomas von Kempen'schen Buches von der Nachfolge Christi. Er starb als Capellan zu Vidovec unweit Varasdin am 22. Mai 1789.

Fortunat Švagel (1761), Priester des Franciskaner-Ordens und Prediger (Concionator generalis) der Provinz des hl. Ladislaus desselben Ordens, wie auch Quadragesimal-Prediger zu Agram. Er wurde zu Varasdin den 29. Sept. 1715 geboren und erhielt in der Taufe den Namen Peter; im J. 1734 trat er in den Orden zu Ivanić; im J. 1767 starb er zu Verovitic (Verőcze).

Mikula Lovrenčić (1762), Priester des Jesuiten-Ordens, Fortsetzer der Ritter'schen Chronik.

Juraj Res (1764), Domherr und Cantor der Cathedrale zu Agram. In seinen Händen befand sich eine Zeit lang ein ansehnlicher Theil des überaus wichtigen Nachlasses des berüchtigten Raphael Levaković, welchen er dann im J. 1745 an Balthasar A. Kèrčelić verschenkte, der davon sehr guten Gebrauch zu machen wusste (Engel II. 154.). Res starb im J. 1767 den 22. Juni zu Agram.

Peter Berke (1765) aus Legrad, studierte die Humaniora zu Varasdin, hierauf die Philosophie und Theologie zu Wien und Bologna, wurde nach der Rückkunft ins Vaterland zuerst Kapellan in Bistrica, dann Pfarrer in seinem Geburtsort Legrad, wo er am 23. Juli 1798 starb. (Horanyi N. Mem. I. 768.)

Prokop Svoboda (1765), Priester des Franciskaner-Ordens, von Geburt ein Böhme, geboren im J. 1728, trat in den Orden 1750 und ward Prediger und Apothecarius in demselben; starb zu Ivanić im J. 1767.

Mikula Gorupp (1768), aus Lipnik am Modrušpotok im agramer Comitate, Pfarrer zu Krapina, starb im J. 1778.

Boltižar Malaković (1770), Domherr der Collegiatkirche zum hl. Geist in Časma und Pfarrer bei der Marinkirche auf dem Capitel in Agram.

Ivan Pažy (Pazy) (1770—1772), aus einem alten adeligen Geschlechte stammend, wurde von dem syrmischen Bischofsstuhl, auf welchen er nach Verwaltung mehrerer priesterlicher Ehrenämter gelangte, auf jenen von Agram übersetzt im J. 1770, und stand in besonderen Gnaden bei der Kaiserin Maria Theresia, so wie in liebevoller Achtung bei dem seiner geistlichen Obhut anvertrauten Volke. Er starb eines frühzeitigen Todes im J. 1772 (Farlati V. 602.). Th. Mikloušić führt ihn als Redner (Blagorečnik) in der Reihe der kroatischen Schriftsteller auf in s. Izbor dugovany S. 100. Wahrscheinlich ist von ihm nichts im Druck erschienen.

Josip Ernest Matievič (1771), aus einem adeligen Geschlechte mit dem Prädicate de Sarujvár, ursprünglich aus bosnischem Kroatien stammend, geboren in dem Marktflecken Ivanić den 1. März 1742, wurde 1765 Priester und Cooperator in dem varasdiner Gränz-Generalat, am 24. Mai 1777 Pfarrer zu Garešnica ebenfalls in der Gränze, hierauf den 10. April 1791 Katechet bei der Nationalschule in Agram und endlich Altarista zu St. Marcus in der letztgenannten Stadt, wo er am 23. Juli 1808 starb. Er war ein sehr fleissiger kroatischer Schriftsteller.

Karol Szolenghi (1771), kön. Inspector der Seidenwürmerzucht und Seidenfabriken in den Königreichen Ungarn, Kroatien und Slavonien. Ob ein Kroat, kann ich nicht bestimmt angeben. In Th. Mikloušić's Izbor dugovany S. 104 wird ihm aus Versehen ein Buch zugeschrieben, welches er nicht verfasst hat.

Josip Galjuf (Gallyuff) (1772—1785), Bischof von Zagrab, der sein Andenken durch eine ansehnliche Stiftung für Arme (300.000 fl.) verewigt hat, wird von Th. Mikloušić in Izbor dugovany S. 95 in der Reihe der kroatischen Schriftsteller aufgeführt. Ob von seinen, dort angemerkten Predigten etwas in Druck erschienen ist, weiss ich nicht. Er starb den 5. Februar 1785.

Josefa Gräfin Oršlć, geborene Gräfin Zichy (1772), ist bis 1832 unter den Kroatinnen die einzige, welche als Schriftstellerin mit einem in der Landessprache verfassten Werke auf dem Gebiete der Nationalliteratur öffentlich auftrat. Josepha (nach dem Sterbeprotocoll) Gräfin Oršić, geborne Gräfin Zichy, war Gemahlin des Grafen Christoph Oršić, und starb in der Pfarre Stubica den 6. März 1778. (In Izb. dug. ztr. 100 heisst sie irrig Eleonora.)

Ivan Lalangue (1774), Doctor der Medicin, von Geburt ein Belgier aus Luxemburg („Belga Luxemburgensis"), des varasdiner Comitats Physicus, zwar ein Ausländer, der jedoch nach Miklouśić's Angabe (Izbor dugovany ztr. 103) auch selbst in der kroatischen Sprache schrieb; nach Juranić hingegen wurden zwei unter seinem Namen herausgekommenen Schriften von Eugen Klimpacher ins Kroatische übersetzt. Er starb zu Varasdin im J. 1799, im 56. Jahre seines Alters, wie man auf seinem Grabsteine liest; war demnach im J. 1743 geboren. Mehreres über seine frühern Lebensumstände berichtet er selbst in der Vorr. zu s. Medicina ruralis 1776, die indess auch von Klimpacher aus dem Lateinischen übersetzt wurde. Er hatte die Medicin in Wien studiert und war ein von van Swieten und der Kais. Maria Theresia sehr geschätzter Mann.

Anton Romani (1774), kön. Inspector der Seidenwürmerzucht und Seidenfabriken in Königr. Kroatien. Th. Miklouśić nennt ihn ebenfalls unter den Ausländern, welche in kroatischer Sprache geschrieben haben. (Izbor dugovany str. 103.)

Mikula Plantić (1775), Priester des Jesuiten-Ordens, ging als apostolischer Missionär nach Paraguay, wo seiner die abenteuerlichsten Schicksale harrten, indem er zuletzt vom Volke zum Könige erwählt wurde u. s. w. Er starb im J. 1777.

Eugenius Klimpacher (1776), Priester des Franciskaner-Ordens, nach Juranić's handschriftlichen Notaten der Uebersetzer zweier medicinischer Werke von Lalangue. Er wurde den 26. Juli 1738 zu Varasdin geboren und erhielt in der Taufe den Namen Ignaz; im J. 1756 trat er zu Ormož in den Orden, in welchem er Theologiae Lector, dreimal Guardian und einmal Minister provincialis ward, und als Ex-Minister zu Varasdin den 26. Jänner 1817 starb.

Maximilian Chiolich von Lövensperg (Čollé) (1777), Domherr des agramer Capitels, wird von Th. Mikloušić in s. Izbor dugovany str. 94 in der Reihe der kroatischen Schriftsteller als lateinischer und kroatischer Redner aufgeführt. Er wurde zu Zeug im J. 1749 aus einem alten adeligen Geschlechte geboren, besuchte die Schule zu Fiume, widmete sich dem geistlichen Stande und studierte die philosophischen und mathematischen Wissenschaften zu Graz. Sein Vetter, Wolfgang Chiolich, Bischof von Zeng, schickte ihn nach Rom, um daselbst den philosophischen und theologischen Cursus zu vollenden. Nach seiner Rückkehr wurde er Professor zuerst der Kanzelberedtsamkeit, dann der Moraltheologie auf der Academie zu Agram, endlich aber Domherr und Archidiacon von Vaska, in welcher Eigenschaft er am 15. Sept. 1808 im 59. Lebensjahre starb. Mehrere lateinische Predigten von ihm s. bei Horanyi N. Mem. I. 648 bis 649 (wo das Geburtsjahr 1759 irrig angegeben ist.)

Ivan Mulih (1777), geboren ums J. 1738, früher Priester des Jesuiten-Ordens, hierauf apostolischer Missionär in der agramer Diöcese, starb zu Agram den 12. October 1798.

Ivan Vitković (1779), Priester des Jesuiten-Ordens und zugleich Professor der Grammatikalschule am Gymnasium zu Agram, in welcher Stelle er auch nach Aufhebung des Ordens bis zu seinem Tode, der am 10. Septb. 1790 erfolgte, verblieb. Er war als fertiger lateinischer Dichter sehr beliebt.

P. **Gergur Malevac** (1781—1800), Priester des Capuciner-Ordens des hl. Franciscus, Prediger zu Agram und Guardian. Er wurde zu Vinica in Krain am 2. März 1732 geboren und starb zu Varasdin den 29. Jänner 1812.

Filip Wohlgemuth (1782), geboren ums J. 1739, Pfarrer zuerst zu Sunja im 2. Banalregimente, dann in Agram bei der Kirche Johannis des Täufers in der Neustadt (in nova villa), hierauf Domherr des časmaer Capitels, Rector des Generalseminariums in Pest, Abt zum hl. Erlöser von Lekér, Lector des časmaer Domcapitels, starb in Wien am 13. Novb. 1804. Er war ein vielseitig gebildeter, kenntnissreicher Mann und ein ausgezeichnet trefflicher lateinischer Redner. In lateinischer Sprache schrieb er eine „Descriptio geographica Comitatus Crisiensis," welche ungedruckt blieb. (Engel II. 242.) In Angelegenheiten des zum Theil durch die türkische Invasion, zum Theil durch Incorporirung zur Miliz fasst um allen Güterbesitz gekommenen und nach Agram verlegten časmaer Capitels war er unermüdet thätig, wiewohl ohne besondern Erfolg. (Engel II. 275—276.)

Ignac Szent-Martony (1783), Priester des Jesuiten-Ordens, nach Aufhebung desselben Professor der Humanioren am Gymnasium zu Agram, hierauf Pfarrer zu Sobotica auf der Murinsel und Vicearchidiacon, wo er am 13. Febr. 1806 starb. Er stand als lateinischer Dichter in einem grossen Rufe.

Boltižar Koclančić (1784), geboren in Samobor im J. 1740, Doctor der Theologie, eine Zeit lang (um 1775—1784) Pfarrer zu Sisek, zuletzt seit 20. März 1797 Domherr des agramer Capitels, starb den 4. Jänner 1806.

Ivan Dinko (Dominik) Vukasović (1784), Protonotarius apostolicus, Domherr des zenger Capitels, Consistorialrath und Pfarrer zu Otochacz in der kroatischen Gränze. Er verfasste in deutscher Sprache im J. 1777 eine Beschreibung des karlstädter

Generalats, welche an den Hofagenten von Keresztury, einen
Kenner und Freund gelehrter Arbeiten, nach Wien eingesandt
und durch C. D. Bartsch ans Licht befördert wurde im „Ungr.
Magaz." Pressb. 1783 Bd. III. St. 4. Vieles daraus steht auch
bei Engel II. 174. 298 ff. 309 ff.

Simon Jellačić (1785), Domherr des agramer Capitels, Archidiacon von Gorica, starb den 21. Mai 1797.

Titus Brezovački (1786), geboren zu Agram um das J. 1754, Priester des Paulaner-Ordens, nach Aufhebung desselben Beneficiat zu St. Marcus in Agram, wo er am 29. Oktober 1805 starb. Er war ein Mann von glänzenden Geistesgaben, ausgerüstet mit einem hervorragenden Scharfsinn und Witz, und dichtete in lateinischer, kroatischer und slavonischer Sprache mit Leichtigkeit. Viele kurze satyrische Gedichte stehen von ihm in den damaligen kroatischen Kalendern. Einige seiner Dramen hat Th. Mikloušić umgearbeitet und von neuem auflegen lassen.

Juraj Pandurić (1786), geboren im J. 1738, seit 1786 Domherr des agramer Capitels, Cantor der dortigen bischöflichen Cathedrale, Doctor der Theologie, infulirter Abt der hl. Apostel Petri und Pauli von Tata, mehrerer Gespanschaften Gerichtstafel-Beisitzer; starb den 10. November 1826 im 88. Jahre des Alters.

Ivan Deverić (1787), Priester der agramer Diöcese und Magister der kroatischen Nationalschulen, starb um das J. 1790.

Ferenc Josip Kosednar (1787), Altarista zu Varasdin.

Maximilian Vèrhovec von Rakitovec (1787—1827), Bischof von Agram, Prälat und Mäcen unvergänglich ruhmvollen Andenkens. Er wurde geboren zu Karlstadt am 23. Novb. 1752.

Sein Vater, Alexius, war k. k. Gränzhauptmann. Der junge
Vèrhovec wuchs unter der Aufsicht seiner Eltern auf und widmete sich anfangs, das Beispiel seines Vaters nachahmend, dem
Soldatenstande, den er indess bald verliess, und auf die Stimme
seines Innern achtend, einem höhern, geistigen Berufe folgte.
Er trat in den geistlichen Stand und studierte zu Bologna, wo
er die Doctorswürde der Theologie erlangte. Im J. 1776 am
1. Jänner empfing er die Priesterweihe, wurde darauf Diöcesan-
Notar, Subrector im Seminarium, Supplent der Theologie an der
Academie und Professor der Rhetorik im Seminarium zu Agram.
Im J. 1784 wurde er Rector in dem auf Kaiser Josephs II. Geheiss errichteten Generalseminarium zu Agram und zugleich am
14. Decb. Domherr des agramer Capitels. Im J. 1786 wurde er
Rector des wiedereingeführten Seminariums zu Pest und Director
der theologischen Facultät daselbst. Allein schon am 21. Aug.
des folgenden Jahres 1787 wurde ihm das Bisthum von Agram
verliehen, welches er bis zu seinem am 16. October 1827
erfolgten Tode unter seiner segensvollen Verwaltung behielt.
Mehr als einmal wurden ihm auszeichnende Beweise der Huld
und Gewogenheit des Monarchen zu Theil. Im J. 1792 wurde er
zum Geheimrath, im J. 1808 zum Commandeur des St. Stephans-
Ordens, im J. 1809 zum Stellvertreter des Banus ernannt, im
J. 1815 aber mit dem goldenen Civilverdienstkreuze beehrt. Im
J. 1810 erhielt er das Gut Rakitovec sammt Prädicat. Seine
Verdienste um die Kirche, Menschheit, Wissenschaft und kroatische Nationalliteratur sind eben so vielfältig als bleibend. Er
vermachte der Cathedralkirche von Agram ausser 3050 Ducaten
60.000 fl. Conv.-M., dem Armenstifte für 24 Studierende aber
54.522 fl. C.-M., führte im J. 1804 den Orden der Barmherzigen
Brüder in Agram ein und machte 1819 eine Stiftung von 10.000 fl.
C.-M. für das Hospital derselben, wies zur beständigen Unterhaltung der stubicer Heilquellen die ansehnlichen Einkünfte des
siseker Magazins an, erweiterte und bereicherte die bischöfliche
Bibliothek mit ungeheuren Kosten, schenkte der, nun öffentlichen academischen Bibliothek von Agram mehrere tausend Bände
seltener und kostbarer Werke, und unterstützte gemeinnützige

literarische Unternehmungen auf das thätigste. Sehr viele kroatische Schriften sind auf seine Veranstaltung und Kosten erschienen. Auch auf eine kroatische Bibelübersetzung war sein Augenmerk gerichtet, welche aber nicht zu Stande kam. Er selbst dichtete anmuthige Lieder und schrieb mehrere religiöse Bücher in kroatischer Sprache. (Vgl. M. Kunitsch's Empfindungen im Jubeljahre Seiner Exc. des Herrn Bisch. Max. Verbovacz von Rakitovecz, Varasdin 1826. 4⁰. J. Graf Sermage's Trauerrede bei Exequien für M. Verhovecz von Rakitovecz, Bisch. von Agram, Agram 1828. 4⁰. und besonders Th. Miklouśić Luctus Eccl. Zagrabiensis in obitu Exc. D. Maxim. Verhovecz de Rakitovecz, Ep. Zagr., Zagr. 1828. 4⁰.)

Adam Aloysius Barićević (1790) aus Agram, geboren im J. 1756 am 12. Sept., studierte am Gymnasium der Jesuiten in seiner Vaterstadt und fasste den Entschluss, selbst in den Orden zu treten. Allein gerade in dem Jahre, in welchem er sein Vorhaben ausführen wollte, wurde der Orden aufgehoben (1773). Nun ging er 1774 nach Wien und studierte daselbst die Philosophie und Theologie mit ausnehmendem Erfolge. Nach seiner Zurückkunft in die Heimath wurde er zuerst als Kaplan zu Pakrac, hierauf als Professor der Eloquenz, wie auch als Bibliothekar am Archigymnasium zu Agram und nach 8 Jahren als Pfarrer bei der Mariakirche am Capitelhof angestellt. Die glänzenden Verdienste, welche er sich um diese Pfarre erwarb, und die hohen christlichen und geistigen Tugenden, durch welche er hervorleuchtete, bewogen den Grafen Franz Sermage ihm die unter seinem Patronate stehende Pfarre Bèrdovci unweit Agram im J. 1803 zu verleihen. Allein schon drei Jahre darauf, am 21. März 1806, entriss ihn der Tod der Kirche und den Wissenschaften im noch nicht vollendeten 50. Lebensjahre. Barićević war zu seiner Zeit einer der gebildetsten Männer des Vaterlandes, doch, wie gewöhnlich, fast mehr im Auslande bekannt als in seiner Heimath. Als lateinischer Stilist hatte er kaum seines gleichen. Er war Mitglied der Academien zu Neapel und Turin, und correspondirte überdies mit Mitgliedern der Universitäten und Academien zu Pest, Wien, Prag, St. Petersburg, Helmstädt, Görlitz, Rom, Pisa, Pavia, Ragusa u. s. w. Die Kaiserin Katharina II. liess ihm durch die St. petersburger Academie eine goldene Denkmünze nebst kostbaren Büchern übersenden. Das meiste, was er in lateinischer und kroatischer Sprache geschrieben, blieb leider ungedruckt und ging seitdem schon zum Theil verloren. (Vgl. Horanyi N. Mem. I. 294—297. Voltiggi in der Vorr. zu s. Wörterb. Mikloušić Izbor dugov. str. 93.) Auf Kosten des Bischofs Mandić liess er J. Mikótzi's Nachlass: Otiorum Croatiae liber unus, Budae 1806. 8°, auflegen.

Tomaš Mikloušić (1791), geboren in dem privil. Marktflecken Jaska (kr. Jastrebarsko) den 27. October 1767, studierte die Grammatikalien an dem Archigymnasium zu Agram und wurde daselbst aus der Syntax in das Seminarium alumnorum aufgenommen, wo er die Poesie und Rhetorik, so wie auf der dortigen Academie die Philosophie, im pester Generalseminarium aber den vierjährigen Cursus der Theologie absolvirte. Als er im J. 1790 nach Kroatien zurückkehrte, ward er als praktischer Theolog eine Zeit lang Supplent für die Religionslehre bei den Nationalschulen. Im J. 1791 den 12. Juli feierte er seine Primicien in Jaska und wurde daselbst Cooperator bis zum J. 1795. Gegen Ende desselben Jahres concurrirte er um die vacante Stelle der poetischen Katheder an dem Archigymnasium zu Agram und erhielt die Professur der Grammatik. Im J. 1799 wurde er supplirender und 1801 ordentlicher Professor der Poetik. Am 20. Jänner 1805 ging er als Pfarrer nach Pušča und am 4. März desselben Jahres nach Stenjvec bei Agram, von wo er im Juni 1831 als Pfarrer und Vicearchidiacon nach seinem Geburtsort Jaska versetzt wurde. Mikloušić erwarb sich in den neuesten Zeiten um die kroatische Nationalliteratur die grössten Verdienste. Die Schriften, die er in der Muttersprache herausgab, bilden eine stattliche Reihe. Seinem warmen Patriotismus genügte nicht, die Erzeugnisse seiner Studien und seiner Musse zur Öffentlichkeit zu bringen; er um-

fasste mit gleicher Sorgfalt alles, was irgend zur Emporbringung
der Muttersprache und zur Bereicherung der Nationalliteratur
dienen konnte, und gab mehrere verwaiste Schriften schon verstorbener Auctoren zum Theil in verbesserter Gestalt heraus,
andere entriss er dem Untergange, indem er sie seiner Bücher-
und Handschriftensammlung einverleibte, und für künftige Zwecke
aufbewahrte. In lateinischer Sprache dichtete er mit eben so
viel Leichtigkeit und Gewandtheit als Eleganz, Würde und Kraft.
Seinem unermüdeten patriotischen Eifer und seiner freundschaftlichen Güte verdankt die gegenwärtige Darstellung der kroatischen Literatur ihre vorzüglichste Bereicherung. Er starb am
7. Jänner 1833 und vermachte seinen literarischen Nachlass
seinem Neffen Ignac Kristianović.

Martin Sabolović (1792), Priester der Jesuiten-Ordens, der
Philosophie und Theologie Doctor, Titular-Canonicus des Capitels von Časma, verfertigte mehrere witzig-sinnreiche macaronische (lateinisch-kroatische) kleine Gedichte, welche in der
Handschrift von Liebhabern aufbewahrt werden. In Jos. Mikótzi
Otiorum Croatiae liber unus, Budae 1806. 8.° p. 37—40 steht
ein lateinischer Brief von ihm, datirt den 9. Okt. 1780 zu
Prespa. Vgl. auch Th. Mikloušić Izbor dugovany str. 102. —
Er starb den 23. Jänner 1801.

Franz Kornig (1795), von Geburt ein Deutscher, Lehrer der bürgerlichen Erziehungsschule an der königlichen
Hauptschule zu Agram. — Gebürtig aus Radkersburg in
Steiermark, studierte von der frühesten Jugend an in Agram
am dortigen kön. Convicte, wurde als Lehrer zuerst in Samobor unweit Agram angestellt, dann als Lehrer der vierten, damals neu errichteten Nationalschule nach Agram versetzt, zuletzt zum Nationalschulen-Director befördert, in welcher Eigenschaft er den 26. Febr. 1807 zu Agram starb.

Josip Horváth von Szent-Péter (1796), geboren zu Pomorje
auf der Murinsel den 29. Febr. 1772, war eine Zeit lang Pfarrer

in seinem Geburtsorte, hierauf wurde er Domherr des agramer Capitels, und ist nun zugleich Synodal-Examinator, Referent des bischöflichen Consistoriums und des varasdiner und szalader Comitates Gerichtstafelbeisitzer.

Anton Vranić (1796), gebürtig aus Karlstadt, Pfarrer zu Šipak im agramer Comitate, jaska'er Districtes, Vicearchidiacon des karlstädter Districtes, starb den 13. Aug. 1820.

Ferenc Graf Oršić (1798) Domherr des agramer Capitels, Abt und Archidiacon vom Kemlek, starb den 18. Jänner 1807 im 48. Lebensjahre.

Ferenc Dianić (vor 1799), geboren um das J. 1739 zu Samobor, Professor der 2. Humanitätsklasse am Arrhigymnasium zu Agram, starb den 10. Decb. 1799.

Josef Goršak (1799), Pfarrer, geboren zu Agram den 12. Juli 1754, war 1779—1784 Cooperator zu Petrinja, 1784—1796 Pfarrer zu Jesenovec im 2. Banal-Gränzregimente, hierauf 1796 ff. Vicearchidiacon und Staabspfarrer des 2. Banal-Gränzregimentes zu Petrinja, wo er am 5. Febr. 1824 starb.

Mihalj Sinković (1799), Pfarrer zu Ivancc zum hl. Johannes dem Täufer. (Pleb. Szvet. Ivan. Kerzt.)

Ignac Bedeković, Vf. einer Abecevica.

Simeon Čučić (Chuchich), Professor der Philosophie an der Academie zu Agram, nach Mikloušić's Izbor dugovany str. 95 lateinischer und kroatischer Dichter (nach Gay schrieb er Gelegenheitsgedichte). Er wurde den 14. Febr. 1784 zu Pečno im sluiner Gränzregimente geboren, studierte am griechisch-katholischen Seminarium zu Agram, hierauf an der Universität in Pest, wo er 1806 Doctor der Philosophie ward, erhielt 1807 die Professur der griechischen Sprache an der Academie zu Agram, im folgenden Jahre 1808 wurde er zum Professor der Philosophie, im J. 1812 zum Präfect des griechisch-katholischen Seminariums ernannt; er starb den 27. Jänner 1828.

Simeon Knefac, Priester des Franciskaner-Ordens, Pfarrer im Dorfe Ciklež, ungarisch Siglós, im ödenburger Comitate.

Stefan Korolia, früher Pfarrer zu Sisek, dann Domherr des agramer Capitels, wird von Th. Miklousić in s. Izbor dugovany str. 97 in der Reihe der kroatischen Schriftsteller mit der Bemerkung angeführt, dass er viele Predigten verfasst habe. Die daselbst erwähnten Uebersetzungen desselben Vfs. scheinen auf einem Irrthume zu beruhen. Er starb am 4. Mai 1825.

Leopold Payer, Medicinae Doctor und Physicus zu Varasdin, wird von Miklousić in s. Izbor dugovany str. 103 unter den Ausländern, welche in kroatischer Sprache geschrieben, namhaft gemacht.

Mihalj Stivalić, Professor der Rechte an der Academie zu Agram. (S. Th. Miklousić's Izbor dugovany str. 102.) Geboren den 20. Mai 1753 im požeganer Comitate, Professor der Geschichte an der Academie zu Agram seit 1780—1806, mehrere Jahre zugleich Prodirector des k. Archigymnasiums, starb am 6. Mai 1806 an der damals herrschenden Epidemie. Er hinterliess lateinische IIs. über die Geschichte der Päpste und eine unvollendete Universalhistorie. Mehrere Gedichte in slavonischer Mundart sind von ihm hs. noch vorhanden.

Jakob Tustić, von Th. Miklousić in s. Izbor dugovany str. 102 als „Pesmoznanec Horvatski" angeführt. Er war Administrator der Pfarrei Pribić in agramer Comitate und starb den 17. Juli 1802.

XIX. Jahrhundert.

Imbrih Vory (vor 1803), Domherr des agramer Capitels, hat, nach Stulli (Vorr. zum Wörterb.), einige kroatische Schul- oder Jugendschriften verfasst: „libros in usum scholarum patria dialecto protulit." Wahrscheinlich Hss. Gebürtig aus Varasdin, war zuerst Cooperator zu Agram, hierauf Nationalschulen-Director und später Inspector, zuletzt Domherr und Lector des agramer Capitels. Er starb den 21. Febr. 1809.

Imbrih Karol Raffay (1804), geboren im J. 1755, anfangs Professor der Logik an der Academie zu Agram, dann Pfarrer zu Krapina, hierauf nach einander Canonicus zu Agram, Abt von Triskay, Lector des Capitels, Prälat der Banaltafel, Praepositus major zu Agram, Beisitzer der kön. Septemviraltafel und zuletzt Bischof von Diakovar, in welcher Würde er am 10. Jänner 1830 starb.

Jive Žigmund Karner (1812), Pfarrer zu Bezi (oder Bezenje? — „Bezonyzki Farnik") in der raaber Diöcese.

Ivan Birling (1813), geboren zu Agram den 31. Mai 1775, Domherr des Capitels zu Agram, Synodal-Examinator, Referent des bischöflichen Consistoriums und des agramer Comitates Gerichtstafelbeisitzer, wegen seines bei der Seelsorge vielfach bethätigten Eifers, so wie wegen seiner erbaulichen Kanzelberedtsamkeit allgemein beliebt.

Anton Nagy (1813) gehört, ungeachtet er einiges auch in der kroatischen Mundart schrieb, der illyrischen Abtheilung an, wo bereits eine biographische Notiz von ihm gegeben wurde. (S. 86.)

Imbrih Lopašló (1814), geboren um das J. 1780, Stadthauptmann zu Karlstadt, des agramer und varasdiner Comitates Gerichtstafelbeisitzer, gehört vielleicht mit grösserem Rechte der illyrischen Abtheilung an.

Josip Vračan (1814), geboren den 6. Febr. 1786 in Agram, früher Cooperator zu Zajezda, Altarista zu Varasdin und Katechet der Nationalschulen daselbst, hierauf Professor der Grammatik zu Varasdin, seit dem 3. Novb. 1815 Pfarrer zu Ludbreg im kreuzer Comitate und eine Zeit lang zugleich im koprivnicer Districte Vicearchidiacon, ferner des varasdiner und kreuzer Comitates Gerichtstafelbeisitzer.

Januš Chanyl (Canjl) (1817), geboren um 1762, Pfarrer zu Vèrbovec im agramer Comitate, Vicearchidiacon des kreuzer Districts und des požeganer und kreuzer Comitates Gerichtstafelbeisitzer, auch als lateinischer Dichter in grossem Rufe. (Th. Mikloušić Izbor dugovany str. 94.)

Peter Zanić (Zanich) (1817), Pfarrer in Maruševec im varasdiner Comitate und Vicearchidiacon im obern Districte, der kreuzer und varasdiner Gespanschaft Gerichtstafelbeisitzer.

Imbrih Domin (1818), geboren zu Agram den 8. Oktober 1776, Doctor der Rechte, beeideter Landesadvocat, Professor des vaterländischen Civil- und Criminalrechtes an der Academie zu Agram und Senior der juridischen Facultät, so wie des agramer Comitates Gerichtstafelbeisitzer.

Anton Rožić (Rosich) (1818), geboren um das J. 1787, Professor der Humanitätsklassen am Gymnasium zu Varasdin, des varasdiner Comitates Gerichtstafelbeisitzer.

Josip Gjurkovečki (Gyurkovechky) (1819), geboren um das J. 1764 in dem Marktflecken St. Johann zu Zelina, Pfarrer zu Samarica in der kroatischen Militärgränze, starb den 18. März 1832.

Ivan Gusić (vor 1821), gebürtig aus Vivodina im agramer Comitate, früher Mitglied des Benediktinerordens, hierauf

Priester („sacerdos deficiens") der agramer Diöcese, starb zu Agram den 21. Juli 1821.

Matiaš Jandrić (1821), geboren um das J. 1776, war Pfarerr in Cèrkvena in der kroatischen Militärgränze und starb den 13. Febr. 1828. Er war ein sehr fleissiger kroatischer Schriftsteller.

Jakob Lovrenčić (1822), geboren zu Agram um das J. 1780, früher mehrere Jahre lang Provisor des Grafen Drašković auf dem Schlosse Trakostjan, dann im Privatstande zu Varasdin den Musen und der Beförderung der Nationalliteratur lebend.

Juraj Pavlinić (1823), früher herrschaftlicher Provisor, dann im Ruhestande.

Filip Smolec (1823), Pfarrer im Dorfe Orehovec im agramer Comitate, starb den 8. August 1828.

Josip Sever (1824), geboren um das J. 1795, Weltpriester der agramer Diöcese, Professor der Grammatik am kön. Gymnasium zu Varasdin.

Anton Mihanović (1825) lebte früher in Wien, ward hierauf eine Zeit lang (1826) Gubernialsekretär in Fiume und privatisirte dann abwechselnd in Pest und andern Städten der Monarchie. Von ihm ist auch eine Abhandlung über die Verwandtschaft der slawischen Sprache mit dem Sanscrit in Hormayr's Archiv 1823 N. 66, 67, 71 erschienen.

Ljudevit Gay (1826), geboren zu Krapina in Kroatien am 8. Juli 1809, studierte durch fünf Jahre am Gymnasium zu Varasdin; schrieb dort in lateinischer Sprache eine Dissertation: De antiquitate arcis et oppidis Krapina; absolvirte die zweite Humanitätsklasse zu Karlstadt; gab dort eine deutsche historische Abhandlung unter dem Titel: Die Schlösser bei Krapina,

nebst einem Anhange in botanischer Hinsicht, Karlstadt bei
Trattner 1826. 8°, so wie mehrere kroatische Gedichte uud Uebersetzungen in demselben Jahre heraus; beschäftigte sich im
J. 1827 mit einer Sammlung der Materialien zur Geschichte
Kroatiens, Slavoniens und Dalmatiens; absolvirte im J. 1828
bis 1829 an der grazer Universität die philosophischen Studien
mit Vorzug; studierte Aesthetik und die historischen Hilfswis-
senschaften und vermehrte seine Sammlung mit vielen Daten im
Johanneum zu Graz; 1829—1831 studierte und absolvirte er
die juridischen Wissenschaften an der pester Universität und
gab zu Ofen eine Disseration über die kroatische Orthographie
1830, 8°. heraus; hier pflegte er Umgang mit Kollar, vermehrte
seine Sammlung im Museum etc., im Jänner 1831 legte er bei
der Banaltafel als Notar den Eid ab, 1833 weilte er in Wien
mit literarischen Arbeiten beschäftigt.

Ferenc Xaver Korilié von Mrazovec (1826), aus Popovec im
kreuzer Comitate, geboren den 9. Oktb. 1771, Canonicus der
Cathedrale zu Agram und Archidiacon von Vèrbovec (Vṛbócz),
bischöfl. Consistorialrath, Synodal-Examinator, Präfect der frommen Stiftungen und des kreuzer, varasdiner und agramer Comitates Gerichtstafelbeisitzer.

Ignac Krlstlanovlé (1826), geboren zu Agram den 31. Juli
1796, Cooperator der Stadtpfarre zu St. Markus zu Agram, seit
1831 Spiritual des bischöflichen Seminariums daselbst, seit 1834
aber Pfarrer zu Kapella, unweit Belovar im St. Georger Gränzregimente, ein eifriger, rastlos thätiger und verdienstvoller
Pfleger der kroatischen Nationalliteratur.

Josip Romuald Kvaternik (1826), geboren zu Ravnagora
im agramer Comitate den 7. Febr. 1799, wurde, nachdem er
den Studiencurs zu Agram und Laibach vollendet hatte, zuerst
in Laibach als Adjunkt bei dem dortigen academischen Gymnasium, hierauf aber in Agram als Professor der Civil- oder Real-

schule an der kön. National-Primärschule angestellt, woselbst er eine Zeit lang auch Actuar des Studienconsesses war. (Starb 1851.)

Imbrih Ožegović von Barlabaševec (1826), geboren den 15. Septb. 1775, wurde 1801 Pfarrer in Bisag, 1807 Vicearchidiacon, 1815 Domherr des agramer Capitels, 1816 Regent des kön. Josephinischen Convikts und Prodirector, 1826 Abt zu St. Helena in Podborje und des agramer, varasdiner und kreuzer Comitates Gerichtstafelbeisitzer, 1828 Beisitzer der Banaltafel, im J. 1829 aber Beisitzer der kön. Septemviraltafel, erwählter Bischof von Dulmen (das alte Delminium, hzt. Duvno statt Dlmno, im Innern von Bosnien) und Archidiacon zu Varasdin. Im J. 1833 den 14. Decb. ward er zum wirklichen Bischof von Zeng und Modruša ernannt.

Josip Rizmann (1826), geboren zu Varasdin den 6. März 1797, früher Cooperator zu Vidovec, dann Pfarrer zu Obrežje im varasdiner Comitate.

Josip Vérovec (1826), geboren zu Alt-Gradiska den 26. August 1767, Canonicus zu Agram und Archidiacon von Bežin, Synodal-Examinator und Referent des bischöflichen Consistoriums, des zagraber und varasdiner Comitats Gerichtstafelbeisitzer. Er starb 1834.

Ludvig Bedeković von Komor (1827), k. k. Kämmerer, Baron der kön. Gerichtstafel (Tabulae Regiae Judiciariae Baro) und der kreuzer Gespanschaft Obergespan.

Matiaš Laab (vor 1828), Pfarrer zu Novoselo (ungr. Ujfalu) im ödenburger (oder szalader) Comitate.

Šimon Palatin (vor 1828), Pfarradministrator zu Stinacz im eisenburger Comitate. Čaplović erhielt von demselben die meisten Notizen über die sogenannten Wasserkroaten in Ungarn, welche er in seiner Schrift: Croaten und Wenden in Ungern, Pressburg 1829, 8". dem Publicum mittheilte.

Josip Haramuštek (1828), geboren in Ober-Stubica um das J. 1805, gegenwärtig Cooperator zu Kašina in der agramer Gespanschaft.

Ferenc Xaver Lucić (Luczich) (1828), Doctor beider Rechte, Abt zu St. Georg in Lisa, Ritter des Civilehrenordens, Canonicus des Capitels zu Agram und Archidiacon von Kemlek, Protonotarius apostolicus, des varasdiner und kreuzer Comitates Assessor. Starb den 28. Decb. 1834.

Benvenuti Orlić (vor 1829), geboren zu Kostajnica im J. 1759, trat im J. 1776 in den Franciskaner-Orden, in welchem er sich als ein sehr eifriger Seelsorger bewies und zweimal das Amt eines Minister provincialis verwaltete. Er verschied in Agram den 28. Mai 1829. Seine hinterlassenen Hss. werden in dem dortigen Franciskaner-Kloster aufbewahrt.

Ivan Krizmanić, infulirter Abt zur hl. Dreifaltigkeit in Peterwardein, Vicearchidiacon und Pfarrer zu Bistrica im agramer Comitate, des agramer und varasdiner Comitates Gerichtstafelbeisitzer. Er wurde den 3. Juni 1766 in der Pfarrei Mali-Tabor geboren, wo sein Vater Inspector der Güter des Grafen Rattkay war.

Josip Herović (vor 1830), geboren zu Agram den 20. Okt. 1780, Oberlehrer in Samobor seit 1799.

Tomaš Košćak (Koschiak) (vor 1830), Nationalschulen-Inspector, starb in Agram den 20. Jänner 1831. Er wurde zwar in meiner Geschichte der slavischen Literatur (1826) als kroatischer Schriftsteller verzeichnet; es ist indess von ihm im Druck nichts erschienen, es sei denn, dass er an der Correction der Schulbücher gearbeitet oder anderes Unbekannte handschriftlich verfasst habe.

Ivan Ernest Bedenko (1830) geboren zu Samobor im J. 1790, Pfarrer und Vicearchidiacon zu Krapina.

Juraj Dolikravić (1830), griechich-katholischer Mönchspriester und emeritirter Feldkaplan.

Mikula Marakovlć (1830), Rechtsgelehrter.

Ivan Marlć (1830), geboren in dem Pfarrgebiet von Kostajnica den 25. Mai 1807, Kleriker im Seminarium zu Agram.

Pavel Stoos (1830), geboren um 1807, Kleriker im Seminarium zu Agram, auch durch lateinische gedruckte Gedichte bekannt.

Ivan Hadžlć (1831), geboren in der Pfarre Pomorje auf der Murinsel den 15. April 1791, Cooperator zu Mali-Tabor in Zagorien an der Gränze von Steiermark.

Ferenc Mllašlnović (1831), geboren den 4. Decbr. 1808 zu Bednja im varasdiner Comitate, Studien-Pracfekt im bischöflichen Seminarium des jüngern Klerus zu Agram, seit 1832 Presbyter. Von ihm sind einzelne kroatische Gedichte und Aufsätze hier und da (namentlich in dem Unterhaltungsblatt „Luna" in Agram) im Druck erschienen; mehreres hat er in der Hs. druckfertig.

Karol Rakovec (1831), Hörer der Rechte an der Academie zu Agram, im J. 1832 Jurat der Banaltafel.

Ivan Nepomuk Labaš (vor 1832), ein adeliger Gutsbesitzer, emeritirter Oberstuhlrichter des varasdiner Comitates, Beisitzer der Gerichtstafel des agramer und varasdiner Comitates.

Josip Knadek (1832), Kleriker des agramer Bisthums, Hörer der Theologie am Seminarium zu Agram, geboren im Schlosse Ivanić den 24. August 1810.

Reihenfolge der kroatischen Werke.

I. Sprachkunde.

1. Orthoëpie: Namenbüchlein.

Abecedar kerschanzki za deczu. Vu Zagrebu, po Ant. Jandera 1771. 8⁰. — N. Ausg. 1773—1777.
Juranić.

Imen knisicza za huszen ladanyzkeh skol Horvatzkoga orszaga. Namenbüchlein für Landschulen. Vu Budimu, pritizk. z kraly. mudrozkupchine szlovami 1796. 8⁰. — N. Ausg. Imen knisicza za huszen ladanzkih uchilnicz Horvatzkoga orszaga itd. 1823 8⁰. 67 str.

Imen knisicza za huszen varoskeh skol Horvatzkoga orszaga. Namenbüchlein für Stadtschulen. Vu Budimu, pritizk. z kraly. mudrozkupchine szlovami 1796. 8⁰. 67 str. — N. Ausg. Imen knisicza za huszen varoshkih uchilnicz Horvatzkoga orszaga itd. 1823. 8⁰. 71 str., und vielfach später.

Shlabikar aliti jimen knisicza za huszan ladanyzkih shkol Horvatzkoga naroda va Ugerszkom kralyesztvi. Namenbüchlein zum *Gebrauche der Landschulen der kroatisch-slawischen Nation im Kgr. Ungarn. Ofen, Univ. Schr. 1828. 8°. 84 S.*

Bücherverzeichniss der Univ.-Buchdruck. v. J. 1830. (Ob für die Wasserkroaten?) Die S. 61 vorkommenden Buchstaben T. S. K. scheinen den Schulen - Inspector **Tomaš Košćak** anzudeuten.

ABC Tablicza. Ofen, Univ.-Buchdr. 4".

Shlebekuvanya tabela, po koje pravom potrebuvanyu vu ochitnih skolah detcza vu szlagunye vszake verzti szlovkih vputiti sze mogu. Ofen, Univ.-Buchdr. Fol. 1 Bl.

2. Orthographie.

a. Kroatische.

Andr. Jambressich *Manuductio ad Croaticam Orthographiam. Zagrabiae, typis Joannis Veitz 1732. 8".*
Juranić. — Auch einigen Exx. seines Lexicons fügte Jambrešić die Regeln der kroatischen Orthographie bei.

Manuductio ad Croaticas dictiones debite scribendas. Zagrabiae, typis et sumtibus Jo. Bapt. Veitz 1745. 8".
Juranić.

Vputchenye vu Horvatzko pravopiszanye z pravochtejenyem y glaszomerenyem za potrebu narodneh skol Vugerzkoga y Horvatzkoga orszaga. Anleitung zur kroatischen Rechtschreibung zum Gebrauche der Nationalschulen (kroatisch und deutsch). Vu Budimu, pritizk. z kraly. mudrozkupchine szlovami 1780. 8°. 52 ztr. — N. Aufl. ebend. 1808. 8". 70 str. und vielfach später.

Naputchenye za Horvatzki prav chteti i piszati, zkup z peldami liztov y drugeh piszmeneh nachinov za potrebuvanye ladanyzkih shkol vu Horvatzkom kralyeztvu. *Anleitung zur kroatischen Rechtlesung und Rechtschreibung*. Vu Budimu etc. 1830. 8°. ½ Bog.+70 S. Bücherverzeichniss der Univ.-Buchdr. v. J. 1830.

Kratka osznova Horvatzko-Szlavenzkoga pravopiszanya, poleg mudrolyubneh, narodneh y prigozpodarneh temelyov y zrokov, od L. v. G. (Ljudevita ot Gay). *Kurzer Entwurf einer kroatischslavischen Orthographie, nach philosophischen, nazionalen und ökonomischen Grundsätzen*. Vu Budimu, iz tizkarnicze kraly. vszeuchilischa 1830. 8°. 27 str. Kroatisch und deutsch.

In dieser kleinen Schrift trägt der Vf. auf gänzliche Reform der allerdings sehr unbequemen und oft alles Grundes ermangelnden alten Orthographie an, und empfiehlt die Bezeichnung der Consonanten nach Art der böhmischen statt der bisherigen Composition derselben für einfache Laute. Sehr beachtenswerth.

b) Deutsche.

Kratek navuk pravopiszanya Nemskoga za potrebu narodneh skol Vugerzkoga y Horvatzkoga orszaga. *Anleitung zur deutschen Rechtschreibung*. Vu Budimu, pritizk. z kraly. mudrozkupchine szlovami 1780. 8°.

c) Deutsch-kroatische.

Des neuen und vermehrten Lehr- und Schulbüchleins für unsere kroatische Jugend zweiter Theil, genannt die kleine Schreibschule, enthaltend die gründliche Anweisung zur deutschen und kroatischen Rechtschreibungskunst. Wien, gedruckt bei Jos. Kurtzböck, k. k. illyrischen und orientalischen Hof- und Niederöstr.-Landschafts-Buchdrucker 1771. 8°. 123 S.

3. Sprachlehren.

a) Kroatische.

Pauli Ritter alias **Vitezovich** Grammatica Croatica, c. an. 1700. MS.

Engel Gesch. v. Dalm., Kroat. und Slaw. S. 156 aus M. Kèrčelić und J. Smendrović Scriptorum ex regno Slavoniae collectio. Zagrabiae 1774. 8°. Die Grammatik mag, wie das Lexicon und andere Schriften desselben Vfs., mehr die illyrische Mundart des Litorale, als die eigentliche kroatische, umfasst haben. Wo sich die Handschrift jetzt befindet, habe ich nicht in Erfahrung gebracht.

Joh. Vitkovlch Priest. *des Jesuiten-Ord. Gründe der kroatischen Sprache zum Nutzen der Deutschen, verfasst zu Agram im J. 1779. Hs. in der acadcm. Bibl. zu Agram.*

(Jgnaz Szent-Martony's) *Einleitung zur kroatischen Sprachlehre für Teutsche. Ohne Druckort (Varasdin) 1783. 8°. 118 S.* Die Vorr. ist unterzeichnet Varasdin 1783. Wenn der Vf. in derselben sagt: „Wir sind die ersten, so es wagen, jene Sprache, die man eigentlich die kroatische nennet, in sichere Regeln zu bringen, und die Anfangsgründe zu einer vollständigen Sprachlehre für jene Mundart, welche in den Gespanschaften von Agram, Kreuz und Varasdin und den nächst angränzenden Provinzen üblich ist, zum Gebrauche lehrbegieriger Ausländer zu entwerfen", so gilt dies eigentlich nur vom Drucke, denn in der Handschrift war ihm Vitković vorangegangen. Uebrigens wurde diese Sprachlehre mit solchem Beifalle aufgenommen, dass binnen einem Monat alle Exx. vergriffen waren, die jetzt selbst in den Bibliotheken Kroatiens sehr selten sind.

Kroatische Sprachlehre oder Anweisung für Deutsche, die kroatische Sprache in kurzer Zeit gründlich zu erlernen, nebst beigefügten Gesprächen und verschiedenen Uebungen, herausgegeben von Franz Kornig, *Lehrer zu Agram. Agram, im Verlage der bischöfl. Buchhandlung 1795. 8°. 419 S.*

Die eigentliche Grammatik reicht nur bis S. 266, von da an folgt: „Anhang zur kroatischen Sprachlehre, bestehend in verschiedenen Uebungen", nämlich ein Vocabularium S. 269—314,

deutsche Aufsätze zum Uebersetzen ins Kroatische S. 315—342,
kroatisch-deutsche Gespräche S. 343—413, kroatisch-deutsche
Briefe S. 414—419. Kornig legte die Szent-Martonysche Grammatik zum Grunde, änderte hier und da Einiges, aber eben nicht
zum Vortheile des Buches, da er, von Geburt ein Deutscher, in
den Geist der kroatischen Sprache noch nicht tief genug gedrungen war.

*Horvatzka Grammatika oder kroatische Sprachlehre von
einem Menschenfreunde* (Jos. Ernst Matthievich) *verfasst und
herausgegeben. Zu Agram gedruckt und verlegt in der k. k. priv.
Novoszelschen Buchdruckerei 1810. 8". 371 S.*
Da Matievič im J. 1808 starb, so ist diese Grammatik
ein opus posthumum. Sie ist im Ganzen fast nur ein neuer
Abdruck der Kornigischen vom J. 1795, doch stehen hie und da
andere Beispiele. Der Herausgeber wollte zwar die Kornigische
Grammatik verbessern, hat sie aber im Gegentheil in mehr als
einem Punkte geradezu verschlechtert. Im Wörterbüchlein S.
259—304 setzte er die deutschen Wörter voran, Gott Bog, wo
bei Kornig zuerst Bog und dann Gott stand. Selten stösst man
auf wirkliche Verbesserungen. Für Vidra Biber hat er richtiger
der Biber Breber, der Otterfisch Vidra, für Biza Hausen Viza.
Piavka Egel liess er aus und ersetzte es durch einige andere
Fische. Die Uebungen, bei Kornig S. 315—342, liess er aus.
In den Gesprächen ist manches geändert worden. Zuletzt sind
ganz andere 6 Briefe, als bei Kornig, angehängt. Unverzeihlich
ist es, dass wenigstens im Plural der Local nicht vom Genitiv
getrennt wird, da doch daš eine ganz andere Endung ist, als
dašah. Wenn gleich im Kroatischen der Local für den wahren
Genitiv häufig gebraucht wird, so kann doch der Genitiv daš
nie den Local vertreten. Dobrowský's Slovanka I. 232.

*Jezichnica Horvatzko-Slavinzka za hasen Slavinczev i potrebochu ostalch ztranzkoga jezika narodov, po Josefu Gjurkovechki
Plebanushu Samarichkom na svetlo dann. Kroatisch-slawische*

Sprachlehre zum Nutzen der Slavonier und Gebrauche der übrigen auswärtigen Nationen. Pritisk. vu Peshti z slovi Mathie Trattnera od Petroze 1820. 8". 167 str. Kroatisch und deutsch. Die kroatisch-deutsche Vorr. erstreckt sich S. 1—45, die Grammatik S. 46—163, am Ende ist ein Gespräch beigefügt ebenfalls kroatisch-deutsch S. 164—167. Die ganze Sprachlehre ist höchst elend und wimmelt von Fehlern und Unrichtigkeiten aller Art. Sie ist im Grunde weder rein kroatisch, noch rein slawonisch oder illyrisch. Deshalb wurde sie von der Censur in Agram nicht gebilligt, aber in Pest ohne Anstand zum Drucke zugelassen. In der Orthographie weicht der Vf. von der altherkömmlichen Weise bedeutend ab; er schreibt z. B. c st. cz, s st. sz, f st. s, und bedient sich des j st. y zur Mollirung, z. B. znamenje, postavljen, rodjenik u. s. w.

Simon Palatin's *Stinaczer Pfarradministrators kroatische Sprachlehre. Hs.*
J. Čaplovič Croaten und Wenden in Ungarn 1829. 8". S. 26.

b) Lateinische.

Diachkoga jezika zachetek navuka za potrebnozt narodneh skol Vugerzkoga y Horvatzkoga kralyczstva. Elementa Linguae Latinae. Vu Budimu, pritizk. z kraly. mudrozkupchine szlovami 1796. 8".
Vielleicht auch öfters aufgelegt.

Ant. Rosicha *Pervi temelyi diachkoga jezika za pochetnike, vu domorodnem jeziku van dani. Vu Varasdinu, pritizk. z szlovami Ivana Szangilla 1821. 8".*

Ant. Rosicha *kratko cpatchenye vu kruto hasznovitch y zovszema potrebneh temelyih Diachkoga jezika, oszebujno za one pochetnike, koji raztolmachenye navuchitelov vu pameti lehko zadersati, z szlabem pako szvojem piszmom raztolnachujucheya*

doztigavati nemoreju, zkupszlozeno vu materinckem jeziku. Vu
Budimu, pritizk. z Vugerzke mudrovuchene zkupchine Pestanzke
szlovami 1821. 8º. 28 str.

c) Deutsche.

*Pomum granatum, worinnen durch die in dem löbl. Varasdiner Generalat übliche kroatische Redensart der wahre Kern
der deutschen Sprache expliciret wird, und dieses meinen lieben
patriotischen Trivialisten, besonders denen, deren Wappen hier
beigedruckt, zum leichtesten Begriff als ein nützliches Präsent
zum neuen Jahr zusammengetragen durch* Josephum Mattlevich,
weltl. der löbl. Agramer Diöces in das 6. Jahr Priester. Agram,
gedruckt bei Anton Jandera in Capitel 1771. 8º. 110 S.

*Nemska grammatika, oder Anfangsgründe der deutschen
Sprachkunst, zum Gebrauche der kroatischen Jugend in der
Landessprache verfasst.* Wien, bei Jos. Kurtzböck, k. k. illyrischen
und orientalischen Hof- wie auch Niederöstr. Landschafts- und
Universitäts-Buchdrucker und Buchhändler 1772. 8º. 109 S.

Diese Grammatik steht auch noch in den neuesten Bücherverzeichnissen der kön. Ofner Universitäts-Buchdruckerei,
und ist ohne Zweifel dieselbe mit der in kroatischen Katalogen
unter folg. Titel angeführten: „Nemska grammatika, zadersavajucha temelyi Nemskoga jezika za podvuchanye oneh, koji sze
Nemskoga jezika navchiti sele".

*Vu Nemskoga jezika navuku vputchenye, za potrebnozt
narodneh skol. Vu Budimu, pritizk. z kraly. mudrozkupchine
szlovami 1796. 8º.*

Seitdem wahrscheinlich oft wieder aufgelegt.

*Napuchenye vu navuk nemskoga jezika za potrebuvanye
narodnih skol Vugerzkoga y Horvatzkoga kralyeztva. Pritizkano
vu Budimu z kr. mudrozkupchine szlovi 1831. 8º.* VII+325 str.

4. Wörterbücher.

a) Eigentliche Wörterbücher.

Dictionar, ili rechi szlovenszke z vexega (vekšega) ukup zebrane, u red posztavlyene y Diachkemi zlahkotene, trudom **Jurja Habdelicha** *Mashnika Tovarustva Jesusheroya, na pomoch napredka u Diachkem navuku skolneh mladenczeu Horvatszkoga y Szlovenszkoya naroda, z dopuschenyem Gornych. Stampan vu Ncmskom Gradczu pri odvetku Vidtmanstadiussa 1670. 12°.*, ohne Paginirung, Sign. ec oder 28 Bogg.

Habdelić hat auch an einem ausführlichen lateinisch-kroatischen Wörterbuche gearbeitet. Seine Vorarbeiten sollen in die Hände Franz Sussinli's gekommen sein, der die Arbeit fortführte, bis sie dann Jambrešić vollendet hat. (Mikloušić.)

Paull Ritter *alias* **Vitezovich** *Lexicon Latino - Illyricum.* C. an. 1700. MS. in 4°. 1132 pag. In der bischöflichen Bibliothek zu Agram.

Auch dieses Wörterbuch, wie andere Schriften desselben Vfs., gehört fast mit eben so vielem Rechte der illyrischen, als der kroatischen Literaturabtheilung an. Ritter scheint die Sprache der alten Chorwaten in Litorale und Militärkroatien, und die der Provincialkroaten nicht zu sondern, sondern als ein Ganzes zu behandeln. Nach Kunitsch (Aufsatz in der Gartenztg. 1830) soll dieses Wörterbuch mit verbesserter und wirklich analogischer Orthographie geschrieben sein. Bei Engel II. 156 wird dasselbe, nach M. Kèrčelić's und J. Smendrović's Collectio, unter folgendem, höchst sonderbaren Titel angeführt: „Lexicon sclavonicum, puritati suae sacrum restituens idioma." Das Wörterbuch enthält ja die illyrisch-kroatische Volkssprache!

Adm. Rever. P. **Joannis Belloszteneez** *e Sacra d. Pauli primi Eremitae religione Gazophylacium seu Latino-Illyricorum*

Onomatum acrarium, selectioribus synonymis, phraseologiis, verborum constructionibus, metaphoris, adagiis abundantissime locupletatum, item plurimis authorum in hoc opere adductorum sententiis idiomate Illyrico delicatis illustratum etc. atque hactenus interclusum et nunc primum peculiariter Illyriorum commodo apertum. Zagrabiae, typis Joannis Baptistae Weitz Incl. R. Croatiae Typographi 1740. 4°. Tomus I. Latino-Croaticus pag. 1288, Tomus II. Croatico-Latinus pag. 650, Dedicatio et Praefatio fol. 12.

Unter der Dedication (ohne Datum, wahrscheinlich vom J. 1739) an Graf Joseph Eszterházy de Galantha etc., Ban von Dalmatien, Kroatien und Slawonien, ist unterschrieben „devotissima provincia croatica Ordinis S. Pauli primi Eremitae", welche das verwaiste Werk herausgab. Es heisst nämlich darin: „Opus posthumum, suo pridem viduatum authore", und an einer andern Stelle: „quod sexaginta et ultro annis in tenebris delituit". Demnach fällt die Abfassung des Werkes vor das J. 1680, und der Vf. war damals, als er es schrieb, schon hochbetagt. Die Ausdrücke: „Opus quod et ad maturitatem gratiossimis favorum Tuorum etesiis fovisti, et iisdem, ut publicam videret lucem, fecisti", sind also dem Obigen zufolge nur auf die Unterstützung des Druckes durch den Ban zu beziehen. Dieses Gazophylacium ist eine vortreffliche Arbeit. Ungeachtet Jambrešić mehr, als unser Vf., auf reines Latein sieht, so übertrifft ihn dieser doch an Reichhaltigkeit und an bestimmter Scheidung des Kroatischen von dem Illyrischen. Der Vf. unterscheidet nämlich die dalmatischen und slawonischen Wörter, so oft er sie anführt, durch die Buchstaben D. Scl., so wie die türkischen durch Tur. Scl. von den provinzial-kroatischen. Die Orthographie ist fast die heutige; nur gebraucht der Vf. bei einigen Vocalen (a und e) gewisse diakritische Zeichen, um den Unterschied der slawonisch-dalmatischen und kroatischen Aussprache bemerklich zu machen. Dem lateinischen Theile sind die Regeln der Prosodie des Pantaleon Bartolomeus Raverinus angehängt. Die Vorstücke, Zueignung, Vorr. des Vfs., Approbation der Censur etc., auf 12 Blatt, sind beiden Bänden vorgesetzt, also doppelt da. Die Approbation der Censur ist vom J. 1737.

Lexicon Latinum interpretatione Illyrica, Germanica et Hungarica locuples, in usum potissimum studiosae juventutis digestum, ab **Andrea Jambresslch** *Soc. Jesu Sacerdote, Croata Zagoriensi. Zagrabiae, typis academicis Societatis Jesu per Adalb. Wilh. Wesseli 1742. 4". 4 Bl. Titel und Vorr., 1068 S. Lateinisch-kroat.-deutsch-ungr. Wörterbuch, 36 Bl. Index Illyricosive Croatico-Latinus, 10 Bl. Nachstücke, nämlich Indiculus particularis nominum (kurzes Sachregister), Nomina herbarum usitatiorum, römischer Kalender und Anleitung zur kroatischen Orthographie.*

Der Jesuit **Franz Šašalk** bearbeitete das Wörterbuch, wie einige meinen, nach ältern Vorarbeiten Habdelić's, und 1739 war der illyrische oder kroatisch-lateinische Index (der übrigens sehr mager ist, dem 2. Theile von Belostenec weit nachsteht und dem Zwecke wenig entspricht) sammt allen Nachstücken, so wie der Anfang des lateinisch-kroatischen Wörterbuches bereits gedruckt. Im J. 1740 nahmen sich die Stände von Kroatien des Werkes an; allein der Vf. starb in ebendemselben Jahre. Andr. Jambrešić nahm sich des verwaisten Werkes an, liess einige Bogen im Index und dem Buchstaben A des lateinischen Wörterbuches umdrucken, und bearbeitete das Uebrige zum Theil selbstständig. Das Wörterbuch enthält zugleich viele geographische und historische, besonders vaterländische Artikel, auch gibt der Vf., wie zuweilen auch Belostenec, von den darin aufgenommenen lateinischen Versen und Strophen überall eine kroatische Uebersetzung ebenfalls in Versen. Die Orthographie ist, bis auf einige wenige Ausnahmen (z. B. s st. sh) die noch jetzt gangbare. Die Anleitung zu derselben ist nur einigen Exx. beigelegt, und die darin vorgetragenen Regeln harmoniren nicht ganz mit der im Wörterbuche selbst befolgten Schreibweise. Auch zwischen dem kroatischen Index und dem lateinischen Wörterbuche findet hier und da eine kleine Divergenz statt. Dies alles kommt wohl auf Rechnung der verschiedenen Vff. Jambrešić hatte schon 1732 die Regeln der kroatischen Rechtschreibung besonders herausgegeben. Es ist übrigens auffallend, dass der kleine Stamm der Kroaten fast zur nämlichen Zeit zwei Wörterbücher von solchem Umfange und Gehalt erhalten hat. Die beigefügte deutsche und ungarische Erklärung mag den Werth des Jambrešić'schen zur Zeit seiner Erscheinung nicht wenig erhöht haben. Dobrowský wirft dem Jambrešić vor, dass er nicht, wie Belostenec, den Unterschied zwischen dem Kroatischen und Illyrischen angegeben, sondern beides unter einander gemischt habe. Slovanka I. 186—188.

Horvát-Nyelv szeretöinek hasznára szolgáló rövid Dictionarium. (Kroatisch-ungrisches Wörterbuch.) MS. in 4º. In der Bibliothek der kön. Akademie zu Agram.
„In crassitie non excedit unum pollicem". (J. K.)

b) Vocabularien und andere lexicalische Schriften.

aa) Kroatisch-deutsche.

Andr. Jambressich *Index vocum Croaticarum et Germanicarum cum brevi introductione ad linguam Croaticam. Zagrabiae, typis Jo. Weitz 1738. 8º.*
Juranić.

Nemske skole navuk, seu Vocabularium croatico-germanicum. Agram, gedruckt bei Franz Hav. Gerauschek, Landschafts-Buchdrucker 1765. 8º. 32 str.

Es ist dies wahrscheinlich nur eine neue Ausg. von Jambrešić's obigem Index. In der Folge wurde dieses Vocabularium sehr oft wieder aufgelegt. Wir wollen nur noch einige Ausgaben anmerken, und zwar:

Kroatisch-deutsches Vocabularium, o. O. u. J. 8º. 2 Bogg. — Dasselbe Ofen, Univ.-Schrift 1815. 8º. — Vocabularium Croatico-Germanicum, to jezt Nemske skole navuk, kak Horvatom tak Nemczem na haszen. Vu Budimu 1821. 8º. 32 str. (Bücherverz. der Ofner Univ.-Buchdr.)

In der Ausgabe 1815 sind den deutschen Substantiven die Artikel vorgesetzt worden. Dobrowský's Slovanka I. 233 etc.

Kleines kroatisches deutsches (sic) Wörterbuch für die Jugend, umgearbeitet, verbessert und vermehrt von einem Jugendfreunde. Agram bei Franz Suppan 1829. 8°. 48 S.
Ein höchst mageres, nach Materien in Kapitel eingetheiltes, von Fehlern in Bestimmung der Wortbedeutung nicht freies Vocabular für Kinder. Die Orthographie weicht von der gewöhnlichen zu ihrem Vortheile darin ab, dass st. cz blos c gebraucht wird.

bb) Lateinisch-kroatische.

Syllabus vocabulorum Grammaticae in Illyricam translatus cum appendice generum, declinationum Emanuelis Alvari (auctore **Andrea Jambressich**). *Zagrabiae, typis Jo. Barthol. Pallas 1726. 8°. — Ib. typ. J. Weitz 1735. 8°.* Die zweite Ausgabe u. d. T.: *Em. Alvari Syllabus vocabulorum Grammaticae in Illyricam vernaculam conversorum (auct.* **Andr. Jambressich**). *Zagr. typ. J. Weitz 1735. 8°.*
Juranić.

Syllabus vocabulorum Grammaticae Emmanuelis Alvari in Croaticam linguam conversorum (auct. **Thoma Mikloushich** *Prof. Zagrab.). Zagrabiae, typ. Novoszelianis 1796. 8°. 216 p.*
Der Uebersetzer unterschrieb sich unter dem kurzen kroatischen Vorworte T. M. P. G., und mit dem ganzen Namen am Ende des Buches. Ob er die frühere Arbeit des Jambrešić bei der seinigen zum Grunde gelegt und verbessert, oder eine ganz neue Uebersetzung geliefert habe, kann ich nicht angeben. Viele Wörter sind, der Natur der Sache nach, nicht sowohl übersetzt, als vielmehr erklärt oder definirt; im übrigen entspricht das Buch ganz seinem Zwecke, und war, so lange Alvari's Grammatik in Schulen gebraucht wurde, von nicht geringem Nutzen, um so mehr, als darin auch Wörter vorkommen, deren Erklärung man in den Wörterbüchern vergeblich suchen würde.

Flos Latinitatis, ex auctorum Latinae linguae principum monumentis excerptus, et tripartito verborum, nominum et particularum ordine et indice in hunc digestus libellum, auctore R. P. **Francisco Pomey** *Soc. Jesu, editio in Croatia prima (latine et croatice). Zagrabiae, typis Jo. Bapt. Weitz 1747. 8°. min. 319 pag. — Flos Latinitatis etc. lat.-croat.-germ. Budae, typ. r. Univ. 1797. 8°.*

Németh Typographiae Regni Hungariae p. 172. — Der kroatische Uebersetzer war **Johann Gallyuff.** S. Th. Mikloušić Izbor dugovany ztr. 95.

Radices linguae Latinae cum derivatis et compositis suis in tribus idiomatibus, latino - croatico - germanico, denuo editae. Zagrabiae, impensis et typis Jo. Thomae Trattner 1788. 8°. 314 pag. — N. E. Budae typ. r. Univ. 1801. 8°.

Das „denuo editae" scheint auf eine frühere Ausgabe hinzuweisen, die mir indessen unbekannt ist.

Lesebücher.

Ohtejenya kniga od pravotvornozti za potrebuvanye narodneh skol Vugerzkoga y Horvatzkoga kralyeztva. Pritizkana vu Budimu z kraly. mudrozkupchine szlovami 1796. 8°. 240 str.— N. Ausg. Chtenya kniga i t. d. vu Budimu i t. d. 1829. 8°. 4 Bl.+240 str.

Dieses, seitdem oft nachgedruckte Schulbuch gehört dem Inhalte nach unter die populär - moralischen, der Bestimmung nach aber unter die paedagogischen Schriften.

(**Emerich Vory,** *agramer Domherr, hat nach Voltiggi (Vorr. z Wörterb.) mehrere Schulbüchlein in der Landesmundart verfasst. Auch* **Thomas Košćak,** *Nationalschulen-Direktor, hat einige Schulbüchlein übersetzt, andere verbessert. Was davon gedruckt worden, ist mir nicht bekannt. — J. Čaplović erwähnt in s. Bu-*

che: *Croaten und Wenden in Ungern 1829, S. 26. Trivialschulbücher für die Kroaten in Ungarn gedruckt, aber er macht keines namhaft.)*

II. Redekünste: Poesie und Prosa.

A. Dichtkunst.

1. Sammlungen verschiedener Gedichte.

Sammlung kroatischer Nationallieder, bei Th. Mikloušić. *Hs.*

Sammlung kroatischer Volkslieder, bei N. Marakovié. *Hs.* Beide genannte Herren beabsichtigen die Herausgabe der von ihnen gesammelten kroatischen Volkslieder. — Ein kroatisches Volkslied von einer gewissen Mara steht in lateinischer Uebersetzung in B. Kèrčelić Notitiae praeliminariae p. 133. Ritter hielt die Mara für die Gemahlin Kolomans 1108, verstossen 1109. Kèrčelić erklärt diese Deutung für Unsinn und meint, das Lied sei nur ein Lied und nichts weiter, es liege dem Namen nicht nothwendig eine historische Person zum Grunde, allenfalls könnte Mara eine Tochter des Königs von Kroatien, Stephan, sein. — Auch in der Vorr. zu den Evangelien 1651 stehen die Anfangsverse von vier kroatischen Volksliedern.

2. Einzelne Dichtungsarten.

a) Lyrische Gedichte.

aa) **Religiös-moralische Gesänge, Hymnen, Kirchenlieder.**

Kerschanzke catholichanzke navuka popevke y obilno proschenye chez vreme S. Apost. Missie. Vu Budimu, pritizk. pri Nottenstein 1716. 12". 2 Bogg.
Bei Prof. Supan in Laibach.

Jurja Muliha *Duhovne jachke poszluvanya aposztolzkoga, s miloztivnum volyum preszvetl. y prepost. G. Grofa Ferencza Zichy, Biskupa Gyurzkoga. Vu Gyuri, stamp. 1750. 12⁰. 83 str.*

Cithara octochorda, sive cantus sacri latini et croatici, quos in octo partes pro diversis temporibus distributos ac chorali methodo (mit Musiknoten) adornatos pia munificentia sua in lucem prodire jussit alma et vetustissima Ecclesia cathedralis Zagrabiensis. Zagrabiae, typis Ant. Reiner 1757. Fol. 358 p.

Peszme duhovne, koje sze popevaju vu vremenu poszlanya apostolzkoga, na szvetlo dane neyda od Meshnikov Tovar. Jesush., koji poszlanye ovo obnashali jeszu, szada od oneh, koji ov poszel obnashaju, prestampati vchinyene. Vu Zagrebu, po Iv. Thom. Trattner 1780. 12". 156 str.

Ob dies ein Wiederabdruck des obigen oder einer andern Sammlung sei, weiss ich nicht.

Poperke kerztchanzke z litaniami (Zagrabiae c. an. 1780?) 12". 24 str.

Popevka pri sz. Messi, 1781. 8⁰.
Trattner'scher Bücherkatalog. Vielleicht eins mit dem Obigen.

Popevke pod sz. Meshum y pred prodechtvom z molitvami y litaniami za povekshavanye szlusbe bosje na Horvatzki obernyene. Vu Zagrebu, pritizk. pri Iv. Thom. Trattner 1793. 12⁰. 16 str.

Wahrscheinlich auch später wiederaufgelegt, da derselbe Titel, ohne Angabe der Jahrszahl, auch in den neuesten (1831) agramer Bücherverzeichnissen steht.

Die Psalmen, ins Kroatische (metrisch?) übersetzt von **Franz Xaver Korilich.** *MS.*

"Fr. Koritich nunc laborat in exprimendis vernacula poesi Psalmis ad normam immortalis Mattei Neapolitani", sagt Voltiggi in der Vorr. z. s. Wörtb. 1803.

Nove duhovne jacske, ke je z oszebitim trudom popiszal i szemu Horvatzkomu narodu prikazal Zsigmund Karner *Bisk. Jurzke Bezonyzki Furnik, va leti 1812, z dupuschenyem preposztavnih. MS. 252 pag. In der bischöfl. Bibliothek zu Agram.*

In der ungarisch-kroatischen Varietät, welche man insgemein die wasserkroatische nennt.

bb) Lieder, Oden, Elegien.

Peszma od Josefa Czeszara. Vu Zagrebu, pri Iv. Trattneru 1780. 12°. — Dasselbe ebend. 1789. 8". — Dasselbe vu Zagrebu, pritizk. vu Novoszelzkoj szlovotizki (nach 1796). 8°. 6 str.

P. Gregura *Capucina Dar za novo leto 1784. Vu Zagrebu po Jos. Kar. Kotsche 1784. 8". — Nagovarjanye szoldatov na vojuvanye proti Turchinu. Vu Zagrebu, po J. K. Kotsche 1787. 16°. — Novoga preszvetloga Biskupa (Max. Verhovcza) pozdravlenye, koj ovczam je na veszelye. Vu Zagrebu, po J. K. Kotsche 1788. 4". — Nagovarjanye Vukasovichevch dobrovolyczev na vojuvanye proti Turchinu. Vu Zagrebu, po J. K. Kotsche 1789. 16°. 15 str. — Najizvisheneshi Ivan Erdödy na viszoku Banzku chazt po Leopoldu II. izvishen. Vu Zagrebu, po J. K. Kotsche 1790.*

Shimona Jellachicha *Kan. Zagr. Horvatzke viltie dobroselenye, vuchinyeno, kad j. Bana nazturlyenye 31 Velikomeshnyaka leto 1785 etc. Vu Zagrebu, stamp. po Jos. Kar. Kotsche (1785). 4". 7 str.*

Patru Damasccnu ztarczu izpeval je J. B. K., *kada on peldeszeto meshnichtva leto je obszlusaval. Vu Zagrebu, z szlov. Jos. Kar. Kotsche 1787. 4". 7 str.*

Szlavnem Varmegyiam od Erdödzke y Topolovechke Banderialzke kompanie vu vremenu szrojega razpuztchanya szlavnu szlavu davali jeszu dan 5. Jannara 1798. 8°.

Szim. **Chochicha** *(Phil. Prof. Zagr.)* Peszme Horvatzke. Th. Mikloušić Izbor ⋅ dugovany str. 95. (Wahrscheinlich ungedruckt.

J. Tuzticha *Peszme Horvatzke.* Th. Mikloušić nennt ihn in Izbor str. 102 „Peszmoznanecz Horvatzki".

Vekivechni zpomenek szmerti plemenitorodyenoga Josefa Kralya aliter Kozaricha iz Moravcha, 65 let staroga den 11. Travna 1804 preminuchega. Vu Zagrebu, pritizk. pri Jos. Kar. Kotsche (1804). 8". 8 str.

Thom. Miklouschicha *Zpomenek vekirechni Anne Prelancz rodyene Benkovich, od bridke szmerti dan 15. Szusheza 1804 vu Karlovczu zarjete, po nekojem zmed priatelov salosztno szlosen. Vu Zagrebu, vu Noroszelzkoj szlovotizki (1804). 8". 5 str. Zwei gereimte Trauergedichte. — Imenoszlavnik preizvish. G. Jos. Klobushicky alduvan 19. Szusheza 1810. Vu Zagrebu (1810). 4". 11 str. — Vieschenye Vil Horvatzkeh pri vanduranyu novin Zagrebechkeh dan 1. Szerpna 1826. Als Beilage zur agramer Zeitschrift Luna 1826 N. 1. — Razeztanek letu 1826. Ebend. N. 1. — Peszma na dan narodni preszvetl. Czeszara y Kralya Ferencza I. 4". 1 Bl. Das bekannte vaterländische Lied: Gott erhalte Franz den Kaiser, ins Kroatische übersetzt; als Beilage zur Luna 1827 N. 14. — Imenoszlavnik mojega iztinzkoga priatela J. L., 27. Grudna 1827. Vu Zagrebu, pritizk. z szlovami Ferencza Suppan. Fol. — Zreszno-iztinzku domovine lyubav proti Banu szvojemu (Ign. Gyulay), iz velikoga zpravischa Vugerskoga vu Zagreb dojduchemu dan 23. Velikomeshnyaka 1827. Vu Zagrebu (1827) 4°. Als Beilage zur Luna. — Hasznovita miszel pri nazlajajuchem letu 1828. Als Beil. zur Luna. —*

Obszlusavanye narodnoga dneva preszvetl. Czeszara y Kralya Ferencza I. 12. Szvechna 1828. Vu Zagr. (1828). 4º. 2 Bl. Beigefügt ist eine lateinische Uebersetzung des vaterländischen Liedes: Gott erhalte Franz den Kaiser, von Aloysius Christianovich, Exhortator academicus, und mehrere deutsche Gedichte. Beil. zur Luna. — *Obszlusavanye narodnoga dneva Nyih Velichanztva premilozt. Gozpe Karoline, preszvetle Czeszaricze y Kralyicze, den 8. Szvechna 1829.* Beil. zur Luna 1829. N. 7. — *Chaztenye narodnoga dneva Nyih Velichanztva preszvetloga Czeszarza y Kralya Ferencza I. 1829.* Beil. zur Luna 1829. N. 8. — Auch in den agramer und varasdiner Kalendern kommen sehr viele kleine Gedichte von Mikloušić vor.

Domovini na postenye Vila zpeva szve hotenye, vu Zagrebu den 15. Travna 1809, zpeva sze na nota: „Zpaval Janko pod jablonkom". Vu Zagrebu, v Novoszelzkoj szlovotizki (1809). Fol. 4 str.

Zpomenek godovnoga dneva veszelya Michael Miskicha, Bürgermajztora vu Koztajniczi, y szmertne salozti nyegove gozpoje. Vu Zagrebu, pritizk. z szlovami Novoszelzkemi 1813. 8º. 20 str.

Imbr. Lopashicha *Preporod grada med Arvati Karlovcza dan 20. Velikomashnyaka u letu 1814 dozivlyen. U Karlovczu 1814. 8º.* — *Gradyana piszma virnog naroda Horvatzkoga Czaru szrome pridobrome Ferenczu I. k narodyenomu danu 12. Szichna 1818 u Karlovczu aldurana. U Karlovczu, pri J. N. Prettner 1818.* Fol. — *Pozdrav Horvatov Karlovachkih szrom velikom domorodezu Nyih Excellencxii G. Biskupu Zagrebach. y chazti banzke Nameztniku Max. Verhovczu y Nyih Gozpodztvu G. Biskupu Josef Salczu, u Karlovczu dana 5. Klaszna 1823 uchinyen. U Karlovczu, pri Iv. Nepom. Prettner 1823.* Fol. 4 str.— *Preizvrish. y prechazt. G. Alex. Alagovich, czirkve Zagreb. velikomu pazlivu etc., vu pokornozti aldurano. U Karlovczu, pri J. N.*

Prettner 1830. 4°. 4 str. — *Pr. Gozp. Franczu Baronu od Vlassich Banu ytd. U Karloczu 1832. 8°. 7 str.*

Alles in der karlstädter Varietät, folglich mehr der illyrischen Abtheilung angehörig.

Maxim. Verhovcza *Bisk. Zagr. Pleszopeszem pri dosheztju vu Zagreb Nyih Velichanztvi Ferencza I. y Karoline, 27. den klaszna 1818. Vu Zagrebu 1818. Fol. mit Musiknoten.*

Es ist dies ein Kolo-Lied, welches von einer Anzahl in Nationaltracht gekleideter kroatischer Adeligen beiderlei Geschlechtes während der Ausführung des Nationaltanzes Kolo auf einem JJ. Majestäten zu Ehren zu Agram gegebenen Balle abgesungen wurde. Man findet es kroatisch und serbisch auch in Davidović's Serb. Zeit. 1818 N. 55 in der Beilage abgedruckt. — Wahrscheinlich verfasste der Bischof Verhovacz auch mehrere Gedichte, denn in Mikloušić's Izbor dugovany wird er S. 102 als „Vitiznanecz (poeta) Horvatzki" angeführt.

Fer. Xav. Korltlcha *Domorodzko raduvanye na den 7. Szvibna 1826, pri poszretchenyu G. Imbriha Oscgovich Kan. Zagr., kakti szv. Helene od Podhorja Opata. Vu Zagrebu, pritizk. pri Ferenczu Suppan 1826. 4°. 3 str.*

Jos. Rizmana *Izpisz szvetkuranya ponorlycnoga novomeshnichteu a po dokonchanem poloztoletju prepost. G. Jos. Dominich Kan. Zucheszanzkoga etc., dan 3. Travna 1826. Vu Varasdinu, pritizk. od Iv. Szangilla 1826. 4°. 12 str.* — *Veszela peszma na dan 20. Miholschaka leta 1827, kada vu szlob. y kraly. varoshu Varasdinzkom preizrish. G. Grof y Ban Horvatzki Ignacz Gyulay prezmosn. G. Grofa Karola ztareshega Erdödy vu chazti najrekshega Kneza szlavne Varmedyie Varasdinzke utverditi je doztojal. Vu Varasdinu, po Iv. Szangilla (1827). 4°. 4 Bl.*

Jos. Romualda Kvaternika *Pleszopeszem Juraju bratu szvojemu, kadabi on leto 1826 na Belu ili po Vuzmu pervu nedelyu*

agnecza ruzmenoga perri put Oczu nebezkomu alduval. Vu Zagrebu, pri Fer. Suppan 1826. 8°. 4 str. — Imenoszlavnik priszv. G. Josefu Grofu Sermage etc. k dnevu 19. Szushcza 1828 alduvan. Vu Zagrebu, z szlovami Fer. Suppan (1828). 4°. 4 Bl.
Ausserdem sind von Kvaternik in der deutschen agramer Zeitschrift mehrere Räthsel u. a. kleine Gedichte in kroatischer Sprache erschienen.

Ludv. Gaya *Peszma od Zagorja. In der agramer Zeitschr. Luna 1826. 30. Oktbr. — Razvezanye zganyke. Ebend. 1826. 18. Juli. — Podertine Czeszargrada vu Zagorju. Agramer Unterhaltungsbl. 1828. N. 17.*

Jos. Haramuztka *Na dan obszlusuvanya godovnoga dneva 21. Grudna 1828 vnogopost. G. Thom. Miklousliichu Pleb. vu Ztenyeveczu vu glubokoj poniznosti alduvano. MS.*

Peszma pri nazlavlyanyu krisa y jabuke na znova podignyen turen na czirkvu sz. Katarine na Szelih vu Zagorju. In der agramer Zeitschr. Luna 1829. N. 33.

Nut! Novo leto! Mati — sin — zorja! Preizvish. G. Jos. Kusherichu, kraly. Dalm., Horv. y Szlavon. Protonotariushu etc., za dar novoga leta 1831 napiszano, randano y alduvano od **Pavla Sloosz** *Klerikusha Bisk. Zagr. Vu Zagrebu, pritizk. pri Fer. Suppan (1830). 8°. 9 str. — Noch Horratzke zemlye, po plachnem zahodu trajjedne domovine szuneza, iliti plach Horvatov zverhu szmerti G. G. Ignacza Gyulaja kr. H. D. y Sz. Bana ytd. Vu Zagrebu, pri F. Suppan 1831. 8°. 16 str. — Glasz horvatzkoga szlorztva po szmerti Thom. Miklousliich. Vu Zagr. Suppan 1833. — Protuletno szlavoglaszje G. Jos. Mihalicz Kar. Vu Zagr. 1833. 8°. 4 Bl.*

Jurja Dullikravicha *Peszma na chazt y diku preszvetl. G. Alexandru Alagovich Bisk. Zagreb. vu Zagrebu dana 25. Jul. 1830. Vu Zagrebu, prit. z szlovami Fer. Suppan 1830. 4°. 2 str.*

Jos. Vrachana *Veszela domorodna peszma po szinu domorodnem spevana na den vpelyanya na ztoliczu Biskupie Zagrebechke G. Alexandra Alagovich etc. Vu Zagrebu pritizk. pri Fer. Suppan 1830. 4°.*

Mikule Marakovicha *Salozt nad szmertjum Groficze Draskovich. Vu Zagrebu, pritizk. pri Fer. Suppan 1830. 8°. 2 Bl.*
Viele lyrische und andere Gedichte in der IIs. (Kunitsch).

Jos. Maricha *Izkra domorodne lyubavi viszokopost. G. Thom. Mikloushich Pleb. Ztenyev. na obnovlenye leta 1831 alduvana. Vu Zagrebu, pritizk. pri Fer. Suppan (1830). 8°. 4 Bl.*

Karla Rakovcza *Peszma najszvetlejshoj Groficzi Eleonori Patachich etc., kakti viteskoj narodnega jezika ljubitelici na oczvetenye godovnoga dana alduvana. Vu Zagrebu, pritizk. pri Fer. Suppan 1831. 8°. 4 Bl.*

Ferencza Milashinovicha *Za dan narodyenya G. Tom. Mikloushicha — in dem agramer Unterhaltungsbl. Luna 1831. N. 44. — Plach nad szmertyum G. Ignaczia Gyulay Bana itd. Rkp.— Prigovorlyiveczev plach. Rkp. — Za zpomenek pok. Tom. Mikloushich. Vu Zagr. Suppan 1833. 4°. 2 Bl.*

Herovié's *Gedichte und andere Aufsätze (Gay).*

Na grobu poglavitoga y preizvishenoga Horvatzkoga domorodcza G. G. Henrika Mixicha od Dolny. Lukavcza itd. Vu Zagrebu, pri F. Suppan 1832. 8°. 6 str.
Unterzeichnet G., d. i. **Ludvik Gay.**

Priatelyzka szuza zverhu tenye pokojnoga Josefa Kukulyevicha od Zaktzy itd. od Bogoszlovja poszlushitelov zlejana. Vu Zagrebu, pri F. Suppan 1832. 8°. 2 Bl. Von **Andrash Zlipleh.**

Selya starinzko-horvatzke kralyicze Pr. G. Baronu Franczu od Vlassich Banu ytd., po **Josefa Kundek.** *Vu Zagrebu, pri*

F. *Suppan 1832. 8°. 21 str. — Klio G. Ant. Stoeyera kan. szlavi. Vu Zagr. 1833. 8°. 2 Bl. — Rech G. Steph. Osegovichu od Barlabassevcza. Vu Zagrebu 1832. 8°. 4 Bl.*

b) Didaktische Gedichte.

aa) Eigentliches Lehrgedicht.

α) Mit Rücksicht auf religiös-moralische Erbauung.

Matth. Magdalenich *Von den vier letzten Dingen des Menschen, dem verlornen Sohne u. s. w. (eine Sammlung Gedichte), o. O. (wahrscheinlich zu Gratz) 1670. 8°.*
Denis Ossians und Sineds Lieder, Wien 1791. Bd. IV. Vorr. S. 7, woselbst ein kroatisches Distichon als Probe von Metrum abgedruckt ist. In der Bibl. zu Agram fehlt dieses Buch.

P. Gregura Kapucz. *Duhorni Kalendar za vszaki dan czeloga leta iz pobosne Thomasha od Kempisz knisicze vzet. Vu Zagrebu, pri Iv. Thom. Trattner 1793. 8". 94 str.*

β) Moralphilosophisches Lehrgedicht.

Privichnik aliti razliko mudrozti czvitje, zpravlyeno po **Pavlu Vitezovichu** *Zlatomu Vitezu, cz. kr. Szvetl. Vicsniku, o. O. u J. 12°. 168 S.*
In der primorischen Varietät. Kurze Sprüche über Lebensweisheit und Lebensklugheit in gereimten Versen.

bb) Poetische Epistel.

Gabora Jurjevicha *Lizti Heroov, to je velikeh na glaszu lyudi. Vu Bechu, stamp. pri Janushu Cosmeriovishu cz. kr. szvetl. stamparu 1675. 12°. 171 str.*
Poetische Episteln in fliessenden Reimen, in denen ausschliesslich religiöse Gegenstände behandelt werden.

c) Erzählende Gedichte.

aa) Poetische Erzählung.

α) Behandlung heiliger Gegenstände mit erbaulichen Zwecken.

P. **Gregura** *Kapuczina Horvatzka od Kristushevoga narodyenya vitia. Vu Zagrebu, Novoszelzkemi szlovotizki 1800. 8º. 45 str.*

Ein, der unbestimmten Form wegen schwer zu klassificirendes, übrigens vortreffliches, originell-launiges, man könnte sagen humoristisches Gedicht ohne allen Obscurantismus, aus dem sowohl des Vfs. gutes, fröhliches Gemüth, als auch seine Befähigung zum Dichten zu ersehen ist. — Auch in dem kroatischen Kalender kamen alljährlich sehr viele Verse von P. Gregur vor.

Antuna Kanixllcha *Szveta Roxalia Panormitanzka devicza itd., iz Illir. na Horvat. preneshena po* **Ivanu Krizmanichu.** *MS.*

β) Behandlung vermischter weltlicher Stoffe.

Oddilenye Szigetzko, tuliko razlichitom, kuliko nechujenom doszle Hervatzke ritme lipotom zpravlyeno po plemenitomu y hrabrenomu G. **Pavlu Vitezovich** *aliti* **Ritter,** *Hervatzkomu y Szenyzkomu Vlazteliuu, szlavn. vojvodztva Ricardianzkoga Capitanu. U Linczu, kalupom Gasp. Frajsmidovicha 1684. 12º. 88 str.*

P. **Gregura** *Kapuczina Neztranchno vezdashnyega tabora izpiszavanye za leto 1788. Vu Zagrebu, pritizk. pri Jos. Kar. Kotsche 1789. 8º. 56 str. — Za leto 1789. Vu Zagrebu itd. 1790. 8º. 42 str. — Za leto 1790. Vu Zagrebu itd. 1791. 8º. 40 str.*

Der Vf. hat sich darin mit P. G. C. unterzeichnet. Leichte, fliessende Reimereien über die damaligen Kriegsereignisse.

bb) Idyllen.

Simon Palatin's *Des P. Virgilius Maro Eklogen, aus dem Lat. übersetzt. Hs.*

„Das erste prosodische Werk in der kroatischen Sprache"
sagt davon J. Čaplović in s. Croaten und Wenden in Ungern
1829 S. 26, welche Behauptung ganz unrichtig ist.

cc) Heldengedichte.

*Adrianszkoga mora Syrena. Groff Zrinski Petar. Stampana
u Beneczih pri Zamarij Turrinu Leta 1660. Fol. 166 unpaginirte Bl. nebst 5 Kupfern.*
Das ungarische Original von Grafen Nikolaus Zrinjski
erschien unter dem Titel: Tengernek Syrenája. Gróff Zrini Miklós. Nyomtatta Béchben a' Koloniai Udvarban Kosmerovi Máté
Czászár Ö Fölsége könyvnyomtatója. Anno 1651. 4". 160 Bl.
Unlängst gab Kazinczy die gesammten Gedichte Zrinjski's heraus:
Zrinyinek minden munkái, Pesten 1817. 2 Bde. Graf Peter
Zrinjski übersetzte das Heldengedicht seines Bruders ins Kroatische. Es enthält 2 Vorgesänge, 15 epische, aus 1700 Strophen
oder 6800 in der Mitte und am Ende gereimten Versen bestehende Gesänge, und 12 kleinere Gedichte als Anhang. Die Heldenthaten des unsterblichen Vertheidigers von Sziget, des Grafen
Nikolaus von Zrinj, des Urgrossvaters des Dichters, werden darin
auf eine ernstfeierliche Weise besungen und gepriesen. Das Gedicht enthält zwar, besonders in den Episoden, viele höchst
gelungene poetische Stellen, behauptet aber dennoch, in Vergleich
mit den besseren Erzeugnissen der dalmatischen Muse, nur einen
untergeordneten Rang. Der Versbau insbesondere steht dem der
vorzüglicheren ragusanischen Dichter weit nach; der Reim ist
selten vollkommen, tadellos, und die viermalige Wiederkehr des
Doppelreimes in derselben Strophe hat eine für das Ohr äusserst
lästige Monotonie. Bei allem dem ist das Gedicht seiner historischen Bedeutung, so wie seines sprachlichen Werthes wegen
sehr schätzbar, und steht noch immer einzig auf dem kroatischen Parnasse da. Die Sprache hält zwischen der dalmatischen
und der eigentlichen kroatischen gleichsam die Mitte; es ist die
sogenannte primorische Varietät, d. i. die Mundart der Bewohner
des heutigen kroatisch-ungarischen Litorale und der Umgegend.
Unter den kleinen Gedichten am Ende sind einige recht lieblich.

Von den Kupfern stellt eines den Uebersetzer, Grafen Peter Zrinjski, und eines den Vertheidiger von Szigeth, Ban Nikolaus Zrinjski, dar.

J. Milton's Verlornes Paradies, aus dem Englischen übersetzt von **Johann Krizmanich.** *Hs. 1827.*

Die Uebersetzung ist trefflich, aber leider in Prosa.

Virgils Aeneis, 1. Gesang, in gereimten Versen übersetzt von **Franz Xaver Koritich.** *Hs.*

Der würdige Vf. fing die Aeneis an in gereimten Versen zu übersetzen, hat aber die Arbeit nicht vollendet.

d) Dramatische Poesie.

Th. Brzeovachky *Szveti Alexi, komedia. Vu Zagrebu, po Jos. Kar. Kotsche 1786. 8°. (Juranić.) Dass. n. Ausg. (?) Alexis, igrokaz vu chetverem izpelyivanyu. Vu Zagrebu, stamp. pri Jos. Kar. Kotsche 1798. — Matthiash Grabantziash diak, vu trojem dogodu izpelyan y igran vu kralyeczkom konviktu vu Zagrebu dana 12. Szechma leto 1804. Vu Zagrebu, pri Jos. Kar. Kotsche (1804). 8°. 98 str. Verbessert und neu aufgelegt von Th. Mikloushich nebst Lyubomirovich ili priatel pravi. Vu Zagrebu 1821, 8°. Vgl. unten. — Diogenesh ili szluga dveh zgublyeneh bratov, veszeli igrokaz vu peterom zpelyivanyu po Th. Mikloushich P. Z. vu novem pogledu na vnogeh selyu na szvetlo dan. Vu Zagrebu, vu Novoszelzkoj szlovarniczi 1823. 8°. 102 str. (Brezovački hinterliess das Lustspiel in der Hs., Mikloušić verbesserte es.) — Igrokaz pastirzki. Hs. Melodram, zum Nutzen armer Studierenden verfasst, welche es privatim in herrschaftlichen Häusern vorstellten. — Kovach Krapinzki. Hs. Ein satyrisches Gedicht.*

Diese Dramen, besonders Matthiash Grabanciaš Diak und Diogenes, wurden sowohl im Seminarium und im Convict, als auch an andern Orten mit vielem Beifall aufgeführt.

Imenosslavnik rechnopeszmen, igrokaz na zadavek zahvalnozti Matt. A. od **Thomasha Mikloushich** *dovershenoga bogo-*

szlovcza alduvan leto 1791. MS. — Lyubomirovich ili priatel pravi, igrokaz vu trojem zpelyivanyu po Mat. Jandrich Pleb. *vu Czirkveni izpiszan, y po* Th. Miklonshichu *Pl. Zt. na szvetlo van dan. Vu Zagrebu, z szlov. Novoszelzkemi 1821. 8". 108 str. Ferner: Mathiash Grabantiash (lies Grabancias) diak, vu chetverem zpelyivanyu po* Th. Brezovachky *Prevend. S. Marka izpiszan, y po* Th. Miklonshichu *Pl. Zt. v drugem pogledu van dan (ebendas.) str. 109—190. Vgl. oben. Ein Nachwort des Herausgebers ist datirt 14. Februar 1822. — Huta pri Szavi, ili lyubav za lyubav, igrokaz narodni vu dvojem zpelyivanyu, pri predavanyu Iliriuma napervoztavlyen vu Zagrebu dan 1. Vszeszvetschaka 1822. Vu Zagrebu, z szlovami Novoszelzkemi (1822). 8°. 39 str., dazu ein vorausgeschickter Predgovor mit einem eigenen Titel auf 7 Seit. Dieses kleine Gelegenheitslustspiel wurde zu Ehren des kön. Kommissärs Grafen Jos. Majláth von Székhely bei Gelegenheit der Zurückgabe des kroat.-ungar. Litorale an Ungarn in Agram deutsch aufgeführt, und später von dem Pfarrer Th. Mikloušić ins Kroatische übersetzt. — Lizimakush ali machuhinzki nazlob, igrokaz saloztni vu peterem zpelyivanyu po* T. M. P. Z. (Tomasba Miklonshichn *Pleb. Ztenyev.) vu novom pogledu na szvetlo dan. Vu Varasdinu, vu szlovarniczi Joana Sangilla 1823. 8°. 52 str. Dieses Drama erschien schon früher, zur Zeit der Jesuiten, im Drucke, nebst vielen andern, die jetzt beinahe gänzlich verschwunden sind. Mikloushich liess es neu auflegen.*

Szveti Bernard, *igrokaz iz Diachkoga na Horvatzki preztavlyen po* Jos. Vrachan *Pleb. Vu Zagrebu, pritizk. s Novoszelzkemi szlovami 1815. 12". 52 str.*

Jakoba Lovrenchicha *Rodbinztvo, jeden veszelo-igrokaz, vu peterom dogodu iz Nemskoga na Horvatzki jezik preneshen. Vu Varasdinu, pritizk. pri Janushu Sangilla 1822. 8°. 116 str. — Predszud zverhu ztalisha i roda, igrokaz v trojem zpelyivanyu, negda po Karlu od Ekartshauszen vu Nemskom, szada pako Horvatzkom jeziku na szvetlo dan. Vu Varasdinu, pritizk. pri* Janushu Szangilla *1830. 8°. 88 str.*

Vilezovich, igrokaz vu chetverem izpelyivanyu, igran 1793.— Abdolonimush, ili iz paztira kraly, igrokaz vu trojem izpelyivanyu zkupa y s peszmami. — Familia Hunyadianzka, ili y nedusnozt takaj gdagda koczka ztigne, pripetchenye iztinito leta 1457, igrokaz saloztni vu trojem izpelyivanyu. — Baron Tamburlanovich, ili pelda nerazumnoga potroshlyivcza, igrokaz. — Kukoly med psheniczum, ili bogoszlusnozt i zkazlivozt, igrokas vu trojem izpelyivanyu iz Nemskoga na Horvatzki preneshen. — Makariush, ili zerczalo y pelda chiztoche, igrokaz vu trojem izpelyivanyu. — Odverka izkavczi, igrokaz vu treh pokazih, iz Nemskoga Fridrika Gotter. — Veliko-Vechnik, igrokaz vu peteh pokazih. — Papiga, ili krepozt, gda nestima, szrechu vchini, igrokaz vu treh pokazih iz Nemskoga Aug. Kotzebue na Horvatzki obernyen. — Vranovich, ili lyuboszumlya po jednem czepelishu, igrokaz vu jednem pokazu, napravlyen l. 1825. — MS.

Abschriften von diesen zehn ungedruckten Dramen befinden sich bei H. Th. Mikloušić, Pfarrer in Stenjevec.

Josephus venditus, seu ejus in Aegypto vicissitudines, tragicomödia croat., in quinque actus digesta. — Pravdenich, ili ovak biva na ladanyu, vu treh pokazih iz Nemskoga Karla Ekartshausena. Aufgeführt in den J. 1792. 1794. 1804. — Dusnozt szlusbe, igrokaz vu peteh pokazih iz Nemskoga od A. Vilh. Iffland. — Szamo sziromastvo nechini neszrechnoga, ili kaj je prevech, ni niti z kruhom dobro, igrokaz vu peteh pokazih iz Nemskoga od A. Vilh. Iffland. — Lyudi merzenye y detinzka pokora, igrokaz vu peteh pokazih iz Nemskoga od Aug. Kotzebue. — Szvadlyivozt y pomirjenye med bratmi, igrokaz vu peteh pokazih. — Gluhonemi, ili Meshnik de l'Epé, igrokaz vu peteh pokazih iz Franczuzkoga. — Redki proczessush, igrokaz vu treh pokazih. — Zplatchena zvedlyivozt, ili porushenye bludnozti, po spametnem szvetzkem plebanushu vchinyeno, igrokaz vu treh pokazih. — Gozpodarovich ztari tergovecz, ili koji duge dela, naj gleda, odkud nye izplati, igrozkaz vu treh pokazih. — Ztalnozt bratinzke ljubavi, igrokaz veszeli vu treh pokazih.

Diese eilf dramatischen Stücke befinden sich handschriftlich in der Bibliothek des Alumnats-Seminariums zu Agram.

Lustspiel in makaronischer, aus der kroatischen, deutschen und lateinischen zusammengesetzten Sprache. Hs. In der bischöfl. Bibliothek zu Agram.

Oszmanschicza, igrokaz iz Illir. na Horv. preneshen po Ivanu Krizmanichu. *MS.*
Die Uebers. ist in Versen, wie das Original: J. T. Marnavicha Osmanschica u Rimu 1630. 4°.

Kar. Rakovcza *Duh, dramatichku vitia, Gosp. Franczu Vlassichu Baronu, Banu itd. Vu Zagrebu, pri Franczu Suppan 1832. 8°. 18 str.*

B. Prosa.

1. Dichterische Prosa.

a) Romane, Erzählungen, Mährchen.

Jak. Lovrenchicha *Pripovezti za chutliva szerdcza. 1823. MS.*

Jur. Pavlinicha *Vu predoblenyu nazad Budima grada vu szusanztvo kerztchenikom dojduche jedne Turzke devojke Kartigam zvane zpomenka vredno pripetchenye. 1828. MS.* — Ebenfalls aus dem Ungarischen übersetzt.

Das ungarische Original von Ignac Mészáros erschien zu Pressburg 1772. 8°.

Jur. Pavlinicha *Pripovezt od szilno pograblyeneh dveh de-*

vojkih spanyolzkch, Fricze y Gertrude. 1828. MS. — Ebenfalls aus dem Ungarischen.

Jur. Pavlinicha *Bludyenye po treh szveta ztranah jednoga Spanyolcza. 1829. MS. — Aus dem Ungarischen.*

Antola Rosicha *Belizar y Gelimer kraly Vandalzki. 1826. MS.*

Ign. Kriztianovich *Telemach, aus dem Französischen des Fenelon übersetzt. MS.*

Iv. Ernest Bedenko *Viszoki szud, ili Karesz y Fatima (Roman aus dem Deutschen: Das hohe Gericht oder Chares und Fatime). MS. 4". 1 kn. 151 str., 2. kn. 132 str. Bei H. Th. Miklousić.*

Emilia, zerczalo dobrote y terplivnozti, dogadyaj vu Spanyolzkem orszagu dovershen. MS. 4". 67 str. Bei H. Th. Miklousić.

Endymion iliti lyubav chloveka. MS. 75 str. In der bischöfl. Bibliothek zu Agram.

Zriny Mikloush ili dogodyenye Zriny Mikloushu Bana horvatzkoga, nyegoveh dveh priatelov, y Judite Ilyefalvi, iz vugerzkoga na horvatzki po J. P. (**Jur. Paulluich**). *Vu Zagrebu, pri F. Suppan. 1833. 8". 197 str.*

b) Volksschwänke, Witzspiele usw.

Mihalya Shilloboda *alias* **Bolsbicha** *Cubala, to je na vszakojachka pitanya kratki, ter vendar prikladni odgovori vu Horvatzkem jeziku na szvetlo dani od Ruga, Raga, kaga Racze den Turzki Pop, Uhta VCzeM IztInzko aLDVVanI (1768). Vu Zagrebu 8". 10 str. z dvemi tabliczami.*

(„Famosa Cabala de lusu Lotto latine ab eodem edita." Th. M.)

Lado Horvatzki iliti Sybilla, 1781. 4⁰. (Diese Ausg. steht in einem Bücherverzeichnisse der ehemaligen Trattner'schen Officin zu Agram.) — *Lado Horvatzki iliti Sibilla zverhu mnenya dojducheh pripetcheny, na 9 Vil razluchena po negdashnyem knezu* **Pavlu Rittern** *naprarlyena za kratchenye vremena y dugoga chasza. Vu Zagrebu, pritizk. z szlovami Iv. Th. Trattner 1783. 4⁰. 40 str.* — *Neueste Ausg. Pritizk. vu Karloveza pri J. Nep. Prettnerju 1828. 4⁰. 20 unpag. Blätter.*

Ob diese Sibylle (ein gesellschaftliches Spiel mit Wahrsagereien) noch bei Lebzeiten Ritters gedruckt worden, ist mir nicht bekannt; aus den Worten B. A. Kèrčelić's „visa ejus (Ritteri) vulgari lingua edita ab illo Chronica, item vulgo Sibylla, tantus in immortalis memoriae virum concitatus ab iis, quibus doctrinae et literae vi vocationis incumbunt, et livor atque odium, ut prope infinitis calumniis et injuriis affectus Viennam abiret etc.", möchte ich fast schliessen, dass es geschehen ist. Ritter verfasste seine Sibylle in der primorischen Mundart; in den Ausgg. 1783 und 1828 hat ein Ungenannter die Sprache ganz kroatisirt.

Jak. Lovrenchicha *Nekoja czuprii razlaganya za razsvetchenye bludechemu puku szlusecha. 1830. MS.*

2. Eigentliche Prosa: Reden.

Antola Mihanovicha *Rech domovini od hasznoritozti piszanya vu domorodnom jeziku. Vu Bechu pritizk. l. 1825. 8⁰.*

Ludvika Bedekovicha *de Komor Gororenye vu velikem zpravishu 3 Miholyschaka 1827 pred pochetem chaztnikov Varmedyinzkeh premenyanyem (restauratium). Vu Varasdinu, stamp. z szlovami Ivana Szangilla 1827. 4⁰. 7 str.* — *Allocutio ab J. U. D. L. B. Lud. Bedekovich de Komor etc. ad Status et

ordines Com. Crisiensis d. 16. Aug. 1832 generaliter congregatos
Croatico idiomate pronuntiata. Zagr. typ. T. Suppan 4⁰. 10 str.
(kroatisch).

C. Mengschriften in Versen und Prosa.

Izbor dugovany vszakoverztneh, za haszen y razveszelenye
szluseche h, po **Tomashu Mikloushich** Pleb. Ztenyerechkem izpiszan
y na szvetlo dan. Vu Zagrebu, vu Novoszelzkoj szlovarniczi.
1821. 8⁰. 180 str.

Der Vf. sammelte, wie er in der Vorr. sagt, viele Jahre
lang an gemeinnützigen Materialien zur Belehrung seiner Landsleute. Einiges von seinem Vorrath nahm er in seinen hundertjährigen Kalender (1819) auf; anderes brachte er in diesem Büchlein
unter; vieles blieb für künftige Zeiten und Zwecke vorbehalten.
Das Buch enthält: 1) Eine kurze Geschichte des slawischen und
insbesondere des kroatischen Volkes. 2) Nachrichten von Buchdruckereien und Schriftstellern in Kroatien. 3) Ein Hausreceptbuch. 4) Eine Sammlung kroatischer Sprichwörter. 5) Einige
kurze Gedichte. 6) Einige Denkwürdigkeiten aus dem Kunstund Industrieleben und eine Anleitung zum Lottospiel. Im zweiten Abschnitte stehen die Namen der kroatischen, und zum
Theile auch der slawonischen und dalmatischen Schriftsteller,
sie mögen in lateinischer oder kroatisch-slawischer Sprache geschrieben haben, doch ohne nähere Angabe ihrer Werke.

III. Geschichte und Geographie.

A. Geschichte.

1. Allgemeine.

Kronika vezda znovich zpravliena kratka Szlovenzkim jezikom po D. Antolu Pope Vrameze Kanovniku Zagrebechkom.
Stampane v Lublane po Juane Manline leto 1578. 4⁰. 4 und
65 Blatt.

Am Ende der lateinischen Dedication unterschrieb sich

der Vf. „Anthon. Vramecz D. Philosophiae E. Z. Canonicus ac Parochus in Rain etc." (Rain-Брѣжице?). M. Kèrčelić und J. Smendrović sagen in der Collectio: „Scripsit historiam, cujus frequens apud scriptores mentio". Unter der dalmatischen Chronik, die Ritter benutzte, ist keine andere zu verstehen, als eben die gegenwärtige Vramecische. (Engel I. 289 ist hienach zu berichtigen.) Kèrčelić sagt: „Antonius Vramecz, Varasdiensis Archidiaconus, Georgio Draskovichio (Ep. Zagr.) authore typique Maecenate historiam suam edidit." Hist. Cath. Eccl. Zagr. 1770. Fol. p. 244.

Kronika aliti szpomen vszega szvieta vikov, u dva dela razredyen, koterih pervi dersi od pochetka szvieta do Kristushevoga porojenya, drugi od Kristusheroga porojenya do izpunenya leta 1690, szlosen y na szvitlo dan po Pavlu Vitezovichu Zlatomu Vitezu. U Zagrebu leta gozp. 1696. 4⁰. 222 str. — 2. Ausg. Kronika aliti szpomenak vszega szvieta vekov, vu dva dela razredyen, koterih perri dersi od pochetka szveta do Kristusseroga narojenya, drugi od Kristusseroga porojenya do izpunenya leta 1745, szlosen y na szrello dan po Pavlu Vitezovichu Zlatomu Vitezu y pervomu Horvatszkoga orszagu stamparu, prestampana vu Zagrebu po Ivanu Weitz Horvatszkoga orszaga stamparu 1744. 4⁰. 243 str. — 3. Ausg. Kronika aliti szpomenek vszega szveta vekov na tri dele razdelyen, kojeh perri je od pochetka szveta do narodyenya Kristusheroga, drugi od narodyenya Kristusheroga do leta 1744, tretji od leta 1744 do leta 1762, szlosen y napervo dan po jednom Mashniku iz Tovaruston Jezusheroga, z ztroskom Ferencza Zerausheg knigovezeza vu Zagrebu pri Kajetanu Ferenczu Haerl. 1762. 4⁰. Der letzte Theil auch abgesondert unter dem Titel: Pridavek kronike iliti zpomenka pripechenij od leta po narodyenyu Kristushevom 1744 do leta 1762 zebran, razlosen y naperro dan po jednom Mashniku Tovarustva Jezushevoga, stampan z ztroskom Ferencza Zerauscheg knigovezeza vu Zagrebu pri Kajet. Haerl. 1762. 4⁰.

In dem Ex. der kais. Hofbibliothek in Wien findet sich

folgende schätzbare, die Geschichte des Buches sehr gut erläuternde handschriftliche Note: „Cronicam hanc croatice conscriptam edidit D. L. B. **Paulus Ritter, Eques Auratus** et S. M. Consiliarius. Hanc ille ex vetusta et anteriori cronica Dalmatica etiam speciatim Ragusea occasione inductae Zagrabiam typographiae edidit sub nomine **Pauli Vitezovich**. Continuavit usque ad an. 1744 quidam Chori Eccl. Zagrabiensis Praebendarius Stephanus Raffay, quo anno fuit reimpressa. Nunc (sive 1762) denuo typis est data sumtibus bibliopolae (richtiger bibliopegi) Zerauscheg. Continuationem ab a. 1744 fecit P. Nicolaus Laurenchich e S. J. in iis, quae exterarum provinciarum sunt: quae vero sunt patriae et domestica, opus sunt ab an. 1748 inclusive **Balthasaris Kercsellch** Can. Zagr. et Tabulae Judiciariae Assessoris, sicut ad a. 1752 fol. 42 insinuatur. Laurenchich titulum libri immutavit et Ritterum omisit, authoremque chronices false adstruit quemdam e Societate Jesu. Ne debita laude veri et legitimi authores careant, haec annotanda erant, et ne putetur cronicam hanc recentius opus esse." Engel I. 289, vgl. auch II. 146. (Die hier uneigentlich sogenannte dalmatische Chronik ist die Vramecische.) In der Dedication, so wie in der Vorrede zu der 1. Ausgabe, welche beide in den Ausgg. 1744 und 1762 leider ausgelassen sind, äussert der Vf. mehrfach seinen warmen slawischen Patriotismus, z. B. „imo et ipsi vastissimae patriae nostrae nati, sublimiora ingenia nacti, eaque per literas excolentes, peregrina potius Latinorum orbi se claros, quam gloriosa Slavorum... lingua patriae se charos et gratos reddere student etc." Ritter verfasste seine Chronik ursprünglich in der karlstädter-fiumauer oder primorischen Mundart; Stephan Raffay provincialisirte oder agramisirte die Sprache durchweg, und Lovrenčić und Kèrčelić befolgten dasselbe System, wobei natürlich mancher schätzbare und schöne Archaism etc. der alten Ausg. verwischt wurde. Wenn gleich die Chronik in kritisch-historischer Hinsicht nur von mittelmässigem Werthe ist (Engel nennt sie in alten Sachen nicht nur sehr mager, sondern auch unrichtig und unzuverlässig), so ist sie hingegen in anderer, besonders sprachlicher Hinsicht, sehr schätzbar. — In Juranić's

handschriftlichen Notaten finde ich die 1. Ausg. also verzeichnet:
P. **Vitezovicha** Kronika etc. Vu Zagrebu 1694. 4°. Hier muss in
der Jahrszahl doch ein Fehler sein.

2. Besondere.

Jos. Szevera *Kratek zavjetek dogodeny zpiszov kralyeztva
Magyarskoga, zadersavajuchi pripetchenya od pochetka ovoga
kralyeztva do Andrasha III. iz kervi Arpadianzke po zpolu
muskem kralya zadnyega. Vu Varazdinu, pritizk. z szlovami Iv.
Sangilla. 1824. 8". 49 str.*

Ant. Rosicha *Pripovezt naroda Horvatzkoga od nyegovoga
pochetka do Ladiszlava kralya Vugerzkoga. 1825. MS.*

3. Quellen: Diplome.

*Kg. Koloman's von Ungarn Schenkungsbrief an Martin
Lapsanovich, kroatisch, datirt aus Zara im J. 1105. Das Original im Archive der gräflichen Familie Orsić.*
Im J. 1675 wurde dieses Diplom dem Kg. Leopold unterbreitet und von der k. Hofkanzlei als echt anerkannt. Eine
lateinische Uebersetzung davon findet man in Kèrčelić's Notitiae
praeliminariae p. 114, ferner in J. Mikóczi Otiorum Croatiae
liber, Budae 1806. 8°. p. 433. Wiewohl die Echtheit dieses
Diploms von einer k. Hofkanzlei anerkannt ward, Kèrčelić über
dieselbe nicht entscheiden will und Mikóczi sie nicht zu bezweifeln scheint: so bin ich dennoch, nach der von Mikóczi mitgetheilten kurzen Sprachprobe (p. 440), in welcher sogar das
türkische Wort **majdan** vorkommt, überzeugt, dass diese
Urkunde unecht und ein Machwerk neuerer Zeiten ist. — Aehnliche alte Urkunden in kroatischer Sprache, so wie andere
Scripturen, Protocolle etc., werden dem Vernehmen nach in den
Archiven Kroatiens noch aufbewahrt; ich konnte indess nichts
Bestimmtes über dieselben in Erfahrung bringen.

4. Literärgeschichte.

Adami Aloysii Barichevich *Historia literaria Croatiae. MS.*
— *Ej. Commentarius de scriptoribus patriae. MS. ante a. 1795.*
Horanyi N. Mem. p. 295. Der Aufsatz war, nach der Aussage seines Neffen, in kroatischer Sprache verfasst, ging aber leider in neuerer Zeit verloren!

B. Geographie.

Ant. Rosicha *Kratek zavjetek zemelyzkoga zpiszavanya Horvatzke y Vugerzke zemlye y oneh orszagov, koji z Vugerzkem zjedinyeni jeszu, ter za druge i tretje skole vuchenike prepiszani jeszu. Vu Varasdinu, pritizk. z szlovami Iv. Sangilla 1823. 8°. 64 str.*

IV. Philosophie und Pädagogik.

1. Schriften über populäre Moral.

„**Adamus Aloysius Barichevich** *Zagrabiae Parochus, doctus, eruditus, latinus purus elegansque, qui Ciceronem de Officiis, Senectute, Amicitia ab se in Illyricum (Croaticum?) traductum brevi editurus est*".

Voltiggi in der Vorrede zu s. Wörterbuche 1803.

Jakoba Lovrenchicha *Kratka dobreh dersany priporedanya. Vu Varasdinu, pritizk. pri Iv. Szangilla. 1824. 8°. 105 str.*

In Erzählungsform, vorzüglich für die Jugend.

Nachin vu vszeh sivlenya dogodyajih vszigdar zadovolynomu biti, negda po Ant. Alf. od Sarasza vu Franczuzkem, szada vu Horvatzkem jeziku po **Ign. Kriztianovich** *izpiszan. Vu Varasdinu, pritizk. pri Ivanu Szangilla. 1826. 8°. 254 str.*

Aus dem Deutschen übersetzt.

Indianzki Mudroznanecz, ili nachin kak chlovek vu drustvu lyudih srechen biti more, na horv. jezik preneshen po Josefu Marich *Kl. B. Vu Zagrebu, pri F. Suppan. 1833. 12°. 54 str.*

2. Schriften für die Jugend.

Ant. Vranicha *Mlajshi Robinzon, iliti jedna kruto povolyna y hasznovita pripovezt za deczu od J. H. Kampe, iz Nemskoga na Horvatzki preneshena, dve knige. Vu Zagrebu, pritizk. vu Novoszelzkoj szlovotizki. 1796. 8°. 1. kn. 277 str., 2. kn. 350 str.*

Fer. Dianicha *Navuch. vu Zagr. Horvatzke decze priatel vu pripovedanyih. MS. 4°. 176 str.*

Bei Th. Mikloušić in Stenjevec. — Dianić wollte sein angefangenes Werk weiter fortsetzen, als er aber den Druck ankündigte, so meldeten sich keine Liebhaber dazu.

V. Mathematik.

1. Arithmetik.

Mihalya Shiliboda *drugach Bolshicha Arithmetika Horvatzka. Vu Zagrebu, pritizk. po Ant. Reiner. 1758. 8°. 384 str.*

Naputchenye vu brojoznanye, za potrebnozt narodneh skol Horvatzkoga kralyeztva, pritizk. vu Budimu z kraly. mudrozkupchine szlovami 1782. 8°. — N. Aufl. Vu brojoznanye napuchenye, za potrebnozt narodneh skol Vugerzkoga y Horvatzkoga kralyeztva, Rechnenbüchlein. Ofen, Univ.-Schriften 1799. 8°. — Seitdem oft wieder aufgelegt; in dem neuesten Bücherverz. der Univ.-Buchdr. mit dem Titel: Naputchenye vu rachunztvo za potrebovanye narodneh skol Horvatzkoga kralyeztva, Anleitung zu Rechnen. *Ofen, Univ.-Schr. 1818. 8°. 65 str.*

2. Arithmetik und Geometrie.

Jos. Romuald Kvaternik's *Sätze aus der Rechen- und Messkunst, zuerst deutsch herausgegeben, dann ins Kroatische übersetzt.* MS.
Kunitsch.

3. Arithmetik und Algebra.

Jos. Romuald Kvaternik's *Arithmetik und Algebra, in kroatischer Sprache.* MS.
Kunitsch.

4. Angewandte Mathemetik.

a) Astrognosie.

Fer. Jos. Koszednara *Cisio ili svezdoznanskoga navuka z kratkem raztolnachenyem spisanye, iz glaszovitoga Királyhegyi Janosha piszem vu Vugerzkem na Horvatzki preobernyen.* MS. 1787. 4^0. 112 str. Bei Th. Mikloušić.

b) Kalender.

aa) Jährige.

Lyublmira Zelenlugoricha *(t. j.* **Pavla Rittera** *drugach Vitezovicha) Kalendarium iliti Miszechnik Horvatzki za leto 1695. Pritizkan vu Zagrebu 1695.* 4^0.
Juranić.

Horvatzki kalendar za l. preztupno 1812. Vu Zagrebu vu Novoszelzkoj stamp. 32^0. 24 Bl. — *Za leto 1829. 1830. 1831. 1832. 1833. etc. Vu Zagrebu, vu szlovotizki Fr. Suppan* 32^0. 24 Bl.

Dieser den krainischen und süddeutschen nachgemachte Bauernkalender enthält blosse Zeichen statt der Schrift; ist jedoch auch mit einigen Lesestücken und unterhaltenden Reimereien, ausgestaltet.

Horvatzky kalendar za prozto leto 1834 vu Varasdinu pritizkan y nalosen po Josefu Plazer. 32". 24 Bl. Der letzte Bogen später umgedruckt, mit Spottgedichten wider den Agramer.

(Ant. Nagya) *Novi y ztari Kalendar Horvatzki za prozto leto 1813. — Kalendar Horvatzki za leto 1818. Vu Budimu, pritizk. z Vugerzke mudroruchne zkupchine szlovi 12". 48 str.*
Die übrigen Schriften dieses Vfs. sind in slawonischer Mundart geschrieben und gehören der illyrischen Literatur-Abtheilung an.

Danicza Zagrebechka ili dnevnik za prozto leto 1834 z tolnachnikom hisnem vszakovezrtneh na haszen y prikratchenye vremena szlusecheh. Pervoletni techaj. Vu Zagrebu, pri F. Suppan 1834. 8". Tolnachnik 94 str.
Von **Ignaz Kristlanović**.

bb) Hundertjährige.

Ant. Rosicha *Horvatzki ztoletni Kalendar od leta 1818 do 1919, iz najbolsheh kalendarov Nemskeh zkupszlosen. Vu Zagrebu, pritizk. vu Novoszelzkoj szlovotizki 1818. 8°.*

Thom. Miklousbicba *Ztoletni Kalendar iliti dnevnik ztoletni Horvatzki do leta 1901 kasuchi. Vu Zagrebu, vu Novoszelzkoj szlovarniczi 1819. 8". 211 str.*
Sehr reichhaltig. Die Erzählung im Anhange hätte indess wegbleiben können. Es sind auch einige kurze Gedichte beigefügt.

VI. Natur- und Gewerbkunde.

1. Allgemeine Schriften über Haus- und Feldwirthschaft.

Hisna knisicza, vu kojoj zadersavaju sze vszakojachka vrachtva duhorna y szvetzka domacha, kak hisni gozpodar proti

Bogu, blisnemu szvojemu y szamomu szebi, y vu poszlih szvojeh ponashati sze mora. Vu Zagrebu, stamp. po Iv. Thom. Trattner 1783. 12°. 243 str. (Th. M.)
(In einem gedruckten agramer Kataloge ist der Titel in einzelnen Wörtern sehr abweichend angegeben.)

Hisna knisicza. Vu Zagrebu, pri Novoszelu 1797. 12°. (Juranić.)
Ich weiss nicht, ob dies eine neue Ausg. oder nur ein neuer Titel der obigen Schrift ist.

Mathias Jandrich *Ueber die Hauswirthschaft. MS.*
Der Vf. hinterliess 1828 diese Schrift ganz druckfertig, die indess seitdem bereits verschollen ist.

2. Besondere Schriften.

a) Weinbau.

Mih. Silvalicha *Navuch. vu Zagr. Nachin obdelavanya terszja. MS.*
Th. Mikloušić Izbor dugovany str. 102.

b) Kartoffelbau.

J. B. Lalangue *Nachin jabuke zemelyzke szaditi. Vu Zagrebu 1788. 8°.*
Juranić.

Navuk zemelyzke jabuke iliti krumper za kruh, jeztvine y konykermu potrebuvati, kak takaj ove od pohablyenya obchuvati y dugo zadersati, iz Nemskoga na Horvatzko preneshen 1816 (po **Thom. Mikloushichu** *Pleb. Ztenyev.). Vu Zagrebu, po Novoszelzkoj szlovotizki 1817. 8". 16 str.*

c) Tabak.

Navuk za duhan szadeche lyudi orszaga Vugerzkoga y Galiczie. Vu Budimu, pritizk. z szlovami kraly. mudrozkupchine

1790. 8". 42 str. z jednum tabliczum. — N. Ausg. ebend. 1822. 8°. 42 str. nebst Tabelle und Inhaltsanzeige.

d) Flachs und Hanf.

Vputchenye od luna y konopely obdelavanya za polyodelavcze. Vu Budimu, stamp. z szlovami kr. mudroskupchine 1789. 8°. 37 str. y dve tablicze.

Navuchanye za obdelavanye konoplyi. Vu Budimu szlov. kr. mudrozkupch. 1828. 8". 30 str.

Bücherverz. der Ofner Univ.-Buchdruck. 1830. Wahrscheinlich ein neuer Abdruck der obigen Schrift.

e) Seidenzucht.

Kratek navuk, kak dudovo belo drevo zaszadyati, y cherveki szvilu delajuchi hraniti sze moraju. Vu Zagrebu, po Faktoru Ant. Jandera 1768. 8°.
Juranić.

Kar. Szolenghi Kratek navuk za murve szejati y preszadyati, kak sze szvilni chervi lechi y odhraniti moraju. Vu Zagrebu, stamp. pri Ant. Jandera 1771. 8". 45 str. (Th. M.)

(Bei Juranić wird der Titel mit andern Worten angegeben.)

Kratek navuk, poleg kojega najbolye beleh murvi drevje zadobive sze, ter y szvilni chervi redno hraniti sze mogu, vu dve knige razdelyen, kojega popiszal y vuchil je Anton Roman, cz. kr. murvi y szvile Inspektor. Vu Varasdinu, stamp. po Ivanu Thom. od Trattnern 1744. 8". 86 str. (Németh Typogr. R. Hung. p. 165.) — Eb. 1775. 8". 82 str. (Th. M., idem Catal.)

Ludv. Mitterpacheru Navuk od murvi vrednozti y szvilneh kukczev hranenya za narodne skole. Vu Budimu, z szlovami kr. mudrozkupchine 1804. 8". 52 str. — N. Ausg. ebendus. 1823. 8". 52 str.

Das deutsche Original ist: L. Mitterpacher's Unterricht über die Maulbeerbäume und Seidenraupenzucht zum Gebrauche der Landschulen. Ofen mit k. Univ.-Schriften 1804. 8°. 56 S.

f) Bienenzucht.

Od hasznovitoga pchel dersanya. MS.

g) Viehzucht.

Pav. Iv. Venzela *Razyovor y navuk od dersanya y hranenya ovacz, zatem od obdelavanya duhana. Vu Zagrebu, stamp. po Ant. Jandera 1771. 8°.*

Der Vf., ein Böhme, schrieb sein Werk in deutscher Sprache, aus welcher dasselbe ins Kroatische übersetzt wurde.

Od zkerbi y pazke okol ovecz, kak sze najmre vu dober ztalish poztaviti y vu tom chuvati mogu. Vu Varasdinu, stamp. po Iv. Thom. Trattner 1775. 8°. 61 str.

Knisicza od baratanya z finki vun dana po jednom finkolyubitelu (Fer. Grofu Oršić). *Vu Zagrebu, pritizk. vu Novoszelzkoj szlovotizki 1798. 8°. 36 str.*

h) Kochkunst.

(Ivana Birlinga) *Nova zkupszlosena Zagrebechka szokachka kniga vu shezteh razdelyenih, zadersavajucha vuredbe 554 jeztvine pripravlyati. Vu Zagrebu, vu Novoszelzkoj szlovotizki 1813. 8°. 213 str.*

i) Miscellen; Hagelableiter.

Oglasz gozpodarzki od tuche y ztrel zvoditelov ili odvernitelov, Wirthschaftliche Ankündigung von Hagel- und Blitzableitern. *Agram, bei Jos. Rossy 1825. 8°. 18 str.*

Kroatisch und deutsch, mit einer Abbildung des Hagelableiters, übersetzt von Thom. Miklouśić.

VII. Medicin.

Vrachitel betegujuche sivine, ili vrachtva za rogatu marhu, kermke y mladinu (po Josefl *Groficzi* Orshlch). *Vu Zagrebu 1772.* 8°. — 2. *Ausg. Vrachitel betegujuche sivine, to jeszt vrachtva za rogatu marhu, kermke y mladinu, pervich po* J. G. O. R. G. Z. (Josefl *Grofici* Orshlch, *rodyeni Groficzi* Zlchy), *vezda jako po* F. G. O. K. Z. (Fer. *Grofu* Orshlch *Kanon. Zagreb.) na obchinzku haszen van dana. Vu Zagrebu, vu Novoszelzkoj stampariі 1799.* 8°. *130 str.*

Iv. Bapt. Lalangue *Medicina ruralis, iliti vrachtva ladanyzka za potrebochu musev y sziromakov Horvatzkoga orszaga y okolu nyega blisnesseh mezt. Vu Varasdinu, stamp. po Iv. Thom. Trattner (1774?) 1776.* 8°. *2 kn. 373 str.*

Das J. 1774 finde ich in gedruckten Katalogen; in den handschriftlichen Notizen aus Kroatien steht hingegen 1776. Allein das J. 1774 scheint unrichtig zu sein; es steht unter der Vorrede der Ausg. 1776. Uebersetzer war ohne Zweifel Eugenius Klimpacher. Vgl. Vorr. S. 13.

Iv. Bapt. Lalangue *Kratek navuk od meztrie pupkorezne, za potrebochu muskeh y sziromaskeh ladanyzkeh sen Horvatzkoga orszaga y okolo nyega blisneshеh ztranki, na Horvatzki preneshen od P.* Evgenla Klimpacher *O. S. P. Francisci. Vu Zagrebu, po Iv. Thom. Trattner 1777.* 8°. *211 str.*

Io. Bapt. Lalangue *Med. Doct. Tractatus de aquis medicatis regnorum Croatiae et Slavoniae etc., iliti izpiszavanye vrachtcenih vod Horvatzkoga y Szlavonzkoga orszaga, y od nachina nye vsivati za potrebochu lyudi, na Horvatzki obernyeno po P.* Evgen. Klimpacher. *Vu Zagrebu, stamp. po Iv. Thom. od Trattneru 1779.* 8°. *116 str.*

Leop. Payer *Vrach. Varasd. Od kreposti toplicz Varasd. y Krapin.*

Angeblich kroatisch und gedruckt, nach Th. Mikloušić Izbor str. 103.

Potverdyeni nachini za vu vodi vtoplyene, zadushene y drugem nachinom nesrechne lyudi najprilosneshe pomochi, koji na poszlusnozt kraly. odluchenya, den 5. Febr. 1779 preriszokomu kraly. vu Vugerzkom orszagu tolnacha zprarischu danoga, za obchinzku haszen y znanye razglashuju sze. Vu Zagrebu, po Jos. Kar. Kotsche 1780. 8º. 28 str.

Mleh. Neustädtera *Kratek navuk od czeplenya koz kravjeh, na Horvatzki jezik preneshen. Vu Zagrebu, vu Noroszelzkoj szlovarniczi 1804. 8º.*

Prepiszi za likare y ran vrachitele kralyeztva Vugerzkoga, koji czeplenye kravjih koz zvershavati seliju (po **Ant. Nagy** *preneshcno). Vu Budimu, pritizk. z szlovami kr. mudrozkupchine (1825). 8º. 30 str.*

Poznanye kuge chlovechanzke (s. l. et a.) Fol. 1 Bog.
Von **Th. Mikloušić** im Auftrage der Behörde übersetzt.

Padanye marhe rogate odkud biva y kak sze z tem baratati mora od **Alexla Polnay,** *vrachenya marhe naruchitela, izpiszano (s. l. et a.) Fol. 1 Bog.*
Von ebendemselben.

Kratko kuge marshcche izpisanye. (Vu Zagrebu, pri Fer. Suppan) 1830. Fol. 2 Bl.
Von ebendemselben.

Kuge marshcche z drugemi zateplyivemi marhe betegi prizpodablyanye. Vu Zagrebu, pritizk. pri Fer. Suppan 1831. Querfolio.
Aus dem Lateinischen von ebendemselben.

Nachin chloveka od ztekloga psza, ruka, machke, kache ali druge jadovite ztvari ranyenoga szegurno zvrachiti. Vu Zagrebu, pritizk. pri Fer. Suppan 1831. Fol. 2 Bl.
Im Auftrage der Komitatsbehörde aus dem Deutschen ausgezogen und übersetzt von Th. Mikloušić.

Thom. **Mikloušić** *Hausarzneibuch. MS.*

VIII. Jurisprudenz und Polizei.

1. Civil- und Criminalrecht; Rechtspflege.

Decretum, koteroga ie Verbewczi Istvan Diachki popiszal, a poterdil gha ie Lafslou, koterie za Mathiafsem kral bil, ze vfse ghofspode i plemenitih hoticniem, koteri pod Wugherfske corune ladanie fslisze, od Ivanussa Pergofsicha *na fslovienfski iezik obernien, stampan v Nedelischu (po Rudolfu Hofhalter) leto nassegha zvelichenia 1574. Fol. 93 str.*
In der acad. Bibliothek zu Agram. Das Buch ist dem Grafen Georg Zrinjski gewidmet. Am Ende steht eine kurze Schlussrede des Uebersetzers. Ob der Name des Druckers im Buche selbst steht, ist mir nicht bekannt.

Orszaga deputati na znanye davaju, da komu presheztna leta executie ali krivicze vchinyene bi bile, deputatii kralyevzkoj pritusiti sze imaju. Vu Zagrebu, 12. Febr. 1739. Fol.

Imbr. Domina *Predznanya pravicz szamoszvojneh Vugerzkeh. Vu Zagrebu, z Novoszelzkemi szlovami 1818. 8°. 142 str.*

Imbr. Domina *Dogoduzpisz pravicz szamoszvojneh etc. Vu Zagrebu, z Novoszelzkemi szlovami 1819. 8°. 190 str.*

Imbr. Domina *Navuchanye vu praviczah szamoszvojneh, knige I. stran. I. od Oszob. Vu Zagrebu, z Novoszelzkemi szlovami 1821. 8°. 214 str. — Stran. II. od Oszob ludzkovolnych.*

Vu Zagrebu, z szlovami Ferencza Suppan 1830. 8⁰. 162 str. — Knige II. stran. I. od Dugovany. Vu Zagrebu 1830. 8⁰. 234 str. — Knige II. strani II. odszek II. od Pravicze vu dugovanye iz nachinov prenashajucheh. Vu Zagrebu 1830. 8⁰. 148 str.
Durch dieses Originalwerk hat sich der Vf. nicht wenig ausgezeichnet und um sein Vaterland verdient gemacht. Wegen vieler Neuerungen in der Sprache, die man für zu willkürlich und zu wenig slawisch hält, scheint indess das Werk den sonst verdienten Beifall nicht zu finden.

2. Kirchliche Verordnung.

Ferencz Tauszy *Bisk. Zagreb. Vszem bratom i szinom ztolne czirkve Zagreb. ochituje szvetke, vu kojeh szlobodno je delati ali ni. Vu Bechu 1754. Fol.*
Ein anderes slawonisches Buch von demselben Vf. s. in der illyrischen Abtheilung.

3. Kriegsartikel.

Artikulushi vojnichki (s. l. et a.) 4⁰. XX. Cap.
In der Bibliothek der Academie zu Agram.

4 Zünfte.

Naredba obchinzka za ravnanye y obdersavanye tak drusine kak gozpodarov, van dana iz velikoga Zagrebech. zpravischa leto 1812. Vu Zagrebu 1812.
Im Auftrage der Behörde von Th. Miklousic ins Kroatische übersetzt.

Opchinzke naredbe za zkupchinu y drustvo czehov kralyeztva Vugerzkoga. Vu Budimu, z kraly. mudrozkupchine szlovami 1813. Fol. 40 str.

5. Polizei.

Limitaczia vszeh dugovany kupovneh y mesterzkeh poszlov pri izhadyanyu shajnov, koji pod szrebro van dani jeszu, dan 15. Martiusha leto 1813 po szlavni Varmedyiji Zagrebech. naredyena. Vu Zagrebu, vu Novoszelzkoj szlovarniczi 1813. Fol. 28 str.

Navuk od metle vgeny gaszuche (s. l. et a.) Fol. ½ Bog. Von **Th. Mikloušić** im Auftrage der Behörde übersetzt.

IX. Theologie.

1. Uebersetzungen der heil. Schrift.

a) Psalter.

Arfa Davidova, to jezt Soltari szvetoga piszma poleg Vulgate z szvojemi zu laglye tesessih mezti razmecanye raztolmachenyi, vu domorodni nafs jezik prenesseni po **Antuna Vranicha** *Plebanushu na Sipku leta 1816. 4º. 336 str.*
In der bischöfl. Bibliothek zu Agram handschriftlich vorhanden. Der Uebersetzung des Textes sind kurze erläuternde Anmerkungen beigefügt. Es ist sehr zu bedauern, dass diese Arbeit ungedruckt geblieben ist, und es nun, nach des Uebersetzers Tode, wahrscheinlich lange, wo nicht immer bleiben wird.

b) Hiob.

Das Buch Hiob, aus dem Latein. ins Kroatische übersetzt von **Ivan Nepomuk Labash,** *vor 1832. Hs. bei Ignaz Kriztianović.*

c) Klagelieder Jeremias.

Plach iliti narekuvanya Jeremie proroka, na Horvatzki jezik preneshena po **Antuna Vranicha** *etc. 1820. MS.*
In der bischöfl. Bibliothek zu Agram.

d) Lectionen aus den Episteln und Evangelien.

Szveti Evangeliomi, koteremi szveta czirkva Zagrebecska Szlovenzka okolu godisca po nedelye te szvetke sive, z jednem kratkem Catechismusem, za nevmetelne lyudi hasznovitem, szvetloga i viszokoposturanoga Gozpodina Petra Petreticsa Biskupa Zagrebecskoga oblaztjum i ztroskom i szloernzkem szlovom na szvetlo van dani, i stampani z dopuscsenjem gornych vu Nemskom Gradcze na 1651 leto pri Ferencze Widman — Stadiuse 8°. *min. 29+24+319 S., ausserdem Index.*

Vorausgeht „Predgovor" von Bischof P. Petretić auf 29 S., und Kalender auf 24 S., dann folgen „Evangeliomi nedelyni" auf 1—133 S., „Evangeliomi szvetecsni" auf 134—185 S., Appendices, enthaltend „Popevke duhovne" auf 187—237 S., „Catechismus puerorum" auf 238—301 S. und Erklärungen über diese Ausgabe, namentlich über die Orthographie, ferner Exorcismen beim Nahen des Gewitters, Hagels u. s. w. auf S. 301—319, ausserdem noch ein Index. In der Vorrede stehen unter anderem auch die Anfangsverse von vier kroatischen Volksliedern. — Episteln stehen darin nicht.

Szveti Evangeliumi, koteremi szveta czirkva katholicska Szlovenzko-Horvaczka okolu godiscsa po nedelyah y szvetkeh sive, z jednem kratkem catechismussem za nevmetelne lyudi hasznovitem. Vu Chezke Ternave 1694. 8°. *368 str.*

Catal. Biblioth. Széchény. T. I. P. I. p. 336. — Bücherverzeichniss der Ofner Univ.-Buchdr. vom J. 1799. — Auch in der Bibl. des H. v. Janković in Pest ein Ex. — Jordan Orig. slav. IV. 118.

Szveti Evangeliumi za nedelye y szvetke. Vu Zagrebu 1694. 8°.

Aus Juranić's Notaten. Es ist dies vielleicht ein Versehen statt der obigen Ausgabe?

Szveti Evangeliumi, z koteremi szl. ztolna czirkva Zagrebechka Szlovenzko - Horvaczka chez leto po nedelyah y szvetkeh sive. Vu Zagrebu, pri Ivanu Weitz 1730. 8°.
Aus Juranić's Notaten.

Szveti Evangeliumi na vsze nedelye y szvetke czeloga leta zu potrebnozt szlavne Horvatzke Biskupie z dvemi pridavkmi na konczu poztavlyenemi, z dopuschenyem poglavarov. Vu Zagrebu, stampane po Ivanu Thomashu plem. od Trattnerov 1778. 8".
In dieser Ausg. steht noch ſs statt des spätern sh.

Chtenya y Evangeliumi na vsze nedelye y szvetke czeloga leta za potrebnozt preszlavne Biskupie Zagrebechke, z dopuschenyem poglavarov. Vu Zagrebu, pritizk. pri Jos. Kar. Kotsche 1787.
Diese Ausg. besorgte **Johann Deverlé**, Priester der agramer Diöcese (st. um das J. 1790). Die erste Abtheilung, enthaltend die Lectionen aus den Episteln und Evangelien, wurde zum Gebrauche der Schulen auch besonders, ohne den Anhang von Hymnen, Gebeten u. s. w., verkauft.

Chtenya y Evangeliumi na vsze nedelye y szvetke czeloga leta, za potrebuvanye narodneh shkol Horvatzkoga kralyeztva. Vu Budimu, z kraly. mudrozkupchine szlovami 1799. 8". 127 str.
Bücherverzeich. der Ofner Univ.-Buchdruck. vom J. 1830.

Evangyelye z Episztolami na vsze nedilye i szvetke vszega leta, z popiszanum mukum gospodina nassega Jesussa Kristussa, na batrenye i duhovnu haszan vszim pravovernim Kerschenikom Horvaczkoga naroda. Soproni 1806. 8°. 282 str.
Für die sogenannten Wasserkroaten in Ungarn. — Es sind dies wahrscheinlich dieselben Evangelien und Episteln, deren Hr. Čaplović, als für die Kroaten in Ungarn gedruckt, in s. Kroaten und Wenden 1829 S. 26 auf eine sehr unbestimmte Weise erwähnt.

Szveti Evangeliumi na vsze nedelye y szvetke czeloga leta, za potrebnozt szlavne Horvatzke Biskupie Zagrebechke, z dvemi pridavkmi na konczu poztavlyenemi, z dopuschenyem poglavarov. Vu Zagrebu, pritizk. z ztroskom pri Novoszelzkoj szlovotizki 1807. 8°. 297 str.

Szveti Evangeliumi nedelyni y szvetechni czeloga leta za potrebuvanye szlavne Biskupie Zagrebechke, po zapovedi y oblazti preszvetloga y prepostuvanoga Gozpodina Maximiliana Verhovacz Biskupa Zagrebechkoga, drugoch na szvetlo van dani. Vu Zagrebu, pritizk. vu Novoszelzkoj szlovarniczi 1819. 8°. 241 str.
Besorgt durch **Th. Mikloušić.**

Chtejenya y Evangeliumi na vsze nedelye y szvetke czeloga leta, z prilosenum mukum Kristushevum y zavjetkom zeztavlyeneh Evangeliumov, z miloztivnem Nyih Velichanztva Oz. Kraly. szlobodnem pritizkanya dopuztchenyem kak y z privolenyem duhovne oblazti (za skole Illyrichke), po **Thom. Mikloushichu.** *Vu Bechu, vu szlovarniczi cz. kr. administraczie skolneh knig prodavanya 1821. 8°. 417 str.*
Von vielen Druckfehlern entstellt.

Chtejenya y Evangeliumi na vsze nedelye y szvetke czeloga leta za potrebuvanye szlavne Biskupie Zagrebechke, po zapovedi y oblazti preizvish. Gozpodina Alexandra Alagovich Bisk. Zagrebech. Vu Zagrebu, pritizk. vu Ferencza Suppan szlovarniczi 1831. 8°. 307 str.
Der Druck besorgt durch **Th. Mikloušić.**

e) Die vier Evangelien.

Die vier Evangelien und die Apostelgeschichte, kroatisch, in der bischöfl. Bibliothek zu Agram. Hs. 4°. 607 S.
Die Handschrift bricht mit dem 22. Cap. der Apostelgeschichte ab. Sie wurde von drei verschiedenen Abschreibern

geschrieben. Man kennt weder den Namen, noch das Zeitalter des Uebersetzers.

f) Der Brief Pauli an die Philipper.

Der Brief Pauli an die Philipper, kroatisch von Ivan Birling. *Hs.*

g) Neues Testament.

Szveto piszmo Novoga Zakona Gozpoda nashego Jesusha Kristusha, szada najpervich iz Diachkoga na Horvatzki jezik po Ivana Guszicb *Reda szv. Benedikta, predi pak szlavne Biskupie Zagrebachke Meshniku, preneshcno. Stran I. Evangeliumi 4⁰. 226 str., Stran. II. Chini apostolzki — Ochituvanye szv. Ivana Apostola. 4°. 289 str. Hs. In der bischöfl. Bibliothek zu Agram.*

Dieses Neue Testament, so wie die obigen Evangelien und der Psalter Vranić's scheinen Theile derjenigen Bibelübersetzung zu sein, welche der agramer Bischof Maximilian Vèrhovac beabsichtigte, die aber nicht zu Stande kam. Vgl. Dobrowský's Slowanka I. S. 69.

h) Ganze Bibel.

Die heil. Schrift ins Kroatische übersetzt von einem Ungenannten (J. K.) Hs. 1831 ff.

Der grössere Theil der Uebersetzung ist vollendet; der eifrige, hochverdiente Mann arbeitet an der Beendigung seines frommen, patriotischen Unternehmens mit rastloser Thätigkeit fort.

2. Gottesdienstliche Bücher, Amtsbücher für Seelsorger.

Joh. Birling *übersetzte die Messe sowohl nach dem lateinischen, als auch nach dem griechischen Ritus in die kroatische Sprache. Hs.*

Kunitsch in der Gartenzeitg.

Manuale Confessariorum, iliti ruchna knisicza spovednikov, navlastito bratinzkeh otczev Marianzkeh y Serafinzkeh bratovchine szv. Skapulara y szv. Kordicze iz Zagreba poszlana od PP. Francziskanov. Vu Zagrebu, stamp. po Ivanu Pallas 1725. 8°. 269 str.

Manuale, to jezt ruchna knisicza, iliti kratek navuk maschem lajkom ali zkupne bratje za lepeshi na bosjem putu napredek, iz vszakojakeh vnogovrednch y rucheneh szatvoritelyov iliti autorov zkupaszpravlyen y izpiszan po vnogoposht. Otczu Koloczani Adamu Reda szv. Pavla pervoga puztchenika etc., potlam od posht. Otcza Bedekovich Josefa gore zpomen. reda Definitora generalskoga preobernyen y na szretlozt dan. U Gradczu 1744. 8°. 171 str.

Joh. Birling übersetzte die Gebete, Formeln u. dgl., was die Seelsorger bei Kranken und Sterbenden zu beobachten haben. Hs. Kunitsch in der Gartenzeitg.

Ignaczla Krizttanovicha Pomochnik betegujucheh y vumirajucheh. Vu Zagrebu, pri Ferenczu Suppan 1832. 12°. 251 str.

3. Glaubenslehre.

Mlh. Buchicha Kerztchanzki navuk. Vu Nedelischu (zw. 1564—1574).

Th. Mikloušić Izbor dugovany str. 83. — Engel II. 148, nach M. Kèrčelić und J. Smendrović Scriptorum ex regno Slavoniae collectio, Zagr. 1774. 8". — Bučić soll mehrere Bücher geschrieben und herausgegeben haben; die zahlreichsten Producte der Buchdruckerei zu Nedelišće sollen, ausser Verböczy's Tripartitum, besonders Katechismen und andere protestantisch-theologische Bücher gewesen sein, die hernach verboten und ausgerottet wurden, und von denen jetzt in Kroatien nichts aufzufinden oder wenigstens nichts zu erfragen ist. „Ex hac eadem typographia prodivere libri protestantium catechetici et theologici, quidam sine auctoris, quidam vero, ut Michaelis Bučić, cum scriptoris nomine." Worte der Coll. script.

Jurja Habdelicha *Kerztchanzki naruk z dogadyaji sz. Piszma* (um *1674). 12°.*
In dem Ex. der agramer Bibliothek fehlt das Titelblatt.

Abeczevicza dragem mladem obodvojega zpola lyudem hasznovita y potrebna **Ignaczla Bedekovicha.** J. Stulli im Schriftenverzeichniss am Schlusse des Wörterbuches. Nur muthmasslich schliesse ich aus dem Titel, dass es kroatisch sei und, nach Art ähnlicher Büchlein, auf einem Blatt das Alphabet und dann den Katechismus enthalte.

Jur. Mullha *Missionarius apostolzki, poszel apostolzki vu naruku kerztchanzkem poztavlyen. Stamp. vu Collegiumu Zagrebechkom Tovarustva Jesush. po Adalb. Wessely 1742. 8°. Dve knige, 1. kn. 164 str. y pridan Summarium poszla apostolzkoga LXVI. str., 2. kn. 641 str.*
In Németh's Typogr. R. Hung. wird das Buch so angeführt: G. Mulih S. J. Catechismus croaticus. Zagr. typ. coleg. S. J. 1742. 8°. 640 pag., summarium LXVI pag.

Jur. Mullha *Skola Kristushera kerztchanzkoga naruka obilno puna. Vu Zagrebu, stamp. po Iv. Weitz 1744. 12°. 538 str.*

Boll. Mattakovicha *Kan. Zacheszan. Naruchna knisieza naruka kerztchanzkoga vu priliki razgovora med naruchitelom y ruchenikom. Vu Zagrebu, pritizk po Ant. Jandera 1770. 12°. 312 str.*

Mali Katekismus. Vu Zagrebu 1783. 8°. — N. Ausg. Katekismush mali z pitanyi y odgovori, za najmenshu deczu Horratzkoga orszaga, Kleiner Katechismus. Vu Budimu, pritizk. z kraly. mudroszkupchine szlovami 1796. 8°. — N. Ausg. Vu Budimu ytd. 1821. 8°. 24 str. Stereotyp.
Seitdem als Schulbuch oft wiederaufgelegt.

Menshi Katekismus, za navuchanye ladanyzke decze. Vu Zagrebu, po Iv. Thom. Trattneru 1780. 8⁰. — N. Ausg. Katekismush menshi z pitanyi y odgovori za navuchanye ladanyzke detcze Horvatzkoga orszaga. Vu Budimu, prit. z kr. mudrozkupchine szlovami 1796. 8⁰. — N. Ausg. Vu Budimu, ytd. 1825. 8⁰. 84 str.
Oft gedruckt. In dem neuesten ofner Katalog als „Katekismush szrednyi, Mittlerer Katechismus" angeführt.

Veliki Katekismus. Vu Zagrebu 1783. 8⁰. — N. Ausg. Katekismush veliki z pitanyi y odgovori za ochitno y poszebno navuchanye detcze Horvatzkoga orszaga, z pridatkom od dvorenya pri szvete meshi. Grosser Katechismus. Vu Budimu, pritizk. z kr. mudrozkupchine szlovami 1797 (1799). 8⁰. — N. Ausg. Vu Budimu ytd. 1817. 8⁰. 143 str.
Seitdem mehrmal gedruckt.

Tabela temelyita katekismussa, Fol. maj. (vor 1788?)

Raztolnachenya zverhu velikoga Katekismusha, iz Joh. *Nepomuk Langs Pfarrer in Marlen, na Horvatzki jezik preneshena po* Jos. Ern. Matthievich *kraly. perveshne skole Zagr. nav. kerzteh. navuchitelu. Vu Zagrebu, pritizk. vu Novoszelzkoj szlovotizki, pet knig, 1796—1802. 8⁰. 1. kn. 1796. 166 str., 2. kn. 1796. 122 str., 3. kn. 1797. 180 str., 4. kn. 1801. 244 str., 5. kn. 1802. 211 str.*

Maximll. Verhovcza *Kerztchanski navuk z molitvami (Catechismus parvus cum precibus pro populo). MS. (Vor 1810?)*

Krátka summa velikoga óbcsinszkoga katekizmusa za ucsnyu mláje druzsine gornyih ugr'szki Horvátov osebito zdélan krez Laab Mathlasa *Novoszelszkoga Fárnika. Budini, tlácsen zi piszmi mudroucsne Pesthanszke szkupcsine (1804). 8⁰. 108 str.*

Veliki obchinzki Katekismush za gornye Ugrszke Horvate

oszebite zidelan krez Laah Mathiasha *Novoszelzkoga Farnika. Vu Budimu, pritizk. z kraly. mudrozkupchinc szlovami (vor 1830).* 8°. *159 str.*

Vgl. auch Čaplovič Croaten und Wenden in Ungern (1829) S. 26. — Der eb. S. 27 erwähnte grosse Katechismus von Lang wird von dem oben angeführten von Jos. Ern. Matievič wohl nicht verschieden sein?

Jos. Gyurkovechky *Izhod navukov od Boga y vere katolichauzke, za haszen puka ladanyzkoga. Vu Peshtu, Ivana Trattnera szlovami 1819.* 8°. *119 str.*

Podvuchanya vu najpoglaviteshch vere iztinah y najoszebitesheh kerztchanzkeh dusnostjah, od preizvish. G. Biskupa Maximil. Verhovacz od Rakitovcza vszem duhovnem paztirom y oztalem kerztchanzkem ovczam szvojem kakti vu zadnye volye odluki za duhovnoga napreduvanya odvetchinu szerdcheno predana (izpiszano po Thom. Mikloushichu *Pleb. Ztenyevech.) Vu Zagrebu, vu Novoszelzkoj szlovarniczi 1822.* 8". *694 str.*

Kerztchanzki navuk, za Franczuzke Biskupie naredyen, vu Nemski y Diachki jezik preneshen, szada po Ignacziu Krizllanovich *vu Horvatzki obernyen. Vu Zagrebu, pritizk. pri Ferenczu Suppan 1831.* 8°.

Joh. Birling *übersetzte den Unterricht von der Taufe und den übrigen heil. Sacramenten. Hs.*
Kunitsch.

4. Erklärung der heil. Schrift.

Jos. Vrachana *Razlaganye szvetch Evangeliumov, chetiri strani. Vu Varasdinu, pritizk. po Ivanu Szangillu 1823.* 8°. *1. str. 214 str., 2 str. 206 str., 3. str. 156 str., 4. str. 203 str.*
Nach den Pericopen für Sonn- und Feiertage des Jahres.

5. Sittenlehre.

Kratka deszet zapovedi bosjeh pripovedanya, po **Jakoba Lovrenchich** *na szvetlo dana, knisicza 1. Vu Varasdinu; pritizk. pri Ivanu Szangilla 1825. 8°. 111 str.*

Wahrscheinlich aus dem Deutschen. Das 1. Heft umfasst bloss die ersten drei Gebote. Der Vf. sagt: „Oztale zapovedi z vremenom na szvetlo budu izishle, ako se ztroski k rukam dobe." Bis jetzt ist indess nichts weiter erschienen. Es kommen darin auch Verse vor.

6. Schriften der heil. Väter.

Tertullian's Werke, kroatisch. 584 S.

Das Ex. in der Bibliothek der Academie zu Agram ist ohne Titelblatt.

7. Predigten, Homilien.

a) Einzeln.

Pavla Cheskovicha *Ztolne Czirkve Zagr. Kantora Sermo funebris, to jezt saloztno govorenye nad pokopom G. Imbriha kneza Erdoedia. Vu Zagrebu 1690. 4°.*

Aus Juranić's Notaten. Dies wäre demnach der älteste kroatische Druck aus einer agramer Officin.

P. **Prokopa Szvobode** *Preporodyeni Cheh, aliti szvetosti szvetlozt szv. Prokopa, vu domovini Cheha, Krapini napervoztavlyena 4. Juliusha 1765. Zagrabiae, typis Franc. Xav. Zerauscheg 1765. 4°. 29 str.*

Bolt. Ad. Kerchelicha *Najvredneshe ztalnozti pelda G. Janush Busan, Horvatzkoga Orszaga Vice-Ban, 7. Aprila 1767 vu Zagrebu pri Opaticzah zakopan. Vu Zagrebu, stump. pri Fer. X.*

Zerauscheg 1767. 4°. — Dusnozti zpunenye proti pokojnomu Grofu Petru Troillu Sermage ytd., po vdovi y odvetku nyegovem na vekovni zpomenek alduvano, y vu farni czirkvi B. D. M. vu Ztenyeveru, vu kojoj od 26. Aprila 1771 pochiva, dan anniversariuma ochivezto vchinyeno leta 1772. Vu Zagrebu, stamp. pri Ant Jandera 1772. 4°.

P. **Gregura** *Kapucz. Trojverztna Marie Therezie Rimzke Czeszaricze y Apostolzke Kralyicze krepozt, vu vremenu mertvechkoga obszlusavanya szl. Varmegyie y plem. Magistrata Zagreb. dan 16. Prezimcza (Ján.) 1781 vu farni czirkvi sz. Marka vu Zagrebu napervoztavlyena. Vu Zagrebu, pritizkano po Jos. Kar. Kotsche 1781. 4°. 35 str.*

Filipa Wohlgemuth *Zpomenek preizvish. y preszvetl. G. Grofa Xristofa Orshich od Szlavetich etc., kada vu farnoj czirkvi Gornye Ztubicze szvoje proti Otczu pokornozti y lyubavi dusnozt preszvetli szini nyegovi zvershili jeszu dan 27. Febr. 1782. Vu Zagrebu, pritizk. po J. K. Kotsche 1782. 4°. 34 str.*

Jur. Panduricha *O. Z. Zpomenek chinov y sivlenya preizvish. y preszvetl. G. Josefa Gallyuffa Bisk. Zagreb. etc., kada vu ztolni czirkvi Zagr. dusnozti proti pokojnomu izpunenye po szlavnem kaptolomu szvetechno bi sze obszlusavalo den 18. Szusheza 1786. Vu Zagrebu, pritizk. po Jos. Kar. Kotsche 1786. 4°. 24 str.*

Max. Verhovacz *Rede an die Soldaten vor dem Feldzug. Hs. (Bei Kriztianović).*

Jos. Gorschaka *Pleb. Govorenye zarad srechnoga Mantue predoblenya dan 25. Augusta 1799. Vu Zagrebu, pri Ant. Novoszelu 1799. 8°.*

Mantue nazad-doblenye, szloseno y alduvano postenyu neobladanoga viteza etc. B. Pavla Kraya Generala etc., recheno dan 18. Augustussa leto 1799 po **Mihalu Szinkovich** *Pleb. Szvet. Iv. Kerszt. Vu Zagrebu, pritizk. pri Jos. Kar. Kotsche 1799.* 4⁰. *16 str.*

Duhovni razgovor, vchinyen dan 4. Grudna 1803, vu vremenu obszlusavanya pervoga ztoletja vpelyanya vu szlob. kraly. varash Varasdin Gozpe Opaticz Sz. Ursule D. y M. Vu Zagrebu, pritizk. po Jos. Kar. Kotsche 1804. 4⁰.

Imbr. Kar. Raffay *Prodechtvo vu priliki vpelyavanya Redovnikov od Miloszerdnozti vu obchinzki spital vu Zagrebu dan 23. Velikomeshnyaka 1804. Vu Zagrebu, pritizk. vu Novoszelzkoj szlovarniczi 1804.*

Jos. Vrachana *Prodechtvo na den obszlusavanya zahvalnozti Bogu za oszlobodyenye perve glave czirkve Rimzkoga Pape Piusha VII. dan 8. Majusha 1814 vu farni czirkvi Varasdin. Vu Zagrebu, pritizk. vu Novoszelzkoj szlovarniczi 1814.* 4⁰. *13 str.* — *Mertvechko prodechtvo na den obszlusavanya zpomenka szmerti 9. Majusha preminuche izvishene G. Groficze Anne oztavlyene vdove G. Grofa Ferencza Draskovich od Trakostajna, rodyene Jankovich od Priber, dan 27. Majusha 1823. Vu Varasdinu, pritizk vu szlovarniczi Ivana Szangilla 1823.* 4⁰. *17 str.*

Petra Zanicha *Mertvechko prodechtvo na szmertni zpomenden G. Grofa Ferencza Draskovich od Trakostajna VI. Sept. 1817 obszlusavan. Vu Zagrebu, vu Novoszel. szlov. 1817.* 4⁰. *8 str.*

Janusha Chanyi *Zpomenek pokojnoga G. Grofa Barthola Patachich od Zajezde y Zarand, iz kr. szvetl. Komornika, ztola Banzkoga priszednika y Varmedyie Posechke Velikoga Supana, 14. Apr. 1817 obszlusavan. Vu Zagrebu, pritizk. vu Novoszelzkoj szlovotizki 1817.* 4⁰. *15 str.*

Filipa Szmolecz *Prodechtvo na dan blagoszlavlyanya Kapele sz. Antona na Guscherovczu den 22. Klaszna 1823. Vu Zagrebu, pritizk. vu Novoszelzkoj szlovotizki 1823.* 4⁰. *22 str.*

Imbriha Osegovicha *od Barlabashevecz Gavorenye na chast y postenye preizvish., preszvetl. y prepost. G. Maximiliana Verhovacz od Ratikovecz Bisk. Zagreb., kada on dan 1. Prerimcza 1826 Mashnichtvo petdeszetoga leta vu stolni czirkvi Zagreb. je ponovil. Vu Zagrebu, pritizk. vu szlovotizki Jos. Rossy 1826.* 4°. *23 str.*

Govorenye duhovno na 1. dan mesz. Proszincza 1826, kada preszv. G. Maximilian Verhovacz Bisk. Zagreb. ctc., pedeszeto leto chazti reda meshnichkoga je obszlusaval, recheno po J. V. K. Z. (Josefa Verhovaczu *Kan. Zagreb.) Vu Zagrebu, vu szlovotizki Josefa Rossy (1826).* 4°. *17 str.*

Mertvachko prodichtvo na dan obszlusavanya zpomenka szmerti preizvish. G. Maximiliana Verhovacz Bisk. Zagreb., recheno po Franyi Xaveria Luzzich *Jaspristu od Kemleka etc. Vu Zagrebu, prit. pri Fer. Suppan (1828).* 4°. *14 str.*

Ivana Hasicha *Prodechtvo na dan blagoszlavlyanya czirkve sz. Imbriha pod koztel Gradom ytd. Vu Zagrebu, pri F. Suppan 1831.* 4°. *14 str.*

b) In Sammlungen.

Antola Vramcza *Prodechtva (zw. 1570—1578).*
Th. Mikloušić Izbor dugovany str. 82.

1e. Bellozlenecz „Decem sermones, illyrico idiomate, de SS. Corpore Christi" (gedruckt vor 1675).
Alexius Horanyi Memoria Hungarorum I. 272, wahrscheinlich aus F. Orosz Synopsis Annalium FF. Eremitarum Ord. S. Pauli P. E. Sopr. 1747. 8°.

Mihalya Shimunicha *Kan. Zagr. Szlusba Marianzka, to je oscm prodeki na oszem szvetkov B. D. M. Vu Zagrebu 1697.* 4°.
Aus Juranić's Notaten und Stulli's Verzeichn.

Mihalya Shimunicha *Fenix pokore pod krelyutmi miloszerdnoga pelikana pochivajuchi, to jezt prodeke nedelyne, k zdenczu pokore vabeche, za czelo leto, z ztroshkom preszvetl. G. Jan. Jos. Babicha, izebranoga Skardonskoga Biskupa, B. D. M. norodyene od Kutycva Opata, cz. kr. szvetl. Tolnachnika, ztulne czirkve Zagr. Lektora y Kan. ztareshega, y preszvetl. G. Biskupa Zagr. Stef. Selishevicha etc. vu duhovneh Vikariusha y vszeh duhovneh pravdi szudcza najvckshega na szvetlo dana. Vu Zagrebu, stamp. 1697. 4⁰. 556 str. — Prodeke szvetechne za czelo leto etc. Vu Zagrebu, stamp. 1697. 4⁰. 461 str.*

Mihalya Kristoficha *Prodeke szvetechne (vor 1704).*
Ob diese Predigten wirklich im Druck erschienen sind, gibt Fr. Orosz in s. Synopsis Annalium FF. Eremitarum Ord. S. Pauli P. E., Sopr. 1747. 8⁰. nicht deutlich an. Vgl. Horanyi II. 446.

Stefana Zagrebcza *Kapucz. Hrana duhovna ovchicz kerztchanzkeh, ili prodechtva za vsze czeloga leta nedelye y szvetke (Pabulum spirituale ovium christianarum, seu conciones in sacra evangelia etc.), vu peteh ztranih 1715—1734. 4⁰. — I. stran vu Zagrebu, stamp. po Jakobu Wencz. Heywel Orszaga Horvatzkoga stamparu 1715. 4⁰. 613 str. (Conciones in Evangelia Dominicarum totius anni.) — II. stran Prodeke szvetechne chez vsze szvetke Gozponove, B. D. M. y Szvctczev, koji sze vu Biskupii Zagreb. obszlusavaju. Vu Klagenfurtu, stamp. po Matth. Kleinmayru 1718. 4⁰. 640 str. — III. stran Razgovori duhovni (sermones ascetici) y szvetechna prodechtva. Vu Zagrebu, stamp. po Iv. Barth. Pallas 1723. 4⁰. 530 str. — Stran IV. Prodechtva nedelyna, y za oszebujne potreboche. Vu Zagrebu, po Iv. B. Pallas 1727. 4⁰. 426 y 172 str. — Stran V. Prodechtva za nedelye Trojachke y zverhu deszet zapovedi bosjeh. Vu Zagrebu, stamp. po Iv. Weitz 1734. 4⁰. 336 y 293 str.*

(Im Széchény'schen Katalog hat der 2. Band die Jahrszahl 1716. 650 Seit.)

P. Fortanati Svagel *Opus selectum concionum festivalium, ordinariarum et extraordinariarum, in tres Tomos divisum. Zagrabiae, typis Franc. Onjet. Haerl 1761—1762. 4°. I. Tom. 391 pag. et Appendix concionum quadrages. 67 pag., II. Tom. 209 pag., III. Tom. 458 pag.*

P. Ant. Vicira *Pet Kamenov preche Davidove, ztolnacheni vu peterem prodechtvu, iz Latinzkoga na Horvatzki jezik preneshen po G.* Juraja Ressu *O. Z. Vu Zagrebu, stamp. pri Fer. Xav. Zerauscheg 1764. 4°. 237 str.*

Balt. Mattakovich *Sermones morales super Dominicis totius anni, ex opere Italico Jo. B. Campadelli Parochi Paduani in vulgare idioma Oroaticum traducti et in duas partes distributi, cum addita croatica in fine institutione moribundorum. Zagrabiae, typis Ant. Jandera 1770. 4°. I. Tom. 631 pag., II. Tom. 517 pag.*

Ivana Mullha *Prodechtva kratka y gotova za nedelyne dneve, Dél I. Od perve nedelye korizmene do trojachke. Vu Zagrebu, po Ivanu Thomashu Trattneru 1782. 8°. Del II. Od perve po trojakih do angelzke, 1784. 8°.*

Jos. Horvatha *Kratka na zpodobu kerztchanzkoga navuka prodechtva za vsze czeloga leta nedelye y szvetke, iz Jos. Polykarpa Schilcher Pleb. vu Laszingi v dolnji Austrii knyige na Horvatzki preneshena, chetiri strani. Vu Zagrebu, pritizk vu Novoszelzkoj szlovotizki 1796. 8°. 1. Del. 254 str., 2. Del 292 str., 3. Del 198 str., 4. Del. 207 str.*

J. Čaplovič erwähnt es unter den für die Kroaten in Ungarn bestimmten Büchern. S. Croaten und Wenden 1829 S. 26.

Jan. Jur. Hollanda *Raztolnachenye Evangeliumov nedelynch, kniga chtenya za varaskoga y ladanyzkoga chloveka, kak takaj za potrebochu duhovneh pazlirov etc., iz Nemskoga na Horvatzki preneshena po* Jos. Ern. Matthlevlchu, *chetiri knige. Vu*

*Zagrebu, pritizk. vu Novoszelzkoj szlovotizki 1796—1799. 8°.
I. Del 1796. 240 str., II. Del 1796. 286 str., III. Del 1799.
262 str., IV. Del 1799. 233 str.*

Maxim. Chlolich *Kan. Zagreb. Blagorechnik.*
Th. Mikloušić Izbor dugovany S. 94.

Stef Korolla *Kan. Zagreb. Prodechtva. MS.*
Ebend. S. 97.

Maximilliani Verhovacz *Dictiones et homiliae, latine et croatice. MS. (ante 1810.)*

P. **Benvenuti Orlich** *Conciones dominicales, festivales, quadragesimae et extraordinariae. MS. 4°. 4 voll.*
Bei den Franciskanern der St. Ladislai Provinz. — Vgl. auch Th. Mikloušić Izbor dugovany S. 100.

Ignaczia Krizllanovicha *Blagorechja za vsze czeloga leta nedelye, na 2 strani razdelyena. Vu Zagrebu, pritizk vu szlovotizki Fer. Suppan 1830. 8°. 1. Del 300 str., 2. Del 300 str.*

Joh. Birling's *Predigten, mehrere Jahrgänge. Hs.*

Math. Jandrich's *Predigten auf das ganze Jahr. Hs.*
Der Vf. schenkte die Handschrift dem agramer Buchdrucker Suppan, die Censur bewilligte indess den Druck nicht.

Simon Palatin's *stinaczer Pfarradministrators Sonntagspredigten, ins Kroatische übersetzt. Hs.*
J. Čaplovič Kroaten und Wenden in Ungern 1829. S. 26.

Thom. Mikloushich's *Predigten auf das ganze Jahr. Hs.*

8. Erbauungsschriften.

a) Biblische Geschichten und Heiligen-Legenden.

Zuchetek historie, iliti kratki y lehkek nachin mlade lyudi historie nauchiti, knisicza perva, historia sz. piszma, od jednoga Mashnika. Vu Zagrebu, pri Kajet. Härl 1759. 12°. 1776. 1780. 8°. 94 str.

Aus Juranić's Notaten und agramer gedr. Katalogen.

Historia iliti priporezt szv. piszma ztaroga y novoga zakona, za potrebuvanye narodneh skol Horvatzkoga orszaga. Einleitung in die biblische Historie. Vu Budimu, pritizk. z kraly. mudrozkupchine szlovami 1799. 8°. — N. Ausg. Vu Budimu ytd. 1816. 8°. 134 str.

Als Schulbuch seitdem oft nachgedruckt.

Joannis Kristolovecz *„Vitae cursus Sanctarum Marthae et Magdalenae". Croatice, ante a. 1730.*

Horanyi Memoria Hungarorum II. 447.

Jur. Mulicha *Zakon bratinztva y zavjetek sitka szvetoga Isidora y Maricze. Drugoch stampana vu Zagrebu po Ivanu Veitz 1746. 8°.*

Aus Juranić's Notaten. Die erste Ausg. ist mir unbekannt.

Blasenoga Augustina Gazotti, negda Biskupa Zagrebechkoga, sivlenye, po jednem ztolne czirkve Zagreb. Kanoniku (Boll. **Adama Kerchelicha)** *van dano. Vu Zagrebu, stamp. po Iv. Veitz 1747. 8°. LXVIII. y 102 str.*

Das Leben soll eigentlich von Joh. Tomko Marnavić sein (Vita b. Augustini Gazotti Patricii Traguriensis ex Ord. Dominicano, Episcopi Zagrabiensis ac dein Lucerinae, in desselben Schriften bei Engel II. 153), und Kèrćelić es nur übersetzt und zum Drucke befördert haben — „sumtus suppeditante Stephano

Putz, Episcopo Belgradiensi" sagt Horanyi (II. 328), der übrigens den Ausdruck „a se concinnatum" davon gebraucht.

Hilariona Gasparotti *Czvet szveteh, ali sivlenye y chini szetczev, koji vu nashem Horvatzkem y Szlorenzkem Orszagu z rekshum pobosnoztjum obszlusavaju sze, chetiri knige. Vu Nemskem Gradczu 1751—1758. 4°. 1. Del Szetczev od Prezimcza, Szvechna y Shushcza 976 str., 2. Del Szvetczev Travna, Rosnyaka y Klaszna 923 str., 3. Del Szetczev Szerpna, Veliko-y Malo-Mushnyaka 965 str., 4. Del Szetczev Miholyschaka, Vszeszvetschaka y Grudna 990 str.*

Nach einer andern Nachricht erschien der 1. Theil zu Grätz 1752, der 2. eb. 1756, der 3. zu Wien 1761, der 4. eb. in eb. J.

Ludov. Jacobilli Zavjetek sitka szv. Feliciana Biskupa y Muchenika, iz Latinzkoga na Horvatzki jezik preneshen po jednom iz Tovarustva Jesush. Vu Zagrebu 1762. 4°.

Aus Juranić's Notaten.

Arsenia Glicha *szveteh pasztirov, pazticz, tesakov y szpodobneh sivlenye ytd. MS. Fol. 1770. Vol. I. p. 182., II. p. 72.*

In Bibliotheca conventus Caproncensis.

P. **Gregura** *Kapucz. Sivlenye Kapuczina iz roda Leslya Grofa, Kalvina iz Skoczie Orszaga, imenom Archangela. MS. 1799.*

Veszela y za chteti kruto vugodna pripovezt od pobosne y bogabojeche Rhenanzke Groficze Genoveve na pochetku...... toga ztoletja sivuche, na Horvatzki obernyena po Jos. **Ern. Matthievicha.** *Vu Zagrebu 1808. 8°. 95 str.*

b) Eigentliche ascetische Schriften.

Pervi otcza nashega Adama greh, y salostno po nyem vsze chlovechanzke nature porushenye, ztolmacheno y na kratkom po-

piszano po **Jurju Habdelichu.** *Stamp. vu Nemskem Gradczu pri odvetku Vidmanstadiusha 1674. 12⁰. 1181 str.*

Jurj. Habdelicha *Zerczalo kreposti B. D. Marie (um 1674). 587 str.*
In dem Ex. der agramer Bibl. geht das Titelblatt ab. — Vgl. die illyr. Abth.

Thomae Kempensis De imitatione Christi L. IV., a **Joanne Kristolovecz** *croatice editi (Vindobonae 1710). Horanyi II. 447.*
— *Tomassa od Kempissa Od naszledtvvanya Kristusheroga knige chetiri. Vu Zagrebu, znovich prestampati vnchinyene po Cajet. Fer. Hürlu 1760. 8⁰. 278 str.*
Diese 2. Ausg. ist von **Franz Kovačić.** S. Th. Mikloušić Izbor dugovany str. 98. In welchem Verhältniss dieselbe zur 1. Ausg. stehe, ob es eine neue Revision des Textes sei etc., weiss ich nicht anzugeben. Es scheint jedoch ein blosser Wiederabdruck zu sein.

Psalterium Marianzki, kojega pobosni szluga Marianzki iz Diachkoga na Horvatzki jezik je obernul. Vu Zagrebu, stamp. 1714. 16⁰. 141 str. (Th. Mikloušić). Psalterium Marianzki, kojega negda szv. Bonaventura je znashel y zkupazpravil, leto pak 1714 jeden pobosni iz Diachkoga na Horvatzki je preobernul. Vu Zagrebu, stamp. po J. Veitz 1740. 12⁰.
Aus Juranić's Notaten.

Stefana Skvorcza *Rachun najhasznoviteshi zverhu preshetnoga leta. Vu Zagrebu, pri Ja. Venc. Heyvol 1717.* — *N. Ausg. Rachun leta, znovich prestampan. Vu Zagrebu, po Jos. Kar. Kotsche 1796. 8⁰.*
Aus Juranić's Notaten.

Stefana Skvorcza *Hasznovito z szlatkem, tojeto lepi kratki navuki za vszakojachki ztalish. Zagrabiae, typis J. B. Pallas 1724. 8⁰.*
Aus Juranić's Notaten.

Stefana *Kapucz. Zadnya volya ali protestatia duhovna vumirajuchega. Zagrabiae, typis Jo. Barthol. Pallas 1723.*
Aus Juranić's Notaten.

Glasz muchechega vu puztchini, iliti duhovna oszmicza, koju za duhovni napredek je popiszal y aldural vszem Redovnem y Bogu zagovornem dushiczam, navlaztito Reda szv. Ferencza, jeden ponizen Franciskan. Vu Zagrebu, po Iv. Barth. Pallas 1724. 8⁰. 324 str.

Ivana Mih. Sollnera *Put vu nebo po pravoj zpovedi raven y po vszagdashnyem premishlavanyu srechen. Vu Zagrebu, po Ivanu Veitz 1734. 12.*
Aus Juranić's Notaten.

Stef. Fuchka *Historie z kratkem duhovnem razgovorom od poszlednyeh dugovany. Vu Zagrebu, stamp. po Ivanu Veitz 1735. 12⁰. 432 str.* — *N. Ausg. Historie — drugi put stampane. Zagrabiae, typis heredum Veitz 1753. 12⁰. (Juranić).*

Ein Werkchen nach Pater Kochem's Phantasmen, in welchem Fučck beweist, dass aus ihm ein Shakespeare hätte werden können, wenn er nicht kroatischer Priester geworden wäre. Indess bleibt dieses Buch, wenn auch kein ehrwürdiges, doch immer sehr merkwürdiges Denkmal der Kunstgriffe der Verfinsterer in Kroatien, deren Wirkung leider noch heutzutage fortlebt. (L. G.)

Jur. Mullha *Zerczalo zpovedno, vu koje sze je hasznovito ogledati lyudem vszakoga ztalisha y zpola. Vu Zagrebu, stamp. 1742. 8⁰. 144 str.*

Jerem. Sostaricha *Duhovni venecz. Vu Soprom 1746. 8".*

Trojverztno szv. zporedi zercalo. Vu Zagrebu, po Ivanu Veitz 1749. 12⁰.
Aus Juranić's Notaten.

Kratka premishlyavanya zverhu chetireh poszlednyeh chloveka za vszaki den meszecza z Latinzkoga, Nemskoga, Franczuskoga y Spanyolzkoga na Horvatzki jezik preneshena za dush zvelichenye od jednoga iz Tovarustva Jesush. Redovnika, vu Zagrebu, leto Jubileuma 1750. Stamp. pri Ivanu Veitz. 12⁰. 84 str.

Kratek navuk od obchinzkoga jubileuma iliti reszeloga szvetoga obilnoga proschenya. Vu Zagrebu, pri vdovicze Marie Anne Vciez 1751. 8⁰.
Juranić.

Potreben y kratek navuk od jubileuma, kojega sz. Otecz Papa Piush VI. za czesz. kraly. Orszage je podelyil, z molitvami navadnemi. Vu Zagrebu, pritizk. vu Novoszelzkoj szlovotizki 1795. 12⁰. 22 str.

Arsen. Glicha *Put szvetoga krisa. Vu Zagrebu 1752. 12⁰.*

Obchinzke miszie pitanya knisicze na tri skole po redu razdilyene, kim szu prilosene jachke y hasznovita naredba od kerztchanzkoga nauku etc., na zapovid Nyihove Erczellenczie nashega Biskupa. Vu Sopronu 1759. 12⁰. 170 str.
Für die Ober-Kroaten (Wasser-Kroaten) in Ungarn. In der Bibliothek des H. v. Janković in Pest.

Put szvetoga krisa ytd. na horvaczki jezik od jednoga patra r. szv. F. prov. horvaczko-kranyszke na szvetlo dan. Vu Zagrebu, pri F. X. Czeraushegu 1765.

Petra Berke *Kinch oszebujni szlavnoga Orszaga Horvatzkoga, to jezt chudnovita pripetchenya y oszebujne milosche chudnovitoga kipa Marie Biztrichke. Vu Zagrebu, pri Fer. Xav. Czerauscheg 1765. 8⁰. 234 str.*
Horanyi N. Mem. I. 768 hat die Jahrszahl 1762.

Geruppa *Zerczalo Marianzko kipa Jerusalemzkoga vu Krapine.* Vu Zagrebu, po Antunu Jandera factoru 1768. 8". Aus Juranić's Notaten.

Naruchna knisicza vechnoga naklona preszv. oltarzkoga Shakramenta, za potrebu oneh, koji k rechenoj bratovchini zpadaju. Vu Zagrebu, pri Juliane rdore Jandera po Jos. Kotsche 1773. 12". (8°?) 54 str.

Mikule Planticha *Pobosna y kratka za vszaki dan meszecza premishlyavanya, vszem szveto sivcti y szrechno vumreti selyechem kruto hasznorita.* Vu Varasdinu, stamp. pri Iv. Thom. Trattnera 1775. 12".

Ivana Ptolomea *Vszakdashen szmerti zpomenek.* Vu Zagrebu, po Ivanu Trattneru 1780. 12". Aus Juranić's Notaten.

Kratek nachin zvershiti put szv. krisa, kojega K. Jesush od dvora Pilatusha do gore Kalvarie je vchinil. Vu Zagrebu pritizk. po Jos. Kar. Kotsche 1782. 12". 36 str.

Szv. Ferencza Saleziusha Biskupa y Herczega Genevenzkoga Filotea, iliti rpelyavanye vu pobosno sivlenye, iz Latinzkoga na Horvatzki jezik obernyeno (po Delt. **Koczianchicha***), vlaztito za napredek duhovni szvetzkeh lyudi.* Vu Zagrebu, stamp. pri plem. Tom. Iv. Trattneru 1784. 8".

In diesem Buche hat der (anonyme) Uebersetzer **Kocianćić** in linguistischer Hinsicht das bestmögliche geleistet. Das Buch behauptet in der provincial-kroatischen Mundart vor allen übrigen in Prosa den Vorzug. (L. G.)

J. D. Vukasovicha *Pripraca k szmerti.* U Zagrebu, po Jos. Kar. Kotsche 1784. 8". Aus Juranić's Notaten. — Ich weiss nicht, ob es zur kroat. Abtheilung gehört.

(P. **Gregora** *Kapucz.) Nebezki paztir pogublyenu ovczu ische. Vu Optuju, stamp. pri Ferenczu Schűtzu 1795. 8°. 34 str.*

Vrata nebezka odperta vernomu kerztchenizku, molechemu y dusnozti kerztchanske obvershavajuchemu, pervich kerz kripne molitve, drugich y kerz izpunyevanye pravicze kerztchanzke, y pobosna chtenya etc., trudom P. **Szimeona Knefacz** *Reda szv. Francziskusha va Czikleskom szeli otcza duhovnoga. Stampa druga popravna y povekshana. Soproni, pri Jos. Ant. Sziesznu 1804. 8". 441 str.*

Die 1. Ausg. ist 1800 erschienen.

Tomasha Kempitanzkoga Reda szv. Augustina Od naszleduvanya Kristushevoga knige IV., ke je na Horvatzki jezik preztavil y szvojim zemlyakom na vechnu haszan dal **Jlve Zsigmund Karner** *Biskupie Jurzke Bezonyzki Farnik va leti 1812 z dupuschenyem prepoztavnih. MS. in Fol. 373 pag.*

Handschriftlich in der bischöfl. Bibliothek zu Agram aufbewahrt. — In der ungarisch-kroatischen Varietät, welche man insgemein die wasserkroatische nennt. Die älteren Uebersetzungen dieses Buches siehe oben.

Navuk od proztchenya vu obchinzkom y od proztchenya obileumzkoga ili szvetoga leta vu oszebnom, z pridavkom molitvi, po **Thomashu Mikloushichu** *Pleb. Ztenyevech. izpiszan. Vu Zagrebu, pritizk. pri Ferenczu Suppan 1826. 12°. 192 str.*

c) Gebetbücher.

Putni tovarus pervich sada u stampi na svitlo dan i vnogim pobosnim ljudem na vsivanje i tovaristvo udiljen. Leta 1661. V Benetkih pri Babianu, z dopuschenjem obchinskim. 12°. 441 str.

Kolo 1851. sv. VIII. 131.

Putni tovarus s vnogimi lipimi novimi i pobosnimi molitvami iz Nimskoga na Hervaczki jezik isztomachen i izpravlen po meni Groff **Frankopan Catharini** *Goszpodina Groffa* **Petra**

Zrinszkoga *hisnom tovarussu, szada drugi put ù stampi na svitlo dan i vnogim pobosnim lyudem na zsivanje i tovarlstvo vdilyen. Lublani, stroskom Janussa Carla Mally krainske provinczie knigarz (sic) 1715. 12". 314 S. Vorne ein nicht paginirter Kalender.*
Bei Prof. Supan in Laibach.

Pobosnozt y bratovchina k szv. Isidoru, podignyena pri kapelli szv. Duha poleg Zagreba, 1672. 8°. 124 str.

Szobotni kinch B. D. Marie, aliti pobosnozt za szobotne vszega leta dneve, koteru najpervo vszem vernem B. D. M. szlugam za zvelichenye je popiszal preszvetli G. **Eszlerhazy Pavel** *od Galanthe, sz. Rimzkoga Czeszarztva Herczeg y Vugerzkoga Orszaga Palatinush, vezda pako na Horvatzki jezik vchinila jezt prenezti preszvetla y miloztirna Gozpa* **Marla Magd. Nadasdy** *preszvetl. G. Draskovicha Janusha vdova. Vu Zagrebu 1696. 12°. 164 str. (Nach Juranić 4".)*

Plamen pobosnozti proti szv. Ferenczu Xaveriushu, na Szlovenzki jezik preobernyen po **Slmona Jud. Sidleb,** *Kan. Zagr. Vu Zagrebu, 1696. 16".*
Aus Juranić's Notaten.

Jur. Gynrlchlcha *Officium ili molitve od szv. Juraja, iz Diachkoga na Horvatzki jezik preneshene (gedruckt vor 1700).*

Philomela iliti slavichek vu puschini. Vu Zagrebu, stamp. po Jakobu Venezeslaru Heyvel 1720. 4°. 327 str.

Pobosnozt na vsze hasznovita k szv. Ferenczu Xaveriu, po **Juraju Mullh** *S. J. Vu Zagrebu, vu collegiumu Tovarustva Jesusheroga 1739. 12°. — N. Ausg. Pobosnozt — drugoch van dana. Vu Zagrebu, pri odvetkih Weitz 1753. 12°.*
Aus Juranić's Notaten.

Jura Mullha *Pobosnozt na vsze hasznovita k sz. Ferenczu Borgiashu. Vu Zagrebu, stamp. po Ivanu Weitz 1744. 12°. 192 str.*

Jura Muliha *Ncbezka hrana, to jezt pobosne molitve, litanie y poperke. Vu Zagrebu, po Ivanu Weitz 1748. 8⁰.*
Aus Juranić's Notaten.

P. Lovr. Bogovicha *Reda sz. Fer. Hisa zlata, uzidana pri sz. Brigu Kalvarie, va koj sze nahajaju izibrane molitve, officziumi, litanie, bratinztvo, blagoszlovi, krisni put, ugodne jacske y zerczalo k sz. zporidi. Stampana va leti 1813 (vu Soproni) 8⁰. 572 str. — Erste Ausg. Hisa zlata, Soproni 1755. 8⁰.*
Horanyi I. 314.

P. Lovr. Bogovicha *Marianzko czvetche. Soproni 1757. 8⁰.*
Horanyi l. c.

Godofrida Palkovicha *Reda sz. Fer., Duhovna kiticza, ka je na Novom Gradu lipo czvala, ak je vecha zrastla, y z jachkami nakichena zeleni pri divici Marii. Vu Gyuru (Jaurini) 1758. 8⁰. — N. Ausg. Soproni 1778. 8⁰. 288 str.*
Horanyi II. 3.

Pobosnozt na postenye sz. Ivana Nepomuczenzkoga. Vu Zagrebu, pri Kajet. Haerl 1762. 12⁰.
Aus Juranić's Notaten.

Kratek navuk od sz. Mashe, kakoti y molitve pod nyum, iz knige takaj sz. Ferencza Salesiusha izvadyen. Vu Zagrebu 1762. 8⁰.
Aus Juranić's Notaten.

Sestnedelyna pobosnozt k sz. Aloysiushu Gonzage iz Tovarustva Jesush. Vu Bechu, stamp. leto 1765. 12⁰. 48 str.

Knisicza molitvena. Vu Zagrebu, pri Ant. Jandera v novi veszi 1769. 16⁰.
Aus Juranić's Notaten.

P. Ivana Muliha *Hrana nebezka ili molitvena kniga. Vu Zagrebu 1777. 8⁰. (Th. Mikloušić). — Hrana nebezka vu*

pobosneh molitvah, litaniah y poperkach za haszen vszakoga kerztchenika. Vu Zagrebu 1779. 8°. 1815. 8°. (Gedr. Kataloge.)
Vgl. oben Jur. Muliha Hrana nebezka. Vielleicht dasselbe?

Molitvena knisicza, vu kojoj zadersavaju sze molitve juternye y vecherne z vnogemi litaniami y molitvami tak za sive kak za mertve kruto hasznovitemi etc. Vu Zagrebu 1788. 8°. (Gedr. Katal.)
Vgl. oben.

Kroatische Kirchengebete. Agram 1807.
Dobrowský's Slowanka I. 253.

Molitvena knisicza, vu kojoj zadersavaju sze molitve juternye y vecherne z vnogemi litaniami y molitvami, koje pri sz. Meshi navadni jeszu. Vu Zagrebu 1826. (Gedr. Katal.)
J. Čaplovič bemerkt in s. Kroaten und Wenden (1829) S. 26, dass die Ober-Kroaten in Ungarn etwa sechserlei Gebetbücher haben, ohne sie näher anzugeben.

Pobosnozt devet dnevov na postenye sz. Ivana Nepomuczenzkoga. Vu Zagrebu, pri Kar. Kotsche 1791. 8°.
Aus Juranić's Notaten.

Vszakovcrztna pobosnozti kerztchanzke zvershavanya. Vu Zagrebu, vu Novoszelzkoj szlovotizki 1802. 8°. — N. Ausg. 1815. N. Ausg. Vu Zagrebu, pritizk. po Fer. Suppan 1830. 8°. 193 str.
Die zwei letzten Ausgaben besorgte Th. Mikloušić.

Molitva zahvalnozti za povernyeno zdravje preszvetl. Czeszarza y Kralya. Vu Varasdinu, z szlovami Ivana Szangilla 1826. 8°. 4 str.

Ivana Birilaga *Molitvena knisicza. MS. 1826. 8°. 336 str.*

Pobosnozt k bosanzkomu szerdczu Jesusha odkupitela nashega, kakti zjedinenye z vszemi pravoverniki na duhovnu haszen siveh y mertveh, z vnogemi szvetemi proztchenyi od ztolicze apostolzke nadelyena, vu Rimu leto 1790 podignyena, szada po czelem kerztchanzkem szvetu razshirjena y vu Horvatzkem jeziku z raztolnachenyem, molitvami y jednem pridavkom na svetlo van dana od preizvish. G. Biskupa Maximiliana Verhovacz. Pritizk. vu Zagrebu pri Ferenczu Suppan 1827. 12°. 93 str.

Th. Mikloušić trug das Büchlein aus deutschen „libellis precatoriis" zusammen, wie es in der Approbation der Censur heisst. Joh. Dvojak Can. Zagr. und Karl Radinović Cooperator übersetzten es aus dem Kroatischen ins Illyrische.

Molitvena knisicza za vszakdashnyu pobosnozt vszakomu kerztcheniku zevszema potrebna (po Th. Mikloushichu). *Vu Zagrebu, pritizk. vu szlovarniczi Fer. Suppan 1828. 12°. 221 str.*

9. Miscellen.

Regula y testamentum szerafinzkoga Otcza nashega sz. Ferencza. Stampana vu Zagrebu, pri Iv. Barth. Pallas 1725. 4°.— N. Ausg. *Vu Zagrebu, pri Kajet. Haerlu 1760. 16°.*
Aus Juranić's Notaten.

Jur. **Mullba** *Zerczalo pravedno, gdi sze ima iztinito izpiszanye, kada, kako y zashto Gerchkoga zakona lyudi od ztare kerztch. katol. czirkve y od Rimzkoga Pape jeszu odztupili. Vu Zagrebu 1742. 8°.*
Aus Juranić's Notaten.

Kratek zavjetek zrokov, koje pred nekulikemi letmi jeden vuchen Luteran je szudil zadovolyne, da iz Luterana, Kalviniste y vszakoga krivovernika mora Katolik poztati. Vu Zagrebu (um 1746?) 12°.
Aus Juranić's Notaten.

Fer. Jos. **Koszednara** *Pitanye k dragem domorodczem szlavneh orszagov Dalmatinzkoga, Horvatzkoga y Szlavonzkoga:* „Magister! quid faciendo vitam aeternam possidebo?" *Mester! kaj szem chinechi, da sitek vekivechni zadobim? MS. 4°. 41 str.*

Obznanenye od bratovchin, s. l. et a. (Zagrabiae, typis Novoszelzk.) Fol. 4.

Uebersicht der Schriftsteller.

(Die mit Cursivschrift gedruckte Zahl zeigt die Seite, wo die biographische Notiz zu finden ist, die übrigen Zahlen deuten die Seiten an, wo des betreffenden Schriftstellers Werke angeführt werden.)

A. Illyrische Schriftsteller.

Aćimović Stjepan. *99.* — 155.
Alberti Maria. *27.* — 143.
Alethy Ivan. *58.*
Altesti Ivan. *88.* — 153.
Ambrozović Ivan. *92.* — 116.
Ančić od. Anić Ivan. *42.* — 208, 249, 260.
Andriaši od. Andriašević Vitale. *45.* — 232, 251.
Angeli (De Angelis) Ivo Karlo. *66.*
Angeli Mihajlo. *50.* — 251.
Anić v. Ančić.
Anonymus presb. Diocleas. *1.* — 183.
Antica Ivan Luka. *45.* — 133.
Antun zub. Dalmata. *12.* — 202, 209, 210, 211, 212, 269.
Appendini Frano Maria. *92.* — 105.
Aquilini Ignacio. *46.* — 262.
Armolušić Jakob. *47.* — 150.
Arnold Gjuro. *94.* — 148.
Babić Tomo. *52.* — 106, 144, 146, 252.
Bačić Antun. *61.* — 229, 242.
Badrić Stipan. *57.* — 219, 253.
Bája Pavao von. *74.*
Bajay Ignac. *95.* — 268.
Bakšić Bogdan. *32.* — 248.
Balač Vinko *42.* — 215.
Bandulović Ivan. *26.* — 198, 199.
Banovac Josip. *69.* — 235, 255, 266.
Baraković Gjurgje. *28.* — 125, 157. 168.
Bartučević II. *9.*
— — J. *9.*
Bašić Gjuro. *73.* — 236.
— — Petar. *80.* — 110, 153, 245, 257.
Belić Juro. *85.* — 230.

Beneša Šim. od Stjepo. *17.* — 116, 124.
Bèrlić Ign. Al. *99.* — 106.
Bernardin Fra. *1.* — 196.
Betera Baro *39.* — 168, 252.
Bettondi Damian. *73.* — 140.
— — Jos. *73.* — 140.
Bianchi (Blanković) Dinko. *53.* — 218.
Blagoević Adam Tad. *76.* — 150, 180, 229.
Blanković Nikola. *46.* — 194.
Boball gen. Kuko, Frano. *22.* — 126.
— — Mišetić, Savino. *19.* — 124.
Bogašinović Petar Toma. *44.* — 144, 168, 262.
Bogdanić Danilo Emro. *84.* — 182.
Bona v. Bunić.
Bonačić Jerolim. *70.* — 222.
Bonicelli Ližandro. *72.* — 222.
Borčić Marin. *86.* — 183.
Borešić Marin. *14.* — 142.
Borković Jakob. *97.* — 239.
Bošković Petar. *57.* — 136, 146.
Boškovica Anica. *68.* — 146, 172.
Bošnjakovic Tadia. *73.*
Božin Anton. *49.* — 263.
Bračuljević Lovro. *60.* — 254.
Brezovački Titus. *91.* — 153.
Bruère Marco. *97.* — 141.
Bubanović Silvest. *89.*
Budina od. Budineus Šimun. *18.* — 100, 142, 207, 212, 213.
Budmani geb. Bogascini, Lukrecia. *89.* — 141.
Bunić Julia *10.* — 122.
— — Ivan st. *32.* — 131.
— — — ml. *51.* — 135.
— — Luka. *78.* — 140.

Bunić Miho. *10.* — 121.
— — Miho Matic. *10.* — 148.
— — Nikola. *10.* — 132, 167.
— — Saro. *41.* — 143.
Buratović. *9.*
Burešić v. Borešić.
Burgadelli. *86.* — 205.
Canavelli v. Kanavelić.
Carobbi v. Karobbi.
Casotti Marco de. *99.* — 180.
Cassius v. Kašić.
Caucich v. Kavčić.
Cavagnini v. Kavanjin.
Cemini (Komenius) Jacinto. *34.* — 190.
Çerva Serafino. *68.* — 235.
Čevapović Gèrgur. *95.* — 180.
Čilić v. Karaga.
Ciasci v. Klašić.
Clescovich v. Klešković.
Comnenus v. Komneno.
Cosmo Stiepo. *43.* — 194.
Costa v. Dalla Costa.
Čubranović Andria. *7.* — 148, 165.
Cuglis v. Kuljis.
Cvetić Gjuro. *14.*
Dalla Costa, Angeo. *79.* — 195.
Dàržić od. Darža, Gjorgje. *2.* — 117.
— — Ivan *32.* — 214.
— — Marin. *8.* — 121, 167, 176.
De Albis v. Zoranić.
De Angelis v. Angeli.
De Caris Gjuro. *33.*
Dellabella Ardelio. *59.* — 109, 233.
De' Maris Ivan Maria. *91.* — 190.
Dimitrić geb. Betera, Maria. *48.* — 146.
— — Niko. *5.* — 119, 142.
Divković Matia. *25.* — 163, 217, 231, 246.
Divnić (Difniko) Petar. *6.* — 120.
Dobretić Marko. *79* — 224.
Dolci (Sladić) Sebast. *67.* — 237.
Dorotić Andrija. *93.* — 171.
Došen Vid. *74.* — 150, 158.
Dragičević Miho. *79.* — 224, 267.
Dražić Ivan. *51.* — 158, 268.
Dudan Vinko. *49.* — 163.
Dvojak Ivan. *97.* — 268.
Etorović Petar. *6.* — 120, 171.
Ferić Juro. *84.* — 116, 117, 158, 161.
Filipović v. Heldenthal, Adam. *95.* — 156, 160, 171, 189.
— — Jerolim. *64.* — 146, 221, 254.
— — gen. Gargić, Ivan. *49.*
— — Petar. *64.* — 255.

Fustinloui Franjo. *84.* — 230.
Galjazovic Marin. *8.* — 228.
Garanjin Ivan Luka. *74.* — 208, 237.
Gàrgić Innoc. *62.* — 220.
Gargo iz Varcša. *87.*
Garličić Ivan. *50.* — 218.
Gaudencio od. Radovčić, Petar. *36.* — 215, 249.
Gazarović Marin. *30.* — 177.
Georgičević Atanasio. *31.* — 143, 157, 248.
Gotaldi Frano. *47.* — 158.
Gjamanjić Rajmundo. *33.* — 101, 232.
Gianuzzi Dinko. *84.*
Giorgi Bernardin. *45.* — 116, 133.
Giorgi zub. Giman, Stjepo. *45.* — 144.
Gjorgjić Ignacio. *54.* — 136, 163, 244.
— — Šiško. *25.* — 261.
Gjurini Josip. *85.* — 106.
Gladilić Antun. *51.* — 163.
Glavinić Frano. *23.* — 241, 243, 247, 250.
Gledjević Antun. *50.* — 134, 179.
Gleg Timotej. *53.* — 179, 228, 233, 240.
Gliubušći v. Ljubuški.
Gozze v. Gučetić.
Grabovac Filip. *63.* — 185.
Gradi od. Gradić Basilio. *17.* — 245.
— — Ignacio. *18.* — 124.
— — Petar. *18.* — 124.
Gregorianić Placido. *10.*
Grisić Gjuro. *66.* — 255.
Grozdić Mihajlo. *79.* — 101.
Gučetić od. Gozze Arkangeo. *20.* — 261.
— — Jerolim. *33.* — 143.
— — Ivan. *35.* — 178.
— — Rafael. *32.* — 261.
— — gen. Bondevišović, Savko. *24.* — 177.
— — Stjepo. *6.* — 165.
— — Vinko. *62.* — 233.
Gundulić Ivan. *29.* — 126, 143, 149, 162, 172, 177.
— — mladji. *53.* — 135, 162.
— — Šiško. *42.* — 133.
Habdelić Jure. *37.* — 240.
Hadžić Nikola. *98.* — 180, 189.
Hektorević v. Etorović.
Iligja Gjorgjo. *89.* — 142, 156, 175.
Horvat Adalbert. *96.* — 239.
Horvatović Marko Antun. *93.* — 154, 192.
Jablanczy Ignac. *77.* — 190.

Jaić Marian. *96.* — 148, 138, 243, 260).
Jančetić Klement. *33.* — 149.
Ježić Ivan Bapt. *94.*
Josepac Ivo. *99.* — 231.
Juranić Antun. *81.* — 225, 257.
Jurić Petár, *73.* — 265.
Juričić Gjuro. *14.*
Ivan Zadranin *42.* — 168.
Ivanišović Ivan. *33.* — 128.
Ivanošić Antun. *81.* — 147, 151.
Ivanović Marko. *93.* — 159.
— — Tomo. *91.* — 187.
Kačić Antun. *60.* — 182, 228, 241.
Kalić Arkangeo. *80.* — 230, 239.
Kanavelić Petar. *37.* — 131, 167.
Kanižlić Antun. *70.* — 164, 222, 223, 255, 265.
Karaga od. Čilić, Luka. *66.*
Karagić Luka. *66.* — 255, 264.
Karaman Antun Matiašević. *53.* — 144.
— — Miho. *92.* — 245.
Karnarutić Bernardin. *18.* — 167.
Karobbi Ivan. *85.* —. 193.
Kašić Bartuo. *21.* — 102, 142, 143, 198, 202, 206, 214, 241, 243, 248, 269.
Kastratović Antun. *31.* — 128.
Katančić Matija Petar. *82.* — 115, 141, 152, 187, 205.
Kavanjin Jerolim. *48.* — 134.
Kavčić. *47.* — 144.
Kaznačić Antun. *99.* — 156.
Kermpotić Joso. *81.* — 151, 170.
Kesić Autun. 200.
— — Nikola. *62.* — 199, 200.
Klašić Matija. *63.* — 220.
Klcškovic Grisostomo. *63.* — 254.
Knežević Petar. *74.* — 164, 165, 200, 244, 256, 265.
Knezović Antun Josip. *63.* — 164, 264.
Kolungjić Frano. *91.* — 230.
Komenius v. Cemini.
Komneno Vinko. *30.* — 103, 127.
Komulović od Komoli, Ližandro. *18.* — 212, 246.
Kordić Gjuro. *83.* — 152.
Kosmus v. Cosmo.
Krajačić Marko. *85.* — 152.
Kraljić Ivan. *57.* — 263.
Kristicević Marin. *5.*
Krivonosić Antun. *31.* — 177.
Križanić Gjuro. *39.* — 103.
Kuljiz Luka. *62.* — 233.
Kuzmić Luka. *32.* — 248.
Lalić Frano. *49.* — 150.

Lanošović gen. Gjnrić, Marian. *77.* — 105, 200.
Lastrić Filip. *62.* — 208, 226, 235, 254.
Latinić v. Primović.
Leaković Bernardin. *85.* — 226, 237.
Lekušić Marian. *57.* — 252.
Letunić Vlaho. *48.* — 251.
Levaković Rafail. *31.* —' 100, 149, 213.
Lipovčić Jerolim. *64.* — 195, 234, 237, 264.
Ljubuški Lovrjenc. *52.* — 106, 145, 218, 200, 226.
Loderecker Peter. 107.
Lučić Ivan Josip Pavlović. *80.* — 187, 195, 237, 238, 245, 257.
Lucio Annibale. *32.* — 128, 178.
Lukarić gen. Burina, Frano. *15.* — 122.
Lukić Marko. *80.* — 193.
— — Stipan. *96.* — 242.
Lukinić Ilija. *54.* — 252.
Macedonić Agustin Flavio. *42.* — 144.
Macukat Petar. *50.* — 244.
Mancinelli Lucido. *33.* — 149.
Mandić Antun. *80.* — 171.
Mandikić Petar. *79.* — 256.
Marči Ivan Petar. *48.* — 251.
— — Nikola. *84.* — 168.
Marcvić Ivan. *87.* — 244, 258.
Marianović Stjepan. *98.* — 107.
Marić Joso. *93.* — 155.
Markovac od. Margitić, Stipan Jajčaniu. *50.* — 217, 218, 233.
Marković Ambrožo. *97.*
Marnavić Ivan Tomko. *25.* — 177, 213, 243.
Martini Angeo. *1.* — 260.
Marulić Marko. *5.* — 162.
Mašeroni Thomas. *80.* — 257.
Matić Ambrožo. *99.* — 189.
— — Frano. *72.* — 255.
— — Jure. *96.* — 181.
Matievič Stjepan. *32.* — 214.
Matković Ivan. *83.* — 194.
Matović Josip. *77.* — 223.
Mattci Gjanmaria. *81.* — 105, 110, 244, 257, 266.
— — Gjuro. *57.* — 109.
Mazarović Krist. *51.* — 228.
Mažibradić gen. Šuljaga, Marin. *15.* — 122.
— — — — Oracio. *29.* — 126.
Megiser Jerolim. *24.* — 108.
Menze v. Minčetić.
Merčerić Leonardo. *17.* — 196.
Mérnjavčić v. Marnavić.

Mcrsić Ivan. *51.* — 135.
Mezuar David. *86.* — 230.
Mihalić Antun. *93.* — 102, 154, 240.
— — Josif Kalas. *93.* — 155.
Mihaljević Mihajlo. *96.* — 229.
Mihaly Antun. *96.* — 259.
Mihić Josip. *61.* — 146.
Mikalja Jakob. *34.* — 108.
Miletić Augustin. *93.* — 227.
Milinković Frano. *98.* — 155.
— — Mihajlo. *77.* — 147, 237.
Milišić Mihajlo. *75.* — 140.
Minčetić Vladjo st. *38.* — 132, 174.
— — — ml. *63.* — 150.
— — — Vlahović, Šiško st. *3.* — 118.
— — — ml. *38.* — 178.
Miošić Andria Kačić. *69.* — 138.
— — Pavao. *98.* — 206.
Mulih Juraj. *61.* — 219, 221, 252. 264.
Nagy Antun. *86.* — 153, 185, 191, 245, 268.
Naljesković od. Nale, Bartola. *28.*
— — Niko. *9.* — 121.
Natali od. Nadali, Jakob. *49.* — 134.
Natalis Frano. *48.* — 150.
Nenadić Ivan Antun. *68.* — 169, 223, 256.
Ninković Silvestar. *96.* — 238.
Occhievia v. Lastrić.
Omućević Šimun. *32.* — 248.
Orbini Marin. *45.* — 134.
— — Mauro. *23.* — 246.
Ostoić Jerolim. *79.*
Palikuća Nikola. *76.* — 180.
— — Petar. *27.* — 243.
Palmotić Gjona. *36.* — 129, 174.
— — Gjorgje. *41.* — 133.
— — g. Dionorić, Jakobica. *41.* — 133.
— — — —, Ivan. *30.* — 149.
Papalić Jerolim. *5.*
Papuslić Antun. *66.* — 234.
Parožić J. *9.*
Patačić Baron Adam. *65.* — 111.
Pauli Matia. *87.* — 161.
Paulović Bernardin. *63.* — 263.
Pavić Imro. *67.* — 140, 160, 170, 195, 200, 201, 208, 210, 221, 222, 227, 236, 240, 266.
— — Karlo. *90.* — 147, 154, 187, 230, 267.
Pavičić Dominik. *67.* — 235.
— — Nikola. *83.* — 152.
Pavišević Josip. *77.* — 160.
Pavlić Bartuo. *98.* — 155, 240.
Pejkić Karst. *52.* — 219.

Persić Frano Niko. *83.* — 235, 236.
Peštalić Gèrgur. *83.* — 185, 257.
Petrović Marin. *66.* — 234.
— — Vinko. *48.* — 134.
Plančić Jure. *95.* — 101, 229.
Posilović Pavao. *34.* — 248, 249.
Pozza Mihajlo. *44.* — 248.
— — Vinko v. Pučić.
Primović gen. Latinić, Paškoje. *27.* — 125, 177.
Protić. *87.*
Puarić Ante. *87.*
Pučić gen. Soltan, Vinko. *38.* — 178.
Pustaić Martin. *92.* — 188.
Quarko Frano Ciprian. *85.* — 190.
Radalja Frano *34.* — 178.
Radić Ludovik. *78.* — 256.
Radinović Karlo. *98.* — 268.
Radmanović Josip. *70.*
Radnić Mihajlo. *44.* — 250.
Radovčić v. Gaudencio.
Raffay Imro Karla. *94.* — 231.
Ranjina Dinko. *16.* — 122.
— — Martolica. *16.* — 160.
Rapić Gjorgje. *72.* — 160, 236.
Relković v. Ehrendorf, Josip Stipan. *86.* — 189.
— — — — Matia Antun. *70.* — 104, 159, 161, 187, 192, 194.
Resti Gjona. *61.* — 136.
Riardović R. *93.* — 259.
Ricciardi Bernardin. *52.* — 150.
Rosa Stjepan. *64.* — 150, 204, 223, 242.
Salatić Božo. *80.* — 257.
— — Ivan. *97.* — 141, 240.
Santić Matia. *98.* — 190.
Sassio Antun. *33.* — 178.
Sebastianović. *94.*
Sertić Juro. *91.* — 226.
Šimunović Ivan. *48.* — 252.
Šipuš Josip. *86.* — 192.
Sladić v. Dolci.
Sorgo Bernardin. *46.* — 262.
— — Franatica. *75.* — 181.
— — Pjerko Ignacio. *83.*
— — gen. Franko, Andria. *17.* — 123.
Squadri Vlaho. *47.* — 169.
Starčević Lovro. *37.* — 143.
— — Šima. *92.* — 107.
Stipan Istrianin gen. Consul. *13.* — 202, 209, 210, 211, 212, 269.
Stipanović Karla. *77.* — 141.
Stojanović Josip. *85.* — 230, 238.
Stulli Jaćim. *87.* — 111.
— — Ivan. *90.* — 258, 267.
— — Luka. *91.* — 193.
Šumšić. *90.* — 141.

Tadianović Blaž. *71.* — 115.
Tamparica Gavrilo. *15.* — 122.
Tauszy Frano. *67.* — 221.
Telitenović Antun. *33.* — 262.
Tèrzić Luka. *49.* — 263.
Tomašević. *1.*
Tomić Frano. *97.* — 231.
Tomiković Ližandro. *85.* — 164, 185, 238.
Trošan Šimo. *87.* — 268.
Tudisi Marin. *76.* — 179.
Turković Anton Josip. *86.* — 152, 164.
Valović Valentino. *28.* — 161.
Velikanović Ivan. *78.* — 179, 225, 256.
Verantius v. Vrančić.
Vetranić g. Ćavčić, Mavro. *3.* — 118.
Vidali J. *9.*
Vilov Stipan. *63.* — 220, 254.
Vincenz der Bosnier. *19.*
Vitaljić Andria. *49.* — 144, 158.
Viteleski (Vitellescus) Matia). *48.* — 244.
Vladimirović Jure. *77.* — 193.
Vladimirović Luka. *74.* — 223, 226, 256.
Vlašić Josip Antun. *80.* — 159.
Vodopić Vlaho. *19.* — 160.
Volantić Gjanluka. *91.* — 237.
Voltiggi Joso. *90.* — 114.
Vrančić od. Verantius, Antun. *10.* — 260.
— — — — Fausto. *19.* — 107.
Vrinjanin Frano. *97.* — 239.
Vučić Nikola. *88.* — 258.
Vuletić Petar. *47.* — 163.
Zamagna v. Gjamanjić.
Zaničić Ivan. *73.* — 169.
Zanotti Ivan. *48.* — 175.
Zborišić (Zboravčić, Zborić) Benko. *19.* — 197.
Zlatarić Dinko. *21.* — 124.
— — Marin. *89.* — 172, 181.
— — Šimun. *28.* — 126.
Zmajević Andria. *35.* — 186.
Zoranić od. Do Albis, Petar. *17.* — 171.
Zoričić Matia. *73.* — 182, 257, 265.
Zuzzeri Bernardo. *71.* — 237, 265.
— — Pešionia, Floria. *22.* — 161.
— — Pavao. *18.* — 231, 246.

B. Kroatische Schriftsteller.

Baričević Adam Aloys. *293.* — 339.
Dedeković Ign. *296.* — 356.
— — Josip. *283.* — 355.
— — v. Komor, Ludv. *302.* — 334.
Dedenko Iv. Ern. *304.* — 333.
Beloštenec Ivan. *277.* — 312, 362,
Berko Peter. *286.*
Birling Ivan. *298.* — 345, 354, 355, 358, 365, 375.
Bogović Lovr. *285.* — 374.
Brezovački Titus. *291.* — 329, 330.
Bučić Mih. *273.* — 355.
Češković Pavel. *281.* — 359.
Chanyi (Čanji) Januš. *299.* — 361.
Chiolich v. Löwensperg, Max. *289.* — 365.
Čučić Sim. *296.* — 321.
Deverić Ivan. *291.* — 352.
Dianić Fer. *296.* — 340.
Domin Imbr. *299.* — 348.
Dulikravić Jur. *304.* — 324.
Fuček Stef. *283.* — 369.
Galjuf (Gallyuff) Jos. *287.*
Gallyuff Ivan. *283.* — 317.
Gasparotti Ililar. 284, 367.
Gay Ljudev. *300.* — 307, 324, 325.
Gjuričić Jur. *281.* — 373.
Gjurkovečki Jos. *299.* — 309, 358.
Gilić Arsenius. *284.* — 367, 370.
Goršak Jos. *296.* — 360.
Gorupp Mik. *286.* — 371.
Gregur Kapuc. 320, 326, 327, 854, 360, 367, 272.
Gusić Ivan. *299.* — 354.
Habdelić Jur. *277.* — 312, 356, 368.
Hadžić Ivan. *304.* — 362.
Haramuštek Jos. *303.* — 325.
Horváth Jos. *295.* — 364.
Jambrešić Andr. *282.* — 306, 314, 315, 316.
Jandrić Mat. *300.* — 330, 343, 365.
Jellačić Sim. *291.* — 320.
Jurjević Gabor. *278.* — 326.
Karner Iv. Žigm. *298.* — 320, 372.
Kèrčelić Bolt. Ad. *283.* — 337, 359, 366.
Klimpacher Eug. *268.* — 346.
Knefac Sim. *297.* — 372.
Kociančić Bolt. *290.* — 371.
Korolia Stef. *297.* — 365.
Koritić v. Mrazovec Fer. X. — *301.* 319, 323, 328.
Kornig Franz. *295.* — 308.
Košćak Tom. *303.* — 306, 817.

Kosednar Fer. Jos. *291.* — 341, 876.
Kovačić Fer. *285.* — 368.
Kristianović Ign. *301.* — 333, 339, 342, 355, 365.
Kristofić Mih. *281.* — 363.
Krištolovec Ivan. *281.* — 366, 368.
Krizmanić Iv. *303.* — 327, 328, 332.
Kundek Jos. *304.* — 325.
Kvaternik Jos. Rom. *301.* — 323, 341.
Laab Mat. *302.* — 357.
Labaš Iv. Np. *304.* — 350.
Lalangue Iv. *288.* — 343, 346.
Lopašić Imb. *298.* — 322.
Lovrenčić Jak. *300.* — 330, 332, 334, 339, 359.
— — Mik. *286.* — 337.
Lučić Fer. X. *303.* — 362.
Magdalenić Mat. *277.* — 326.
Malevac Gergur. *290.*
Maraković Mik. *304.* — 318, 325.
Marić Iv. *304.* — 325, 340.
Mataković Bolt. *286.* — 356, 364.
Matievič Jos. Ern. *287.* — 309, 311, 357, 364. 367.
Mihanović Ant. *300.* — 334.
Miklouščić Tom. *294.* — 316, 318, 321, 329, 330, 335, 342, 343, 345, 347, 348, 349, 350, 353, 358, 365, 372, 376.
Milašinović Fer. *304.* — 325.
Mulih Jur. *283.* — 319, 356, 366, 369, 373, 374, 376.
— — Ivan. *289.* — 364.
Nagy Ant. *298.* — 342, 347.
Orlić Benven. *303.* — 365.
Oršić Graf Fer. *296.* — 345.
— — (Gln. Josefa. *288.* — 346.
Ožegović Imbr. *302.* — 362.
Palatin Sim. *302.* — 310, 327, 365.
Palković Godof. *285.* — 374.
Panduric Jur. *291.* — 360.
Pavlinić Jur. *300* — 332, 333.
Payer Leop. *297.* — 346
Pažy Ivan. *287.*
Pergošić Januš. *275.* — 348.
Plantić Mik. *288.* — 371.

Pomey Fr. 317.
Raffay Imbr. Kar. *298, 361.*
— — Stef. *283.* — 337.
Rakovec Kar. *304.* — 325, 332.
Res Jur. 286.
Ritter Pav. g. Vitezović. *279.* — 307, 312, 326, 327, 334, 336, 341.
Rizmann Jos. *302.* — 323.
Romani Ant. *288.*
Rožić (Rosich) Ant. *299.* — 310, 333, 338, 339, 342.
Sabolović Mart. *295.*
Sever Jos. *300.* — 338.
Šidić Sim. Jud. *281.* — 373.
Silobod Mih. g. Bolšić. *295.* — 333. 340.
Šimunić Mih. *281.* — 362, 363.
Sinković Mih. *296.* — 361.
Škvorc Stef. *282.* — 368.
Smolec Filip. *300.* — 361.
Šoštarić Jerem. *283.* — 369.
Sottner Ivan Mih. *282.* — 369.
Stefan g. Zagrebec. *282.* — 363, 369.
Štivalić Mih. *297.* — 343.
Stoos Pavel. *304.* — 324.
Sušnik Ferenc. *282.* — 314.
Švagel Fortun. *286.* — 364.
Svoboda Prok. *286.* — 359.
Szent-Martony Ign. *290.* — 308.
Szolenghi Kar. *287.* — 344.
Tanszy Ferenc. *285.* — 349.
Tustić Jak. *297.* — 321.
Venzel Pav. Iv. *345.*
Vèrhovec Maxim. *291.* — 323, 357, 360, 365.
Vérovec Jos. *302.* — 362.
Vitezović v. Ritter.
Vitković Ivan. *289.* — 308.
Vory Imbrik. *298.* — 317.
Vračan Jos. *299.* — 325, 330, 358, 361.
Vramec Ant. *275.* — 335, 362.
Vranić Ant. *296.* — 340, 350.
Vukasović Iv. Dinko. *290.* — 371.
Wohlgemuth Filip. *290.* — 360.
Zanic (Zanich) Peter. *299.* — 361.
Zrinjski Graf Peter. *276.* — 372.

Verbesserungen.

Seite 60 Zeile 17 von oben welcher = welcher.
„   80   „   5   „   Kallé = Kalić.
„   101   statt 011.
„   183 Zeile 4 von oben Horvcich = Horesich.
„   219   „   1 von unten Hadrchu = Badrichu.
„   302   „   17 von oben Vérovee = Vèrovec.
„   325   „   9   „   Jos. Maricha = Ivana Maricha.
„   329   „   12   „   Brscovachky = Brezovachky.
„   317 statt 447.

www.ingramcontent.com/pod-product-compliance
Lightning Source LLC
Chambersburg PA
CBHW032026220426
43664CB00006B/373